화엄경청량소
華嚴經清凉疏

화엄경청량소

제24권

제7 재회보광명전법회 ②

[제29 십인품 - 제32 제보살주처품]

청량징관 저

석반산 역주

담앤북스

일러두기

1. 본 화엄경소초의 번역에 사용된 원본은 봉은사에 소장된 목판 80권 『화엄경소초회본』이다.

2. 교정본은 민국(民國) 31년(1942) 대만의 화엄소초편인회(華嚴疏鈔編印會)에서 합본으로 교간(校刊)한 『화엄경소초 10권』을 사용하였다. 그리고 원본현토는 화엄학 연구소의 원조각성 강백의 현토본을 참고하였다.

3. 대장경 속에 경전과 합본으로 수록된 것은 없고, 다만 大正大藏經 권35에 『화엄경소 60권』이 있으며 권36에 『화엄경수소연의초(華嚴經隨疏演義鈔) 90권』이 있지만 경의 본문과의 손쉬운 대조를 위해 회본(會本)을 기본으로 하였으며, 일일이 찾아서 대장경과 대조하지는 못하였다.

4. 교재본이라 한 것은 민족사에서 1997년에 발간한 『현토과목 화엄경』(전 4권)을 지칭하며, 원문 인용은 이 본을 기본으로 하였다.

5. 본『청량소』전권에서는 소(疏)의 전문을 해석하였고, 초문(鈔文)은 너무 번다하고 중복되는 부분을 필자가 임의로 생략하였다.

6. 본문의 이해를 돕기 위하여 도표로 작성한 것은 전강 스승이신 봉선사 능엄학림의 월운강백께 허락을 얻어『화엄경과도(華嚴經科圖)』를 준용(準用)한 것이다.

7. 목차(目次)는『화엄경소초』의 과목을 사용하였고『화엄경과도』를 준용하였다. 과목에 이어지는 ( ) 안에는 간편한 대조를 위하여 목판본의 페이지를 표시하였다. 예) 一. 一) (一) 1 1) (1) 가. 가) (가) ㄱ. ㄱ) (ㄱ) a. a) (a) ㊀ ① ㉮ ㉠ ⓐ ㋐ ㊱ Ⓐ ⊟ ① ㉮ ㄱ ⓐ Ⓐ ⊟ ① ㉮ ㄱ ⓐ Ⓐ

8. 목차는 되도록 현대적 번역어로 제목을 삼으려 하였고, 제목에 이어 표기된 아라비아 숫자는 문단의 개수이다.

9. 경과 소문(疏文)은 조금 띄워서 차별화하였고 소문(疏文) 앞에는 ■ 표시를, 초문(鈔文) 앞에는 ● 로 표시하여 번역문을 수록하였다. ❖ 표시는 역자의 견해를 밝힌 부분이다.

10. 경구(經句)의 번역문은 한글대장경과 민족사 간(刊) 『화엄경 전10권』을 참고하였고, 소(疏) 문장의 번역은 직역을 원칙으로 하였고, 인용문은 주로 한글대장경의 번역을 따르고자 노력하였다.

11. 본 청량소 번역에 참고한 주요 도서는 다음과 같다.
    (1) 한글대장경 『화엄경1, 2, 3』 『보살본업경』 『대승입능가경』 『대반열반경』 『보살영락경』; 동국역경원 刊
    (2) 한글대장경 『성유식론』 『십지경론』 『아비달마잡집론』 『유가사지론』 『대지도론』 『섭대승론』 『섭대승론석』 『대승기신론소별기』 『현양성교론』 『신화엄경론』; 동국역경원 刊
    (3) 『대정신수대장경』; 大正一切經刊行會 刊

(4) 현토과목『화엄경』; 민족사 刊

(5) 『망월대사전』; 세계성전간행협회 刊,『불교학대사전』; 홍법원 刊,『중국불교인명사전』; 明復 編,『인도불교고유명사사전』; 法藏館 刊

(6) 『신완역 주역』; 명문당 刊,『장자』; 신원문화사 刊,『노자도덕경』; 고림 刊,『논어』; 전통문화연구회 編

12. 주)의 교정본 양식

   (1) 소초회본; 대만교정본[華嚴疏鈔編印會]

   (2) 宋元明淸南續金纂本 등; 소초회본의 출전 소개 양식

『화엄경청량소』 제24권 차례

大方廣佛華嚴經疏鈔 제44권의 ② 李字卷中
제29. 열 가지 법인을 말하는 품[十忍品] ①

二. 지혜가 깊고 현묘하다 4. ································· 20
一) 오게 된 뜻 20   二) 명칭 해석 20
三) 근본 가르침 21   四) 경문 해석 2. 23
1. 장항으로 밝히다 4. ······································· 24
1) 숫자를 거론하여 뛰어남을 찬탄하다 ················· 24
2) 명칭을 나열하여 중요함을 밝히다 3. ················ 25
(1) 숫자로 질문하다 ······································· 25
(2) 명칭을 나열하다 2. ···································· 25
가. 법을 잡아 나열하다 ··································· 25
나. 비유를 잡아 나열하다 2. ····························· 29
(가) 여섯 가지 해석을 결론하여 회통하다 ············ 29
(나) 통하고 국한됨을 구분하다 ·························· 29
(3) 중요함을 밝히다 ······································· 56
3) 명칭에 의지하여 자세히 해석하다 10. ·············· 57
가. 음성의 법인 3. ··· 58
가) 질문으로 시작하다 ···································· 58
나) 음성인의 뜻을 해석하다 ····························· 58
다) 명칭을 결론하다 ······································· 65
나. 따라 주는 인 3. ·· 66
가) 질문으로 시작하다 ···································· 66

나) 따라 주는 인의 뜻을 해석하다 4. ································66
(가) 지관을 처음 닦다 ··66
(나) 지관을 점차로 닦다 ··67
(다) 지관 수행이 순숙하다 ···68
(라) 지관 수행과 합하다 ··69
다) 명칭을 결론하다 ··69
다. 생사 없는 지혜의 인 3. ··70
가) 질문으로 시작하다 ··70
나) 무생인의 뜻을 해석하다 ··70
다) 명칭을 결론하다 ··83
라. 요술 같은 인 3. ···83
가) 질문으로 시작하다 ··83
나) 요술 같은 인의 뜻 2. ··83
(가) 간략히 해석하다 2. ···83
ㄱ. 요술 같은 인연의 모양을 알다 3. ·······································83
(ㄱ) 지일체법 구절을 따로 해석하다 ··84
(ㄴ) 앞의 종인연기 구절을 합하여 해석하다 ······························87
(ㄷ) 셋째 어일법중을 따로 해석하다 ·······································100
ㄴ. 요술 같은 인의 행법을 성취하다 ·······································104
(나) 자세하게 해석하다 3. ··105
ㄱ. 비유로 밝히다 ···105
ㄴ. 법과 비유를 합하다 ···108
ㄷ. 요술 같은 인의 행법을 성취하다 2. ···································109
a) 그 의지할 대상을 표방하다 ··115
b) 열 문단을 개별로 해석하다 10. ··115
(a) 인연 따름과 차별함이 다르지 않다 ····································115

(b) 변하지 않음과 체성이 공함이 다르지 않다 ····················· 118
(c) 앞의 두 구절을 합하면 무애이다 ································ 120
(d) 앞의 두 구절을 합하면 서로 뺏음이다 ························· 122
(e) 체성과 양상이 서로 위배되므로 하나도 아니다 ··············· 125
(f) 체성과 양상이 서로 해치므로 하나가 아니다 ·················· 127
(g) 위의 두 문이 위배하고 해쳐서 같지 않음과 합하므로 하나가 아니다
 ··· 129
(h) 위의 두 문이 두고 없앰이 같지 않음과 합하므로 하나가 아니다
 ··· 130
(i) 위의 여러 문과 합하여 또한 하나도 아님을 밝히다 ·········· 132
(j) 위의 여러 문을 합하여도 또한 다르지 않음을 밝히다 ········ 132
c) 이치와 뜻을 총합 결론하다 ·· 133
다) 명칭을 결론하다 ··· 134
마. 아지랑이 같은 인 3. ·· 135
가) 질문으로 시작하다 ·· 135
나) 아지랑이 같은 인의 뜻 3. ··· 135
(가) 법이 비유와 같음을 가리키다 ··································· 135
(나) 비유의 양상을 개별로 밝히다 ··································· 135
(다) 총합하여 법과 비유를 합하다 ··································· 139
다) 명칭을 결론하다 ··· 139

大方廣佛華嚴經疏鈔 제44권의 ③ 李字卷下
제29. 열 가지 법인을 말하는 품[十忍品] ②

바. 꿈 같은 인 3. ··· 142
가) 질문으로 시작하다 ··· 142
나) 양상을 해석하다 3. ·· 142
(가) 법이 비유와 같음을 표방하다 ·· 142
(나) 비유의 양상을 바로 거론하다 ·· 142
(다) 법과 비유를 합하다 ·· 154
다) 명칭을 결론하다 ·· 161
사. 메아리 같은 인 3. ··· 161
(가) 인행의 원인 ·· 161
(나) 인행을 성취한 모습 2. ··· 162
ㄱ. 법으로 설하다 ·· 162
ㄴ. 비유로 밝히다 ·· 164
(다) 인행을 성취한 이익 ··· 167
다) 명칭을 결론하다 ·· 168
아. 그림자 같은 인 4. ··· 169
가) 질문으로 표방하다 ··· 169
나) 양상을 해석하다 ·· 169
(가) 법으로 설하다 3. ·· 169
ㄱ. 일곱 대구는 함께 차단하여 체성을 밝혀서 사마타행을 성취하다
   ··· 169
ㄴ. 두 대구는 체성과 양상을 함께 비추어 위빠사나행을 성취하다
   ··· 170
ㄷ. 두 대구는 막고 비춤이 무애하여 함께 움직임이 자재한 행을 성취
   하다 ·· 172
(나) 비유로 밝히다 5. ·· 173
ㄱ. 의지할 대상인 본질을 밝히다 ··· 173

차례 11

ㄴ. 나타내는 주체의 장소를 밝히다 ································ 175
ㄷ. 인연으로 생겨날 대상을 밝히다 ································ 182
ㄹ. 유가 곧 유가 아님을 밝히다 ····································· 182
ㅁ. 우법소승은 있다고 함을 밝히다 ······························· 186
(다) 법과 비유를 합하다 2. ·· 187
다) 명칭을 결론하다 ·· 188
라) 그림자 같은 인의 결과 ·· 189
자. 허깨비 같은 인 4. ·· 190
가) 표방하다 ·· 190
나) 뜻을 해석하다 ·· 191
(가) 법으로 설하다 ··· 191
(나) 비유로 밝히다 ··· 198
(다) 법과 비유를 합하다 ·· 201
다) 명칭을 결론하다 ·· 203
라) 허깨비 같은 인의 결과 ·· 204
차. 허공 같은 인 4. ·· 205
가) 법계가 허공과 같음을 표방하다 4. ························ 205
(가) 비유할 대상이 통하고 국한함 ······························· 205
(나) 비유한 양상이 같지 않다 ······································ 206
(다) 논문을 인용하여 모아서 해석하다 ······················· 209
(라) 큰 의미를 결론하다 ··· 219
나) 해석하다 2. ·· 220
ㄱ. 허공 같은 인의 행법을 아는 모양 ··························· 221
ㄴ. 허공 같은 인의 행법으로 성취한 이익 ··················· 223
다) 명칭을 결론하다 ·· 229
라) 허공 같은 인의 결과 ··· 230

4) 열 가지 인의 명칭을 총합 결론하다 ·················· 232
2. (107개) 게송으로 거듭 노래하다 2. ····················· 233
1) 100개 게송은 앞을 노래하다 10. ···················· 233
가. 열 게송은 음성인을 노래하다 ···················· 233
나. 열 게송은 따라 주는 인을 노래하다 ············ 238
다. 열 게송은 생사 없는 인을 노래하다 ·········· 241
라. 열 게송은 요술 같은 인을 노래하다 ·········· 245
마. 열 게송은 아지랑이 같은 인을 노래하다 ····· 249
바. 열 게송은 꿈과 같은 인을 노래하다 ·········· 253
사. 열 게송은 메아리 같은 인을 노래하다 ······· 258
아. 열 게송은 그림자 같은 인을 노래하다 ······· 262
자. 열 게송은 허깨비 같은 인을 노래하다 ······· 268
차. 열 게송은 허공 같은 인을 노래하다 ·········· 272
2) 일곱 게송은 결론하여 찬탄하다 2. ·················· 276
(1) 세 게송은 2리행이 원만함을 노래하다 ········ 276
(2) 네 게송은 깊어서 측량하기 어려움을 밝히다 ······ 278

大方廣佛華嚴經疏鈔 제45권의 ① 柰字卷上
제30. 아승지의 공덕을 밝히는 품[阿僧祇品]

二. 뒤의 세 품은 깊고 오묘함을 밝히다 3. ························ 282
一) 아승지품은 헤아릴 수 없는 뛰어난 공덕 4. ············ 282
 (一) 오게된 뜻 282   (二) 명칭 해석 283
 (三) 근본 가르침 285   (四) 경문 해석 2. 285
 1. 세 품은 심오하고 현묘함을 총합하여 밝히다 ············· 285

2. 인과가 뛰어난 행법이 특별함을 통틀어 밝히다 2. ················286
1) 세 가지 뛰어난 공덕 ··286
2) 질문과 대답으로 분별하다 2. ··286
  가) 헤아리는 주체가 넓고 많음을 장항으로 밝히다 ················291
  나) 120개 게송은 헤아릴 수 있는 그지없는 공덕 2. ················301
   (가) 앞의 여섯 게송은 보현의 공덕이 그지없음을 널리 설하다 ····301
   (나) 114개 게송은 부처님 공덕이 깊고 광대함을 밝히다 2. ······307
    ㄱ) 92개 게송은 과덕이 무애하고 인행이 끝까지 좋음을 밝히다 2.
      ···307
     (ㄱ) 33개 반의 게송은 과덕의 법이 무애함을 밝히다 2. ···········307
      a. 세 게송은 의보가 자재함을 밝히다 ································307
      b. 나머지 30개 반의 게송은 의보와 정보가 융섭함을 밝히다 ·····309
     (ㄴ) 58개 반의 게송은 인행의 지위가 끝까지 좋음을 밝히다 10. ···320
      a) 여덟 게송은 인드라망의 몸과 국토가 보현행을 일으키는 장소이다
        ···320
      b) 다섯 게송은 삼업이 근면하고 용기 있는 행임을 밝히다 ········325
      c) 네 개 반의 게송은 근기에 맞추어 중생을 섭수하는 행을 밝히다
        ···327
      d) 다섯 개 반의 게송은 방소를 다니며 부처님께 공양하는 행을 밝히다
        ···328
      e) 11개 반의 게송은 십바라밀을 널리 닦는 행을 밝히다 ·········330
      f) 두 개 반의 게송은 국토를 다님에 자재한 행을 밝히다 ········334
      g) 네 게송은 중생을 조복받는 행법을 노래하다 ·····················335
      h) 일곱 개 반의 게송은 삼업이 깊고 청정한 행을 밝히다 ·······336
      i) 여덟 개 반의 게송은 서원과 지혜가 자재한 행을 노래하다······339
      j) 한 게송은 그지없는 공덕의 행을 결론하다·························341

ㄴ) 22개 게송은 과덕이 깊고 광대함과 인행으로 능히 나아가 들어감
을 밝히다 2. ··· 342
(ㄱ) 12개 게송은 과덕을 밝히다 ··· 342
(ㄴ) 열 게송은 인행의 덕을 밝히다 ··· 346

大方廣佛華嚴經疏鈔 제45권의 ② 柰字卷中
제31. 영원한 수명 가진 여래의 공덕[如來壽量品]

二) 온갖 시간에 두루 존재하는 부처님 공덕 4. ························ 352
(一) 오게 된 뜻 ··· 352
(二) 명칭 해석 ··· 354
(三) 근본 가르침 ·· 355
(四) 경문 해석 3. ··· 356
1) 열 가지 국토가 서로 바라봄을 개별로 거론하다 ················ 356
2) 간략함을 거론하여 자세함을 밝히다 ······························· 358
3) 그 현묘하고 지극함을 거론하다 ····································· 358

大方廣佛華嚴經疏鈔 제45권의 ③ 柰字卷下
제32. 보살이 머무는 곳을 말하는 품[諸菩薩住處品]

三) 보살들은 온갖 곳에 두루하다 4. ·· 362
(一) 오게 된 뜻 3. ··· 362
1. 아승지에 대한 자세한 해석 ·· 362

2. 제1. 적멸도량법회의 질문에 대답하다·····························363
3. 다른 설명을 펼치다·····························363
(二) 명칭 해석·····························363
(三) 근본 가르침·····························364
(四) 경문 해석 3.·····························364
1. 경전 편집자의 말·····························364
2. 머무는 곳을 바로 밝히다 2.·····························364
1) 앞의 열 군데는 여덟 방위의 산과 바다를 의지하다 10.·········365
  (1) 선인산 주처·····························365
  (2) 승봉산 주처·····························367
  (3) 금강 불꽃산 주처·····························367
  (4) 향적산 주처·····························368
  (5) 청량산 주처 6.·····························369
    가. 경문을 간략히 해석하다·····························369
    나. 그 표하는 곳을 밝히다·····························370
    다. 그 방위와 처소를 정하다·····························373
    라. 그 성스럽고 신령스러운 점을 밝히다·····························376
    마. 본래 원인에 대해 질문하다·····························380
    바. 중생이 닦고 공경하도록 권하다·····························387
  (6) 금강산 주처·····························391
  (7) 지제산 주처·····························393
  (8) 광명산 주처·····························394
  (9) 향풍산 주처·····························395
  (10) 장엄굴 주처·····························395
2) 12군데 성읍에 함께 섞여 사는 모습 12.·····························396
  가. 비사리국 주처 396   나. 마도라성 주처 403

다. 구진나국 주처 405　　라. 청정한 피안 주처 406
　　마. 마란타국 주처 407　　바. 감보차국 주처 408
　　사. 진단국 주처 409　　　아. 소륵국 주처 411
　　자. 캐시미르국 주처 420　차. 증장환희성 주처 423
　　카. 암부리마국 주처 423　타. 건타라국 주처 424
　3. 경문이 끊어져 다 오지 못하다……………………………432

大方廣佛華嚴經 제44권
大方廣佛華嚴經疏鈔 제44권의 ② 李字卷中
제29 十忍品 ①

제29. 열 가지 법인을 말하는 품[十忍品] ①

다. 생사 없는 지혜의 인에 云,

"무슨 까닭인가? 나지 않으면 사라짐이 없고, 사라짐이 없으면 다함이 없고, 다함이 없으면 때를 여의고, 때를 여의면 차별이 없고, 차별이 없으면 처소가 없고, 처소가 없으면 고요하고, 고요하면 탐욕을 여의고, 탐욕을 여의면 지을 것이 없고, 지을 것이 없으면 소원이 없고, 소원이 없으면 머물 것이 없고, 머물 것이 없으면 가고 옴이 없나니, 이것을 보살마하살의 셋째 생사 없는 지혜의 인이라 하느니라."

이 인이 가장 높아서	此忍最爲上이라
모든 법 다함이 없고	了法無有盡하여
참 법계에 들어가지만	入於眞法界하되
실제로는 들어갈 것도 없어	實亦無所入이로다

보살들이 인에 머물면	菩薩住此忍에
여러 부처님 두루 뵈오며	普見諸如來가
같은 때에 수기 받나니	同時與授記니
이것을 부처님 직책 받는다고.	斯名受佛職이로다

大方廣佛華嚴經疏鈔 제44권의 ② 李字卷中

제29. 열 가지 법인을 말하는 품[十忍品] ①

二. 지혜가 깊고 현묘하다[智慧深玄] 4.

一) 오게 된 뜻[來意] (初來 1上5)

[疏] 初, 來意者는 爲答普光에 十頂問故라 義如前釋이니라 前二에는 已明定通¹⁾用廣이요 今此에는 辨其智慧深奧일새 故次來也니라
- 一) 오게 된 뜻은 제2. 보광명전법회에서 열 가지 정(頂)이란 질문에 대답하기 위한 까닭이요, 이치는 앞의 해석과 같다. 앞의 두 품은 이미 삼매와 신통의 작용이 광대함을 밝혔고, 지금 여기서는 그 지혜가 깊고 깊음을 밝히려는 연고로 다음에 온 것이다.

二) 명칭 해석[釋名] (二釋 1上7)

[疏] 二, 釋名者는 忍은 謂忍解印可니 卽智照觀達을 寄圓顯十이니라
- 二) 명칭 해석에서 법인은 이른바 참고 이해함이요, 인가함의 뜻이니, 곧 지혜로 비추어 관찰하고 통달한 것을 원만함에 의탁하여 열 가지로 밝혔다.

---

1) 定通은 原南纂續金本作通定, 源綱本作定通이라 하다.

三) 근본 가르침[宗趣] 2.

(一) 근본 가르침을 밝히다[正辨宗趣] (三宗 1上9)

[疏] 三, 宗趣者는 智行深奧로 爲宗이요 爲得佛果의 無礙無盡으로 爲趣니라
- 三) 근본 가르침은 지혜로운 행법이 심오함으로 근본을 삼고, 부처의 과덕이 걸림 없고 그지없음을 얻기 위함으로 가르침을 삼았다.

(二) 이치의 문으로 구분하다[義門料揀] 3.
1. 지위를 정하다[定位] (然此 1下1)
2. 체성을 내보이다[出體] (體卽)
3. 부류를 밝히다[辨類] (雖是)

[疏] 然此忍行을 約位인대 卽等覺後心이니 爲斷微細無明이요 若約圓融인대 實通五位어니와 寄終極說이니라 體卽是智일새 不同餘宗의 忍因智果라 雖是一智나 隨義別說이라 二三四五等이 諸敎不同하니 今此圓敎일새 故說十忍이니라
- 그러나 여기의 십인(十忍)의 행법은 지위를 잡았다면 곧 등각(等覺) 이후의 마음이니 미세한 무명을 단절하기 위함이요, 만일 원융문을 잡는다면 진실로 다섯 지위를 통틀어 밝혀야 하겠지만 (여기서는) 마지막 지위[終極]에 의탁하여 설명하였다. 체성은 바로 지혜이므로 다른 종지에서 법인은 원인이요, 지혜는 결과인 것과는 같지 않다. 비록 하나의 지혜지만 뜻을 따라 다르게 말하였다. 두 가지, 세 가지, 네 가

지, 다섯 가지 따위가 여러 교법이 같지 않나니 지금 여기는 원교(圓
教)이므로 열 가지 법인으로 말한 것이다.

[鈔] 三, 雖是一智下는 辨類라 言是一者는 一, 無生忍이요 二, 謂人空法
空忍이요 三, 謂佛性論에 說三無性忍과 及地持論에 說有信忍과 順
忍과 及無生忍이라 四, 亦有二義하니 一, 如八地論中에 一, 事無生
이요 二, 自性無生이요 三, 數差別無生이요 四, 作業無生이니라 二者,
思益經中에 說有四忍하나니 一, 無生忍이요 二, 無滅忍이요 三, 因緣
忍이요 四, 無住忍이니라 釋經序中에 已具引竟하니라
言五忍者는 卽仁王經에 一, 伏忍等이니 如十地說이니라 而言等者는
乃有多義하니 一, 等六忍이니 如瓔珞說이라 十定初에 已引하니라 或
說十忍은 如八地요 或說十四와 十五는 如仁王과 瓔珞이니 並如十
地와 十住[2]品에 引하니라 言諸教不同者는 通辨諸忍이 約教不同이어
니와 小乘에는 不立忍名이요 上來의 諸門이 多通始終이요 獨一無生은
兼通頓教니라

- 3. 雖是一智 아래는 부류를 밝힘이다. '하나이다'라고 말한 것은 (1) 무생법인이요, (2) 이른바 사람이 공하고 법이 공한 법인이요, (3) 이른바 『불성론(佛性論)』에 '세 가지 무성인 법인[三無性忍]'을 말함과 『지지론(地持論)』의 설명에 신인(信忍)과 순인(順忍)과 무생인(無生忍)이 있다. (4) 또한 두 가지 뜻이 있으니 하나는 제8지(地)의 논에서 ① 현상이 무생[事無生]이요, ② 자기 체성이 무생[自性無生]이요, ③ 숫자로 차별한 무생[數差別無生]이요, ④ 업을 지음이 무생[作業無生]과 같다. 둘은 『사익경(思益經)』 중에 네 가지 법인이 있음을 말하나니, ① 무생인

---

2) 地十住는 甲南續金本作住十地, 案所引正見十地品六現前地正說分 勝慢對治 辨行分齊中 及十住品本分定
位中이라 하다.

(無生忍)이요, ② 무멸인(無滅忍)이요, ③ 인연인(因緣忍)이요, ④ 무주인(無住忍)이다. 경의 서문을 해석함 중에 이미 갖추어 인용함은 마친다. '다섯 가지 법인'을 말한 것은 곧 『인왕경(仁王經)』에 (1) 복인(伏忍) 따위이니 십지품의 설명과 같다. 그러나 등(等)이라 말한 것은 비로소 여러 뜻이 있으니 '하나는 여섯 가지 인과 평등'하나니 『영락경(瓔珞經)』의 설명과 같고, 십정품(十定品) 첫 부분에 이미 인용하였다. 혹은 열 가지 법인을 말함은 제8지와 같고, 혹은 14가지 15가지로 설함은 『인왕경』과 『영락경』에서 똑같이 십지품과 십주품을 인용한 내용과 같다. '여러 교법이 같지 않다'고 말한 것은 여러 법인이 교법이 같지 않음을 잡아서 통틀어 밝힌 때문이지만, 소승에서 법인의 명칭을 세우지 못한 것이요, 여기까지 여러 문은 대부분 대승시교(大乘始敎)와 대승종교(大乘終敎)에 통하지만 유독 한 가지 무생인(無生忍)만은 겸하여 돈교(頓敎)와도 통한다.

四) 경문 해석[釋文] 2.

(一) 총합하여 과목 나누다[總科] (四正 2上8)

爾時에 普賢菩薩이 告諸菩薩言하시되 佛子여 菩薩摩訶薩이 有十種忍하니
그때 보현보살이 여러 보살에게 말하였다. "불자여, 보살마하살이 열 가지 인이 있으니,

[疏] 四, 正釋文이라 文有長行과 偈頌이라 前中에 四니 一, 擧數歎勝이요

二, 列名顯要요 三, 依名廣釋이요 四, 總結其名이라
- 四) 경문 해석이다. 경문에 1. 장항으로 밝힘과 2. 게송으로 거듭 노래함이 있다. 1. 중에 넷이니 1) 숫자를 거론하여 뛰어남을 찬탄함이요, 2) 명칭을 나열하여 중요함을 밝힘이요, 3) 명칭에 의지하여 자세히 해석함이요, 4) 열 가지 인의 명칭을 총합 결론함이다.

(二) 개별로 해석하다[別釋] 2.
1. 장항으로 밝히다[長行] 4.

1) 숫자를 거론하여 뛰어남을 찬탄하다[擧數歎勝] 2.
(1) 숫자를 거론하다[擧數] (今初 2上9)
(2) 뛰어남을 찬탄하다[歎勝] (後若)

若得此忍하면 則得到於一切菩薩無礙忍地하여 一切佛法이 無礙無盡하나니라
만일 이 인을 얻으면 곧 일체 보살의 걸림 없는 인에 이르러 온갖 불법이 장애가 없고 다함이 없느니라.

[疏] 今初니 先, 擧數요 後, 若得下는 歎勝이라 到無礙地는 卽自分因圓이요 佛法無礙는 卽勝進果滿이니라
- 지금은 1) (숫자를 거론하여 뛰어남을 찬탄함)이니 (1) 숫자를 거론함이요, (2) 若得 아래는 뛰어남을 찬탄함이다. '걸림 없는 지위에 도달함'은 곧 자분의 인행이 원만함이요, '불법이 장애가 없음'은 곧 승진행의 과덕이 만족함을 뜻한다.

2) 명칭을 나열하여 중요함을 밝히다[列名顯要] 3.
(1) 숫자로 질문하다[徵數] (第二 2下7)

何者爲十고 所謂音聲忍과 順忍과 無生法忍과 如幻忍과 如焰忍과 如夢忍과 如響忍과 如影忍과 如化忍과 如空忍이니

무엇이 열인가? 이른바 (1) 음성인 · (2) 따라 주는 인 · (3) 생사 없는 지혜의 인 · (4) 요술 같은 인 · (5) 아지랑이 같은 인 · (6) 꿈 같은 인 · (7) 메아리 같은 인 · (8) 그림자 같은 인 · (9) 허깨비 같은 인 · (10) 허공 같은 인이니,

[疏] 第二, 何者爲十下는 列名顯要라 中에 初, 徵數요 次, 列名이요 後, 顯要라 名中에 前三은 約法이요 後七은 就喩니라

■ 2) 何者爲十 아래는 명칭을 나열하여 중요함을 밝힘이다. 그중에 (1) 숫자로 질문함이요, (2) 명칭을 나열함이요, (3) 중요함을 밝힘이다. (2) 명칭 중에 앞의 셋[音聲忍, 順忍, 無生法忍]은 법을 잡은 해석이요, 뒤의 일곱[如幻忍, 如焰忍, 如夢忍, 如響忍, 如影忍, 如化忍, 如空忍]은 비유에 입각한 해석이다.

(2) 명칭을 나열하다[列名] 2.
가. 법을 잡아 나열하다[約法] 2.
가) 해당 구절을 해석하다[當句解釋] (三中 2下9)

[疏] 三中에 初一은 約敎인대 謂忍於敎聲일새 從境爲名이니 音聲之忍이니

라 次一은 約行이니 順諸法故니 順卽是忍이니라 三, 無生忍者는 若約 忍無生理인대 卽無生之忍이요 若約無生之智와 及煩惱不生인대 則 無生이 卽忍이니 通二釋也니라

- 세 가지 중에 처음 (1) 음성인은 교법을 잡는다면 이른바 법인이 교법의 음성이므로 경계로부터 명칭을 지어 음성인이라 하였다. 다음의 (2) 따라 주는 인[順忍]은 행법을 잡았으니 여러 교법을 따르는 까닭이니, 따름이 곧 법인이다. (3) 생사 없는 법인[無生法忍]은 만일 무생인의 이치를 잡는다면 곧 무생의 법인일 것이요, 만일 생사 없는 지혜와 번뇌가 생겨나지 않음을 잡는다면 생사 없음이 곧 법인이니 두 가지를 통틀어 해석하였다.

나) 통하고 국한됨을 구분하다[料揀通局] 2.
(가) 통함으로 해석하다[釋通] 3.

ㄱ. 통함을 바로 밝히다[正顯通] (又此 3上2)
ㄴ. 국한되지 않음을 반대로 밝히다[反顯非局] (若約)
ㄷ. 비방과 힐난을 해명하다[通妨難] (順但)

[疏] 又此三忍을 若通相說인대 前二는 皆是無生忍之加行이니 順向無生이요 後一은 方契니라 若約當位인대 三忍儵然이니 以不應此位에 方有順無生忍故라 順은 但順理요 不是順忍이라 若爾인대 何異無生고 順忍이 通順事理일새 故로 不同無生이니 經에 云, 法有도 亦順知等이라 하니라

- 또한 이런 세 가지 법인은 만일 전체적인 양상으로 설명한다면 앞의

둘은 모두 무생법인의 가행이니, 순인은 생사 없음을 향하고, 뒤의 하나[無生忍]는 비로소 계합함의 뜻이다. 만일 해당 지위를 잡는다면 세 가지 법인은 잠깐이니, 이런 지위에 응하지 않을 적에 비로소 생사 없음을 따르는 법인이 되는 까닭이다. 따름은 단지 이치를 따름이요, 법인을 따름이 아니다. 만일 그렇다면 어떻게 무생(無生)과 다르겠는가? 순인(順忍)은 현상과 이치를 통틀어 따르므로 무생인과 같지 않나니 경문에 이르되, "법이 있음도 또한 아는 것을 따름과 평등하다"라고 하였다.

(나) 국한됨으로 해석하다[釋局] (又依 3上6)

[疏] 又依五忍인대 位當寂滅이어니와 今約三忍하여 明義일새 故當無生이니 如地持說하니라
- 또한 다섯 가지 법인에 의지한다면 지위가 적멸인(寂滅忍)에 해당하겠지만 지금은 세 가지 법인을 잡아서 뜻을 밝히는 연고로 무생인(無生忍)에 해당하나니 『지지론(地持論)』의 설명과 같다.

[鈔] 三, 無生忍中에 自有二義하니 一, 理智雙明이요 二, 若約無生之智下는 唯就智說이라 具如八地니 即是忍淨이라 忍淨이 復二하니 一, 智不生은 即無分別智니 體無念慮故요 二, 煩惱不生은 妄想不起故니라 二, 若約當位下는 反顯非局이니 謂依地持인대 音聲은 屬資糧位요 順忍은 屬加行位요 無生忍은 屬於正證이니 故言三忍이 迢然이라 迢然은 不同이니라 以不應下는 結非局義니라
- (3) 생사 없는 법인 중에 자연히 두 가지 뜻이 있으니, 첫째, 이치와

지혜를 함께 밝힘이요, 둘째, 若約無生之智 아래는 오직 지혜에 입각하여 설명하였다. 갖춘 것은 제8지와 같나니 곧 법인이 청정함이다. '법인이 청정함[忍淨]'에 다시 둘이니 ① '지혜가 생겨나지 않음[智不生]'은 곧 무분별의 지혜이니 체성에 염려함이 없는 연고요, ② '번뇌가 생겨나지 않음[煩惱不生]'은 망상이 일어나지 않는 연고요, ㄴ. 若約當位 아래는 국한되지 않음을 반대로 밝힘이다. 말하자면『지지론(地持論)』에 의지하면 음성인은 자량위(資糧位)에 속하고, 순인은 가행위(加行位)에 속하고, 무생인은 바로 증득하는 지위[修證位]에 속하나니 그러므로 '세 가지 법인은 멀다'고 하였으니, 먼 것이 같지 않은 것이다. 以不應 아래는 국한되지 않은 뜻을 결론함이다.

三, 順但順理下는 通妨難이라 文有兩難하니 第一, 正難云호대 加行之位가 順無生忍일새 故名順忍인대 今不約位어늘 那有順忍고 故今通云호대 順有二義하니 一, 順無生忍은 卽是加行이요 今順無生之理일새 故非約位니라 次, 躡迹難云호대 若爾인대 何異無生고 次, 順忍通順事理下는 通難이니 旣通事理일새 故不同無生이 但順於理니라…〈아래 생략〉…

- ㄷ. 順但順理 아래는 비방과 힐난을 해명함이다. 경문에 두 가지 힐난이 있나니, 첫째, 바로 힐난하여 말하되, "가행의 지위는 무생인을 따르므로 순인이라 이름하였다면 지금은 지위를 잡았는데 어찌하여 순인이 있는가?" 그러므로 지금 해명하여 말하되, "따름에 두 가지 뜻이 있으니 (1) 무생을 따르는 인은 곧 가행위요, 지금은 무생의 이치를 따르는 연고로 지위를 잡지 않는 것이다." 다음에 자취를 토대로 힐난하되, "만일 그렇다면 무엇이 무생과 다른가?" (2) 順忍通順

事理 아래는 힐난을 해명함이니, 이미 현상과 이치를 통달한 연고로 무생이 단지 이치만 따른 것과 같지 않다.…〈아래 생략〉…

나. 비유를 잡아 나열하다[約喩] 2.
(가) 여섯 가지 해석을 결론하여 회통하다[結會六釋] (後七 4上6)

[疏] 後七, 約喩라 中에 並是依主니 謂如幻之忍等故니라
  ■ 나. 뒤의 일곱은 비유를 잡은 해석이다. 그중에 함께 의주석(依主釋)이니 이른바 요술 같은 인 따위와 같은 까닭이다.

(나) 통하고 국한됨을 구분하다[料揀通局] 2.
ㄱ. 예전 해석을 펼치다[敍昔] 7.

ㄱ) 광통율사의 해석[光統] 2.
(ㄱ) 예전 해석[敍昔] (光統 4上6)
(ㄴ) 회통하여 해석하다[會釋] (此則)

[疏] 光統이 云, 前四는 喩音聲하고 電化는 喩順忍하고 空은 喩無生하고 電은 卽今之影喩이라 又云, 幻者는 起無起相이요 焰者는 境無境相이요 夢者는 知無知相이요 響者는 聞無聞相이요 電者는 住無住相이라 今旣云影은 應云, 現無現相이요 化者는 有無有相이요 空者는 爲無爲相이라 此則能喩로 局於一相이니 所喩는 義通多法이라 在文雖無나 於理無失이리요
  ■ 광통율사가 이르되, "앞의 넷은 음성인에 비유하였고, 번개나 허깨비

는 순인에 비유하였고, 허공은 무생인에 비유하고, 번개는 지금의 그림자에 비유하였다." 또 이르되, "요술은 일어나고 일어남이 없는 모양이요, 아지랑이는 경계이면서 경계가 없는 모양이요, 꿈은 알아도 아는 것 없는 모양이요, 메아리는 듣고도 들음 없는 모양이요, 번개는 머물면서 머묾이 없는 모양이다. 지금 이미 그림자라 말함은 응당히 '나타나되 나타남 없는 모양'이라 말해야 할 것이요, 허깨비는 있다가 없는 모양이요, 허공은 하되 함이 없는 모양이다." 이것은 비유하는 주체로 한 모양에 국한한 해석이니 비유할 대상은 이치가 여러 법에 통한다. 경문에는 비록 없지만 이치에는 잃음이 없겠는가?

[鈔] 光統云下는 料揀通局이라 於中에 亦二니 先, 敍昔이요 後, 疏爲會通이라 前中에 總有七家하니 一, 光統이요 二, 賢首요 三, 攝論이요 四, 遠公이요 五, 金剛論이요 六, 大品이요 七, 楞伽라 然이나 光統에 有二하니 先, 敍昔이요 後, 會通이라 前中[3]에 先以七喩로 對上三法이니 義類同故라 二, 又云幻下는 別顯喩相이니 大同攝論이니라

言起無起者는 幻法이 從緣코 無定性故요 境無境者는 六塵之境이 如焰하고 似水나 而非水故요 知無知者는 夢中知覺은 非實覺故요 聞無聞者는 谷所發響은 非本聲故요 住非住者는 電卽晋經이니 取淨名意에 是身은 如電하여 念念不住라 從今旣云影下는 類彼以釋이니 亦淨名意라 經에 云, 是身은 如影하여 從業緣現이라하니 故云現無現相이요 化는 以無而忽有일새 故云有無有相이요 空以不礙施爲일새 故云爲無爲相이라하니 皆取喩中別義니라

- (나) 光統云 아래는 통하고 국한됨을 구분함이다. 그중에 또한 둘

---

3) 上七十二字는 南金本作光統云下라 하다.

이니 ㄱ. 예전 해석을 펼침이요, ㄴ. 소가가 모아서 해명함이다. ㄱ. 중에 총합하면 일곱 가지가 있으니 ㄱ) 광통(光統)율사의 해석이요, ㄴ) 현수(賢首)대사의 해석이요, ㄷ) 섭대승론의 해석이요, ㄹ) 혜원(慧遠)법사의 해석이요, ㅁ) 금강반야론의 해석이요, ㅂ) 대품반야경의 해석이요, ㅅ) 능가경의 해석이다. 그러나 ㄱ) 광통율사에도 둘이 있으니 (ㄱ) 예전 해석이요, (ㄴ) 회통하여 해석함이다. (ㄱ) 중에 a. 일곱 가지 비유로 위의 세 가지 법에 상대하나니 이치의 부류가 같은 까닭이다. b. 又云幻 아래는 비유한 모양을 개별로 밝힘이니『섭대승론』과 거의 같다.

'일어나고 일어남 없다'고 말한 것은 요술의 법은 인연을 따르므로 정해진 성품이 없는 까닭이다. '경계이면서 경계가 없음'은 육진의 경계는 아지랑이 같고 물과 같지만 물이 아닌 까닭이다. '알아도 아는 것 없음'은 꿈속에서 알고 깨달음은 진실한 깨달음이 아닌 까닭이다. '듣고도 들음 없음'은 골짜기에서 나온 메아리가 본래의 음성이 아닌 까닭이다. '머물면서 머무름 없음'은 번개는 곧 60권경에서『유마경』의 의미를 취할 적에 이 몸은 번갯불과 같아서 생각 생각에 머물지 않는다는 뜻이다. 今旣云影부터 아래는 저것과 유례하여 해석함이니 또한『유마경』의 주장이다. 경문에 이르되, "이 몸은 그림자 같아서 업의 인연으로부터 나타난다"고 하였으니, 그러므로 '나타나면서 나타난 모양은 없다'고 하였고, 허깨비는 없다가 홀연히 있으므로 말하되, '있다가 없는 모양이다'라 하고, 허공은 베풀고 함을 장애하지 않은 연고로 '하되 함이 없는 모양'이라 하였으니, 모두 비유한 중의 개별적인 뜻을 취하였다.

此則能喩下는 二, 疏爲會通이라 言能喩가 局於一相者는 幻中에 但有起無起相하고 而無境無境相과 知無知等六相이요 乃至空喩는 但有爲無爲相하고 而無起無起等일새 故云局一이니라 言所喩는 義通多法者는 如起無起相은 通明緣起之法이니 不局內外等殊요 有無有相은 但明萬有卽虛니 不局菩薩의 能化等이라 故[4]通多法이니라 如境無境과 聞無聞은 亦有局義일새 故로 疏致於義通之言이니라 從在文雖無下는 縱成其義니라

- (ㄴ) 此則能喩 아래는 (소가가) 회통하여 해석함이다. '비유하는 주체로 한 모양에 국한한 해석'이라 말한 것은 요술 중에 단지 일어나고 일어남 없는 모양만 있고 경계이면서 경계 없는 모양이 없음과 알면서 앎이 없는 등의 여섯 가지 모양이요, 나아가 허공의 비유까지이다. 단지 함이 있고 함이 없는 모양이지만 일어나고 일어남 없는 모양은 없으므로 '하나에 국한한다'고 말하였다. '비유할 대상은 이치가 여러 법에 통한다'고 말한 것은 마치 일어나고 일어남 없는 모양은 연기의 법을 통틀어 밝힌 것과 같나니, 안과 밖 등에 국한됨이 다르지 않고, 있고 없는 모양은 단지 만 가지 있는 것이 곧 빈 것임을 밝혔으니, 보살이 교화하는 주체 등에 국한되지 않나니, 그러므로 여러 법과 통하는 것이다. 경계이면서 경계가 없는 모양과 듣고도 들음 없는 모양과 같은 것은 또한 국한된 뜻이 있는 연고로 소가가 이치가 통하는 말에 이르렀다. 在文雖無부터 아래는 놓아서 그 뜻을 성립함이다.

ㄴ) 현수대사의 해석[賢首] 2.

---

[4] 故는 甲南續金本作故云이라 하다.

(ㄱ) 예전 해석[敍昔] (又古 5上8)
(ㄴ) 회통하여 해석하다[會通] (此釋)

[疏] 又古德이 云, 觀識如幻하며 想如焰하며 受如夢하며 聲如響하며 行如電하며 色如化하며 總觀一切蘊界處等이 畢竟空故로 如虛空也라하니 此釋은 順後會偈文이라 故今影喩도 亦喩於行이니라

■ 또한 고덕이 말하되, "인식은 요술과 같고, 생각은 아지랑이와 같고, 느낌은 꿈과 같고, 음성은 메아리와 같고, 행법은 번개와 같고, 형색은 허깨비와 같음을 관찰하며, 온갖 오온과 18계와 12처 등이 필경에 공함을 총합하여 관찰하는 연고로 허공과 같은 것이다"라 하였으니, 여기의 해석은 뒤의 제8. 삼회보광명전법회의 게송 문장을 따르므로 지금의 그림자의 비유도 또한 행법을 비유한 내용이다.

[鈔] 又古德下는 二, 賢首釋이라 先, 敍昔이요 後, 此釋下는 會通이라 文則縱成이나 意則暗奪이니 謂後의 離世間品에 偈有別喩하니 義則可成이나 而下正釋에 所喩가 旣通이라 但順後經일새 故爲暗奪이니라 言離世間偈者는 經에 云, 觀色如聚沫하며 受如水上泡며 想如熱時焰이요 諸行은 如芭蕉며 心識은 猶如幻이 示現種種事라 如是知諸蘊하여 智者無所着이라하니 卽其文也니라 言故今影喩가 亦喩於行者는 今文影喩가 當晉電故라 對上光統일새 故致亦言이니라

● ㄴ) 又古德 아래는 현수대사의 해석이다. (ㄱ) 예전 해석이요, (ㄴ) 此釋 아래는 회통하여 해석함이다. 경문은 놓아서 이루지만 의미는 모르게 뺏었으니, 이른바 뒤의 이세간품 게송에 개별 비유가 있나니, 뜻은 성립할 수 있지만 아래의 바로 해석함에는 비유한 것과 이미 통

한 소견이다. 단지 뒤의 경문만 따르는 연고로 모르게 뺏음이 되었다. '이세간품 게송'이라 말한 것은 경문에 이르되, "물질은 거품 모인 것과 같고, 느낌은 물 위에 뜬 거품과 같고, 생각은 더울 때 아지랑이 같으며, 지어 가는 일은 파초 같고, 인식하는 마음은 환술과 같은 것이 갖가지 일을 나타내지만 이렇게 오온을 알아서 지혜로운 이 집착 않나니"라 한 것이 그 문장이다. '그러므로 지금 그림자의 비유가 또한 행법을 비유한 것'이라 말한 것은 본경 문장의 그림자의 비유가 진경의 번개의 비유에 해당하기 때문이다. 위의 광통율사와 상대하는 연고로 '또한'이라 말하였다.

ㄷ) 섭대승론의 해석[攝論] 2.
(ㄱ) 섭론을 인용하여 증명하다[引論證明] (若依 5下8)

[疏] 若依攝論第五컨대 八喩는 皆喩依他起性이라 然이나 並爲遣疑니 所疑不同일새 故로 所喩도 亦異라 一, 以外人이 聞依他起相이 但是妄分別有라 非眞實義하고 遂卽生疑云호대 若無實義하면 何有所行境界아할새 故說如幻이라 謂幻者는 幻作이니 所緣六處가 豈有實耶아 二, 疑云호대 若無實하면 何有心과 心法轉고할새 故說如焰이라 飄動하면 非水似水며 妄有心轉이니라 三, 疑云호대 若無實하면 何有愛非愛受用고할새 故說如夢이니 中에 實無男女나 而有愛非愛等受用이요 覺時도 亦爾니라 四, 疑云호대 若無實하면 何有戲論言說고할새 故說如響이라 實無有聲이로되 聽者가 謂有니라 五, 疑云호대 若無實인대 何有善惡業果오할새 故說如影이라 謂如鏡影像일새 故亦非實이라 六, 疑云호대 若無實인대 何以菩薩이 作利樂事오할새 故說如化라 謂

變化者는 雖知不實이나 而作化事하나니 菩薩도 亦爾라하니라

■ 만일 『섭대승론』 제5권을 의지하건대 여덟 가지 비유는 모두 의타기성에 비유한 것이다. 그러나 아울러 의심을 보냈으니, 의심할 대상이 같지 않으므로 비유할 대상도 또한 다르다. (1) 바깥 사람이 의타기성을 들은 모양이 단지 허망한 분별로 있을 뿐이니, 진실한 뜻이 아니고 마침내 곧 의심이 생겨서 말하되, "만일 진실한 뜻이 없다면 어째서 행할 바 경계가 있는가?" 하므로 허깨비와 같다고 말하였다. 이른바 요술은 요술로 지었으니 반연할 대상인 육처가 어찌 실다움이 있겠는가? (2) 의심하여 이르되, "만일 실법이 없다면 어째서 마음과 마음의 법이 바뀜이 있는가?"라고 한 연고로 '요술 같다'고 말하였다. 나부끼면서 동요하면 물이 물과 같지 않고 허망하게 마음이 바뀜이 있다. (3) 의심하여 이르되, "만일 실법이 없다면 어째서 사랑하고 사랑하지 않음을 수용함이 있겠는가?"라 하므로 꿈과 같다고 말하였으니, 그중에 진실로 남녀가 없지만 사랑하고 사랑하지 않는 등을 수용함이 있는 것이요, 깨었을 때도 마찬가지이다. (4) 의심해 말하되, "만일 진실함이 없다면 어째서 장난말로 말함이 있겠는가?"라 하므로 '메아리와 같다'고 말하였다. 진실로 음성이 없지만 듣는 이가 있다고 말한 것이다. (5) 의심해 말하되, "만일 진실함이 없다면 어째서 선업과 악업의 결과가 있겠는가?"라 하므로 '그림자와 같다'고 말하였다. 말하자면 거울의 그림자 형상과 같으므로 또한 진실함이 아니다. (6) 의심해 말하되, "만일 진실함이 없다면 어째서 보살이 이롭고 즐거운 일을 짓겠는가?"라 하므로 '허깨비와 같다'고 하였다. 말하자면 허깨비가 변화한 것은 비록 실법이 아닌 줄 알면서도 변화한 일을 짓는 것이니 보살도 마찬가지라고 하였다.

(ㄴ) 논서와 경문을 상대하여 밝히다[論經對辨] (然彼 6上9)

[疏] 然이나 彼論에는 無空喩하고 而影喩하니 是鏡像인대 更有映質이요 光影喩는 喩種種識無實이니라 又有水月喩하니 喩定地境界無實이라 今經은 以義類同일새 故合在影中이라 至文當知니라

■ 그러나 저 논에는 허공의 비유가 없고 그림자로 비유하였으니 거울의 형상이라면 다시 비치는 바탕이 있을 것이요, 빛 그림자의 비유는 갖가지 인식이 진실하지 않음에 비유하였다. 또한 물속 달의 비유가 있으니 삼매의 경지인 경계가 진실하지 않음을 비유한 것이다. 본경에서 이치로 유례함이 같은 연고로 그림자에 있음과 합하였나니, 경문에 가면 마땅히 알리라.

[鈔] 若依攝論下는 三, 引攝論이라 分二니 先, 引論이요 不欲繁文하여 疏中에는 義引이나 恐欲委究일새 故로 鈔에 具明이라 論에 云, 復次何緣으로 如經所說하여 於依他起自性에 說幻等喩오하니 此總問也라 於依他起自性에 爲除他虛妄疑故라하니 此總答也라 世親은 釋虛妄疑云호대 謂於虛妄依他起性에 所有諸疑라하니라 論에 云, 他復云何於依他起自性에 有虛妄疑오하니 牒徵也라 由他於此에 起如是疑라하니 總牒標也오 下는 別釋이라5) 一, 論에 云, 云何實無有義어니 而有所行境界오할새 爲除此疑하여 說幻事喩라하니 解曰, 此中疑意는 從前論生이니 以前論에 云, 依他起相이 是虛妄分別이라 唯識爲性이니 是無所有하여 非眞實義라할새 從此生疑니라 故로 云, 若無實義인대 何有境界오하니라 下文諸疑는 皆從此生이라 故로 每疑前에 皆有云何無義

---

5) 上諸注는 南續金本係正文이라 하다.

하고 喩釋之中에 皆云爲除此疑하여 說如焰喩等이라하니라 無性이 釋 幻喩라 意云호대 如無實象이나 而有幻象이 爲所緣境界니 依他起性 도 亦復如是하여 雖無色等의 所緣六處나 周徧計度時에 似有所緣하 여 六處顯現이라하니라 解曰, 無實似有어니 何要實耶아 下文諸喩가 酬意皆爾니라

- ㄷ) 若依攝論 아래는 섭대승론을 인용한 해석이다. 둘로 나누리니 (ㄱ) 섭론을 인용하여 증명함이요, 문장을 번거롭게 하지 않으려고 소문 중에 뜻으로 인용하였지만 자세하게 궁구하고자 함을 두려워 하는 연고로 초문에서 갖추어 밝혔다. 논에 이르되, "또다시 어떤 인 연으로 경문에 설한 바와 같아서 의타기자성에 허깨비 같은 등으로 비유하였는가?(이것은 총합적인 질문이다) 의타기자성에서 다른 허망한 의심을 제거하기 위한 까닭이다. (이것은 총합적인 대답이다)"라 하였으니, 세친보살은 허망함을 해석하면서 의심해 이르되, "이른바 허망한 의 타기성에 가진 모든 의심이다"라고 하였다.『섭대승론』6)(중권)에 이 르되, "다른 이가 다시 어떻게 의타기자성에서 허망한 의심이 있었는 가?(질문을 따옴이다) 저로 말미암아 여기에서 이런 의심을 일으킨 것인 가?(총합하여 표방함을 따옴이니 아래는 개별 해석이다)" 하나는『섭대승론』에 이르되, "실제로 대상이 존재하지 않는데 어떻게 심식(心識)이 행해지 는 경계를 이루는가? 이런 의심을 없애기 위해서 요술의 비유[幻事喩] 를 말하였다." 해석하여 말하되, "이 가운데 의심한 의미는 앞의 논으 로부터 생긴 것이다." 앞의 논에 이르되, "의타기성의 모양은 허망한 분별이다. 오직 인식이 성품이 되나니 얻은 바도 없어서 진실한 이치 가 아니다"라고 하므로 이로부터 의심이 생겼다. 그러므로 말하되,

---

6) 無着造 玄奘譯 3권본 攝大乘論 中卷에 나온다.

"만일 실제로 대상이 없는데 어떠한 경계가 있겠는가?"라 하였다. 아래 경문의 모든 의심은 모두 이로부터 생겼으므로 매일 의심하기 전에 모두 '어찌하여 대상이 없는가?'라고 하였고, 비유로 해석한 중에 모두 말하되, "이런 의심을 제거하기 위하여 아지랑이의 비유 따위를 설한다"라고 하였다. 무성(無性)보살은 요술의 비유를 해석하였으니 의미로 말하되, "실제로 형상이 없지만 요술 같은 형상이 반연할 대상 경계가 됨이 있는 것처럼 의타기성도 또한 마찬가지여서 비록 형색 등의 반연할 대상인 육처(六處)가 없지만 두루 계탁할 때에 반연할 대상과 같이 육처가 나타난다"라고 하였다. 해석하여 말하되, "실재하는 대상이 없음은 있음과 같은데 어째서 실재함이 중요한가?" 아래 논문의 모든 비유의 대답한 의미가 모두 그렇다.

二, 論에 云, 云何無義인대 心心法轉고할새 爲除此疑하여 說陽燄喩니라 釋曰, 又如陽燄이 於飄動[7]時에 實無有水나 而有水覺하고 外器世間도 亦復如是니라 三, 論에 云, 云何無義인대 有愛非愛인 受用差別고할새 爲除此疑하여 說所夢喩라하니라 釋曰, 又如夢中에 睡眠所起에 心心所法聚가 極成昧略하니 雖無女等種種境界나 有愛非愛境界受用인달하여 覺時도 亦爾니라 四, 論에 云, 云何無義인대 淨不淨業으로 愛非愛果가 差別而生고할새 爲除此疑하여 說影像喩라하니라 釋曰, 又如影像이 於鏡等中에 還見本質하고 而謂我今에 乃見影像이나 而此影像은 實無所有라 非等引地에 善惡思業으로 本質爲緣이니 影像果生도 亦復如是라하니라

● 둘은 『섭대승론』에 이르되, "대상이 없는데 어떻게 심왕과 심소법이

---

7) 動은 甲南續金本作劫이라 하다.

작용하는가? 이런 의심을 제거하기 위해서 '아지랑이의 비유[陽燄喩]'를 말하였다. 해석하여 말하되, "또한 아지랑이가 피어오를 때에 진실로 물이 없지만 물이란 생각이 있음과 같나니 바깥의 기세간도 또한 그러하다"라고 하였다. 셋은 『섭대승론』에 이르되, "대상이 없는데 어떻게 사랑하고 사랑하지 못함으로 수용하는 차이가 있는가? 이런 의심을 제거하기 위해서 꿈꾸는 비유[所夢喩]를 말하였다." 해석하여 말하되, "또한 꿈속에 잠들었다가 일어날 적에 심왕과 심소법의 무더기가 지극히 어둡고 생략함이 이루어졌나니, 비록 여자 따위의 갖가지 경계가 없지만 사랑하고 사랑하지 못함의 경계를 수용함이 있는 것과 같아서 깨었을 때도 마찬가지이다." 넷은 『섭대승론』에 이르되, "대상이 없는데 어떻게 청정하고 청정하지 못함의 업과 사랑하고 사랑하지 못함의 결과가 다르게 생겨나는가? 이런 의심을 제거하기 위하여 영상의 비유[影像喩]를 말하였다." 해석하여 말하되, "또한 영상이 거울 따위 속에 도리어 본질을 보더라도 내가 지금 비로소 영상을 보지만 이런 영상이 진실로 없는 것과 같다. 똑같이 인용한 십지(十地)의 선하고 악한 생각하는 업으로 본질로 인연을 삼나니 영상의 결과가 생김도 또한 다시 마찬가지이다"라고 하였다.

五, 論에 云, 云何無義인대 種種識轉고할새 爲除此疑하여 說光影喩니라 釋曰, 又如光影이 由弄影者가 映蔽其光하고 起種種影이라 非等引中에 種種諸識이 於無實義로되 差別而轉이라하니라 六, 論에 云, 云何無義인대 種種戱論을 言說而轉고할새 爲除此疑하여 說谷響喩니라 釋曰, 又如谷響이 實無有聲이나 而令聽者로 似聞多種言說境界하여 種種言說語業도 亦爾라하니라 七, 論에 云, 云何無義인대 而有

實取諸三摩地의 所行境轉고할새 爲除此疑하여 說水月喩니라 釋曰, 又如水月이 由水潤滑澄淸性故로 雖無有月이나 而月可取라 緣實 義境之所熏修가 潤滑爲性하여 諸三摩地相應之意도 亦復如是하여 雖無所緣實義境界나 而似有轉이니라 此與映像으로 有何差別하여 定不定地가 而有差別고 有說面等이 衆緣和合하여 水鏡等中에 面 等影生하여 分明可取가 如衆緣力으로 頗胝迦等의 種種色生이 爲不 爾耶아하니 所取差別은 如離水鏡코 月面等影을 分明可得이어니와 頗 胝迦等의 所現衆色은 則不如是니 故非同喩니라 又非我等이 許有水 等의 種種實義라 有法不成일새 故非比量이니라

● 다섯은 『섭대승론』에 이르되, "대상이 없는데 어떻게 갖가지 인식이 바뀌는가? 이런 의심을 제거하기 위하여 그림자의 비유[光影喩]를 말하였다." 해석하여 말하되, "또한 빛깔 그림자가 그림자를 희롱하여 그 빛깔을 막음으로 말미암아 갖가지 그림자가 생김과 같다. 똑같이 인용한 중에서 갖가지 모든 인식이 진실한 이치가 없지만 차별되게 바뀐다"라고 하였다. 여섯은 『섭대승론』에 이르되, "대상이 없는데 어떻게 갖가지 장난말을 언설로 굴리는가? 이런 의심을 제거하기 위하여 골짜기의 메아리의 비유[谷響喩]를 말하였다." 해석하여 말하되, "또한 마치 골짜기 메아리가 실제로 음성이 없지만 듣는 자로 하여금 여러 종류의 언설 경계를 듣는 것과 같아서 갖가지 언설로 말하는 업도 마찬가지이다"라고 하였다. 일곱은 『섭대승론』에 이르되, "대상이 없는데 어떻게 실제로 보는 삼마지에서 행해지는 대상을 취하여 뒤바뀌는가? 이런 의심을 제거하기 위하여 물에 비친 달의 비유[光影喩]를 말하였다." 해석하여 말하되, "또한 마치 물속 달이 물로 윤택하게 맑게 하는 성품으로 말미암은 연고로 비록 달은 없지만 달

을 취할 수 있어서 진실한 이치의 경계로 훈습하여 닦고 윤활함이 성품이 됨을 인연하여 모든 삼마지와 상응하는 의미도 또한 마찬가지이니, 비록 반연할 대상이 진실한 뜻의 경계가 없지만 뒤바뀜이 있음과 같다. 이것은 영상과 함께 어떤 차별이 있어서 정하고 정하지 않은 지위가 차별됨이 있는 것인가? 어떤 이가 얼굴 중의 여러 인연으로 화합함이 있어서 물과 거울 따위 속에 얼굴 등의 그림자가 생겨서 분명히 취할 수 있겠는가? 마치 여러 인연의 힘으로 파지가(頗胝迦) 등의 갖가지 빛깔이 생겨남은 그렇지 않음과 같겠는가? 취할 대상이 차별함은 마치 물속 거울을 여의고 달 표면 따위가 그림자를 분명히 얻을 수 있는 것과 같지만 파지가 등의 나타낸 바 여러 빛깔은 그렇지 않나니, 그러므로 같은 비유가 아니다. 또한 내 따위가 물 등의 갖가지 진실한 이치가 있음을 허용함이 아니다. 법이 있으면 이루지 못하는 연고로 비량(比量)이 아니다.

八, 論에 云, 云何無義인대 有諸菩薩이 無顚倒心으로 爲辦有情의 諸利樂事하여 故思受生고할새 爲除此疑하여 說變化喩니라 釋曰, 又如變化가 依此變化를 說名變化라 雖無有實이나 而能化者가 無有顚倒하여 於所化事에 勤作功用하여 菩薩도 亦爾하여 雖無徧計所執有情이나 於依他起인 諸有情類에 由哀愍故로 而往彼彼諸所生處하여 攝受自體라하니라 論下에 總結云호대 應知此中에 唯有爾所虛妄疑事니 所謂內一와 外二와 受用差別三과 身業四과 語業五과 三種意業非等引地六와 若等引地七와 若無顚倒八라 於此八事에 諸佛世尊이 說八種喩하나니 諸有智者는 聞是所說하고 於定不定의 二地義中에 能正解了라하니라 解曰, 上依彼論하여 次第具引하니 其釋曰下

는 皆無性釋이요 其解曰下는 卽鈔家意니라 然其論釋疑가 但由疑異 일새 故擧八喩언정 不必相躡[8]일새 故로 論에 皆牒最初若無有義하고

● 여덟은 『섭대승론』에 이르되, "대상이 없는데 어떻게 모든 보살은 전도됨이 없는 마음으로 유정을 이롭게 하는 일들을 애써 하기 위해서 생을 받으려고 생각하는가? 이런 의심을 제거하기 위하여 허깨비가 변화하는 비유[變化喩]를 말하였다." 해석하여 말하되, "또한 허깨비가 변화함이 이것을 의지하여 변화함을 변화라고 이름한다. 비록 실재하는 대상이 없지만 변화하는 주체가 뒤바뀜이 없어서 변화할 대상인 일에 부지런히 공용을 지음과 같이 보살도 그러하여 비록 변계소집성이 없는 중생이지만 의타기성인 모든 유정 부류에 대해 불쌍히 여김으로 인해 저와 저 여럿이 생겨난 처소에 가서 섭수한 자체인가?"라고 하였다. 섭론의 아래에 총합 결론하여 말하되, "응당히 알라. 이 가운데 오직 이런 허망하게 의심할 대상인 일만 있나니, 이른바 안(하나)과 바깥(둘)과 수용이 차별함(셋)과 몸의 업(넷)과 말의 업(다섯)과 세 가지 의업이 똑같이 이끈 지가 아님(非等引地, 여섯)과 저 똑같이 이끈 지(等引地, 일곱)와 저 전도됨 없음(여덟)이다. 이런 여덟 가지 일에 모든 부처님 세존이 여덟 가지 비유를 말씀하시니, 모든 지혜 있는 자는 이런 말씀을 듣고 정하고 정하지 않은 제2. 이구지의 이치 중에서 능히 잘 해석하여 알 수 있는 것이다"라고 하였다. 해석하여 말하되, "위는 저 논에 의지해서 순서대로 갖추어 인용하였으니, 그 釋曰 아래는 모두 무성(無性)보살의 해석이요, 그 解曰 아래는 곧 초가(鈔家)의 주장이다. 그러나 그 논의 의심을 해석한 부분은 단지 의심이 다름으로 말미암은 연고로 여덟 가지 비유를 거론하였지만 반드시 서

---

8) 躡은 續本作攝誤라 하다.

로 포섭하지는 않는다. 그러므로 논에서 모두 가장 처음의 若無有義 를 따온 것이다.

疏에 直依經文之次第하여 以引論文이니라 若刊定記인대 一一相躡이 라 旣經論中에 次第不同이어니 如何經中에 復成相躡이리요 然彼論下 는 第二, 經論對辨이라 然이나 論望經컨대 略有四異라 疏有三節하니 初, 明有無요 二, 而影是鏡像者는 是顯名異요 三, 更有映質下는 辨其開合이라 於中에 有二하니 先, 辨論開所由니 由義異故오 後, 今 經以義下는 明經合所以니 以類同故라 更有一意하니 爲成十故로 以加三法이라 故合此三이니 下文에 當說이니라 然若唯爲成十인대 何 不合在於餘喩中고할새 故로 疏에 但顯類同之義니라 言至下當知者 는 卽影喩中에 廣開其相이니라 四者, 經論次第가 而有前却하니 經은 爲對前三種法일새 故次가 不同論이라 下釋에 具出이요 易故로 此無 니라

● 소가가 경문의 순서를 곧바로 의지해서 논문을 인용하였다. 저 간정 기라면 하나하나 서로 토대가 됨이니, 이미 경문과 논문 중의 순서가 같지만 어째서 경문 중에 다시 서로 토대로 삼음을 이루는가? (ㄴ) 然彼論 아래는 논서와 경문을 상대하여 밝힌 내용이다. 그러나 논문 으로 경문을 바라보면 간략히 네 가지 다른 점이 있으니 소에는 세 절목만 있다. a. 있고 없음을 밝힘이요, b. '하지만 그림자는 거울의 형상'이란 명칭이 다름을 밝힘이다. c. 更有映質 아래는 열고 합함을 밝힘이다. 그중에 둘이 있으니 a) 논에서 전개한 이유를 밝힘이니 이 치가 다름 때문이요, b) 今經以義 아래는 경문과 합한 이유를 밝힘 이다. 부류가 같은 연고로 다시 한 가지 의미가 있나니 10을 성립하

기 위한 연고로 세 가지 법을 더하므로 이런 세 가지와 합하였으니 아래 경문에 가서 말하리라. 그러나 만일 오직 열 가지만 이루었으니 어째서 나머지 비유 중에 합하지 않는가? 그러므로 소에서는 단지 부류가 같은 뜻만 밝혔다. '아래에 가서 마땅히 알리라'고 말한 것은 곧 그림자의 비유 중에 그 모양을 자세히 밝혔다. a. 경과 논의 순서이지만 앞과 뒤바뀜이 있나니 경에서 앞의 세 종류의 법을 상대하기 위함이므로 순서가 논과 같지 않다. 아래 해석에 갖추어 내보였으니 쉬운 연고로 여기서 (해석함은) 없다.

ㄹ) 혜원법사의 해석[遠公] 4.
(ㄱ) 의미를 취하여 예전 해석을 밝히다[取意敍昔] (遠公 9下7)
(ㄴ) 그 수순하고 위배됨을 밝히다[辨其順違] (非不)

[疏] 遠公이 見其無空하고 便以空喩로 喩無爲法하니 非不有理나 而違下經이니 經에 云, 衆生及諸法이 皆如空故라하니라

- 혜원법사가 그 허공 없음을 발견하고 문득 허공의 비유로 무위법에 비유하였으니, 도리가 있지 않은 것은 아니지만 아래 경문과 위배되나니, 경문에는 이르되, "중생과 모든 법도 모두 허공과 같기 때문이다"라고 하였다.

(ㄷ) 질문을 빌려서 바로 해석하다[假徵正釋] (若爾 9下8)
(ㄹ) 자세함은 간략함에서 나옴을 결론하다[結廣從略] (餘義)

[疏] 若爾인대 云何釋空喩耶아 謂彼疑情을 雖遣이나 猶謂諸法이 有不實

相이라할새 故云如空하여 畢竟無物이라 餘義는 廣如攝論과 及別章說이니라

- 만일 그렇다면 어떻게 허공의 비유를 해석해야 하는가? 말하자면 저 의심하는 생각을 비록 보냈지만 아직 모든 법이 실재하지 않은 모양이 있다고 말하는 연고로 '허공과 같다'고 하되 필경에는 사물도 없기 때문이다. 나머지 이치는 자세한 것은 섭론과 별도 가름에 설명한 내용과 같다.

[鈔] 遠公下는 四, 敍遠公이라 有四하니 一, 取意敍昔이요 二, 辨其順違요 三, 假徵正釋이요 四, 結廣從略이라 今初9)니 然이나 遠公이 依於二諦하여 解斯七喩하니 前六은 爲俗이니 知俗非實일새 故說如幻이요 知俗假有일새 故說如焰이요 知俗心起일새 故說如夢이요 知聲不實일새 故說如響이요 知俗暫有일새 故說如電이요 知變易無體일새 故說如化니라 後一은 知眞이니 知眞離相일새 故說如虛空이니라 前六은 是有爲空이요 後一은 卽無爲空이라 以前六喩는 多同光統과 及與攝論일새 故疏不引하고 但取意云, 見其攝論八喩는 依他일새 故不立空이라 今經에 有空은 明喩無爲라하니라

- ㄹ) 遠公 아래는 혜원법사의 해석이다. (그중에) 넷이 있으니 (ㄱ) 의미를 취하여 예전 해석을 말함이요, (ㄴ) 그 수순하고 위배됨을 밝힘이요, (ㄷ) 질문을 빌려서 바로 해석함이요, (ㄹ) 자세함은 간략함에서 나옴을 결론함이다. 지금은 (ㄱ)이니 그러나 혜원법사가 두 가지 진리에 의지하여 그런 일곱 가지 비유를 해석하였으니, 앞의 여섯은 속제가 되나니 (1) 속제가 진실이 아님을 아는 연고로 '요술과 같다'

---

9) 上十七字는 南金本無라 하다.

고 말하고, (2) 속제가 가정적으로 있음을 아는 연고로 '불꽃과 같다'고 말하고, (3) 속제가 마음에서 일어남을 아는 연고로 '꿈과 같다'고 말하고, (4) 음성이 진실이 아님을 아는 연고로 '메아리와 같다'고 말하고, (5) 속제가 잠시 있음을 아는 연고로 '번개와 같다'고 말하고, (6) 변하고 바뀜에 체성이 없음을 아는 연고로 '변화함과 같다'고 말하였다. (7) 뒤의 하나는 진제를 아는 것이니, 진제는 양상을 여읨을 아는 연고로 '허공과 같다'고 말하였다. 앞의 여섯은 유위법의 허공이요, 뒤의 하나는 곧 무위법의 허공이다. 앞의 여섯 가지 비유는 광통(光統)율사와 섭론과 대부분 같은 연고로 소가가 인용하지 않았다. 단지 의미를 취하여 말하되, "그 섭론의 여덟 가지 비유는 의타성인 연고로 공을 세우지 않음을 본 것이요, 본경에 공이 있음은 무위법에 비유한 것을 밝혔다"라고 하였다.

非不有理下는 二, 辨順違라 初句는 順理니 空比餘喩에 似無爲故니라 而違已下는 辨其違文이니 以文中에 空喩寬故니라 若爾下는 三, 假徵正釋이니 先, 徵意에 云호대 彼旣[10]違文인대 自云何解오 從謂彼疑情下는 卽疏正解니 取攝論勢하여 以解空喩라 彼論에 雖無나 假使有者인대 應如我釋이니라 餘義下는 四, 結廣從略이라 攝論之廣은 已如上引이요 別章之文은 鈔已略具니라

- (ㄴ) 非不有理 아래는 그 수순하고 위배됨을 밝힘이다. a. 첫 구절은 이치를 따름이니 허공은 나머지 비유와 견줄 적에 무위법과 같은 까닭이다. b. 而違 아래는 그 위배한 경문을 밝힘이니, 경문 중에 허공의 비유가 너그러운 까닭이다. (ㄷ) 若爾 아래는 질문을 빌려서 바

---

10) 旣는 甲本無, 南續金本作釋이라 하다.

로 해석함이다. a. 질문한 의미를 말하되, "저가 이미 경문과 위배된다면 자신은 어떻게 해석하려는가?" b. 謂彼疑情부터 아래는 곧 소가가 바로 해석함이다. 섭론의 세력을 취하여 허공의 비유를 해석하면 저 논에는 비록 없지만 가정적으로 있게 하는 것은 응당히 나의 해석과 같다. (ㄹ) 餘義 아래는 자세함은 간략함에서 나옴이라 결론함이다. 섭론이 자세함은 이미 위에서 인용함과 같고 별도 가름의 문장은 초문에 이미 간략하게 갖추었다.

ㅁ) 금강반야론의 해석[金剛論] (金剛 10下5)

[疏] 金剛般若의 九喩는 亦皆喩有爲요
■ 『금강반야』의 아홉 가지 비유도 또한 모두 유위법을 비유한 것이다.

[鈔] 金剛般若下는 五, 敍般若論이라 言九喩者는 羅什譯經에는 但有六喩이요 九는 依魏經이라 偈에 云, 一切有爲法은 如星翳燈幻과 露泡夢電雲이라하니 無着論은 當第十八의 上求佛地住處니 明流轉不染이요 天親은 當二十七의 說法入寂疑하니 謂佛旣涅槃인대 何能說法고할새 故擧此偈라 爲了有爲가 如幻等하면 卽無有爲니 是爲大智니 故不住生死니라 然이나 非無幻等일새 故不離有爲니 卽是大悲故로 不住涅槃이라 以是無住涅槃일새 故能入寂而說法也라하니라 無着이 頌云호대 見相及於識과 器身受用事와 過去現在法과 亦觀未來世라하고 論에 自解云호대 此偈는 顯示四有爲相이니 一, 自性相이라 卽初句에 攝三喩요 二, 着所住味相이니 卽如幻喩요 三, 隨順過失相이니 卽露泡二喩요 四, 隨順出離相이니 卽夢電雲三喩라 釋初相云호대

於中에 自性相者는 共相見識이니 此相은 如星이라 應如是見이니 無智暗中에 有彼光故며 有智明中에 無彼光故라하니라 解曰, 古有二釋하니 一者는 古來諸德이 皆以共相見識으로 解自性相하고 含於三喩하니 此三은 皆是生死自體性故라

● ㅁ) 金剛般若 아래는 『금강반야론』의 해석이다. (ㄱ) 아홉 가지 비유라 말한 것은 라집(羅什)법사가 번역한 경문에는 단지 여섯 가지 비유뿐이요, 아홉 가지 비유는 위역(魏譯) 경문을 의지한 내용이다. 게송으로 말하되, "온갖 유위의 법은 별과 티끌, 등불, 허깨비와 같고 이슬과 물거품, 번개, 구름과 같다"라 하고, 무착(無着)법사의 섭대승론은 제18에 해당한다. 위로 부처님 경지를 구하여 머무는 곳이니 (생사에) 유전해도 물들지 않음을 밝힌 내용이다. 천친(天親)보살은 제27에 해당하나니 법을 설하고 입적함에 대한 의심이다. "이른바 부처님이 이미 열반하셨다면 어찌 능히 법을 설하겠는가?"라 하므로 이 게송을 거론하였다. "유위법이 요술 등과 같음을 알면 곧 유위법이 없나니 이것이 큰 지혜가 되는 연고로 생사에 머물지 않는다. 그러나 요술 등이 없는 것이 아닌 연고로 유위법을 여의지 않나니 곧 큰 자비인 연고로 열반에도 머물지 않는다. 머무름 없는 열반[無住處涅槃]인 연고로 능히 열반에 들어서도 법을 설한다"고 하였다. 무착(無着)보살이 게송으로 이르되, "모양과 인식을 발견한 것과 그릇과 몸으로 받고 쓰는 일과 과거와 현재의 법도 또한 미래세를 관찰한다"라고 하였다. 『섭대승론』에 자신이 해석하여 말하되, "이 게송은 네 가지 유위법의 양상을 밝혀 보였으니 ① 자체 성품의 양상[自性相]이다. 곧 첫 구절에서 세 가지 비유를 포섭하고, ② 머무를 대상인 맛에 집착하는 양상[着所住味相]이니 곧 요술과 같은 비유이고, ③ 잘못을 따르

는 양상[隨順過失相]은 곧 이슬과 물거품의 두 가지 비유이고, ④ 따라서 나오고 여의는 양상[隨順出離相]이니 곧 꿈과 번개와 구름의 세 가지 비유이다." 첫째 양상[自性相]을 해석하여 말하되, "그중에 자체 성품의 양상이란 서로 함께 보고 인식함이니 이런 양상이 별과 같다. 응당히 이렇게 보아야 하나니 지혜가 없는 어둠 속에 저 광명이 있는 연고며, 지혜가 있는 밝은 중에는 저 광명이 없는 까닭이다"라 하였다. 해석하자면, 예전에 두 가지 해석이 있으니 첫째는 예로부터 여러 대덕이 모두 서로 함께 보고 인식함으로 자체 성품의 양상을 알고 세 가지 비유를 포섭하였으니, 이 세 가지 비유는 모두 나고 죽음의 자체 성품인 까닭이다.

從此相如星下는 別解星喩호대 而云此相者는 但此上相字는 非此一句니 以見屬翳喩하고 識은 屬燈喩故라 此解가 甚分明이나 但不順天親이라 天親이 云, 能見心法도 亦復如是耳라하니라 以天親이 云, 譬如星宿가 爲日所映에 有而不現하여 能見心法도 亦復如是故라하니라

又見相二字는 於偈에 不次하니 若廻偈云하면 相見及於識이라하면 理則無違라 而天親이 又以星으로 配於見하고 翳配相故니라 二者는 大雲이 別爲一解云호대 此相이 如星者는 全指上文의 共相見識하여 以爲此相하니 謂第六識이 起分別見하여 緣共相境일새 故喩如星이 夜有光明이요 五識은 各緣일새 故非共相이니라 第七意識은 恒行染汚일새 配屬翳喩니라 若第八識인대 所緣行相을 俱不可知니 以微細故요…〈중간 생략〉…

● (ㄴ) 此相如星 아래는 별의 비유를 별도로 해석하되, 하지만 말하되,

"이런 양상은 단지 이 위의 상(相) 자가 이런 한 구절뿐이 아니니, 보는 것은 티끌의 비유에 소속되고, 인식은 등불의 비유에 소속되는 까닭이다"라고 하였다. 이런 소견이 매우 분명하지만 단지 천친보살만 따르지 않는다. 천친(天親)보살은 말하되, "보는 주체인 심법도 또한 마찬가지일 뿐이다"라 하였다. 천친보살이 이르되 "비유컨대 별들이 해가 비치는 대상이 될 적에 있어도 나타나지 않아서 보는 주체인 심법도 마찬가지인 까닭이다"라고 하였다.

또한 견상(見相) 두 글자는 게송의 순서가 아니니, 저 게송을 돌려서 말하되, "양상과 보는 것, 그리고 인식"이라 하면 이치로는 위배됨이 없다. 하지만 천친보살이 또한 별은 보는 것에 배대하고, 티끌은 양상에 배대한 까닭이다. 둘째 대운(大雲)법사는 별도로 한 가지 해석을 말하되, "이런 양상이 별과 같다는 것은 전체로 위 경문의 서로 함께 보고 인식하여 이런 양상으로 삼은 것을 지적하였으니, 이른바 제6 의식이 분별하는 소견을 일으켜서 서로 함께하는 경계를 반연한 연고로 별이 밤에 광명이 있음에 비유하고 전5식은 각기 반연하는 연고로 함께하는 양상이 아닌 것이다. 제7 전식(轉識)은 항상 염오를 행하므로 티끌의 비유에 배대하여 소속되었다. 만일 제8 아뢰야식이라면 반연할 대상의 행상은 모두 알 수 없나니 미세한 까닭이다.…〈중간 생략〉…

言無智暗中有光等者는 若無般若하면 喩之如暗이요 便有見分을 名有彼光이요 若有智日하면 識見便空일새 云有智明中에 無彼光矣라하니라 論에 次解翳喩云호대 人法我見이 如翳하니 應如是見이니라 何以故오 以取無義故라하니라 解曰, 眼若有翳하면 妄取空華오 心有妄見

하면 妄取我法이니 無處에 妄取를 名取無義니라 論에 次解燈喩云, 識
如燈이니 應如是見이라 何以故오 渴愛가 潤取緣일새 故熾然이니라 解
曰, 愛潤於取하여 而成識緣일새 故令識炎으로 熾然增盛하나니 則愛
如油하고 取如炷하고 識은 猶燈焰이라 燈體는 卽是第八이요 炎盛은
卽是七轉이니

二, 解着所住味相이니라 論에 云, 於中에 着所住味相者는 味着顚倒
境界故로 彼如幻이니 應如是見이니라 解曰, 卽偈의 器字니 六境이 爲
所住요 愛心味着하여 無實을 謂實일새 名顚倒境이니 如幻六境을 令
人謂眞이라 三, 解隨順過失相이니라 論에 云, 於中에 隨順過失相者
는 無常等을 隨順故요 彼露譬喩者는 顯示相體가 無有니 以隨順無
常故라하니라 解曰, 卽偈中의 身字니 是身이 無常하여 不久散滅이 如
朝露故니라 論에 云, 彼泡譬喩者는 顯示隨順苦體니 以受如泡故라
하니라 解曰, 卽偈의 受用事也라 受如泡者는 不久立故라 三受는 卽
爲三苦니 無樂可着을 名隨順苦니

● '지혜가 없는 어둠 속에 저 광명이 있다'고 말한 등은 만일 반야가 없
으면 어둠과 같다고 비유한 것이요, 문득 견분(見分)이 있다는 것이
다. 명칭에 저 광명이 있음은 지혜의 태양이 있음과 같다. 의식으로
문득 공함을 보고서 말하되, "지혜의 밝음이 있는 중에 저 광명이 없
다"고 말하였다. 논에 다음으로 티끌의 비유를 해석하여 말하되, "사
람과 법이 나라는 소견은 티끌과 같나니 응당히 이렇게 보는 것이니
왜냐하면 이치가 없음을 취한 까닭이다." 해석하여 말하되, "눈에 만
일 티끌이 있으면 망령되게 허공 꽃을 취한 것이요, 마음에 허망한 소
견이 있으면 망령되게 나와 법을 취하였다. 처소 없이 허망하게 취함
을 이치 없음을 취한다고 이름한다. 논에서 다음으로 등불의 비유를

해석하여 말하되, "인식은 등불과 같나니 응당히 이렇게 보는 것이다. 왜냐하면 갈애(渴愛)는 적셔서 반연을 취하는 연고로 치연한 것이다." 해석하여 말하되 "애정에 적셔서 취하여 인식으로 반연함을 이룬 연고로 인식의 불꽃으로 하여금 치연하게 늘어나게 하였으니 애정은 기름과 같고 취함은 심지와 같고 인식은 등불의 불꽃과 같다. 등불의 체성은 곧 제8 아뢰야식이요, 불꽃이 성함은 곧 제7 전식이다." 둘은 머무를 대상인 맛에 집착함을 아는 양상이다. 논에 이르되, "그중에 머물 대상인 맛에 집착하는 양상은 뒤바뀐 경계에 맛들여 집착한 연고로 저것은 요술과 같나니 응당히 이렇게 보아야 한다." 해석하여 말하되, "게송의 기(器) 자이니 육경(六境)으로 머무를 대상을 삼고 사랑하는 마음에 맛들여 집착하여 진실함 없음을 진실하다고 말함을 '뒤바뀐 경계'라 이름하였다. 요술과 같은 육경(六境)을 사람들이 진실이라 말하게 한다. 셋은 허물을 따름을 아는 양상이다. 논에 이르되, "그중에 허물을 따르는 양상이란 무상함 등을 수순하는 연고요, 저 이슬에 비유함은 양상과 체성이 없음을 밝혀 보이는 것이니 무상을 수순하는 까닭이다"라 하였다. 해석하여 말하되, 곧 게송 가운데 몸이란 글자이니 이 몸이 무상하여 오래도록 흩어져 없어지지 않는 것이 아침 이슬과 같은 까닭이다. 논에 이르되, "저 물거품에 비유함은 괴로움의 체성을 수순함을 밝혀 보임이니 느낌[受]이 물거품과 같은 까닭이다"라 하였다. 해석하여 말하되, 곧 게송의 받고 쓰는 일이다. '느낌이 물거품과 같다'는 것은 오래 세우지 않은 까닭이다. 세 가지 느낌은 곧 세 가지 고통이 되나니, 즐거움에 집착하지 않음을 수순함이라 이름한다.

四, 解隨順出離相이니라 論에 云, 隨順出離相者는 隨順人法無我니 以於攀緣에 得出離故로 說無我하여 爲出離也라하니라 解曰, 出離攀緣也니라 云何隨順고 論에 云, 隨順者는 謂過去等行을 以夢等譬喩로 顯示라하니라 解曰, 但以夢等으로 觀於三世하면 則隨順出離矣니라 夢者는 論에 云, 彼過去行의 所念處일새 故如夢이라하니 寤念夢時에 都無所有요 夢望覺時에 卽是過去니라 論에 曰, 現在者는 不久時故로 如電을 可知라하니라 論에 云, 未來者는 彼麤惡種子가 似虛空하여 引出心故로 如雲이라하니라 解曰, 依空出雲이 如種生現이라 有漏가 爲11)麤惡이니라 論에 結云호대 如是知三世行이 轉生已에 則通達無我니 此는 顯示隨順出離相故라하니라 上依論經일새 故有九喩어니와 若依秦經하면 但有六喩하고 加一影喩하사 云, 一切有爲法은 如夢幻泡影하며 如露亦如電이니 應作如是觀하라하나니 次第가 亦不同論이니라 而將影喩하여 添前에 則成十喩라 古人이 亦將影喩하여 攝星翳燈雲이라하니 則六喩가 攝九니라

● 넷은 '수순하고 벗어나 여읨을 아는 양상'이다. 논문에 이르되, "수순하고 벗어나 여의는 양상이란 사람과 법에 내가 없음을 수순하나니 반연에서 벗어나 여읨을 얻은 연고로 내가 없어서 벗어나 여읨을 말한다"라 하였다. 해석하여 말하되, 반연에서 벗어나 여원다는 뜻이다. 어떻게 수순하는가? 논문에 말하되, "수순함이란 과거 따위의 행을 꿈 따위의 비유로 밝혀 보임을 말한다"라 하였다. 해석하여 말하되, 단지 꿈 등으로 삼세를 관찰하면 수순하고 벗어나 여읨을 뜻한다.

꿈이란 논에 이르되, "저 과거의 행의 생각할 대상의 곳인 연고로 꿈과 같다"고 하였으니, 생각으로 꿈을 깰 때에 도무지 가진 것이 없고,

---

11) 爲는 南金本作有라 하나 誤植이다.

꿈에서 깨는 것을 바라볼 때에 바로 과거인 것이다." 논문에 이르되, "현재는 시간이 오래되지 않은 연고로 번갯불과 같음을 알 수 있으리라"고 하였다. 논에 이르되, "미래는 저 거칠고 나쁜 종자가 허공과 같아서 이끌어 나가는 마음인 연고로 구름과 같다"고 하였다. 해석하여 말하되, 허공을 의지하여 구름에서 나온 것이 마치 종자에서 현행이 나온 것과 같나니, 유루법이 거칠고 나쁜 것이 된다. 논에 결론하여 말하되, "이렇게 삼세의 행이 생을 바꾸고 태어남을 알고 나면 내가 없음을 통달한 것이니, 이것은 수순하여 벗어나 여의는 양상을 밝혀 보이는 까닭이다"라 하였다. 위는 논경에 의지한 연고로 아홉 가지 비유가 있거니와 만일 진경(晉經)에 의지하면 단지 여섯 가지 비유가 있고, 그림자의 비유 하나를 더하여 말하되, "온갖 유위법은 꿈이나 요술, 물거품, 그림자와 같고 이슬이나 번갯불과 같나니 응당히 이렇게 관찰하여야 한다"라고 하였으니, 순서도 또한 논문과 같지 않다. 하지만 그림자의 비유를 가져서 앞에 첨가하면 열 가지 비유가 된다. 고인들도 또한 "그림자의 비유를 가져서 별과 티끌, 등불과 구름을 포섭한다"고 하였으니 여섯 가지 비유가 아홉 가지 비유를 포섭하고 있는 것이다.

ㅂ) 대품반야경의 해석[大品] (若大 14上5)

[疏] 若大品과 智論의 十喩는 通喩一切요
- 저 『대품반야경』과 『대지도론』의 열 가지 비유로 통틀어 온갖 것을 비유하였다.

[鈔] 若依大品下는 第六段依大品과 智論의 所明十喩라 十喩者는 一, 如幻이요 二, 如焰이요 三, 如水中月이요 四, 如虛空이요 五, 如響이요 六, 如揵闥婆城이요 七, 如夢이요 八, 如影이요 九, 如鏡中像이요 十, 如化니라 智論第七에 廣明其相하나니 什公은 有傳하고 叡公은 有讚이니라 下釋文中에 並已含具나 但闕揵城하니 大同幻故요 欲成十忍일새 故不出之니라 又加三法일새 故合三影하니 皆爲成圓十耳니라

- ㅂ) 若依大品 아래는 여섯째 문단이니 대품반야경과 대지도론에서 밝힌 열 가지 비유이다. 열 가지 비유는 (1) 허깨비와 같고, (2) 아지랑이와 같고, (3) 물속 달과 같고, (4) 허공과 같고, (5) 메아리와 같고, (6) 건달바성과 같고, (7) 꿈과 같고, (8) 그림자와 같고, (9) 거울 속 영상과 같고, (10) 변화함과 같은 비유이다.『대지도론』제7권에 그 양상을 자세히 밝혔으니, 라집법사는 전함이 있고, 승예(僧叡)법사는 찬탄함이 있다. 아래 경문 해석 중에 아울러 이미 포함하여 갖추었지만 단지 건달바성만 빠졌으니 허깨비와 크게는 같은 연고요, 열 가지 법인을 성립하려는 연고로 내보이지 않았다. 또한 세 가지 법을 더한 연고로 세 가지 그림자를 합하였으니 모두 원교(圓敎)의 십(十)이 되었을 뿐이다.

ㅅ) 능가경의 해석[楞伽] (楞伽 14下2)

[疏] 楞伽도 亦通이니라
- 『능가경』도 역시 통한다.

[鈔] 楞伽亦通者는 卽是第七이니 多同大品이니라

- '능가경도 역시 통함'이란 곧 제7권이니 대부분 대품반야경과 같은 내용이다.

ㄴ. 소가가 모아서 해명하다[會通] (今經 14下4)

[疏] 今經長行은 多同前通이나 而偈所喩에 亦有局者는 顯義無方故니라 已釋列名하니라
- 본경의 장항은 대부분 앞과 같이 통하지만 게송에서 비유한 내용도 역시 국한함이 있는 것은, 이치가 방소가 없음을 밝힌 까닭이다. 해석을 마치고 나서 명칭을 나열한 것이다.

[鈔] 今經長行下는 二, 疏爲會通이라 言偈有局者는 如下響喩에 云, 一切諸世間의 種種諸音聲이 非內亦非外니 了知悉如響이 是也니라
- ㄴ. 今經長行 아래는 소가가 모아서 해명함이다. '게송에는 국한함이 있다'고 말한 것은 마치 아래 메아리의 비유에서 말하되, "온갖 모든 세간의 갖가지 모든 음성은 안도 아니고 또한 바깥도 아니요, 모든 것이 메아리와 같은 줄 알라"고 말한 것이 그것이다.

(3) 중요함을 밝히다[顯要] (此十 14下9)

此十種忍을 三世諸佛이 已說今說當說이시니라
이 열 가지 인은 세 세상 부처님들이 이미 말하였고 지금 말하고 장차 말하느니라.

[疏] 此十種下는 顯要니 要故로 同說하니라
- (3) 此十種 아래는 중요함을 밝힘이니, 중요한 연고로 설함이 같은 것이다.

3) 명칭에 의지하여 자세히 해석하다[依名廣釋] 2.
(1) 과목 나누기[分科] (大文 15上3)

佛子여 云何爲菩薩摩訶薩의 音聲忍고 謂聞諸佛所說之法하고 不驚不怖不畏하여 深信悟解하며 愛樂趣向하며 專心憶念하며 修習安住니

불자여, 어떤 것을 보살마하살의 음성인이라 하는가? (1) 부처님이 말씀하는 법을 (2) 듣고 (3) 놀라지 않고 (4) 두려워하거나 (5) 겁내지 않으며 (6) 깊이 믿고 (7) 깨달아 (8) 즐거이 나아가며 (9) 전일한 마음으로 생각하고 (10) 닦아서 (11) 편안히 머무는 것이니,

[疏] 大文第三, 佛子云何下는 依名廣釋이라 即爲十段이니 前七은 皆三이니 謂徵起와 釋義와 結名이라
- 큰 문단으로 3) 佛子云何 아래는 명칭에 의지하여 자세히 해석함이다. 곧 열 문단이 되나니 앞의 일곱 문단은 모두 셋이니 이른바 가) 질문으로 시작함이요, 나) 음성인의 뜻을 해석함과 다) 명칭을 결론함이다.

(2) 과목에 따라 해석하다[隨釋] 10.

가. 음성의 법인[音聲忍] 3.

가) 질문으로 시작하다[徵起] (經/云何 14下10)
나) 음성인의 뜻을 해석하다[釋義] 2.
(가) 처음 한 구절은 총상 구절[釋初一總句] (初忍)

[疏] 初忍釋中에 十一句니 初一은 總擧所聞이니 謂三無性等法이라 餘顯能聞入法이니 謂聞無相에 不驚이니 以解徧計가 無所有故오

- 가. 음성의 법인을 해석한 중에서 11구절이니 (가) 처음 한 구절은 들은 바를 총합하여 거론함이니, 이른바 세 가지 성품 없는 따위의 법이다. 나머지는 듣는 주체로 법에 들어감을 밝혔으니, 말하자면 모양 없음을 듣고 놀라지 않나니, 변계성(徧計性)이 가진 바가 없음을 해석한 까닭이다.

(나) 뒤의 열 구절은 별상 해석[釋後十句別] 4.
ㄱ. 처음 세 구절에 대한 해석[釋初三句] (聞無 15上6)

[疏] 聞無生에 不怖니 以解依他가 必無生故오 聞無性에 不畏니 以解眞如無性性故니라 又釋에는 於眞空法에 聞時에 不驚越하고 思時에 不續怖하고 修時에 不定畏니라 又聞有無所有하여도 不驚하고 聞空無所有하여도 不怖하고 聞斯二無所有하여도 故不畏니 並如諸般若論說이니라

- ((1) 부처님이 말씀하는 법을 (2) 들음)은 생사가 없음을 듣고 (3) 두려워하지 않나니 의타성은 반드시 생사가 없음을 알기 때문이요, 성품 없음

을 듣고 두려워하지 않나니 진여는 성품 없는 성품인 줄 알기 때문이다. 또한 진공(眞空)의 법에 대해 들을 때에 놀라서 넘어가지 않으며, 생각할 때에 연속해서 공포하지 않으며, 수행할 때에 선정 속에서 두려워하지 않음을 해석하였다. 또한 있고 없음에서 가진 바를 듣고도 놀라지 않고, 공하여 가진 바가 없음을 듣고도 두려워하지 않고, 이런 둘이 가진 바가 없음을 듣고도 짐짓 두려워하지 않나니 아울러 모든 『반야론』에서 설명한 내용과 같다.

[鈔] 謂聞無相者는 此不驚等이 同金剛經이니 諸論皆釋하나라 天親論第二에 有其二解하니 一은 云, 不驚者는 謂於諸無生之理에 心不驚愕이니 趣生道故니라 不怖者는 謂於諸法無和合相에 心不怖懼니 而於世俗和合相中에 相續分別하여도 不執爲實故니라 不畏者는 心不如是하여 永決定故12)니라 第二釋에 云, 復次不驚等言은 如其次第니 謂聞時와 思時와 修習時에 心安不動이니 衆生等想을 已遠離故라 하니라 無着論第二에 云, 聲聞乘中에 世尊이 說有法과 及空法을 於聽聞時에 聞有法無有故로 驚하며 聞空法無有故로 怖하며 於思量時에 於二不有理에 聞不能相應故로 畏라 하니라 更有一釋하니 約三種無性故니 卽下疏意니라 能斷金剛般若論第二에 云, 驚者는 謂於非處에 生懼라 若正釋梵音인대 應云越怖也13)니 違越正理커나 如越正道에 可厭惡故니라 言怖者는 應云續怖니 相續生懼라 怖旣生已에 不能除斷故니라 言畏者는 應言定怖니 生決定心하여 一向畏懼라 此等이 若無하면 便成心離惶惑이니라 今疏中에 總有三釋하니 初一은 卽無着의 第二釋이며 而展彼論文이요 次釋은 卽合其三釋하니 一, 正是天親第二에 約

---

12) 故下에 甲南續金本有又釋於下四字라 하다.
13) 上注는 南續金本係正文, 原本作注 與論合, 案此係義淨法師亦論時所加之注 次二注同이라 하다.

三慧釋이니 亦別配論文이요 二, 初句越字와 次句續字와 後句定字가 卽正是能斷金剛이니라 三者는 卽此三字가 亦兼天親의 第一釋意니라 又聞有無等者는 卽第三釋이니 卽同無着第一解라 故로 疏三釋이 已含諸論五釋이니라

● '모양 없음을 들었다'고 말한 것은 여기서 놀라지 않는 등은 『금강경』과 같고 여러 논서에서 해석한 여러 내용과 같다. 『천친보살론』 제2권에 그런 두 가지 해석이 있나니, 하나는 이르되, "'놀라지 않음[不驚]'이란 이른바 모든 생사 없는 도리에서 마음으로 놀라지 않나니, 태어나는 갈래에 나아가는 연고요, '두려워하지 않음[不怖]'이란 이른바 모든 법에 화합하는 모양이 없을 적에 마음으로 공포하거나 두려워하지 않나니, 그러나 저 세속의 화합하는 모양 속에 서로 연속해서 분별하여도 고집해서 실법으로 삼지 않는 까닭이다. '겁내지 않음[不畏]'이란 마음이 이와 같지 않아서 영원히 결정된 까닭이다." 두 번째 해석에 이르되, "또다시 놀라지 않는 등이란 말은 그 순서와 같나니, 이른바 들을 때와 생각할 때와 수행하고 익힐 때에 마음이 편안하여 동요하지 않나니 중생이란 따위의 생각을 이미 멀리 여읜 까닭이다"라고 하였다. 『무착보살론』 제2권에 이르되, "성문승 중에 세존께서 유의 법과 공의 법을 들을 때에 유의 법이 없음을 들은 연고로 놀라며, 공의 법이 없음을 들은 연고로 두려워하며, 생각하고 헤아릴 때에 두 가지에 이치가 없을 적에 능히 상응하지 못한다고 들은 연고로 두려운 것이다." 다시 한 가지 해석이 있으니 세 종류의 성품 없음을 잡은 연고니 곧 아래 소가의 주장이다. 『능단금강반야론』 제2권에 이르되, "놀람이란 이른바 도리가 아닌 곳에서 두려움이 생긴다. (만일 범음을 바로 해석하면 마땅히 '넘고 두려워한다'고 말해야 한다.) 바른 도리를 위배

하고 넘거나 바른 도를 지나침은 싫어할 수 있음과 같은 까닭이다. 공포함이란(응당히 상속되는 공포라 말한다.) 연이어 두려움이 생김이다. 공포심이 이미 생긴 뒤에 능히 없애고 끊지 못하는 까닭이다. 외경함이란(응당히 결정된 공포라 말한다.) 결정된 마음이 생겨서 한결같이 두려움이다. 이런 등이 만일 없으면 문득 마음이 황당하고 현혹함에서 여읨을 이루었다. 지금 소문 중에 총합하여 세 가지 해석이 있으니, 처음 하나는 곧 『무착보살론』 둘째 해석이며, 하지만 저 논문을 전개한 내용이요, 다음 해석은 곧 그 세 가지 해석을 합한 내용이다. (1) 바로 『천친보살론』 제2권에서 세 가지 지혜를 잡아서 해석함이요, 또한 개별로 논문을 배대한 내용이다. (2) 첫 구절의 월(越) 자는 다음 구절의 속(續) 자와, 뒤 구절의 정(定) 자가 바로 『능단금강론』의 주장이다. 셋째는 곧 여기의 세 글자가 또한 『천친보살론』 제1권에서 해석한 뜻을 겸하였다. (3) 또한 유(有)와 무(無) 등을 들은 것은 곧 셋째 해석이니, 곧 『무착보살론』 제1권의 해석과 같으므로 소가의 세 가지 해석에는 이미 여러 논서의 다섯 가지 해석을 포함하였다.

ㄴ. 다음 세 구절에 대한 해석[釋次三句] (深信 16下1)

[疏] 深信者는 聞慧之始요 悟解者는 聞慧之終이니 初信久解故니라
- (4) 깊은 믿음이란 문혜(聞慧)의 시작이요, (5) 깨달아 앎은 문혜의 끝이니, 처음에는 믿음이 오래되어 (6) 이해하는 까닭이다.

ㄷ. 다음 두 구절에 대한 해석[釋次二句] (愛樂 16下3)

[疏] 愛樂者는 思慧之初니 愛法樂觀故라 趣向爲終이니 久思向修故니라
- (7) 즐거이는 사혜(思慧)의 처음이니 법을 좋아하고 즐거이 관하는 까닭이다. (8) 나아가서 향함을 끝으로 삼나니 오래 생각하고 수행으로 향하는 까닭이다.

[鈔] 愛樂等者는 論에 云호대 云何菩薩의 法隨法行고 當知此行이 略有五種하니 謂如所求와 如所[14]受法과 身語意業이 無顚倒轉과 正思와 正修라하니此는 標列五行也[15]니라 論에 云, 云何菩薩이 於法正思[16]오 謂諸菩薩이 獨居閑靜하여 隨所聞法하여 樂欲思惟하며 樂欲稱量하며 樂欲觀察하며 乃至云, 是菩薩이 由卽於此하여 已所得忍을 數數作意하여 令堅牢故로 能於其修에 隨順趣入이라하니라 釋曰, 樂欲思惟는 卽經中의 愛樂이요 隨順은 趣向이니 初終之義라 論中에 廣明이어니 今疏에 略顯이라 愛法樂觀[17]은 爲初요 久思向修는 爲終이니라

- '즐거이 등'이란 논에 이르되, "어떤 것이 보살의 법과 법을 따르는 행인가? 마땅히 알라. 이런 행법은 간략히 다섯 종류가 있으니 이른바 구할 대상과 같고, 받은 법의 몸과 말과 생각하는 업이 뒤바꾸어 굴러감이 없음과 바로 생각함과 바로 수행함과 같다. (이것은 다섯 가지 행법을 표방하고 열거함이다.)"고 하였으니, 논에 이르되, "어떤 것이 보살이 법을 바로 생각함인가? 이른바 모든 보살이 홀로 한가하고 고요한 곳에 살아서 들은 바 법을 따라서 즐거이 생각하려 하며, 즐거이 칭합하여 헤아리려 하며, 즐거이 관찰하려 하며, 나아가 말하되 '이 보살이 곧 이것으로 인하여 이미 얻은 법인을 자주자주 생각을 지어서

---

14) 所는 金本作何라 하다.
15) 上注는 南續金本係正文이라 하다.
16) 上二思字는 各本作慧, 論作思라 하다.
17) 愛下에 甲南續金本有樂字라 하나 誤植이다.

군고 견고하게 하는 연고로 능히 그 수행할 적에 수순하여 나아가 들어간다"고 말하였다. 해석하자면 '즐거이 사유하려 함'은 곧 경문 중의 애락(愛樂)이요, '수순함'은 나아가 향함이니 처음과 끝의 뜻이다. 논문 중에 자세히 밝혔는데 지금 소문에서 간략히 밝힌 것이다. 법을 좋아하고 즐거이 관찰함으로 처음을 삼고, 오래 생각하고 향하여 수행함으로 끝을 삼는다.

ㄹ. 뒤의 세 구절에 대한 해석[釋後三句] (專心 17上3)

[疏] 專心憶念者는 修慧之初니 起加行故요 修習爲終이니 正明造修하여 至定根本故니라 安住者는 依定發慧하여 證理相應故니 具如瑜伽菩薩地中하니라

- (9) 전일한 마음으로 기억함은 수혜(修慧)의 처음이니 가행(加行)을 시작한 연고요, (10) 닦고 익힘은 끝이 되나니 수행으로 나아가서 삼매의 근본에 이름을 바로 밝힌 연고며, (11) 편안히 머무름은 삼매에 의지하여 지혜를 일으켜서 이치와 상응함을 증득한 까닭이니 갖추어는 『유가사지론』의 보살지(菩薩地) 중의 내용과 같다.

[鈔] 專心等者는 論에 云호대 云何於法에 正修오 當知此修가 略有四相하니 一者, 奢摩他요 二者, 毘鉢舍那요 三者, 修奢摩他와 毘鉢舍那요 四者, 樂修奢摩他와 毘鉢舍那니라 乃至云, 如是一切所作業이 由前四種修相하여 皆得成菩提라하니라 釋曰, 論說四種修相이 卽此經中의 專心憶念과 修習安住니 修의 初後相이라 論亦廣明이어니와 今疏에 略具니라 以起加行으로 爲初요 以成加行根本定과 及依定發慧로

而爲其體니라

具如瑜伽者는 卽第三十八力[18]種性品의 菩薩所受學法인 七種方便이라 於中에 具多勝解인 法隨法行하니 第二方便中에 廣說此義라 論에 云호대 云何菩薩의 具多勝解오 謂諸菩薩이 於其八種勝解依處에 具足成就淨信爲先하여 決定喜樂이라 乃至云, 八者는 於善言과 善語와 善說과 勝解依處에 具足成就淨信爲先[19]하여 決定喜樂이니 謂於契經과 應頌과 記別等에 皆具多勝解니라 彼疏에 云, 契經等法이 是解所印之境일새 名勝解處니 信與勝解로 得遞爲因하시니 今取彼信所生勝解일새 故信爲先이니라 言決定者는 顯勝解之體라 其喜樂言은 顯勝解之果니 喜樂이 卽是喜受也요 或卽欲樂이라하니라 釋曰, 論言信解가 卽此經中의 深信悟解라 故로 晋經中에는 但云信解하니라

● (9) 전일한 마음 등이란 논에 이르되, "어떤 것이 법을 바로 수행함인가? 마땅히 알라. 이런 수행은 간략히 네 가지 모양이 있으니 (1) 사마타요, (2) 위빠사나요, (3) 사마타와 위빠사나를 수행함이요, (4) 사마타와 위빠사나를 즐거이 수행함이다." 나아가 말하되, "이와 같이 모든 지어야 할 업은 앞의 네 가지 수행하는 모양으로 말미암아 모두 보리 이룸을 얻는다"라고 말한다. 해석하자면 논에서 말한 네 가지 수행하는 모양은 곧 본경 중의 (9) 전일한 마음으로 기억함과 (10) 닦고 익힘과 (11) 편안히 머무름은 수행하는 처음과 나중의 모양이니 논에도 역시 자세히 설명하였지만, 지금 소에서 대략 갖추었다. 가행을 일으킴으로 처음이 되고, 가행으로 근본인 삼매를 성취함과 삼매에 의지해 지혜를 일으킴으로 그 체성을 삼는다.

'갖추어는 유가사지론과 같다'는 것은 곧 『유가사지론』 제38권의 역

---

18) 力은 各本作萬誤, 論作力이라 하다.
19) 先은 南續金本作信이라 하나 誤植이다.

종성품(力種性品)에서 보살로서 배워야 할 법인 일곱 가지 방편이다. 그중에 여러 훌륭한 알음인 법과 법을 따르는 행[法隨法行]을 갖추나니, 둘째 방편 중에 이런 이치를 자세하게 말하였다. 논에 이르되, "어떻게 보살이 많은 훌륭한 알음을 갖추는가? 이른바 모든 보살은 그 여덟 가지 훌륭한 알음이 의지하는 곳에 대하여 깨끗한 믿음을 완전히 갖추어서 성취함을 먼저로 하여 결정코 기뻐하고 즐거워한다." 나아가 말하되, "여덟째는 좋은 언어와 좋은 말씀과 좋은 설명과 훌륭한 알음이 의지하는 곳에 대하여 깨끗한 믿음을 완전히 갖추어서 성취하는 것을 먼저로 하여 결정코 기뻐하고 즐거워하나니, 계경(契經)과 응송(應頌)과 기별(記別) 내리는 등의 법에 대하여 많은 훌륭한 알음을 갖추는 것이다"라고 하였다. 저 소에서 말하되, "계경 등의 법이 인가할 바의 경계인 줄 아는 연고로 '훌륭한 알음의 의지처[勝解處]'라 이름하나니, 믿음과 훌륭한 알음을 번갈아 얻음으로 원인을 삼는다. 지금은 저 믿음으로 생겨날 훌륭한 알음을 취하는 연고로 믿음을 먼저로 삼은 것이다. '결정한다'고 말한 것은 훌륭한 알음의 체성을 밝힘이다. 그 기뻐하고 즐거워하는 말은 훌륭한 알음의 결과를 밝혔으니, '기뻐하고 즐거워함'은 곧 기뻐하는 느낌[喜受]이요, 혹은 곧 '하고자 하는 즐거움[欲樂]'이다"라고 하였다. 해석하자면 논의 말씀과 믿고 알음이 곧 본경 중의 '깊은 믿음으로 깨달아 아는 것'이다. 그러므로 진경(晉經) 중에는 단지 '믿고 이해한다[信解]'고만 말하였다.

다) 명칭을 결론하다[結名] (經/是名 15上2)

是名菩薩摩訶薩의 第一音聲忍이니라

이것을 보살마하살의 첫째 음성인이라 하느니라."

나. 따라 주는 인[順忍] 3.

가) 질문으로 시작하다[徵起] (經/云何 18上4)

　　佛子여 云何爲菩薩摩訶薩의 順忍고 謂於諸法에 思惟
　　觀察하며 平等無違하며 隨順了知하며 令心淸淨하며 正
　　住修習하며 趣入成就이니
　　"불자여, 어떤 것을 보살마하살의 따라 주는 인이라 하는
　　가? (1) 모든 법을 생각하고 (2) 관찰하며 (3) 평등하고 어
　　김없이 (4) 따라서 알며 (5) 마음을 청정케 하고 (6) 바로 머
　　물러 (7) 닦으며 (8) 나아가 (9) 성취함이니,

나) 따라 주는 인의 뜻을 해석하다[釋義] 4.
(가) 지관을 처음 닦다[創修止觀] (第二 18上7)

[疏] 第二, 順忍이라 釋中에 有四重止觀하니 一, 創修止觀이니 謂止思一
　　境이요 觀觀事理니라
■ 나. 따라 주는 인이다. 나) 뜻을 해석함 중에 네 번 거듭하는 지관이
　　있으니 (가) 지관을 처음 닦음이니 이른바 사마타로 한 경계만 생각
　　함이요, 위빠사나로 현상과 이치를 관찰함을 말한다.

[鈔] 釋中等者는 旣行順諸法에 行中之要가 唯止與觀故니라 止思一境

者는 謂創修之時에 繫緣一境하고 不揀事理일새 經에 云思惟라하니라
- '나) 뜻을 해석함 중에' 등이란 이미 수행하며 모든 법을 따를 적에 행법 중에서 중요한 것이 오직 사마타와 위빠사나뿐인 까닭이다. '사마타로 한 경계만 생각한다'는 것은 말하자면 처음 수행할 때에 한 가지 경계를 반연하는 것에만 얽매이고 현상과 이치를 구분하지 못하므로 경문에서 '(1) 생각한다'고 말한 것이다.

(나) 지관을 점차로 닦다[漸次止觀] (二漸 18下1)

[疏] 二, 漸次止觀이니 謂止安事境하여 順其理故로 名平等無違요 觀達事理일새 名隨順了知라 偈에 云, 法有도 亦順知하며 法無도 亦順知故라하니라
- (나) 지관(止觀)을 점차로 닦음이니 이른바 사마타로 현상 경계를 안주하여 그 이치를 따르는 연고로 '(3) 평등하고 어김이 없다'라고 이름하였고, 위빠사나로 현상과 이치를 통달하므로 '(4) 따라서 깨달아 안다'고 이름하였다. 게송에 이르되, "법이 있어도 따라서 알며 법이 없어도 따라서 알기 때문"이라고 하였다.

[鈔] 謂止安事境者는 謂前創修에 事理容別이어니와 今漸深入일새 故卽事入玄이라 上之二[20]止는 皆通隨緣과 體眞止中의 停止止也오 二處之觀은 並通空假니 皆觀達觀也니라
- '이른바 사마타로 현상 경계를 안주하고'란 이른바 앞의 (가) 지관을 처음 닦음이니 현상과 이치를 용납하고 구별하였지만 지금은 (나)

---

20) 之二는 南續金本作二之라 하다.

점차로 깊이 들어가는 연고로 현상과 합치하여 현묘함에 들어간 것이다. 위의 두 가지 사마타는 모두 통틀어 인연을 따름과 체성이 진실한 사마타[體眞止] 중에서 정지하는 사마타[停止止]이고, 두 곳에서 관찰함은 아울러 공관(空觀)과 가관(假觀)에 통하나니 모두 '위빠사나로 통달하여 관찰함[觀達觀]'의 뜻이다.

(다) 지관 수행이 순숙하다[純熟止觀] (三純 18下7)

[疏] 三, 純熟止觀이니 謂止惑不生이 名令心淸淨이요 觀徹前境이 爲正住修習이니라
- (다) 지관 수행이 순숙함이니, 이른바 사마타로 미혹이 생겨나지 않음을 이름하여 '(5) 마음을 청정케 함'이라 하고, 위빠사나로 앞의 경계에 사무침이 '(6) 바로 머물러 닦고 익힘'이라 한다.

[鈔] 謂止惑不生者는 卽止息止也니 以妄息을 名止故니라 其正住修習者는 卽雙住空有하여 中道不偏일새 故云正住니 義通觀穿과 及與觀達이니 故云觀徹前境이니라
- '이른바 사마타로 미혹이 생겨나지 않음'은 곧 '그치고 쉬는 사마타 [止息止]'이니 허망함을 쉬는 것을 사마타라 이름한 까닭이요, 그 '(6) 바로 머물러 닦고 익힘'이란 곧 공과 유에 함께 머물러서 중도(中道)에도 치우치지 않으므로 '바로 머문다'고 하나니, 뜻으로 통달하여 위빠사나로 뚫음과 위빠사나와 함께하여 통달한 연고로 '위빠사나로 앞의 경계에 사무친다'고 말하였다.

(라) 지관 수행과 합하다[契合止觀] (四契 19上2)

[疏] 四, 契合止觀이니 寂冥理境을 名爲趣入이요 智顯於心일새 故云成就라

■ (라) 지관 수행과 계합함이니 고요하게 이치의 경계에 그윽이 합함을 '(8) 나아가 들어감'이라 이름하고, 지혜로 마음을 밝히는 연고로 '(9) 성취한다'고 말한다.

[鈔] 寂冥理境者는 卽不止止니 謂旣與理冥하여 非止非不止로대 强名曰 止니라 智顯於心者는 卽不觀觀이니 法界洞朗이 非觀非不觀이로대 而 强名曰觀耳니라

● '고요하게 이치의 경계에 그윽이 합함'은 곧 '그침이 아닌 사마타[不止 止]'이니, 이른바 이미 이치와 함께 그윽이 합하여 그침도 아니고 그치 지 않음도 아니지만 억지로 사마타라 말한다. 지혜로 마음을 밝힘은 곧 '관찰하지 않는 위빠사나[不觀觀]'이니, 법계를 훤히 밝힌 것이 관 찰함도 아니고 관찰하지 않음도 아니지만 억지로 위빠사나라 이름 했을 뿐이다.

다) 명칭을 결론하다[結名] (上四 19上6)

是名菩薩摩訶薩의 第二順忍이니라
이것을 보살마하살의 둘째 따라 주는 인이라 하느니라."

[疏] 上四는 皆止觀俱行이니 如是하야사 方爲眞實順忍이니라

■ 위의 네 가지는 모두 사마타와 위빠사나를 함께 수행함이니, 이렇게

하여야 비로소 '진실한 따라 주는 인[眞實順忍]'이 되는 것이다.

[鈔] 上四等者는 亦容有止觀別修에 則未爲眞實順忍이어니와 若俱運者라야 方爲眞耳니라
- '위의 네 가지' 등이란 또한 있음을 용납하여 사마타와 위빠사나를 따로 수행할 적에는 아직 진실한 따라 주는 인이 아니겠지만 만일 함께 움직여야 비로소 진실함이 될 뿐이다.

다. 생사 없는 지혜의 인[無生忍] 3.

가) 질문으로 시작하다[徵起] (經/云何 19上9)

佛子여 云何爲菩薩摩訶薩의 無生法忍고 佛子여 此菩薩摩訶薩이 不見有少法生하며 亦不見有少法滅하나니
"불자여, 어떤 것을 보살마하살의 생사 없는 지혜의 인이라 하는가? 불자여, 이 보살마하살이 (1) 조그만 법이 나는 것도 보지 않고 (2) 조그만 법이 사라지는 것도 보지 않느니라.

나) 무생인의 뜻을 해석하다[釋義] 2.
(가) 총합하여 설명하다[總明] (第三 19下1)

[疏] 第三, 無生忍이라 釋中에 有二하니 先, 總明이요 後, 何以下는 徵釋이라 今初에 若具인대 皆應牒無盡等이어니와 此二가 爲總일새 故略標之요 釋中에 具有하니 皆此別義니라

- 다. 생사 없는 지혜의 인이다. 나) (무생인의) 뜻을 해석함 중에 둘이 있으니 (가) 총합하여 설명함이요, (나) 何以 아래는 묻고 해석함이다. 지금은 (가)에서 만일 갖춘다면 모두 응당히 '다함없음[無盡]' 등을 따왔어야 하지만 이런 두 가지가 총상이 되는 연고로 간략히 표방하였고, (나) 해석함 중에 갖추어 있으니 모두 이것의 별상의 뜻이다.

(나) 묻고 해석하다[徵釋] 2.
ㄱ. 질문하다[徵] (後徵 19下5)

何以故오
무슨 까닭인가?

[疏] 後, 徵釋이라 中에 徵意有二하니 一은 云, 何以得知無生滅耶아 二는 云, 旣稱無生法忍인대 何以復言不見法滅고
- (나) 묻고 해석함이다. 그중에 질문한 의미가 둘이 있으니 하나는 이르되, "무슨 까닭에 나고 멸함이 없음을 알게 되는가?"라 말하고, 둘은 이르되, "이미 생사 없는 지혜의 인이라 칭한다면 무슨 까닭에 다시 법이 멸함을 보지 못했다고 말하는가?"라고 말한다.

ㄴ. 해석하다[釋] 2.
ㄱ) 처음 질문을 해석하다[釋先徵] 2.
(ㄱ) 바로 대답하다[正答先徵] (釋中 20上1)

若無生則無滅이요 若無滅則無盡이요 若無盡則離垢요

若離垢則無差別이요 若無差別則無處所요 若無處所則
寂靜이요 若寂靜則離欲이요 若離欲則無作이요 若無作
則無願이요 若無願則無住요 若無住則無去無來니

(1) 나지 않으면 사라짐이 없고, (2) 사라짐이 없으면 다함
이 없고, (3) 다함이 없으면 때를 여의고, (4) 때를 여의면
차별이 없고, (5) 차별이 없으면 처소가 없고, (6) 처소가 없
으면 고요하고, (7) 고요하면 탐욕을 여의고, (8) 탐욕을 여
의면 지을 것이 없고, (9) 지을 것이 없으면 소원이 없고,
(10) 소원이 없으면 머물 것이 없고, (11) 머물 것이 없으면
가고 옴이 없나니,

[疏] 釋中에 釋初徵意하여 云, 眞法이 本自不生이요 從緣之法이 無性故로
不生이라 以無生故로 何有於滅고 此則以緣集으로 釋無生하고 以無
生으로 釋無滅하니 此中에 略無緣集이나 偈文에 具有니라

■ ㄴ. 해석함 중에 ㄱ) 처음 질문한 의미를 해석하여 말하되, "진실한
법은 본래 스스로 나지 않으며, 인연으로 생긴 법은 성품이 없으므로
나지 않는다. 남이 없는 연고로 어찌 멸함이 있겠는가?"라 하였다.
이것은 인연이 모임으로 남이 없음을 해석하고, 남이 없음으로 멸하
지 않음을 해석하였으니, 이 가운데 인연으로 모임은 생략하여 없지
만 게송에는 갖추어 있다.

(ㄴ) 대답한 경문을 해석하다[正釋答文] (云何 20上3)

[疏] 云何無生으로 釋無滅耶아 此有二意하니 一은 云, 若先是生인대 後

必可滅이어니와 本旣不生일새 今則無滅이니라 二는 云, 旣卽緣無性을 稱曰不生인대 則不待滅竟코 方無니 故로 次云無滅이라 此二爲總이요 餘可倣之니라

- 무엇 때문에 남이 없음으로 멸하지 않음을 해석하였는가? 여기에 두 가지 의미가 있으니 하나는 이르되, "만일 먼저 났다면 뒤에 반드시 멸할 수 있겠지만 본래로 이미 나지 않으므로 지금은 멸함도 없는 것이다." 둘은 이르되, "이미 인연과 합치하여 성품이 없음을 나지 않는다고 칭한다면 멸하여 끝남을 기다리지 않고 바야흐로 없는 것이니 그러므로 다음에 말하되, '멸하지 않는다'라고 말한다. 이 둘은 총상이 되고 나머지는 그와 비슷할 것이다."

[鈔] 偈文具有者는 偈에 云, 菩薩亦如是하여 觀察一切法이 悉皆因緣起며 無生故로 無滅이 是也니라

- '게송 문장에 갖추어 있다'는 것은 게송에 말하되, "보살들도 그와 같아서 온갖 법 살펴보건대 인과 연으로 생기는 것 나지 않으매 멸함도 없으며"라 한 것이 이것이다.

ㄴ) 나중 질문을 해석하다[釋後徵] 3.
(ㄱ) 총상을 거론하여 별상을 섭수하다[擧總攝別] (釋第 20上9)

[疏] 釋第二徵意에 云호대 夫無生忍은 非獨無生이요 必諸法都寂이니 今從初義하여 立無生稱이니 故로 無滅等이 成無生義라하니라

- ㄴ) 두 번째 질문한 의미를 해석하여 말하되, "대저 생사 없는 인은 유독 무생(無生)뿐만이 아니요, 반드시 모든 법이 함께 고요하니 지금

은 첫째 뜻을 따라서 '생사가 없다'는 명칭을 세웠으니 그러므로 멸하지 않음[無滅] 등이 생사가 없다는 뜻이 될 것이다"고 하였다.

[鈔] 釋第二徵意下는 此中에 疏文이 有三이니 初, 明擧總攝別하여 稱爲無生이요

● 釋第二徵意 아래는 이 가운데 소문에 셋이 있으니 (ㄱ) 총상을 거론하여 별상을 섭수하고 '생사 없음'이라 칭한 것이다.

(ㄴ) 앞을 거론하여 뒤를 섭수하다[擧初攝後] (若從 20下3)

[疏] 若從別義인대 亦可得稱無滅忍等이라 是以로 信力入印度經에 明此忍이 能淨初歡喜地에 云, 一, 謂得無生忍하여 亦令他住라하며 又云하사대 無生忍者는 謂證寂滅故라하며 二, 得無滅忍하여 亦令他住라하며 又云, 無滅忍者는 證無生故라하나니 斯文이 可據니라

■ 만일 별상의 뜻을 따른다면 또한 '멸함이 없는 인' 따위로도 칭할 수 있다. 이런 연고로 믿는 힘으로 인도 경전에 들어갈 적에 이 무생인으로 정화하는 주체인 제1. 환희지를 밝히면서 말하되, "첫째, 이른바 무생인을 얻어서 또한 다른 이가 머물게 한다"라고 하였고, 또 말하되, "무생인이란 고요한 열반을 증득함을 말한 까닭"이라 하였고, 둘째, 무멸인(無滅忍)을 얻어서 또한 다른 이가 머물게 한다"라고 하였다. 또 말하되, "무멸인이란 생사 없음을 증득한 까닭이다"라 하였으니 이 경문이 의거할 수 있다.

[鈔] 若從別義下는 卽第二, 以初攝後하여 釋但標無生이라 是以信力入

印度經等者는 彼經에 廣說初地之相하시니 其第二卷에 云, 復次文殊師利여 菩薩摩訶薩이 有五種法하여 則能淸淨初歡喜地하여 得大無畏安隱之處하시니 何等爲五오 一은 謂菩薩이 生如是心호대 我已得住無生法忍故로 生安隱心하여 爲令他로 住無生忍故로 起安慰心이라 有言無生忍者는 謂證寂滅故니라 二는 謂菩薩이 生如是心호대 我已得住無滅法忍故로 生安隱心하여 爲令他로 住無滅法忍故로 起安慰心이라 有言無滅法忍者는 謂證無生法忍故니라 三은 謂菩薩이 生如是心호대 我已得住身念智故로 生安隱心하여 爲令他로 住身念智故로 起安慰心이라 有言身念智者는 謂離身心故니라 四는 謂得受念智니 受念智者는 謂息一切受니라 五는 謂得心念智니 心念智者는 謂起心如幻故라하니라 後二는 略引하니 勢同前三이라 今에 但取前二일새 故疏不具引이니라 然이나 引有二意하니 一, 正證第二義니 明有無滅忍이요 二, 兼證初義니 以無滅로 成無生故라 故로 彼經에 云, 無滅忍者는 證無生故라하며 亦得名無盡忍等이라하니라

- (ㄴ) 若從別義 아래는 앞을 거론하여 뒤를 섭수하고 단지 생사 없음만 표방한다고 해석하였다. '이런 연고로 믿는 힘으로 인도 경전에 들어가는 등'이란 저 경문에 환희지(歡喜地)의 양상을 자세하게 설명하였으니, 그 제2권에 이르되, "다시 문수사리여, 보살마하살이 다섯 가지 법이 있어서 (이것으로) 제1. 환희지를 청정케 하여 크게 두려움 없는 편안한 곳을 얻나니, 어떤 것이 다섯 가지인가? (1) 이른바 보살이 이런 마음을 내었는데 나는 이미 무생인에 머무름을 얻은 연고로 안온한 마음을 내어서 다른 이로 하여금 무생인에 머무르게 하려는 연고로 위로하는 마음을 일으켰다. 어떤 이가 무생인을 말한 것은 이른바 고요한 열반을 증득했음을 말한 것이다. (2)

이른바 보살이 이런 마음을 내었지만 나는 이미 무멸인에 머무는 연고로 안온한 마음을 내어서 다른 이로 하여금 무멸인에 머무르게 하려는 연고로 위로하는 마음을 일으켰다. 어떤 이가 무멸인을 말한 것은 이른바 무생법인을 증득했음을 말한 것이다. (3) 이른바 보살이 이런 마음을 내었는데 나는 이미 몸으로 생각하는 지혜에 머무른 연고로 안온한 마음을 내어서 다른 이가 '몸으로 생각하는 처소의 지혜[身念處智]'에 머무르게 하기 위하여 위로하는 마음을 일으켰다. 어떤 이가 몸으로 생각하는 지혜를 말한 것은 몸과 마음을 여읜 것을 말한 것이다. (4) 이른바 느낌으로 생각하는 처소의 지혜[受念處智]를 얻나니 느낌으로 생각하는 지혜는 온갖 느낌을 쉬는 것을 말한다. (5) 마음으로 생각하는 처소의 지혜[心念處智]를 말하나니, 마음으로 생각하는 지혜는 이른바 마음이 요술과 같음을 일으킨 까닭이다"라고 하였다. 뒤의 둘은 간략히 인용하였으니 형세는 앞의 셋과 같다. 지금은 단지 앞의 둘만 취한 연고로 소에서 갖추어 인용하지 않았다. 그러나 인용함에 두 가지 의미가 있으니 첫째, 둘째 이치를 바로 증득함이니 멸함 없는 인[無滅忍]이 있음을 밝혔고, 둘째, 겸하여 첫째 이치를 증득함이니, 멸하지 않음으로 생사 없음을 성립하려는 까닭이다. 그러므로 저 경문에 이르되, "무멸인은 무생(無生)을 증득한 연고로 또한 무진인(無盡忍) 등이라고 이름할 수 있다"라고 하였다.

(ㄷ) 앞의 뜻을 거듭 해석하다[重釋前義] 3.
a. 두 문을 함께 표방하다[雙標二門] (又此 21下4)

[疏] 又此諸句가 各有二義하니 一, 以前前으로 釋後後하니 以後後가 成前前이라 前前이 有故로 後後가 有요 前前이 無故로 後後가 無니라 二者, 諸句가 一一皆在無生句中이니 正無生時에 諸義頓足이니 以是卽事之理가 非斷滅故오 卽理之智가 無能所故니라

■ 또한 여기의 여러 구절이 각기 두 가지 뜻이 있으니 (1) 앞으로 갈수록 뒤와 뒤를 해석하였고, 뒤로 갈수록 뒤로 앞과 앞을 성립한다. 앞과 앞이 있으므로 뒤와 뒤가 있으며, 앞과 앞이 없으므로 뒤와 뒤가 없다. (2) 모든 구절이 낱낱이 모두 생사 없는 구절 중에 있으니 바로 생사 없는 시절에 모든 이치가 단박에 구족하게 되나니, 이런 현상과 합치한 이치는 단멸이 아닌 까닭이며, 이치와 합치한 지혜는 주체와 대상이 없는 까닭이다.

[鈔] 又此諸句下는 三, 重釋前義니 謂無生中에 頓具諸義면 具相云何오 할새 故로 下에 廣釋이라 疏文이 分三이니 初, 雙標二門이요 然二門이 總釋前之初義요 其第二後後가 成前前은 兼釋第二의 從別之義니 以得無生忍에 則得無滅等忍故며 無滅等忍이 淨無生等忍故니라

● (ㄷ) 又此諸句 아래는 앞의 뜻을 거듭 해석함이다. 말하자면 무생인(無生忍) 중에 모든 이치를 단박에 구비하면 구비한 양상은 어떠한가? 그러므로 아래에 자세히 해석하였다. 소문을 셋으로 나누리니 a. 두 문을 함께 표방함이요, 그런데 두 문은 앞의 첫째 이치를 총합 해석한 내용이요, 그 첫째는 뒤로 갈수록 앞과 앞을 성립함은 둘째, 별상을 따르는 이치를 겸하나니, 무생인(無生忍)을 얻을 적에 무멸인(無滅忍) 등도 얻게 되는 까닭이니, 무멸인 등이 무생인 등을 청정케 하는 까닭이다.

b. 가름을 열고 개별로 해석하다[開章別釋] 3.
a) 오직 이치를 잡아 해석하다[唯約理] (然文 22上3)

[疏] 然이나 文旨包含일새 略爲三釋이니 一, 唯約理요 二, 具理智요 三, 唯約智라 今初니 云何前前有故면 則後後有라 謂生法旣滅이면 滅則終盡이요 盡則是垢染法이니 染則前後別異니라 別則方處不同이요 有處則能所非寂이라 不寂은 則有所欲이요 有欲은 則有營作이라 作이면 則有所願求요 願이면 則心住願事라 住하면 則有去有來라 今由前前無故로 後後斯寂이라 故로 以後後로 顯成無生이니 此順長行이니라

■ 그러나 경문의 종지를 포함하여 간략히 세 가지 해석이 되나니, a) 오직 이치만 잡아 해석함이요, b) 여러지를 갖추어 해석함이요, c) 오직 지혜만 잡아 해석함이다. 지금은 a)이니 무엇이 앞과 앞이 있으면 뒤와 뒤가 있는 것인가? 이른바 생기는 법이 이미 없어지면 없어짐이 끝나서 다함이요, 다하면 물들고 오염된 법이니 오염되면 앞과 뒤가 차별하고 다르다. 개별로는 사방의 처소가 같지 않으며, 처소가 있으면 주체와 대상이 고요하지 않다. 고요하지 않으면 욕구하는 바가 있으며, 욕구가 있으면 운영하고 지음이 있다. 지으면 원하고 구하는 바가 있으며, 원하면 마음으로 원하는 일에 머무른다. 머무르면 가고 옴이 있다. 지금은 앞으로 갈수록 없음으로 인해 뒤와 뒤가 여기서 고요하다. 그러므로 뒤로 갈수록 생사 없음이 성립함을 밝혔으니, 여기서는 장항을 따른다.

[鈔] 然文旨下는 二, 開章別釋이니 正釋第一門하고 含釋第二門일새 故로

下牒初門하니라 今初, 云何下는 釋唯就約理라 然이나 無生理中에 無
有次第니 由所遣生等이 有次第故로 以不不之가 亦成次第니라 故로
疏에 先明生滅盡等理所依하니 是事之次第也오 後, 今由前前下는
方顯無生理之次第니라 故以後後者는 上에 方明前前有故로 後後有
等일새 今例結前에 以前前으로 釋後後하여 以後後로 成前前이니라

- b. 然文旨 아래는 가름을 열고 개별로 해석함이다. 첫째 문을 바로
해석하고 둘째 문을 포함하여 해석한 연고로 아래에 첫째 문을 따온
것이다. 지금은 a) 云何 아래는 오직 이치만 잡음에 입각하여 해석하
였다. 그러나 생사 없는 이치 중에 순서가 없나니 보낼 대상인 생사
등이 순서가 있음을 말미암은 연고로 아님[不]으로 그것을 부정함이
또한 순서가 되었다. 그러므로 소문에 먼저 생멸(生滅)이 다한 등의
이치가 의지할 대상을 먼저 밝혔으니 바로 현상의 순서요, b) 今由前
前 아래는 무생(無生)의 이치의 순서를 비로소 밝혔다. 그래서 뒤로 갈
수록이란 상방(上方)에는 앞과 앞이 있는 연고로 뒤와 뒤가 있다는 등
을 밝혔으니 지금은 유례하여 앞을 결론할 적에 앞으로 갈수록 뒤와
뒤를 해석하여 뒤로 갈수록 앞과 앞을 성립하였다.

b) 여리지를 갖추어 해석하다[具理智] (二雙 22下6)

[疏] 二, 雙約理智者는 初二는 是總이니 含於理智요 次四는 顯理無生이
요 後六은 顯智無生이라 故로 偈에 云, 其心이 無染着等이라 理智契
合을 名無生忍이니라

- b) 여리지(如理智)를 함께 잡아 해석함이다. ㈠과 ㈡는 총상이니 여리
지를 포함함이요, ㈢ 다음의 넷은 이치의 무생을 밝힘이요, ㈣ 뒤의

여섯은 무생의 지혜를 밝혔다. 그러므로 게송에 말하되, "그 마음 물들지 않고 (중생을 건지려 하네)"라고 한 등이다. 여리지와 계합함을 무생인(無生忍)이라 이름한다.

[鈔] 次四顯理者는 以盡是有爲요 垢是煩惱요 差別은 是事[21]요 處는 是方隅니 並所觀境이라 今了卽眞일새 爲理無生이니라 後六顯智無生者는 以心妄動이 卽名爲生이요 若心寂靜하면 卽智不生이라 故偈云下는 引證約智라 理智契合下는 結成上義라 偈擧一句니 具云하면 無滅故로 無盡이요 無盡故로 無染이라하니라 釋曰, 此卽前四約理也니라 次偈에 云, 於世變異法에 了知無變異라 無異則無處요 無處則寂靜일새 其心無染着하여 願度諸衆生이라하니라 釋曰, 此卽後六顯智니 疏擧一句하여 顯智分明이라 等言은 等餘皆約智相이니라

● '다음의 넷은 이치가 무생임을 밝힘'이란 다함은 유위법이요, 때는 번뇌요, 차별함은 현상이요, 처소는 사방의 구석이니 아울러 관하는 대상 경계이다. 지금은 요달함이 곧 진여이므로 이치의 무생이 된다. '뒤의 여섯은 무생의 지혜를 밝힘'이란 마음이 허망하게 동요함이 곧 태어남[生]이라 이름하고, 만일 마음이 고요하면 곧 지혜가 나지 않음이다. b) 故偈云 아래는 여리지(如理智) 잡음을 인증함이다. c) 理智契合 아래는 위의 뜻을 결론함이다. 게송에는 한 구절만 거론하였으니 갖추어 말하면, "없어지지 않으매 다함이 없고, 다함이 없으매 물들지 않아"라고 하였다. 해석하자면 이것은 곧 앞의 넷은 a) 오직 이치만 잡아 해석함이다. 다음 게송에 이르되, "세상의 변하는 법에 변함이 없음을 알고 변함이 없으매 처소가 없고 처소가 없으므로 고요

---

21) 事下에 甲南續金本有異字라 하다.

하나니 그 마음이 물들지 않아 중생을 건지려 하네"라고 하였다. 해석하자면 이것은 곧 b) 뒤의 여섯은 무생의 지혜를 밝힘이니 소가가 한 구절을 거론하여 지혜가 분명함을 밝혔고, 등(等)이란 말은 나머지와 똑같이 모두 지혜의 양상을 잡은 해석이다.

c) 오직 지혜만 잡아 해석하다[唯約智] (三唯 23上7)

[疏] 三, 唯約智者는 由了從緣無生하여 則智無有起일새 故名無生이요 無生之忍22)이 湛然不遷일새 故云無滅이요 無滅故로 用無斷盡이요 次, 垢念을 皆離하여 常無差異며 旁無方所코 照而常寂하며 遇境無染일새 雖爲而無作하고 雖悲而無願하며 處世而無住며 等法界而無去來니 皆以前으로 釋後며 以後로 成前이라 言亡慮絶하여 寂照湛然을 名無生忍이니라

■ c) 오직 지혜만 잡아 해석함이란 (a) 인연을 따르는 무생인을 깨달음으로 인하여 지혜가 일어나지 않으므로 '생사가 없다'고 이름하였고, (b) 무생인은 담연하여 옮기지 않으므로 '멸함도 없다'고 말하고, 멸함이 없으므로 작용하여도 단멸하여 다함이 없고, (c) 다음은 때와 생각을 모두 여의어서 항상하여 차별되게 달라짐이 없으며, 두루 방소가 없고서 비추면서도 항상 고요하며 경계를 만나도 물듦이 없으므로 비록 하면서도 지음이 없고, 비록 자비하면서도 바람이 없으며, 세상에 살면서도 머묾이 없으며, 법계와 평등하면서도 오고 감이 없나니, 모두 앞으로 뒤를 해석하며 뒤로써 앞을 성취한다. 말이 없고 생각이 끊어져서 고요히 비추면서도 담연한 것을 무생인(無生忍)이라

---

22) 忍은 甲南續金本作智, 源原本作忍이라 하다.

이름한다.

[鈔] 三, 唯約智下는 初, 由了從緣은 成智之由니 故智無起며 契上理故니라 起卽生義라 湛然不遷이라 體不滅無오 不動約理라 無生可滅이니 正同十地義大之中의 無生無滅이요 非一往滅耳니라 餘皆甚深般若의 無生智相이라 眞智妙用이 不同但空하여 唯遮諸過니 審須思之니라

- 三唯約智 아래는 (1) 인연을 따라 지혜를 성취하는 이유를 깨달음으로 말미암아 지혜가 일어남이 없으며, 뛰어난 이치와 계합하는 까닭이다. 일어남이 곧 생긴다는 뜻이니 담연하여 옮기지 않는다. 체성은 없어지거나 사라지지 않으며, 동요하지 않음은 이치를 잡은 해석이요, 생사 없음은 멸할 수 있나니 바로 십지품의 '이치가 광대함' 중에서 나지도 않고 멸함도 없음과 같고, 한 번 가서 없어지지 않을 뿐이다. (2) 나머지는 모두 매우 깊은 반야의 생사 없는 지혜의 양상이다. 진여의 지혜는 묘하게 작용함이 단지 공과만 같지 않아서 오직 모든 허물만 막나니 살펴서 모름지기 생각하라는 것이다.

c. 고덕의 뜻을 결론하여 비판하다[結彈古義] (若唯 23下7)

[疏] 若唯約知無生理하여 名無生忍인대 未足深玄이니라

- 만일 오직 생사 없음을 아는 이치만 잡아서 무생인이라 이름한다면 깊고 현묘함에는 충분하지 않다.

[鈔] 若唯約知下는 三, 結彈古義니 卽刊定記라 彼中에 但云, 諸法從緣故로 各無自生이라 生旣無生이어니 滅依何滅고할새 故로 今에 彈云호

대 若理無生을 知之爲忍인대 小聖도 亦有니 故非等覺深玄之忍이니라

- c. 若唯約知 아래는 고덕의 뜻을 결론하여 비판함이니 곧 간정기의 주장이다. 저 가운데 단지 말하되, "모든 법이 인연을 따르는 연고로 각기 스스로 남이 없으며, 남이 이미 남이 아닌데 멸함은 무엇에 의지하여 없어지는가?"라 하는 연고로 지금 비판하여 말하되, "만일 이치가 생사가 없음을 아는 것을 인(忍)으로 삼는다면 작은 성인도 가지나니 그래서 등각(等覺) 지위의 깊고 현묘한 법인은 아니라는 뜻이다.

다) 명칭을 결론하다[結名] (經/是名 24上2)

是名菩薩摩訶薩의 第三無生法忍이니라
이것을 보살마하살의 셋째 생사 없는 지혜의 인이라 하느니라."

라. 요술 같은 인[如幻忍] 3.

가) 질문으로 시작하다[徵起] (經/云何 24上3)
나) 요술 같은 인의 뜻[釋義] 2.
(가) 간략히 해석하다[略釋] 2.

ㄱ. 요술 같은 인연의 모양을 알다[了幻緣相] 2.
ㄱ) 총합하여 과목 나누다[總科] (第四)

佛子여 云何爲菩薩摩訶薩의 如幻忍고 佛子여 此菩薩

摩訶薩이 知一切法이 皆悉如幻하여 從因緣起하여 於一法中에 解多法하며 於多法中에 解一法이니라

"불자여, 어떤 것을 보살마하살의 요술 같은 인이라 하는가? 불자여, 이 보살마하살이 (1) 온갖 법이 모두 요술과 같아서 (2) 인연으로 생기는 줄을 알고 (3) 한 법에서 여러 법을 이해하며 (4) 여러 법에서 한 법을 이해하느니라.

[疏] 第四, 如幻忍이라 釋中에 先, 略이요 後, 廣이라 略中에 二니 先, 了幻緣相이요 後, 此菩薩下는 成就忍行이라 今初에 有三하니 初, 指法同喩요 次, 從因緣起者는 彰幻所由니 由緣生不實故요 後, 於一法下는 顯其幻相이니라

- 라. 요술 같은 인이다. 나) 뜻을 해석함 중에 (가) 간략히 해석함이요, (나) 자세히 해석함이다. (가) 간략히 해석함 중에 둘이니 ㄱ. 요술 같은 인연의 모양을 앎이요, ㄴ. 此菩薩 아래는 인행을 성취함이다. 지금은 ㄱ.에 셋이 있으니 (ㄱ) 법이 비유와 같음을 지적함이요, (ㄴ) '인연으로 생기는 줄을 안다'는 것은 요술이 된 이유를 밝힘이니, 인연으로 생김은 진실이 아님을 말미암은 연고요, (ㄷ) 於一法 아래는 그 요술 같은 모양을 밝힘이다.

ㄴ) 개별로 해석하다[別釋] 3.
(ㄱ) 지일체법(知一切法) 구절을 따로 해석하다[別釋第一段] 4.
a. 온갖 법이란 말을 해석하다[釋一切法言] (初一 24上10)
b. 통하는 뜻을 인용하여 증명하다[引證通義] (故大)

[疏] 初, 一切法은 卽是所喩라 所喩通局은 已見上文이어니와 此意는 明通하니 通爲無爲니라 故로 大品에 云, 設有一法이 過涅槃者라도 我亦說言如夢如幻이라하니라

■ a. 온갖 법이 곧 비유할 대상이니 비유할 대상에 통하고 국한됨은 이미 위의 경문에서 보았지만 여기의 의미는 통함을 밝혔으니 통틀어 무위법이 된다. 그러므로『대품반야경』에 이르되, "설사 한 법이 열반보다 지나가는 것이 있다 하더라도 나는 또한 꿈과 같고 요술과 같다고 말한다"라고 하였다.

c. 경문의 비방과 힐난을 해석하다[釋經妨難] (涅槃 24下2)
d. 인용문으로 결택하다[引文決擇] (廣中)

[疏] 涅槃이 雖眞이나 從緣顯故며 遣着心故라 廣中에 合云호대 了世如幻이라하니 則似有爲나 然이나 有法世가 亦通無爲로되 此爲有爲의 所隱覆故며 所以로 名世라 故로 後에 云, 菩提涅槃도 亦皆不見者는 了平等故니라

■ 열반이 비록 진실하더라도 인연으로부터 나타난 연고며 집착하는 마음을 보내기 때문이다. (ㄴ) 자세히 해석함 중에 합하여 말하되, "세상이 요술과 같음을 안다"고 하였으니 유위법과 같다. 그러나 법과 세상도 무위법과 통하지만 이것은 유위법이 감추고 덮을 대상이 되는 까닭이다. 그러므로 세상이라 이름한다. 그러므로 뒤에 말하되, "보리와 열반도 또한 모두 보지 못한다"는 것은 평등함을 알기 때문이다.

[鈔] 三, 涅槃雖眞 下는 釋經妨難이요 謂有難言호대 妄法緣生하니 可許 如幻이어니와 涅槃眞實이며 又不從緣이어늘 如何同幻고할새 故로 牒釋 之라 釋有二意하니 一, 明雖眞이나 而亦從緣23)이요 雖非緣生이나 而 是緣顯이니 亦空無性이요 二, 明涅槃은 非幻이나 爲破着涅槃心하여 云如幻耳라하니 是則破心中의 涅槃이며 亦顯涅槃體는 卽眞空이나 而成妙有故라 並如智論이니라

廣中合云 下는 四, 引文決擇中에 初, 引局文하여 明涅槃非幻이요 次, 然有法世 下는 以法通眞일새 故該涅槃이요 次,24) 此爲有爲所隱 覆 下는 釋眞是世義25)요 後云 下는 引經하여 成立該通一切니라

● c. 涅槃雖眞 아래는 경문의 비방과 힐난을 해석함이다. 이른바 어떤 이가 힐난하여 말하되, "망법이 인연으로 생겨서 요술 같음을 허락할 수 있지만 열반은 진실함이요, 또한 인연을 따르지 않는데 어떻게 요술과 같다고 하겠는가?"라고 하였으므로 경문을 따와서 해석하였다. (ㄴ) 해석함에 두 가지 의미가 있나니, 하나는 비록 진실하더라도 또한 인연을 따름을 밝혔고, 비록 인연으로 생기지 않지만 인연이 드러났으니 또한 공하여 자체 성품이 없고, 둘은 열반은 요술이 아님을 밝혔지만 열반을 집착하는 마음을 타파하기 위하여 '요술 같다'고 말했을 뿐이라 하였으니, 이것은 마음을 타파한 중에 열반이며, 또한 열반의 체성은 참된 공임을 밝혔지만 묘하게 있음을 성립한 까닭이니 아울러 『대지도론』의 내용과 같다.

d. 廣中合云 아래는 인용문으로 결택함 중에 (a) 국한된 경문을 인용하여 열반은 요술이 아님을 밝힘이요, (b) 然有法世 아래는 법이

---

23) 緣 下에 甲南續金本有顯字라 하다.
24) 次는 甲南續金本作三이라 하다.
25) 義 下에 甲南續金本有四字라 하다.

진여와 통하는 연고로 열반을 포섭함이요, (c) 此爲有爲所隱覆 아래는 진여가 세상이란 뜻을 해석함이요, (d) 後云 아래는 경문을 인용하여 성립하여 온갖 것을 감싸서 통한다.

(ㄴ) 앞의 종인연기(從因緣起) 구절을 합하여 해석하다[合釋前二段] 4.
a. 총합하여 이치의 문을 열다[總開義門] (就法 25上5)

[疏] 就法喩中하야 各開五法하니 如結一巾하야 幻作一馬에 一, 有所依之巾이요 二, 幻師術法이요 三, 所現幻馬요 四, 馬生은 卽是馬死요 五, 愚小는 謂有라 初巾은 喩法性이요 二는 術은 喩能起因緣이니 謂業惑等이요 三은 喩依他起法이니 卽衆生等이요 四는 喩依他無性이 卽是圓成이니 故로 廣說에 皆云非也니라 五는 喩取爲人法이라 今에 菩薩은 反此일새 故云解了니라

■ 법과 비유에 입각한 중에 각기 다섯 가지 법을 전개하여 하나의 수건으로 결론하여 요술은 한 마리 말로 만듦과 같다. (1) 의지할 대상인 수건이 있고 (2) 마술사의 기술이요, (3) 나타낼 대상인 요술 같은 말이요, (4) 말이 태어남은 곧 말이 죽음이요, (5) 법에 어리석은 소승은 있다고 말한다. (1) 수건은 법성에 비유하고, (2) (마술사의) 기술은 생겨나는 주체인 인연에 비유하나니 이른바 업과 미혹 등이다. (3) 의타성의 법에 비유하나니 곧 중생 등을 말하고, (4) 의타성이 무성(無性)인 것이 곧 원성성에 비유하나니 그러므로 널리 말할 적에 모두가 '아니다'라 함이요, (5) 취착하여 사람과 법이 됨에 비유한다. 지금에 보살은 이것과 반대이므로 '알고 깨닫는다[解了]'라고 말한 것이다.

[鈔] 就法喩中下는 第二, 合釋前之二段이니 以開五義中에 具有能所成故라 於中에 分四니 第一, 總開義門이요 第二, 對經顯意요 第三, 釋通妨難이요 第四, 別明義理니라 今初라 五法은 不出三性하니 初一은 圓成이요 二三은 依他니 謂二因이며 三果니라 四는 明依와 圓이 相卽이요 五는 卽徧計所執이니라

- (ㄴ) 就法喩中 아래는 앞의 종인연기(從因緣起) 구절을 합하여 해석함이니 다섯 가지 뜻을 전개한 중에 성립하는 주체와 대상을 구비하여 있는 까닭이다. 그중에 넷으로 나누리니 a. 총합하여 이치의 문을 전개함이요, b. 경문을 상대하여 의미를 밝힘이요, c. 비방과 힐난을 풀어서 해명함이요, d. 뜻과 이치를 개별로 설명함이다. 지금은 a.이니 다섯 가지 법은 세 가지 성품에서 벗어나지 않나니, 처음 하나는 원성성이요, 둘과 셋은 의타성이니 (그중에) 둘은 원인이며 셋은 결과를 말한다. 넷은 의타성과 원성성이 서로 합치함이요, 다섯은 곧 변계소집성이다.

b. 경문을 상대하여 의미를 밝히다[對經顯意] (今經 25下4)

[疏] 今經에 云, 從因緣起라하니 能起는 卽第二요 所起는 卽第三이니 以第二로 爲因하여 令悟第三하여 成第四며 遣第五病하여 歸第一理니라

- 본경에 이르되, "인과 연으로부터 생겨난다"라고 말하나니 생기는 주체는 곧 둘째요, 생길 대상은 곧 셋째이니, 둘째로 원인을 삼아서 셋째를 깨닫게 하여 넷째를 성립하고, 다섯째 병을 보내어 첫째 이치로 돌아감이다.

[鈔] 今經云下는 二, 對經顯意라 言以第二로 爲因者는 從緣生故라 令悟第三은 卽是依他요 成第四者는 卽事歸理요 遣第五病者는 徧計情亡이요 歸第一者는 圓成理顯이니라

- b. 今經云 아래는 경문을 상대하여 의미를 밝힘이다. '둘째는 원인으로 삼고'라 말한 것은 인연으로 생긴 까닭이다. 셋째를 깨닫게 함은 곧 의타성이요, '넷째를 성립한 까닭'은 현상과 합치하여 이치로 돌아감이요, '다섯째 병을 보냄'은 변계성은 생각이 없음이요, '첫째 이치로 돌아감'은 원성성의 이치로 밝힘을 뜻한다.

c. 비방과 힐난을 풀어서 해명하다[釋通妨難] (然緣 25下9)

[疏] 然이나 緣亦從緣일새 故로 緣果俱幻이니 中論에 云, 譬如幻化人이 復作幻化人이라함이 卽斯意也니라

- 그러나 인연도 또한 인연으로부터 나온 연고로 인연과 결과가 모두 요술이니, 『중론』(觀業品)에 이르되, "비유하건대 요술로 변화한 사람이 다시 요술로 변화한 사람을 만듦과 같다"라 한 것이 바로 이런 의미이다.

[鈔] 然緣亦下는 三, 通妨難이니 謂有難云호대 若以第二惑業으로 爲緣하여 令第三依他로 爲無性者인대 第二業惑이 應當是實이니 不從緣故라할새 故로 今에 釋云호대 亦從緣起니 謂業從惑生하고 惑由虛妄分別하여 卒至無住니 皆託因緣이라 故로 引中論하여 明因果俱幻26)이라 故로 論에 合云호대 如初幻化人은 是則名爲業이요 幻化人所作은 則

---

26) 幻은 南金本作寂이라 하다.

名爲業果라하니라 旣未曾有一法이 不從緣生이니 爲彰緣起하여 故分 能所니라

- c. 然緣亦 아래는 비방과 힐난을 풀어서 해명함이다. 이른바 어떤 이가 힐난하여 말하되, "만일 둘째 미혹과 업으로 인연을 삼아서 셋째 의타성으로 하여금 무성(無性)을 삼게 한다면 둘째 업과 미혹은 응당히 실법일 것이니 인연으로부터 나오지 않은 까닭이다"라고 하였다. 그러므로 지금 해석하여 말하되, "또한 인연으로부터 일어났으니 이른바 업은 미혹에서 생기고, 미혹은 허망한 분별로 말미암아 마침내 머물지 않음에 이르나니, 모두 인과 연에 의탁한다. 그러므로 중론(中論)을 인용하여 원인과 결과가 모두 요술임을 밝혔다." 그러므로 논에서 합하여 말하되, "처음에 나타난 허깨비들은 업이라 부름이 마땅하겠고, 허깨비가 나타낸 허깨비들은 업과 결과라 부름이 마땅하리라"라고 하였으니 이미 '어떤 한 법도 인연에서 나지 않음이 없다'는 것으로 연기를 밝히려는 연고로 주체와 대상을 구분한 것이다.

d. 뜻과 이치를 개별로 설명하다[別明義理] 2.
a) 유와 무의 구절을 이루다[成有無] (然上 26上7)

[疏] 然上五義가 各具有無하니 一, 巾은 性有相無니 爲馬所隱故요 二, 術은 用有體無니 以依巾無體故요 三, 馬는 相有實無니 以實無而現故요 四, 生은 卽是無며 死는 卽是有니 以無礙故요 五, 情有理無니 但妄見故니라

- 그러나 위의 다섯 가지 뜻에 각기 있고 없음을 갖추었으니, (1) 수건은 성품은 있는데 모양은 없음이니 말이 숨길 대상이 되는 연고요,

(2) 기술은 작용은 있는데 체성은 없음이니 수건에 의지하여 체성이 없는 연고요, (3) 말은 모양은 있는데 실법은 없음이니 실법은 없다가 나타나는 연고요, (4) 태어남은 곧 없음이요, 죽음은 곧 있음이니 장애가 없는 연고요, (5) 생각은 있는데 이치는 없음이니 단지 허망한 소견일 뿐이다.

[鈔] 然上五義下는 四, 別明義理라 於中에 有二하니 先, 成有無요 後, 成四句라 言有無者는 以三性中에 各有二義하니 皆有無故라 圓成의 二者는 一, 性有요 二, 相無니라 依他二者는 一, 緣有요 二, 性無니라 徧計二者는 一, 情有요 二, 理無니라 今初, 巾[27]은 卽圓成二義요 術과 馬는 皆是依他二義라 而術은 是能成之因이니 託眞而起일새 故로 用有며 體無라 用有는 卽是緣有요 體無는 卽是性無니라 三, 馬는 是所成之果니 故로 相有實無라 相有는 卽是緣有요 實無는 卽是性無니라 四, 明依圓不離하여 卽事[28]同眞이니 生喩於妄하고 死喩於眞이라 事泯理顯일새 故生無死有니라 以無礙故者는 出其所因이니 卽事理無礙也니라 五中에 就情則有니 妄見分明故요 就理則無니 以是妄計니 必非有故라 所以로 幻喩를 廣說有無者는 以惑情所執에는 有無皆失이요 理無惑計에는 有無皆眞이라 是知幻喩諸法이 非實非虛며 非空非有라 若無於有면 不成於無요 若無於無하면 不成於有며 有無交徹하여 萬化齊融故니라

- d. 然上五義 아래는 뜻과 이치를 개별로 설명함이다. 그중에 둘이 있으니 a) 있고 없음을 성립함이요, b) 네 구절로 성립함이다. '있고 없다'고 말한 것은 세 가지 성품 중에 각기 두 가지 뜻이 있으니 모두가

---

27) 巾은 原金本作中, 甲南續本作巾이라 하다.
28) 事는 甲續金本作是라 하다.

있고 없기 때문이다. ㊁ 원성성의 둘은 (1) 성품이 있음과 (2) 모양은 없음이다. ㊂ 의타성의 둘은 (1) 인연이 있음과 (2) 성품이 없음이다. ㊂ 변계성의 둘은 (1) 생각으로 있음과 (2) 이치로는 없음이다. 지금은 ㊀이니 (1) 수건은 곧 원성성의 두 가지 뜻이요, 기술과 말은 모두 의타성의 두 가지 뜻이다. 그러나 기술은 성립하는 주체의 원인이요, 진여에 의탁하여 생기므로 작용은 있는데 체성은 없는 것이다. 작용이 있음은 곧 인연으로 있음이며, 체성이 없음은 곧 성품이 없음이다. (3) 말은 성립할 대상인 결과이므로 모양은 있는데 실법은 없음이다. 모양이 있음은 곧 인연으로 있음이요, 실법이 없음은 곧 성품이 없음이다. (4) 의타성과 원성성을 여의지 않아서 현상과 합치하여 진여와 같음이니, 태어남은 망념에 비유하고 죽음은 진여에 비유하였으니, 현상은 없고 이치로 나타내는 연고로 태어남은 없고 죽음은 있다. '장애가 없는 까닭'이란 그 원인 되는 바를 내보임이니 곧 '현상과 이치가 무애함[事理無礙]'이다. 다섯 가지 중에 생각에 입각하면 있나니 망견이 분명한 까닭이요, 이치에 입각하면 없음이니, 허망한 계탁은 반드시 없는 까닭이다. 그런 연고로 요술의 비유를 있고 없음을 자세히 해석한 것은 미혹한 생각으로 고집할 대상에는 있고 없음을 모두 잃는 것이요, 이치로 미혹한 계탁이 없음에는 있고 없음이 모두 진실이다. 요술을 아는 것으로 모든 법이 실법도 아니며, 허망함도 아니며 공함도 아니요, 있음도 아님에 비유하였다. 만일 있음에 대해 없다면 없음을 성립하지 않고 만일 없음에 대해 없으면 있음을 성립하지 못하며 있고 없음에 서로 사무쳐서 만 가지 변화를 똑같이 융섭한 까닭이다.

b) 네 구절을 이루다[成四句] 2.
(a) 한 번 거듭한 네 구절을 이루다[成一重四句] 2.
㊀ 바로 밝히다[正顯] (又五 27上5)

[疏] 又五中에 各有四句하니 準思면 可知니라
■ 또한 다섯 가지 중에 각기 네 구절이 있으니 준하여 생각하면 알 수 있으리라.

[鈔] 又五中下는 先, 正顯也라 初, 性有相無인 四者는 一, 有니 眞性有故요 二, 空이니 無諸相故요 三, 亦有亦空이니 義門異故요 四, 非有非空이니 互融奪故니라 二, 用有體無인 四者는 一, 有니 迷眞有用故요 二, 空이니 依眞無體故요 三, 亦有亦空이니 體用不壞故요 四, 非有非空이니 無體之用故로 非有요 卽用無體故로 非空이니라 三, 相有實無인 四者는 一, 有니 事相現故요 二, 空이니 緣成無實故요 三, 俱存이니 無性이 不礙緣成이며 緣成이 不礙無性故요 四, 俱非니 緣成이 卽無性故로 非有요 無性이 卽緣成故로 非空이니라 四, 生卽是無며 死卽是有인 四者는 一, 眞性顯故요 二, 依他가 卽無性故요 三, 性相이 雙存故요 四, 性相이 卽奪故니라 五, 情有理無인 四者는 一, 徧計妄情이 能招生死故요 二, 卽理而求에 不可得故요 三, 要由理無하야사 方知情有니 若無情有하면 不顯理無故요 四, 情有가 卽理無며 理無가 卽情有故니라

● ㊀ 又五中 아래는 바로 밝힘이다. ① 성품은 있는데 모양은 없음의 네 구절은 (1) 있음이니 진여 성품이 있는 연고요, (2) 공함이니 모든 모양이 없는 연고요, (3) 있기도 하고 공하기도 함이니 이치의 문이

다른 연고요, (4) 있음도 아니고 공함도 아니니 서로 융섭하고 뺏는 연고니라. ② 작용은 있는데 체성은 없음의 네 구절은 (1) 있음이니 진여에 미하지만 작용은 있는 연고요, (2) 공함이니 진여에 의지하므로 체성은 없는 연고요, (3) 있기도 하고 공하기도 함이니 체성과 작용이 무너지지 않는 연고요, (4) 있음도 아니요 공함도 아님이니 체성 없는 작용인 연고로 있음이 아니요, 작용과 합치하여 체성이 없는 연고로 공함도 아니다. ③ 모양은 있는데 실법은 없는 네 구절이란 (1) 있음이니 현상의 모양이 나타나는 연고요, (2) 공함이니 인연으로 성취하여 실법은 없는 연고요, (3) (모양과 실법이) 모두 있음이니 체성 없음이 인연으로 성취함을 장애하지 않으며, 인연으로 성취함이 체성 없음을 장애하지 않는 연고요, (4) (모양도 실법도) 모두 아님이니, 인연으로 성취함은 곧 체성이 없는 연고로 있지 않음이요, 체성 없음은 곧 인연으로 성취한 연고로 공함도 아니다. ④ 태어남이 곧 없음이며 죽음이 곧 있음인 네 구절이란 (1) 진여의 성품이 드러난 연고요, (2) 의타성은 곧 체성이 없는 연고요, (3) 체성과 모양이 함께 있는 연고요, (4) 체성과 모양은 합치하면서 뺏는 연고이다. ⑤ 생각은 있는데 이치는 없는 네 구절이란 (1) 변계성의 허망한 생각이 능히 생사를 초래하는 연고요, (2) 이치와 합치해서 구하여도 얻을 수 없는 연고요, (3) 중요한 것은 이치가 없음으로 말미암아야 비로소 생각 있음을 알게 되나니, 만일 생각 있음이 아니면 이치가 없음이 드러나지 않는 연고요, (4) 생각 있음이 곧 이치가 없음이요, 이치 없음이 곧 생각 있음인 연고이다.

㈢ 잘못을 가려내다[揀非] (然皆 27下9)

[疏] 然皆具德하니 不同四謗이니라

■ 그러나 모두 공덕을 갖추었으니 네 가지로 비방함과는 다르다.

[鈔] 然이나 皆具德者는 二, 揀非也라 言四謗者니 謂定有者는 是增益謗이요 若定無者는 是損減謗이요 亦有亦無는 相違謗이요 非有非無는 戱論謗이니라 疏에 以具德故로 出不同所由니 謂上明四句는 卽是具德이니 以稱眞故며 不同情計定執四句니라 今에 重顯初門의 具德之義하리라 一, 眞如는 是有義니 以迷悟依故며 不空義故며 不可壞故니라 二, 眞性是空이니 以離相故며 隨緣義故며 對染說故니라 三, 眞如는 亦有亦空이니 以具德故며 逆順自在故며 體鎔融故니라 四, 眞性은 非有非空이니 以二不二故며 定取不可得故니라 餘之四句는 前已略明이어니와 又皆卽有之空이라야 方爲具德之空이요 卽空之有라야 方爲具德之有니 是則非有之有며 非空之空이 爲具德耳니라 又盡有之空이며 盡空之有라야 方爲具德이니라 又隨一句하여 必具餘三이니 若隨闕者인댄 則非具德이니라

又四句齊照에 成解境故요 四句齊泯에 成行境故라 皆言亡慮絶하야사 方爲具德耳니라 是知若依四謗인댄 四句皆絶이요 若依具德인댄 四句不亡이라 不卽不離하야사 方知幻法이라 故로 楞伽第二에 令觀四句하니 謂一異와 俱不俱와 有無와 非有非無와 常無常等이니라

● ㈡ '그러나 모두 공덕 갖춤'이란 잘못을 가려냄이다. '네 가지로 비방함'에서 이른바 '결정코 있다'는 것은 '이익을 더하는 비방[增益謗]'이요, '결정코 없다'는 것은 '손해나고 감소하는 비방[損減謗]'이요, 있기도 하고 없기도 함은 '서로 위배되는 비방[相違謗]'이요, 있지도 않고 없지도 않음은 '장난말 하는 비방[戱論謗]'이다. 소에서 공덕을 갖춘

연고로 그 이유가 같지 않음을 내보였으니, 이른바 위에서 밝힌 네 구절이 곧 공덕을 갖춤이니 진여와 칭합한 까닭이며, 생각으로 계탁하여 결정코 네 구절을 고집함과는 같지 않다. 지금은 첫째 문의 공덕 갖춘 뜻을 거듭 밝히리라. (1) 진여는 있다는 뜻이니 미함과 깨달음의 의지처인 연고요, 공하지 않은 뜻인 연고요, 무너뜨릴 수 없는 연고이다. (2) 진여 성품은 공하나니 모양을 여읜 연고요, 인연을 따르는 뜻인 연고요, 물든 것을 상대하여 말하는 연고이다. (3) 진여는 있기도 하고 공하기도 하나니 공덕을 갖춘 연고요, 거스르고 따름에 자재한 연고요, 자체가 녹아 융섭한 연고이다. (4) 진여 성품은 있지도 않고 공함도 아님이니 둘이면서 둘이 아닌 연고요, 결정코 취하여도 얻을 수 없는 연고이다. 나머지 네 구절은 앞에서 이미 간략히 설명하였지만 또한 모두 유(有)와 합치한 공(空)이라야 비로소 공덕을 갖춘 공함이 될 것이요, 공(空)과 합치한 유(有)라야 비로소 공덕을 갖춘 유가 되나니, 이렇다면 유가 아닌 유이며 공이 아닌 공이 공덕을 갖춤이 될 뿐이다. 또한 유를 다한 공이며 공을 다한 유라야 비로소 공덕을 갖춤이 된다. 또한 한 구절을 따라서 반드시 나머지 셋을 갖출 것이니, 만일 따라 빠진 것은 곧 공덕을 갖춤이 아니다. 또한 네 구절로 함께 비추어 이해하는 경계[解境]를 이루는 까닭이요, 네 구절을 함께 없앨 적에 행하는 경계[行境]를 이루는 까닭이다. 모두 말을 잊고 생각이 끊어져야만 비로소 공덕을 갖춤이 될 뿐이다. 이로써 알라. 저 네 가지 비방에 의지한다면 네 구절이 모두 끊어질 것이요, 저 공덕 갖춤에 의지한다면 네 구절이 없지 않음을. 합치하지 않고 여의지도 않아야 비로소 허깨비 같은 법을 아는 것이다. 그러므로『능가경』제2권에서 네 구절을 관찰하게 하나니, 이른바 (1) 하나와 다름

(2) 함께함과 함께하지 않음 (3) 있고 없음 (4) 있지도 않고 없지도 않음과 항상하고 항상하지 않음 등이다.

(b) 거듭거듭 한 네 구절을 이루다[成重重四句] (若以 28下6)

[疏] 若以諸門交絡하면 成多四句니 亦可思準이니라
■ 만일 모든 문이 서로 연결되면 여러 가지 네 구절을 이루나니 또한 준하여 생각할 수 있다.

[鈔] 若以諸門者는 二, 重重四句也라 總有四節하여 成二十重이라 第一節에 有八重하니 一, 以第一門中有로 對第二門中無하여 成四句하니 謂一者, 緣起是有니 以眞性妙有故요 二, 緣起是無니 業惑無體故오 三, 亦有亦無니 雙照眞妄故요 四, 非有非無니 眞妄雙絶故니라 二, 以第一門中無로 對第二門中有하여 成四句하니 謂一, 緣起是有니 業惑이 有用하여 招生死故오 二, 是無니 一眞法界는 絶諸相故오 三, 亦有亦無니 雙照眞妄故오 四, 非有非無니 眞妄雙絶故니라 三, 以第一門中有로 對第三門中無하여 成四句하니 謂一, 緣起是有니 眞性有故요 二, 是無니 以事無眞實故요 三, 亦有亦無니 雙照事理故요 四, 非有非無니 事理相卽하여 互相泯故니라 四, 以第一門中無로 對第三門中有하여 成四句니 謂一, 事相有故요 二, 理相空故요 三, 空有雙現故요 四, 空有互泯故니라 五, 以第一門中有로 對第四門中無하여 成四句니 謂一, 眞性有故요 二, 事卽虛故요 三, 雙照二故요 四, 互卽奪故니라 六, 以第一門中無로 對第四門中有하여 成四句하니 謂一, 無性之理有故요 二, 理無相故요 三, 二義齊現故요

四, 非有非無眞中道故니라 七, 以第一門中有로 對第五門中無하여 成四句하니 一, 眞理有故요 二, 情計於理에 無故요 三, 有處에 妄計無故요 四, 性有가 卽是理無며 理無가 卽是性有故니라 八, 以第一門中無로 對第五門中有하여 成四句하니 一, 有니 在情有故요 二, 無니 理無相故요 三, 俱存이니 要理無相이라야 方是妄情有故요 四, 俱非니 妄情之有는 卽眞理無相故로 非有요 眞性無相이 能爲妄情所依故로 非無니라 此上은 以第一門의 有無로 對下四門有無하여 成八重四句니라

- (b) 만일 모든 문이란 거듭거듭 한 네 구절이다. 총합하여 네 문절이 있어서 20번 거듭함을 이룬다. 첫째 문절에 여덟 번 거듭함이 있으니 (1) 첫째 문 중의 유(有)로 둘째 문 중의 무(無)를 상대하여 네 구절을 이루었다. 이른바 ① 연기이므로 유이니 진여 성품은 묘하게 있는 연고요, ② 연기이므로 무이니 업과 미혹은 체성이 없는 연고요, ③ 유이기도 하고 무이기도 함이니 진여와 망법을 함께 비추는 연고요, ④ 유도 아니요 무도 아님이니 진여와 망법이 함께 끊어진 연고요, (2) 첫째 문 중의 무(無)로 둘째 문 중의 유(有)를 상대하여 네 구절을 이루나니 이른바 ① 연기이므로 유이니 업과 미혹은 작용이 있어서 생사를 초래하는 연고요, ② 무이니 하나의 진여법계는 모든 모양을 끊은 연고요, ③ 유이기도 무이기도 함이니 진여와 망법을 함께 비추는 연고요, ④ 유도 아니고 무도 아님이니 진여와 망법을 함께 끊은 연고요, (3) 첫째 문 중의 유(有)로 셋째 문 중의 무(無)를 상대하여 네 구절을 이루나니 이른바 ① 연기이므로 유이니 진여 성품은 있는 연고요, ② 무이니 현상에는 진여의 실법이 없는 연고요, ③ 유이기도 하고 무이기도 함이니 현상과 이치를 함께 비추는 연고요, ④ 유도

아니고 무도 아님이니 현상과 이치가 서로 합치하여 서로 번갈아 없애는 까닭이다. (4) 첫째 문 중의 무(無)로 셋째 문 중의 유(有)를 상대하여 네 구절을 이루나니 이른바 ① 현상의 모양이 유인 연고요, ② 이치의 모양이 공한 연고요, ③ 공과 유를 동시에 나타내는 연고요, ④ 공과 유가 번갈아 없애는 연고이다. (5) 첫째 문 중의 유(有)로 넷째 문 중의 무(無)를 상대하여 네 구절을 이루나니 이른바 ① 진여의 성품은 있는 연고요, ② 현상은 곧 허망한 연고요, ③ (진여 성품과 현상) 둘을 함께 비추는 연고요, ④ 번갈아 합치하고 뺏는 연고이다. (6) 첫째 문 중의 무(無)로 넷째 문 중의 유(有)를 상대하여 네 구절을 이루나니 이른바 ① 진여 성품의 이치로 유인 연고요, ② 이치는 모양이 없는 연고요, ③ 두 가지 뜻이 똑같이 나타나는 연고요, ④ 유도 아니고 무도 아닌 참된 중도인 연고이다. (7) 첫째 문 중의 유(有)로 다섯째 문 중의 무(無)를 상대하여 네 구절을 이루나니 이른바 ① 진여의 이치가 유인 연고요, ② 이치를 생각으로 계탁하면 무인 연고요, ③ 유(有)인 곳을 허망하게 무(無)라 계탁하는 연고요, ④ 성품이 유인 것이 곧 이치로는 무이며, 이치로 무인 것이 곧 성품은 유인 까닭이다. (8) 첫째 문 중의 무(無)로 다섯째 문 중의 유(有)를 상대하여 네 구절을 이루나니 이른바 ① 유이니 생각으로는 유에 있는 연고요, ② 무이니 이치는 모양이 없는 연고요, ③ 모두 존재함[俱存]이니 중요한 것은 이치로 모양이 없어야 비로소 허망한 생각으로 유가 되는 연고요, ④ 모두 아님[俱非]이니 허망한 생각인 유(有)는 곧 진여의 이치가 모양 없는 연고로 유가 아니요, 진여 성품이 모양이 없는 것이 능히 허망한 생각의 의지처가 되는 연고로 무(無)도 아니다. 이 위는 첫째 문의 유와 무로 아래 네 문이 유와 무인 것을 상대하여 여덟 번 거듭된 네 구절을 이룬 것이다.

第二, 以第二門中의 有無로 對下三門하여 又成六重四句오 第三, 以第三門中의 有無로 對下二門하여 復成四重四句오 第四, 以第四 門의 有無로 對第五門의 有無하여 成兩重四句일새 都成二十重四句 니라 不得以後로 爲首하여 更對於前이니 以不異前門으로 爲首하여 對 於後故라 今에 具出八重하니 其十二重은 取類思之어다 恐繁不出하 노라

● 둘째 구절에서 둘째 문 중의 유와 무로 아래 세 문을 상대하여 또한 여섯 번 거듭한 네 구절을 이룬다. 셋째 구절에서는 셋째 문 중의 유 와 무로 아래 두 문을 상대하여 다시 네 번 거듭한 네 구절을 이룬다. 넷째 구절에서 넷째 문의 유와 무로 다섯째 문의 유와 무를 상대하여 두 번 거듭한 네 구절을 이루나니 (이렇게) 합쳐서 20번 거듭한 네 구 절을 이루게 된다. 이 뒤를 얻지 않음으로 우두머리를 삼아서 다시 앞을 상대하나니 앞 문과 다르지 않은 것을 우두머리로 하여 뒤를 상 대하는 까닭이다. 지금에는 여덟 번 거듭함을 갖추어 내보였으니 그 20번 거듭함을 종류별로 취하여 생각할지니, 번거로울까 염려하여 내보이지 않는다.

(ㄷ) 셋째 어일법중(於一法中)을 따로 해석하다[別釋第三段] 2.
a. 모양의 종류를 잡아 해석하다[約相類] (後顯 30上7)

[疏] 後, 顯幻相이라 略爲二解니 一, 約相類인대 謂解一無實하면 則知一 切皆然이니 並從緣故라 故로 云, 一中에 解多等이라하니라

- (ㄷ) 요술 같은 모양을 밝힘이다. 간략히 두 가지 해석이 되나니 a. 모양의 종류를 잡아 해석한다면 이른바 하나에 실법이 없음을 알면 온갖 것이 모두 그러하나니 아울러 인연을 따름으로 아는 까닭이다. 그러므로 "한 법에서 여러 법을 이해한다"는 등으로 말하였다.

b. 원융문을 잡아 해석하다[約圓融] 3.
a) 이치로 현상을 따르다[以理從事] (二 約 30上8)

[疏] 二, 約圓融인대 復有三義하니 一, 以理從事故로 說相卽이니 如馬頭之巾이 不異足巾일새 說頭卽足이니 故一卽多等이니라 無行經에 云, 貪欲이 卽是道者는 貪欲性故요 諸法이 卽貪欲者는 卽貪實故니라

- b. 원융문을 잡아 해석한다면 다시 세 가지 뜻이 있으니 a) 이치로 현상을 따르는 연고로 서로 합치함을 말하였으니 마치 말의 머리 수건이 발수건과 다르지 않음과 같아서 머리가 곧 발이니 그래서 하나가 곧 여럿인 등이라 말하였다. 『제법무행경(諸法無行經)』에 이르되, "탐욕이 곧 도이다"라 말한 것은 탐심은 욕심의 체성인 연고요, 제법이 곧 탐욕인 것은 탐욕과 합치한 실법인 까닭이다.

b) 이치로 현상을 융섭하다[以理融事] (二以 30下1)

[疏] 二, 以理融事에 一多相卽이니 如馬頭가 無別有요 卽以巾으로 爲頭라 以巾體가 圓融故로 令頭卽足이니 故云一中에 解多等이라하니라

- b) 이치로 현상을 융섭할 적에 하나와 여럿이 서로 합치함이니, 마치 말의 머리가 별도로 있는 것이 아니요, 곧 수건으로 머리를 삼은 것

과 같다. 수건의 체성이 원융한 연고로 머리가 곧 발[足]이게 한 것이니 그러므로 "하나 중에 여럿을 안다"는 등이라 말하였다.

c) 연기가 서로 연유하는 힘[緣起相由力] 2.
(a) 한 문을 바로 거론하다[正擧一門] (三約 30下3)

[疏] 三, 約緣起相由力에 則法界가 同一幻網이라 令一多相卽이 如幻師術力으로 令多卽一等이라 賢首品에 云, 或現須臾하여 作百年[29]等은 以幻法虛하여 無障礙故니라

■ c) 연기가 서로 연유하는 힘을 잡아 해석한다면 법계가 요술 같은 그물과 동일하다. 하나와 여럿이 서로 합치하게 함이 마치 마술사가 부리는 마술의 힘과 같나니, 여럿으로 하여금 하나와 합치하게 함 등이다. 현수품에 이르되, "(비유컨대 마술사가 요술을 잘 부려서 갖가지 무량한 형색을 나타내어 밤낮으로) 잠깐잠깐 나타내 보여서 혹은 잠깐이 백 년이 되기도 하네"라고 말한 등은 요술의 법은 허공처럼 장애가 없는 까닭이다.

(b) 나머지 세 문과 유례하다[例餘三門] 3.
㊀ 합치함으로 들어감과 유례하는 문[以卽例入] (相卽 30下6)
㊁ 다름으로 같음과 유례하는 문[以異例同] (異體)
㊂ 문으로 문과 유례하는 문[以門例門] (一門)

[疏] 相卽旣爾에 相入도 亦然이니 入則一中에 有多[30]等이라 異體旣爾에

---

29) 60권 화엄경 현수보살품 게송이다. "譬如幻師善術法 能現種種無量色 示現晝夜須臾頃 或現須臾作百年."
30) 有多는 續金本作多有誤라 하다.

同體도 亦然이요 一門旣爾에 餘門思準이니라
- 서로 합치함이 이미 그렇다면 서로 들어감도 마찬가지이다. 들어가면 하나 중에 여럿이 있다는 등이다. 체성이 다름은 이미 그렇지만 체성이 같음도 마찬가지이다. 한 문이 이미 그러하니 나머지 문도 준하여 생각할 수 있다.

[鈔] 一約相類者는 如覩一葉落에 知天下秋요 見一華開에 知天下春矣니라 二, 約圓融下는 疏文이 自有三意하니 初一,³¹⁾ 事理無礙義요 二, 以理融事下의 兩門은 事事無礙義요 前門은 卽法性融通門이니라 三, 卽緣起相由門이라 就第三門中하여 疏文이 分二니 先, 擧一門이요 後, 相卽旣爾下는 例於餘門이라 於中에 三이니 一, 以卽例入이요 二, 異體旣爾下는 以異例同이요 三, 一門已下는 以門例門이라 如緣起相由門이 旣爾인대 無定性門과 唯心現等 諸門도 亦然이요 又相卽入이 旣爾에 微細相容安立門等도 亦然이니라

- a. 모양의 종류를 잡아 해석함은 (한 법에서 여러 법을 이해하는 문은) 마치 한 떨기 잎이 떨어짐을 보고 천하에 가을이 온 것을 알며, 한 송이 꽃이 핀 것을 보고 천하에 봄이 온 것을 아는 것과 같다. b. 約圓融 아래는 소문에 자연히 세 가지 의미가 있다. (1) 현상과 이치가 장애 없는 이치요, (2) 二以理融事 아래 두 문[다름으로 같음과 유례하는 문, 문으로 문과 유례하는 문]은 현상과 현상이 장애 없는 이치이다. 앞의 문[다름으로 같음과 유례하는 문]은 곧 법성이 원융하게 통하는 문이요, (3) (문으로 문과 유례하는 문)은 연기가 서로 연유하는 문이다. (3) 연기가 서로 연유하는 문에 입각하여 소문을 둘로 나누니 (a) 한 문을 바로 거

---
31) 一은 南續金本作卽이라 하다.

론함이요, (b) 相卽旣爾 아래는 나머지 세 문과 유례함이다. 그중에 셋이니 ㉠ 합치함으로 들어감과 유례하는 문이요, ㉡ 異體旣爾 아래는 다름으로 같음과 유례하는 문이요, ㉢ 一門已 아래는 문으로 문과 유례하는 문이다. 저 c) 연기가 서로 연유하는 문이 이미 그렇다면 결정된 성품이 없는 문과 오직 마음으로만 나타내는 문 등의 여러 문도 또한 마찬가지이며, 또한 서로 합치하고 들어감이 이미 그렇다면 '미세하게 서로 용납하여 편안히 건립하는 문[微細相容安立門]' 따위도 마찬가지이다.

ㄴ. 요술 같은 인의 행법을 성취하다[成就忍行] (二成 31上8)

此菩薩이 知諸法如幻已하여는 了達國土하며 了達衆生하며 了達法界하며 了達世間平等하며 了達佛出現平等하며 了達三世平等하여 成就種種神通變化하나니라
이 보살이 (1) 모든 법이 요술 같음을 알고 (2) 국토를 분명히 알며, (3) 중생을 분명히 알며, (4) 법계를 분명히 알며, (5) 세간이 평등함을 알며, (6) 부처님 나심이 평등함을 알며, (7) 세 세상이 평등함을 알고, (8) 가지가지 신통변화를 성취하느니라.

[疏] 二, 成忍行中에 由知法幻하여 成二種行이라 一, 忍智現前이니 云了平等이요 二, 幻用無礙니 云成通化니라 云何平等고 一, 理事平等이니 如巾馬가 無二故니 色卽空等이요 二, 理理平等이니 如頭足俱巾이라 巾無別故니 如賢聖同如요 三, 事事平等이니 如前一多中에 說이니라

- ㄴ. 요술 같은 인의 행법을 성취함 중에 법이 요술인 줄 앎으로 말미암아 두 종류의 행법을 성취한다. ① 법인의 지혜가 앞에 나타남이니 '평등함을 안다'고 말하였고, ② 요술 같은 작용이 장애가 없나니 '신통변화를 성취한다'고 하였다. 무엇이 평등함인가? (1) 현상과 이치가 평등함이니 마치 수건과 말이 둘이 없음과 같은 연고니 형색이 곧 공(空)과 평등함이요, (2) 이치와 이치가 평등함이니 마치 머리와 발이 모두 수건인 것과 같다. 수건이 다름이 없는 까닭이니 현자와 성인이 동일한 진여임과 같고, (3) 현상과 현상이 평등함이니 마치 앞의 하나와 여럿 중에 말한 내용과 같다.

(나) 자세하게 해석하다[廣釋] 3.
ㄱ. 비유로 밝히다[喩] 2.
ㄱ) 체성 없음이 곧 체성이 공한 뜻임을 밝히다[明性無卽體空義]

(第二 31下8)

譬如幻이 非象非馬며 非車非步며 非男非女며 非童男非童女며 非樹非葉이며 非華非果며 非地非水며 非火非風이며 非晝非夜며 非日非月이며 非半月非一月이며 非一年非百年이며 非一劫非多劫이며 非定非亂이며 非純非雜이며 非一非異며 非廣非狹이며 非多非少며 非量非無量이며 非麤非細며 非是一切種種衆物이니라

비유하건대 마치 (1) 요술이 코끼리도 아니고 말도 아니고 수레도 아니고 보행도 아니며, (2) 남자도 아니고 여인도 아니고 동남도 아니고 동녀도 아니며, (3) 나무도 아니고 잎도

아니고 꽃도 아니고 열매도 아니며, (4) 지대도 아니고 수대도 아니고 화대도 아니고 풍대도 아니며, (5) 낮도 아니고 밤도 아니고 해도 아니고 달도 아니며, (6) 반 달도 아니고 한 달도 아니고 일 년도 아니고 백 년도 아니며, (7) 한 겁도 아니고 여러 겁도 아니며, (8) 선정도 아니고 산란도 아니고, (9) 순일함도 아니고 섞임도 아니며, (10) 하나도 아니고 다른 것도 아니며, (11) 넓은 것도 아니고 좁은 것도 아니며, (12) 많은 것도 아니고 적은 것도 아니며, (13) 한량있는 것도 아니고 한량없는 것도 아니며, (14) 굵은 것도 아니고 가는 것도 아니며, (15) 모든 여러 가지 물건이 아닌 것과 같으니라.

[疏] 第二, 譬如下는 廣中에 三이니 一, 喩요 二, 合이요 三, 成忍行32)이라 初中에 二니 先, 明性無가 即體空義라 故로 結云非是一切種種之物이라 所非之事를 亦可次第로 對前情非情境이라하니라

■ (나) 譬如 아래는 자세하게 해석함 중에 셋이니 ㄱ. 비유로 밝힘이요, ㄴ. 법과 비유를 합함이요, ㄷ. 요술 같은 인의 행법을 성취함이다. ㄱ. 중에 둘이니 ㄱ) 체성 없음이 곧 체성이 공한 뜻임을 밝혔다. 그러므로 결론하여 말하되, "온갖 갖가지 물건도 아니요, 대상이 아닌 현상도 또한 순서대로 앞의 생각과 생각 아닌 경계를 상대한다"라고 하였다.

[鈔] 所非之事者는 如非男非女는 即對前了達衆生이요 非地水火風은

---

32) 成忍行은 南續金本作忍行成이라 하다.

卽對前了達國土等이니라

● '대상이 아닌 현상'이란 마치 '(2) 남자도 아니고 여인도 아님'과 같음은 곧 앞의 '(3) 중생을 분명히 앎'과 상대함이요, '(4) 지대(地大)도 수대도 화대도 풍대도 아님'은 곧 앞의 '(2) 국토를 분명히 알며'와 상대한 등이다.

ㄴ) 모양 있음이 곧 차별의 뜻임을 밝히다[明相有卽差別義] (二種 32上4)

種種非幻이며 幻非種種이로되 然由幻故로 示現種種差別之事인달하여
(16) 가지가지 요술이 아니고 요술도 가지가지가 아니지마는 (17) 그래도 요술로 인하여 가지가지 차별한 것을 나타내느니라.

[疏] 二, 種種非幻下는 明其相有는 卽相差別義니 故로 云, 然由幻故로 示現別事라하니 於中에 初二句는 結前生後라 種種非幻者는 象等이 非術故라 下句는 反此라 法合은 可知니라 然由下는 正顯相有니 雖互相非나 然由因起果하여 虛而假現이니라 又喩智了平等이나 而起化用이니라

■ ㄴ) 種種非幻 아래는 모양 있음이 곧 차별의 뜻임을 밝힘이다. 그러므로 말하되, "(17) 그래도 요술로 인하여 가지가지 차별한 것을 나타내 보인다"라고 하였다. 그중에 a. 처음 두 구절은 앞을 결론하고 뒤를 시작함이다. '(16) 가지가지 요술이 아니고'란 코끼리 따위는 기술이 아닌 까닭이요, 아래 구절은 이것과 반대요, b. 법과 비유를 합

함은 알 수 있으리라. c. 然由 아래는 모양 있음을 바로 밝힘이니, 비록 번갈아 모양이 아니지만 원인으로 인해 결과를 일으켜서 허망하지만 잠시 나타난다. 또한 지혜로 평등함을 아는 것에 비유하지만 변화하는 작용을 시작한다.

[鈔] 象等非術者는 卽因果相異門이니 依他之果는 非徧計緣故라 下句反此者는 術非象等이니 明徧計는 非依他니라 下明相有는 卽因果相成이니라

● '코끼리 따위는 기술이 아님'이란 곧 원인과 결과가 서로 다른 문이니 의타성의 결과는 변계성의 인연이 아닌 까닭이다. '아래 구절은 이것과 반대'란 기술은 코끼리 따위가 아닌 등이니, 곧 변계성은 의타성이 아님을 밝힘이다. 아래에서 모양이 있음은 곧 '인과가 서로 성립하는 문'임을 설명하였다.

ㄴ. 법과 비유를 합하다[合] (第二 32下4)

菩薩摩訶薩도 亦復如是하여 觀一切世間如幻하나니 所謂 業世間과 煩惱世間과 國土世間과 法世間과 時世間과 趣世間과 成世間과 壞世間과 運動世間과 造作世間이니라
보살마하살도 그와 같아서 일체 세간이 요술과 같음을 관찰하나니, (1) 업의 세간과 (2) 번뇌의 세간과 (3) 국토의 세간과 (4) 법의 세간과 (5) 때의 세간과 (6) 갈래의 세간과 (7) 이룩하는 세간과 (8) 무너지는 세간과 (9) 운동하는 세간과 (10) 만드는 세간들이니라.

[疏] 第二, 菩薩下는 法合이라 文有總別이라 皆言世間者는 有二義하니 一, 可破壞故니 卽喩有爲요 二, 隱覆을 名世니 亦通無爲니라 則法은 通五類요 趣는 謂五趣니라 成壞는 約器니 一期說故요 運動은 通情非情이니 念念移故요 造作은 唯情이니 現營爲故니라

■ ㄴ. 菩薩 아래는 법과 비유를 합함이다. 경문에 총상과 별상이 있는데 모두에 세간(世間)이라 말한 것은 두 가지 뜻이 있으니 (1) 파괴할 수 있기 때문이니 곧 유위법에 비유함이요, (2) 숨고 덮음을 세간이라 이름하나니 또한 무위법에 통한다. 법(法)은 다섯 종류에 통하고, (6) 갈래[趣]는 다섯 갈래를 말하며, (7) 이룩하는 세간과 (8) 무너지는 세간[成壞]은 기세간(器世間)을 잡은 해석이니, 한 기간에 설하기 때문이다. (9) 운동하는 세간은 유정과 무정에 통하나니, 생각 생각에 옮기기 때문이다. (10) 만드는 세간은 오직 유정뿐이니 현재에 만들어 가기 때문이다.

ㄷ. 요술 같은 인의 행법을 성취하다[成忍行] 2.
ㄱ) 참된 지혜의 행법을 성취하다[成眞智之行] (第三 33上3)

菩薩摩訶薩이 觀一切世間如幻時에 不見衆生生하며 不見衆生滅하며 不見國土生하며 不見國土滅하며 不見諸法生하며 不見諸法滅하며 不見過去可分別하며 不見未來有起作하며 不見現在一念住하며 不觀察菩提하며 不分別菩提하며 不見佛出現하며 不見佛涅槃하며 不見住大願하며 不見入正住하여 不出平等性이니라
보살마하살은 일체 세간이 요술과 같음을 관찰할 때에 (1)

중생의 남을 보지 않고 (2) 중생의 사라짐을 보지 않으며, (3) 국토의 생김을 보지 않고 (4) 국토의 사라짐을 보지 않으며, (5) 모든 법이 남을 보지 않고 (6) 모든 법이 사라짐을 보지 않으며, (7) 과거가 분별할 수 있음을 보지 않고 (8) 미래가 일어남을 보지 않고 (9) 현재가 한 생각에 머물렀음을 보지 않으며, (10) 보리를 관찰하지 않고 보리를 분별하지 않으며, (11) 부처님이 나심을 보지 않고 (12) 부처님이 열반하심을 보지 않으며, (13) 큰 서원에 머무름을 보지 않고 (14) 바른 지위에 들어감을 보지 아니하여 평등한 성품에서 벗어나지 않느니라.

[疏] 第三, 菩薩至觀一切下는 成忍行中에 二니 先, 成眞智行하여 由了體空故라 故로 結云, 不出平等性이라하니라 又前法中에 明卽寂之照하여 云, 了平等이니 此明卽智之止일새 故云不見이라 是知無幻之幻이라야 方是幻法이요 絶見之見이라야 方爲見幻이니라

- ㄷ. 菩薩至觀一切 아래는 요술 같은 인의 행법을 성취함 중에 둘이니 ㄱ) 참된 지혜의 행법을 성취하여 체성이 공함을 요달함으로 말미암은 까닭이다. 그러므로 결론하여 말하되 "평등한 성품에서 벗어나지 않는다"라고 하였다. 또한 앞의 법 중에 고요함과 합치한 비춤을 밝혀서 말하되, "평등함을 아나니 이것은 지혜와 합치한 사마타를 밝히려는 연고로 '보지 못한다'고 하였다." 이로써 요술 없는 요술을 알아야만 비로소 요술 같은 법이요, 보는 것이 끊어진 봄이라야 비로소 요술인 줄 보게 되는 것이다.

ㄴ) 동요와 고요함이 둘이 없음도 방편과 실법이 둘이 아님을 밝히다
   [明動寂無二亦權實不二] 5.
(ㄱ) 경문을 총합하여 해석하다[總釋經文] (二是 33下5)
(ㄴ) 인용문으로 분명하게 증명하다[引文明證] (故經)

是菩薩이 雖成就佛國土나 知國土無差別하며 雖成就衆生界나 知衆生無差別하며 雖普觀法界나 而安住法性하여 寂然不動하며 雖達三世平等이나 而不違分別三世法하며 雖成就蘊處나 而永斷所依하며 雖度脫衆生이나 而了知法界平等하여 無種種差別하며 雖知一切法이 遠離文字하여 不可言說이나 而常說法하여 辯才無盡하며 雖不取著化衆生事나 而不捨大悲하고 爲度一切하여 轉於法輪하며 雖爲開示過去因緣이나 而知因緣性이 無有動轉하나니

이 보살이 비록 (1) 부처님 국토를 성취하나 국토가 차별 없음을 알며, (2) 중생 세계를 성취하나 중생이 차별 없음을 알며, (3) 비록 법계를 두루 관찰하나 법의 성품에 머물러서 고요하고 동하지 않으며, (4) 비록 삼세가 평등함을 통달하나 삼세의 법을 분별하는 데 어기지 않으며, (5) 비록 오온과 12처를 성취하나 의지할 데를 아주 끊었으며, (6) 비록 중생을 제도하나 법계가 평등하여 갖가지 차별이 없음을 알며, (7) 일체 법이 문자를 여의어서 말할 수 없음을 알면서도 항상 법을 말하여 변재가 끊어지지 않으며, (8) 중생 교화하는 일에 집착하지 않으나 자비를 버리지 않고 (9) 중생

을 제도하기 위하여 법 바퀴를 굴리며, (10) 과거의 인연을 열어 보이지마는 인연의 성품은 흔들리지 않음을 아나니,

[疏] 二, 是菩薩下는 明動寂無二니 亦權實不二니라 故로 經에 云, 智不得有無로되 而興大悲心이라하니라
- ㄴ) 是菩薩 아래는 동요함과 고요함이 둘이 없음이니 방편과 실법이 둘이 아님을 밝힘이다. 그러므로 경문에 이르되, "지혜가 있고 없음을 가리지 않으시고 대비심을 일으키시네"라고 하였다.

(ㄷ) 유와 무를 얻지 못한 뜻을 해석하다[釋不得有無義] (由了 33下6)
(ㄹ) 비유를 들어 따와서 이루다[擧喩帖成] (如象)

[疏] 由了體空하여 不壞幻相差別故라 如象生이 即是象死니라
- 체성이 공함을 요달함으로 인해 요술 같은 모양을 무너뜨리지 않는 것으로 차별한 까닭이니, 마치 코끼리가 태어남이 곧 코끼리가 죽음과 같다.

[鈔] 故經云者는 二, 引證也니 即楞伽第一에 大慧讚佛偈라 然彼經에 歎佛이 了達三性이니 初偈에 云, 世間離生滅이 猶如虛空華어늘 智不得有無언정 而興大悲心하신다하시니 此는 明了徧計니라 次偈에 云, 一切法如幻하여 遠離於心識이라 智不得有無언마는 而興大悲心하시니라 遠離於斷常하여 世間恒如夢하니 智不得有無로되 而興大悲心이라 하시니 此上二偈는 明了依他니라 次又[33)]偈에 云, 知人法無我하고 煩

---
33) 又는 甲南續金本無라 하다.

惱及爾焰하며 常淸淨無相하나 而興大悲心이라하시니 此偈는 明了圓成이니라 又此上偈를 準金光明意컨대 卽顯佛具三身이니 謂了徧計하여 成化身하시고 了依他하여 成報身하시며 了圓成하여 成法身이니라 然四偈의 下半은 皆同이나 今文은 正引依他中의 如幻下半이라 其如夢下半은 如夢忍中에 更引이니라

- '그러므로 경문에 이르되'는 (ㄴ) 인용하여 증명함이다. 곧 『4권 능가경』 제1권에 대혜보살이 부처님을 찬탄한 게송이다. 그러나 저 경문에는 부처님이 세 가지 성품 깨달음을 찬탄한 내용이다. 첫 게송에 이르되, "세간은 나고 죽음을 여의어 허공에 핀 꽃과 같거늘 지혜로운 분은 있고 없음을 가리지 않으시고 대비심을 일으키시네"라고 하였으니, 이것은 변계성을 안 것을 밝힌 내용이다. 다음 게송에 이르되, "온갖 법 요술과 같아서 마음의 인식을 멀리 여의었거늘 지혜로운 분은 있고 없음을 가리지 않으시고 대비심을 일으키시네. / 단견과 상견을 멀리 여의어 세상은 항상 꿈과 같거늘 지혜로운 분은 있고 없음을 가리지 않으시고 대비심을 일으키시네"라고 하였다. 이 위의 두 게송은 의타성을 안 것을 밝힌 내용이다. 다음 게송에 또 이르되, "사람과 법에 내가 없고 번뇌와 아지랑이[爾炎]를 아시며 항상 청정하여 모양 없음을 아셨지만 대비심을 일으키시네"라고 하였으니, 이 게송은 원성성을 안 것을 밝힌 내용이다. 또한 이 위의 게송은 『금광명경』의 주장에 준하면 곧 부처님은 세 가지 몸을 갖춤을 밝힌 내용이다. 이른바 변계성(徧計性)을 알아서 화신(化身)을 이루고, 의타성(依他性)을 알아서 보신(報身)을 이루고, 원성성(圓成性)을 알아서 법신(法身)을 이룬다는 것이다. 하지만 네 게송의 아래 반은 모두 같지만 지금 경문은 의타성 중에 요술 같은 인의 아래 반을 바로 인용한 부분이다.

其如夢 아래 반과 꿈은 같은 인 중에 가서 다시 인용하리라.

(ㅁ) 이치의 문으로 구분하다[義門料揀] 4.
a. 둘째 문에 입각하여 밝히다[就第二門辨] (此二 34上8)

[疏] 此二相對하여 應成四句니 謂此二가 無二故로 非異요 無不二故로 非一이요 非一은 卽非異故로 非非一이요 非異는 卽非一故로 非非異요 亦絶雙照故로 非亦一亦異니라

- 이런 둘을 상대하면 응당히 네 구절을 이룬다. 이른바 이 둘이 둘이 없는 연고로 다름이 아니요, 둘 아님이 없는 연고로 하나도 아니요, 하나 아님은 곧 다름도 아니므로 하나가 아님도 아니요, 다름이 아님은 곧 하나가 아니므로 다름이 아님도 아님이요, 또한 끊어져서 함께 비추는 연고로 '하나이기도 하고 다른 것이기도 함[亦一亦異]'이 아니다.

[鈔] 此二相對下는 五, 義門料揀이라 於中에 有四니 初, 就第二門의 似有無性하여 顯成四句하니 一, 非異요 二, 非一이요 三, 非非一非非異요 四, 非亦一亦異니라 其所遣病者는 一者는 異요 二者는 一이요 三者는 非一非異요 四者는 亦一亦異니 如疏思之니라 楞伽第二에 名見妄想이니 故須破之니라

- (ㅁ) 此二相對 아래는 이치의 문으로 구분함이다. 그중에 넷이 있으니 a. 둘째 문에 입각하면 유와 무의 성품과 같아서 네 구절 이룸을 밝혔다. ① 다른 것이 아님이요, ② 하나가 아님이요, ③ 하나가 아닌 것도 아니고 다른 것 아닌 것도 아님이요, ④ 하나이기도 하고 다

르기도 한 것이 아님이다. '그 보내야 할 병통'이란 ① 다름이요, ② 하나요, ③ 하나도 아니고 다른 것도 아님이요, ④ 하나이기도 하고 다르기도 함이니 소문과 같이 생각하라.『4권 능가경』제2권에서 '망상을 본다'고 이름하나니 그래서 모름지기 그것을 타파한 내용이다.

b. 첫째 문과 상대하여 밝히다[對第一門辨] 3.
a) 그 의지할 대상을 표방하다[標其所依] (若以 34下6)

[疏] 若以巾上二義로 對象上二義하여 辨非一異에 略有十句하나니
■ 만일 수건 위의 두 가지 뜻으로 형상 위의 두 가지 뜻을 상대하여 하나도 다른 것도 아님을 밝힐 적에 간략히 열 구절이 있다.

[鈔] 若以巾下는 初, 標所依요 言巾上二義者니 一, 住自性義요 二, 成象義니 初는 卽不變義요 後는 卽隨緣義니라 象上二義者는 一, 體空義요 二, 差別義니 初는 卽無性이요 後는 卽幻有니라
● a) 若以巾 아래는 그 의지할 대상을 표방함이다. '수건 위의 두 가지 뜻'이라 말한 것은 (1) 자체 성품에 머무는 뜻이요, (2) 형상을 이루는 뜻이다. (1)은 곧 '변하지 않음'의 뜻이요, (2)는 곧 '인연을 따르는' 뜻이다. '형상 위의 두 가지 뜻'이란 (1) 체성이 공함의 뜻이요, (2) 차별한 뜻이다. (1)은 곧 '체성 없음'이요, (2)는 곧 '요술처럼 있음'이다.

b) 열 문단을 개별로 해석하다[別釋十段] 10.
(a) 인연 따름과 차별함이 다르지 않다[隨緣與差別不異] (一以 34下10)

[疏] 一, 以巾上成象義로 對象上差別義하여 合爲一際일새 名不異니 此
是以本으로 隨末이니 就末하여 明不異라 經에 云, 法身이 流轉五道를
名爲衆生이라 如來藏이 受苦樂이 與因俱하여 若生若滅等이라하니라

- (a) 수건 위에 형상을 이루는 뜻으로 형상 위의 차별한 뜻을 상대하여 합해서 한 경계로 삼는 것을 '다르지 않음'이라 이름한다. 이것은 근본으로 지말을 따름이니 마지막에 입각하여 다르지 않음을 밝힌 것이다. 경문에 이르되, "법신이 다섯 갈래로 유전함을 중생이라 이름한다. 여래장이 괴로움과 즐거움을 받는 것이 원인과 함께하여 생겨나고 없어진다"는 등이라 하였다.

[鈔] 一以巾下는 第二, 別釋十句라 卽分爲十이니 初四句는 非異요 次四
句는 非一이요 九十二句는 收上二門하여 明非一異니라 就初非異中
하여 第一句는 卽隨緣이 與差別로 不異요 第二句는 不變이 與體空으
로 不異요 第三句는 卽合前二句하여 以無礙요 第四句는 卽合前二
句하여 以相奪이니라 今初句中에 疏經云法身流轉下는 引證이니 引
二經證이라 問明에 已辨이어니와 今當更釋하리라 初, 法身이 流轉五
道를 名曰衆生은 卽不增不減經이라 法身은 卽是眞如요 流轉五道는
卽是隨緣이요 名曰衆生은 是差別義니라 次, 如來藏이 受苦樂은 與
因俱하여 若生若滅은 卽楞伽第四니 彼에 云, 大慧여 七識은 不流轉
하며 不受苦樂하며 非涅槃因이니라 大慧여 如來藏이 受苦樂이 與因
俱하며 若生若滅이라하니라 解曰, 七識은 念念에 生滅無常하여 當起
卽謝가 如河[34] 流轉하여 自體無成일새 故로 不受苦樂이라 旣非染依
며 亦非無漏涅槃依矣어니와 其如來藏은 眞常普徧하여 而在六道라

---

[34] 河는 續本作何라 하나 誤植이다.

迷此에 能令隨緣成事하여 受苦樂果가 與七識俱를 名與因俱오 不守自性코 而成35)七識하여 依此而得生滅일새 云若生若滅이라하니 此明如來藏이 即是眞如隨緣일새 故受苦樂等이니라

- b) 一以巾 아래는 열 구절을 개별로 해석함이다. 곧 나누어 열 문단이 되었으니, 첫째 네 구절은 '다르지 않음[非異]'이요, 다음 네 구절은 '하나가 아님[非一]'이요, 92구절은 위의 두 문을 거두어서 '하나도 다름도 아님[非一異]'을 밝혔다. 첫째 다르지 않은 중에 입각하여 첫째 구절은 곧 인연 따름이 차별함과 다르지 않음이요, 둘째 구절은 변하지 않음이 체성이 공함과 다르지 않다. 셋째 구절은 곧 앞의 두 구절을 합하여 장애 없는 까닭이요, 넷째 구절은 곧 앞의 두 구절을 합하여 서로 뺏는 까닭이다. 지금은 첫째 구절 중에 소에서 經云法身流轉 아래는 인용하여 증명함이니, 두 경문을 인용하여 증명함이다. 보살문명품(菩薩問明品)에 이미 밝힌 부분이지만 지금 당연히 다시 해석하겠다. (1) "법신이 다섯 갈래를 유전함을 이름하여 중생이라 한다"라 함은 곧 『부증불감경(不增不減經)』이다. 법신이 곧 진여요, 다섯 갈래를 유전함은 곧 인연을 따름이요, 중생이라 이름함은 차별의 뜻이다. (2) "여래장은 괴로움과 즐거움을 받는 것이 원인과 함께하여 생기기도 하고 없어지기도 한다"라 함은 곧 『4권 능가경』제4권이니, 저 경문에 이르되, "대혜여, 7식(七識)은 유전하지 않으며, 괴로움과 즐거움을 받지 않으며 열반의 인(因)이 아니다. 대혜여, 여래장은 괴로움과 즐거움을 받는 것이 원인과 함께하며 생기기도 하고 없어지기도 한다"라고 하였다. 해석하자면, 7식은 생각 생각에 생기고 없어짐이 항상함이 없어서 당래에 일어나고 곧 사라지는 것이 마치 강물

---

35) 成 下에 甲南續金本有此字라 하다.

이 흘러감과 같아서 자기 체성에 이룸이 없는 연고로 괴로움과 즐거움을 받지 않는다. 이미 오염되는 의지처가 아니며 또한 무루(無漏) 열반의 의지처가 아닌 것이지만 그 여래장은 참되고 항상하며 널리 두루하지만 여섯 갈래에 있다. 이를 미(迷)할 적에 능히 인연을 따라 현상을 이루게 하여 괴로움과 즐거운 결과를 받는 것이 7식과 함께 함을 이름하여 '원인과 함께한다'고 하였고, 자체 성품을 고집하지 않고 7식을 이루어서 이것에 의지하여 생기고 없어짐을 얻으므로 말하되, "생기기도 하고 없어지기도 한다"라고 하였으니, 이것은 여래장은 곧 진여가 인연을 따르는 연고로 괴로움과 즐거움을 받는 등에 대해 밝힌 내용이다.

(b) 변하지 않음과 체성이 공함이 다르지 않다[不變與體空不異]

(二以 35下10)

[疏] 二, 以巾上에 住自位義와 與象上에 體空義가 合爲一際를 名不異니 此是以末로 歸本이니 就本하여 明不異라 經에 云, 一切衆生은 即如라 不復更滅等이라하니라

■ (b) 수건 위는 '자신의 지위에 머무는[住自位]' 뜻과 형상 위의 체성이 공한 뜻과 함께 합하여 한 경계를 만듦을 '다르지 않음[不異]'이라 이름한다. 이것은 지말이 근본으로 돌아가는 때문이니, 근본에 입각하여 다르지 않음을 밝힌 것이다. 경문에 이르되, "모든 중생은 진여와 합치하여 다시 또 없어지지 않는다"는 등이라 하였다.

[鈔] 二以巾上者는 住自가 即是不變이요 體空之相이 即是如일새 故로 二

義相順하여 而會相歸性이니 故云以末歸本이라 本은 卽是性이요 末은 卽相故니라 經云一切下는 引證이니 卽淨名經의 彌勒章中이라 然이나 彼經中에 云, 爲從如生하여 得授記耶아 爲從如滅하여 得授記耶아 若以如生으로 得授記者인대 如無有生이요 若以如滅로 得授記者인대 如無有滅이라 一切衆生이 皆如也요 一切法이 亦如也요 衆聖賢이 亦如也요 至於彌勒하여도 亦如也라 若彌勒이 得授記者인대 一切衆生이 亦應授記니 所以者何오 夫如者는 不二不異라 若彌勒이 得阿耨多羅三藐三菩提者인대 一切衆生도 皆亦應得이니 所以者何오 一切衆生이 得菩提相이니라 若彌勒이 得滅度者인대 一切衆生도 亦當滅度니 所以者何오 諸佛이 知一切衆生이 畢竟寂滅이요 卽涅槃相이라 不復更滅이니라 是故로 彌勒이여 無以此法으로 誘諸天子라하니라 今疏文에 略擧二句之要하여 而言等者는 此有二意하니 一者, 等餘淨名之文이니 如上所引이 是니라 二者, 等餘一切가 皆如之文이라 故로 此經에 云, 一切法이 皆如하며 諸佛境도 亦然이요 乃至無一法도 如中³⁶⁾有生滅等이라하니라

- (b) 수건 위란 자신의 지위에 머무름은 곧 변하지 않음이요, 체성이 공한 모양이 곧 진여인 연고로 두 가지 뜻이 서로 따라서 모양을 알고 성품으로 돌아가나니 그러므로 말하되, "지말에서 근본으로 돌아간다"고 하나니 근본은 곧 성품이요, 지말은 곧 모양인 까닭이다. 經云一切 아래는 인용하여 증명함이니 곧 『유마경』미륵장(彌勒章)의 내용이다. 그러나 저 경문 중에 이르되, "여(如)로부터 생겨서 수기를 얻은 것입니까? 여(如)로부터 소멸해서 수기를 얻은 것입니까? 만약 진여로부터 생겨서 수기를 얻은 것이라면 여(如)는 생김이 없으며, 만약

---

36) 中은 甲續金本作巾誤, 經原南本作中이라 하다.

진여가 소멸함으로 수기를 얻는다면 진여는 소멸함이 없음입니다. 일체중생이 다 진여입니다. 일체법도 또한 다 진여이며, 모든 성현도 역시 진여인 것이요, 미륵이라 하더라도 또한 진여입니다. 만약 미륵이 수기를 받은 것이라면 일체중생도 또한 응당히 수기를 받았으니, 왜냐하면 대체로 여(如)란 두 가지가 아니며 다른 것도 아니기 때문입니다. 만약 미륵이 최상의 깨달음을 얻었을진댄 일체중생도 또한 응당히 얻을 것입니다. 왜냐하면 일체중생이 곧 보리의 모양이기 때문입니다. 만약 미륵이 멸도를 얻었을진댄 일체중생도 또한 응당히 멸도를 얻었을 것입니다. 왜냐하면 모든 부처님은 일체중생이 마침내 적멸하여 곧 열반의 모습이므로 더는 열반할 것이 아님을 알기 때문입니다. 그러므로 미륵이여, 이러한 법으로써 모든 천자를 가르치지 마십시오"라고 하였다. 지금 소문에 간략히 두 구절의 요점을 거론하고, 그러나 등이라 말한 것은 여기에 두 가지 의미가 있으니 하나는 나머지 유마경의 문장과 똑같나니 위의 인용한 것과 같은 것이 이것이다. 둘은 나머지 모두가 모두 진여의 경문과 같다. 그러므로 이 본경에 이르되, "온갖 법이 모두 진여이며 모든 부처님 경계도 또한 그러하며 나아가 한 법도 중간에 나고 멸함이 있음이 없음과 같다" 등이라 하였다.

(c) 앞의 두 구절을 합하면 무애이다[合前二句以無礙] (三以 36下9)

[疏] 三, 以攝末所歸之本과 與攝本所從之末인 此二雙融하여 無礙不異니 此是本末平等하여 爲不異라 以前二經文이 不相離故니라
- (c) (앞의 두 구절을 합하면 무애이니) 지말을 섭수하여 돌아갈 대상인 근

본과 근본으로부터 온 지말을 섭수함인 이런 둘을 함께 융섭하여 장애 없고 다르지 않나니, 이것은 근본과 지말이 평등하여 다르지 않음이 되었다. 앞의 두 가지 경문이 서로 여의지 않는 까닭이다.

[鈔] 三以攝末下는 此句는 卽合前二句하여 令無障礙하여 成此一句니 斯乃卽差別之體空이 與卽不變之隨緣이 相成故로 不異니라 言攝末所歸之本者는 卽差別之體空也라 是前第二句니 體空是本이요 差別是末이니 斯卽本融於末也라 令末同本일새 故로 差別이 卽體空이니라 言與攝本所從之末者는 卽不變之隨緣也니 是前[37]第一句라 由不變이 擧體隨緣하여 成差別故로 末融於本하여 令本同末也라 故로 云此二雙融이라하니라 由不變擧體가 隨緣故로 本不礙末이요 差別은 卽體空故로 末不礙本이니 故云無礙니라 特由法身이 成衆生故로 得衆生卽如라 由衆生이 卽如하야사 方知法身이 流轉五道하여 作衆生也니라 則第一句는 本等於末이요 第二句는 末等於本이니 故云本末平等이라 正本等末時에 卽末等於本이니 故로 上二經이 亦不相違하나니 故로 云前二經文이 不相離故라하니라 旣合前二句相成하여 爲第三句니 故로 用前二經하여 以證此句하니라

● (c) 三以攝末 아래에서 이 구절은 곧 앞의 두 구절을 합하여 장애 없게 하여 이런 한 구절을 이루게 하였으니, 이것이 바로 차별한 체성이 공함은 변하지 않음이 인연을 따름과 함께 서로 이루는 연고로 다르지 않음이다. '지말을 섭수한 돌아갈 대상의 근본'이라 말한 것은 곧 차별함의 체성이 공함이다. 이 앞의 둘째 구절이니 체성이 공함은 근본이요 차별함은 지말이다. 이것은 곧 근본이 지말을 융섭함이다. 지

---

37) 前下에 南續金本有義字라 하다.

말이 근본과 같게 한 연고로 차별함은 곧 체성이 공함이다. '근본으로부터 온 지말을 섭수함과'라 말한 것은 곧 변하지 않음이 인연을 따른다는 뜻이니, 앞의 첫째 구절이다. 변하지 않음은 전체가 인연을 따름으로 말미암아 차별을 이루는 연고로 지말이 근본을 융섭하여 근본으로 하여금 지말과 같게 함이다. 그러므로 말하되, "이 둘을 함께 융섭한다"고 하였다. 변하지 않은 전체가 인연을 따름을 말미암은 연고로 근본이 지말을 장애하지 않으며, 차별함은 곧 체성이 공한 연고로 지말이 근본을 장애하지 않나니 그러므로 '장애함이 없다'고 하였다. 특별히 법신이 중생이 됨을 말미암은 연고로 중생이 곧 진여임을 얻는다. 중생이 곧 진여와 합치함을 말미암아야 비로소 법신이 다섯 갈래를 유전하여 중생이 되는 줄 안다. 첫째 구절은 근본이 지말과 평등하고, 둘째 구절은 지말이 근본과 평등하나니, 그러므로 '근본과 지말이 평등하다'고 말한다. 바로 근본이 지말과 평등할 때에 곧 지말이 근본과 평등하나니, 그러므로 위의 두 경문도 또한 서로 위배되지 않나니 그래서 "앞의 두 경문이 서로 장애하지 않는 까닭이다"라고 하였다. 이미 앞의 두 구절이 서로 이룸을 합하여 셋째 구절이 되었으니, 그러므로 앞의 두 경문을 사용하여 이 구절을 증명한 것이다.

(d) 앞의 두 구절을 합하면 서로 뺏음이다[合前二句以相奪]

(四以 37下5)

[疏] 四, 以所攝歸本之末이 亦與所攝隨末之本으로 此二相奪일새 故名不異니 此是本末雙泯으로 明不異니 以眞妄平等하여 異不可得故니라

- (d) (앞의 두 구절을 합하면 서로 뺏음이니) 섭수할 대상이 근본으로 돌아가는 지말이 또한 섭수할 대상과 함께한 지말을 따르는 근본으로 이런 둘은 서로 뺏는 연고로 다르지 않다고 말한다. 이것은 근본과 지말을 함께 없애어 다르지 않음을 밝혔으니, 진법과 망심이 평등하여 다름을 얻을 수 없는 까닭이다.

[鈔] 四以所攝者는 此句는 亦合前二句相奪하여 以成此句니 謂以卽體空之差別이 與卽隨緣之不變으로 相奪일새 故不異니라 然이나 同用前二句호대 而意懸隔하니 第三句는 用第一句하여 取卽不變之隨緣故로 本成末이요 今第四句는 用初句하여 取卽隨緣之不變하니 卽本奪末也니 但顚倒而已니라 第三句는 用第二句하여 取卽差別之體空故로 末成本이요 今第四句는 用第二句하여 取卽體空之差別하여 末奪於本也니 亦但倒耳라 故로 義懸隔이니라

言所攝末歸本之末者는 卽體空之差別也니 卽第二句요 言所攝隨末之本者는 卽隨緣之不變也니 卽第一句니라 由隨緣이 卽不變故로 奪差別하여 令體空則末寂也요 由體空이 卽差別故로 奪不變하여 令隨緣故로 本寂也라 以全本이 爲末故로 本便隱하고 全末이 爲本故로 末便亡也니 是則眞如隨緣하여 成衆生이나 未曾失於眞體일새 故令衆生으로 非衆生也요 衆生體空하여 卽法身時에 未曾無衆生故로 法身이 非法身也라 故二雙絶하니 二旣互絶에 則眞妄平等하여 無可異也니라

- (d) 섭수할 대상이란 이 구절도 또한 앞의 두 구절은 서로 뺏어서 이 구절을 이룸과 합하였다. 이른바 체성이 공함과 합치한 차별이 인연을 따르는 변하지 않음과 합치하여 서로 뺏는 연고로 다르지 않음[不

異]이다. 그러나 앞의 두 구절을 함께 사용하되 의미가 현저히 차이 나니, 셋째 구절은 첫째 구절을 사용하여 변하지 않음과 합치한 인연 따름을 취한 연고로 근본이 지말을 이룬 것이요, 지금은 넷째 구절이 첫째 구절을 사용하여 인연을 따름과 합치한 변하지 않음을 취하나 니 곧 근본이 지말을 뺏음[本奪末]이니, 단지 뒤바뀌었을 뿐이다. 셋째 구절은 둘째 구절을 사용하여 차별함과 합치한 체성이 공함인 연고 로 지말이 근본을 이룸[末成本]이요, 지금의 넷째 구절은 둘째 구절을 사용하여 체성이 공함과 합치한 차별함을 취하여 지말이 근본을 뺏 음[末奪於本]이니, 또한 단지 뒤바뀌었을 뿐이다. 그러므로 뜻이 현저 히 차이난다.

'지말을 섭수하여 근본으로 돌아간 대상의 시밀'이라 말한 것은 체성이 공함과 합치한 차별이니, 곧 둘째 구절이요, '섭수할 대상이 지말을 따르는 근본'이라 말한 것은 인연을 따름과 합치한 변하지 않음이니 곧 첫째 구절이다. 인연을 따름이 변하지 않음과 합치함을 말미암은 연고로 차별함을 뺏어서 체성이 공하게 한다면 지말이 고요할[末寂] 것이고, 체성이 공함이 차별함과 합치함을 말미암은 연고로 변하지 않음을 뺏어서 인연을 따르게 하는 연고로 근본이 고요한[本寂] 것이다. 전체인 근본이 지말이 되게 하는 연고로 근본은 문득 숨고, 전체인 지말이 근본이 되게 하는 연고로 지말이 문득 없는 것이다. 이렇다면 진여가 인연을 따라서 중생을 이루지만, 아직 일찍이 진여의 체성을 잃지 않은 연고로 중생으로 하여금 중생이 아니게 한다. 중생의 체성이 공하여 법신과 합치할 때에 아직 일찍이 중생이 없는 연고로 법신이 법신이 아닌 것이다. 그러므로 둘은 함께 끊어졌으니 둘은 이미 번갈아 끊어질 적에 진법과 망심이 평등하여 다를 수가 없는 것이다.

(e) 체성과 양상이 서로 위배되므로 하나도 아니다[性相相違故非一]
(次下 38下3)

[疏] 次下四門은 明非一이라 謂五는 以巾住自位義가 與象上相差別義로 此二本末이 相違相背일새 故名非一이라 楞伽經에 云, 如來藏이 不在阿賴耶中하니 是故로 七識이 有生滅이언정 如來藏者는 不生滅이니 此之謂也니라

■ 다음 아래 네 문은 하나가 아님을 밝혔다. 이른바 (e) 수건으로 자신의 지위에 머무르는 뜻은 형상 위의 모양이 차별된 뜻과 함께 이런 둘의 근본과 지말이 서로 위배하고 서로 등지므로 하나가 아니라고 이름한다. 『능가경』에 이르되, "여래장은 아뢰야식 중에 있지 않나니 이런 연고로 7식은 나고 없어짐이 있지만 여래장은 나고 없어지지 않는다"라 한 것이니, 이것을 말한 것이다.

[鈔] 次下四門者는 此句는 總標라 謂第五門은 性相相違故로 非一이요 第六門은 性相相害故로 非一이요 第七門은 但合五六二門하여 明違害不同故로 非一이요 第八은 亦合五六二門하여 明不泯不存38)이 不同故로 非一이요 其五六門은 但交互39)第二門耳니 謂上第二門은 以不變으로 對體空故로 則不異요 今對差別則不一耳라 第六도 亦然이니라 五中에 先, 正明이라 言本末相違相背故者는 謂本則寂無二相이요 末則差別萬端이니 故로 相違也니라

---

38) 上四字는 甲南續金本作存泯이라 하나 誤植이다.
39) 互下에 甲南續金本有第一이라 하다.

楞伽云下는 引證을 可知니라 起信疏에 云, 此中에 唯生滅은 是七識이요 唯不生滅은 是如來藏이니 二義旣分에 遂使梨耶로 無別自體일새 故云不在中이라하니 此約不二義요 非約不和合也라 何以故오 此中에 如來藏不生滅이 卽七識生滅之不生滅일새 故與自生滅로 不一也오 七識生滅이 卽如來藏不生滅之生滅일새 故與自不生滅로 不一也라 此中에 非直不乖不異로 以明不一이라 亦乃由不異故로 成於不一이라 何以故오 若如來藏이 隨緣作生滅時에 失自不生滅者인대 則不得有生滅이리라 是故로 由不生滅하여 得有生滅者하니 是則不異故로 不一也라하니라 釋曰, 上所引義는 和會非一異義요 今此分門은 正明不一이리 若會非一異하여 令其相同인대 卽第十門이어니와 今以因七識生滅之文하여 便引會耳니라

- 다음 아래 네 문에서 이 구절은 총합하여 표방함이다. 이른바 (e) 다섯째 문은 체성과 양상이 서로 위배하는 연고로 하나가 아님이요, 여섯째 문은 체성과 양상이 서로 해치므로 하나가 아님이요, 일곱째 문은 단지 다섯째, 여섯째 두 문을 합하여 위배하고 해침이 같지 않은 연고로 하나가 아님을 밝혔고, 여덟째 문은 또한 다섯째, 여섯째 두 문을 합하여 없애지 않고 두지 않음이 같지 않은 연고로 하나가 아님을 밝혔다. 그 다섯째, 여섯째 문은 단지 둘째 문을 번갈아 교차했을 뿐이니, 이른바 위의 둘째 문은 변하지 않음으로 체성이 공함과 상대한 연고로 다르지 않음이요, 지금 차별함을 상대하면 하나도 아닐 뿐이니, 여섯째 문도 마찬가지이다. 다섯째 중에는 ㊀ 바로 밝힘이요, '근본과 지말이 서로 위배하고 서로 등지는 까닭이다'라고 말한 것은 이른바 근본은 고요함과 둘이 없는 모양이요, 지말은 차별이 만 가지의 끝이니 그러므로 서로 위배함이다.

㊂ 楞伽云 아래는 인용하여 증명함이니 알 수 있으리라.『기신론소』에 이르되, "이 가운데 오직 생기고 없어짐은 제7식이요, 오직 생기고 없어지지 않음은 여래장이다. 두 가지 뜻은 이미 나뉠 적에 마침내 아뢰야식으로 하여금 자기 체성과 차별할 수 없으므로 이르되, '이 가운데 있지 않다'고 하나니, 이것은 둘이 아닌 뜻을 잡은 해석이요, 화합하지 않음을 잡은 해석이 아니다. 왜냐하면 이 가운데 여래장이 생멸하지 않음은 곧 제7식이 생멸하고 생멸하지 않음인 연고로 자체로 생멸함과 함께 하나가 아니요, 제7식이 생멸함은 곧 여래장이 생멸하지 않는 생멸인 연고로 자체가 생멸하지 않음과 하나가 아니다. 이 가운데 곧바로 어그러짐도 아니고 다름 아님도 아닌 것으로 하나가 아님을 밝혔다. 또한 비로소 다르지 않음을 말미암은 연고로 하나가 아님을 이루었다. 왜냐하면 만일 여래장은 인연을 따라서 생멸을 지을 때에 자체로 생멸하지 않음을 잃는다면 생멸이 있음을 얻지 못하리라. 이런 연고로 생멸하지 않음으로 인하여 생멸이 있음을 얻었으니, 이것은 다르지 않은 연고로 하나가 아니다"라고 하였다. 해석하자면 위에 인용한 뜻은 하나도 다름도 아닌 뜻을 화합하여 회통함이요, 지금 이 부분의 문은 하나가 아님을 바로 밝힘이다. 만일 하나도 다름도 아님을 회통하여 그 모양을 같게 하면 곧 열 번째 문일 텐데, 지금은 원인으로 제7식이 생멸하는 경문으로 인하여 문득 인용하여 회통했을 뿐이다.

(f) 체성과 양상이 서로 해치므로 하나가 아니다[性相相害故非一]

(六巾 39下6)

[疏] 六, 巾上成象義와 與象上體空義가 此二本末이 相反相害일새 故로 非一이라 楞伽에 云, 七識은 不流轉하며 不受苦樂하며 非涅槃因이어니와 唯如來藏이 受苦樂等이라하니라

■ (f) (체성과 양상이 서로 해치므로 하나가 아님이니) 수건 위에 형상을 이룬다는 뜻이 형상 위에 체성이 공한 뜻과 이 둘의 근본과 지말이 서로 반대이며 서로 해치는 연고로 하나도 아니다. 『4권 능가경』에 이르되, "7식(七識)은 유전하지 않고 괴로움과 즐거움을 받지 않으며 열반의 인(因)이 아니지만 오직 여래장만이 괴로움과 즐거움을 받는다."[40] 등이라 하였다.

[鈔] 六巾上者는 此段有二하니 初, 正明이라 謂第一句에 以成象[41]으로 對差別에는 則不異요 今對體空故로 不一이니라 又楞伽云下는 後, 引證이니 卽第四經이라 如前已引이어니와 但前에 雖具引이나 意在如來藏이 受苦樂이니 以取隨緣成法故요 今疏에 雖具引이나 意取七識이 不流轉義하여 以成相反이니 末卽空故니라 言七識不流轉者는 以本害末하여 末令末空故로 無可流轉이요 唯如來藏이 受苦樂者는 末害本故로 不守自性淸淨之體하고 隨緣成有라 始欲成象[42]이나 被體空違하여야 方欲體空이라가 被成象違일새 故로 非一也니라

● (f) 수건 위란 이 문단에 둘이 있으니 ㊀ 바로 밝힘이다. 이른바 첫째 구절로 형상을 이룸이 차별함을 상대하면 다르지 않으며, 지금은 체성이 공함과 상대한 연고로 하나도 아니다. ㊁ 又楞伽云 아래는 인용하여 증명함이니 곧 제4권 경문이다. 앞에서 이미 인용한 내용과

---

40) 楞伽阿跋多羅寶經 제4권 一切佛語心品의 ④에 나온다.
41) 象은 甲續本相이라 하나 誤植이다.
42) 象은 續本作相이라 하나 誤植이다.

같다. 단지 앞에서 비록 갖추어 인용하였지만 의미는 '여래장이 괴로움과 즐거움을 받음'에 있으니 인연을 따라 법을 이룸을 취한 연고요, 지금 소에서 비록 갖추어 인용하였지만 의미는 '7식은 유전하지 않는다'는 뜻을 취하여 서로 반대를 이루었으니, 지말이 공함과 합치한 까닭이다. '7식은 유전하지 않는다'고 말한 것은 근본이 지말을 해침으로써 지말이 지말로 하여금 공하게 한 까닭이니 유전할 수 없고, 오직 여래장만이 괴로움과 즐거움을 받는 것은 지말이 근본을 해치는 연고로 자체 성품이 청정한 자체임을 고집하지 않고 인연을 따라 있음을 이룬 것이다. 처음으로 형상을 이루고자 하지만 받은 체성이 공함을 위배해야만 비로소 체성이 공하게 하려다가 형상 이룸과 위배됨을 받는 연고로 하나도 아니란 뜻이다.

(g) 위의 두 문이 위배하고 해쳐서 같지 않음과 합하므로 하나가 아니다
[合上二門違害不同故非一] (七以 40上7)

[疏] 七, 以初相背와 與次相害가 此二義別일새 故名非一이라 謂相背則各相背捨하여 相去懸遠이요 相害則相與敵對하여 親相食害라 是故로 近遠非一이라 以前經文이 不相雜故니라

■ (g) (위의 두 문이 위배하고 해쳐서 같지 않음과 합하므로 하나가 아님이니) 첫째에 서로 등짐과 다음에는 서로 해침이 이런 두 가지 뜻이 다르므로 '하나가 아님'이라 말한다. 말하자면 서로 등지면 각기 서로 등지고 버려서 서로 떨어진 거리가 현저히 멀어지고, 서로 해치면 서로 적과 상대하여 몸소 서로 먹거나 해치게 된다. 이런 연고로 가깝고 먼 것이 하나가 아니다. 앞의 경문과 서로 섞이지 않은 까닭이다.

[鈔] 七以初相背는 如二怨家가 不喜相見이며 亦如參辰하며 夫妻反目이
요 相害는 如二怨家가 以死相敵이며 如父母之讐가 不與同天이요 亦
猶二虎之鬪가 勢不兩全이니라
- (g) 첫째에 서로 등짐은 두 원수의 집이 기쁘게 서로 만나지 않음과
같으며 또한 참성(參星 : 동쪽)과 진성(辰星 : 북쪽)과 같으며, 지아비와
부인이 반목(反目)함이요, 서로 해침은 두 원수의 집이 죽음으로 서로
대적함과 같으며, 마치 부모의 원수가 하늘을 함께하지 않음과 같으
며, 또한 두 마리 호랑이가 싸우는 것과 같이 세력이 둘 다 온전하지
못하게 된다.

(h) 위의 두 문이 두고 없앰이 같지 않음과 합하므로 하나가 아니다
[合上二門存泯不同故非一] (八以 40下3)

[疏] 八, 以極相害하여 俱泯而不泯이 與極相背하여 俱存而不存과 不存
不泯이 義爲非一이니 此是成壞가 非一이라 以七識은 卽空而是有故
요 眞如는 卽隱而是顯故니라
- (h) 지극히 서로 해쳐서 함께 없애거나 없애지 않음이 지극히 서로 등
져서 함께 두거나 두지 않음과 두지 않거나 없애지 않음을 주는 것이
이치가 하나가 아님이 되나니, 이것이 이루고 무너짐이 하나가 아니
다. 7식은 공과 합치하여 있는 연고며, 진여는 숨김과 합치하였다가
드러나는 까닭이다.

[鈔] 八以極相害者는 亦合五六二句하여 取不泯不存하여 明不一이라 俱
泯不泯은 卽第六句요 俱存不存은 卽第五句라 何者오 以前第五相

違는 是存이요 第六相害는 是泯이라 然이나 存上有不存之義하고 泯上有不泯之義라 若唯泯無不泯하면 則色空俱亡하여 無可相卽이어니와 以不[43)]泯故로 雖相卽而色空이 歷然이요 若唯存無不存하면 則色空이 各有定性하여 不得相卽이로되 由有不存故로 雖歷然이나 而得相卽이니 以體虛故니라 是以로 第七은 但合五六之存泯이요 今第八門은 乃合五六之不存不泯이라 故로 七八二門이 雖同合五六이나 二義가 不同言此是成壞不一者는 不存은 是壞요 不泯은 是成이니라

● (h) '지극히 서로 해침'이란 또한 다섯째와 여섯째 두 구절을 합하여 없애지 않고 두지 않음을 취하여 하나가 아님을 밝혔다. 함께 없애고 없애지 않음은 곧 여섯째 구절이요, 함께 두고 두지 않음은 곧 다섯째 구절이니 무슨 까닭인가? 앞의 다섯째 서로 위배되지 않음은 두는 것이요, 여섯째 서로 해침은 없앰이다. 그러나 두는 위에 두지 않는 뜻이 있고, 없애는 위에 없애지 못하는 뜻이 있다. 만일 오직 없애고 없애지 못할 것이 없음만이라면 형색과 공함이 모두 없어서 서로 합치할 수 없겠지만 없애지 않는 연고로 비록 서로 합치하더라도 형색이 공함이 역력하고, 만일 오직 두고 두지 못할 것도 없음뿐이면 형색이 공함이 각기 정해진 성품이 있어서 서로 합치함을 얻지 못하지만, 두지 않음이 있음으로 말미암아 비록 역력하지만 서로 합치함을 얻는 것이니 체성이 허망한 까닭이다. 이런 연고로 일곱째는 단지 다섯째와 여섯째의 두고 없앰과만 합하고, 지금의 여덟째 문은 비로소 다섯째와 여섯째의 두지 않음과 없애지 않음과 합하는 연고로 일곱째와 여덟째인 두 문이 비록 다섯째와 여섯째와 합함과 같지만 두 가지 뜻이 같지 않다. '이것이 이루고 무너짐이 하나가 아니다'라고 말

---

43) 不은 甲南續金本作不全이라 하다.

한 것은 두지 않음은 무너짐이요, 없애지 않음은 이룸이란 뜻이다.

(i) 위의 여러 문과 합하여 또한 하나도 아님을 밝히다
[合上諸門明亦非一] (九上 41上6)

[疏] 九, 上四非一이 與四非異로 而亦非一이니 以義不雜故니라
- (i) (위의 여러 문과 합하여 또한 하나도 아님을 밝힘에서) 위의 넷은 하나가 아닌 것이 넷과 다르지도 않음으로 또한 하나도 아님을 주나니 뜻이 섞이지 않는 까닭이다.

[鈔] 九, 上四非一者[44]는 非一이요 不是非異라 故로 二門不一이니라
- (i) '위의 넷은 하나가 아님'이란 하나가 아니요, 다르지 않음도 아니다. 그러므로 두 문이 하나가 아님이다.

(j) 위의 여러 문을 합하여도 또한 다르지 않음을 밝히다
[合上諸門明亦非異] (十然 41上9) - 後二明亦不一不異

[疏] 十, 然亦不異니 以理徧通故며 法無二故니라
- (j) (위의 여러 문을 합하여도 또한 다르지 않음을 밝힘이니) 그러나 또한 다르지 않음이니 이치가 두루 통하는 연고며, 법에는 둘이 없는 까닭이다.

[鈔] 十門은 總融前八하여 稱眞法界일새 故亦非異라 旣無二理어니 豈一異有殊리요

---

44) 上六字는 甲南續金本作九上四非一者上四라 하다.

● 열 가지 문은 앞의 여덟 구절을 총합하여 융섭하여 진여법계와 칭합하는 연고로 또한 다름도 아니다. 이미 두 가지 이치가 없는데 어찌 하나와 다름에서 다름이 있겠는가?

c) 이치와 뜻을 총합 결론하다[總結義旨] (若以 41下2)

[疏] 若以不異門으로 取諸門하면 極相和會요 若以非一門으로 取諸門하면 極相違害라 極違而極順者는 是無障礙法也니라
■ 만일 다르지 않은 문으로 모든 문을 취하면 지극한 양상으로 화합해서 알 것이요, 만일 하나가 아닌 문으로 모든 문을 취하면 지극히 서로 위배하거나 해치게 된다. 지극히 위배하면서도 지극히 따르는 것은 장애가 없는 법인 것이다.

c. 나머지 세 문과 유례하다[例餘三門] (巾象 41下4)
d. 앞과 뒤를 유례하여 해석하다[例釋前後] (上下)

[疏] 巾象相對가 既爾코 術等相對하야 交絡諸句도 準之니라 上下諸文의 非一異義를 皆準此釋이라 餘文은 可知니라
■ 수건과 형상이 상대함이 이미 그러하고 기술 등이 서로 상대하여서는 교차하여 여러 구절과 연결함도 준하여 생각해 보라. 위와 아래의 모든 경문의 하나와 다름이 아닌 뜻을 모두 이것과 준하여 해석할 것이니, 나머지 경문은 알 수 있으리라.

[鈔] 上下諸門下는 四, 例釋前後라 若依叡公十喻之讚하면 多顯空理니

如幻喩에 云, 幻惑愚目으로 流眄無已하니 長勤世間하여 父父子子로다 我實非我어늘 妄想而起니 若了如幻하면 此心自止라하니라 然彼有十喩하니 水月鏡像은 旣合影中이요 更有揵城之喩나 應同幻攝이라 彼揵闥婆城喩讚에 云, 世法空廓이 如彼鬼城이라 凌晨敷影하여 現此都京커든 愚夫馳赴하여 隨風而征이라가 終朝乃悟하여 窮噭失聲이라하니라

- d. 上下諸門 아래는 앞과 뒤를 유례하여 해석함이다. 만일 승예법사의 열 가지 비유로 찬탄함에 의지하면 대부분 공함의 이치를 밝혔다. 요술과 같은 비유에 이르되, "요술 같은 미혹과 어리석은 눈으로 한쪽으로 흐름이 그침이 없으니 오랫동안 세간에 부지런한 아비와 아비, 아들과 아들이로다. 나는 진실로 내가 아니거늘 망상으로 일으킨 것이니, 만일 요술 같은 줄 알면 이런 마음이 자연히 그친다"라고 하였다. 그러나 저기에 열 가지 비유가 있나니 물속의 달과 거울 속 형상은 이미 ⑧ 그림자의 비유 속에 합함이요, 다시 건달바 성의 비유가 있지만 응당히 ④ 요술과 같은 비유에 섭수된다. 저 건달바성의 비유에 찬탄하여 말하되, "세간법은 텅 비어 확 트인 것이 저 귀신의 성과 같다. 새벽을 넘어 그림자를 펼쳐서 이 도성인 서울에 나타나거든 어리석은 범부는 달리고 다달아서 바람을 따라 정벌하다가 마침내 아침이 되어서야 비로소 깨달아서 끝까지 부르짖다가 소리를 잃게 된다"라고 하였다.

다) 명칭을 결론하다[結名] (經/是名 42上3)

是名菩薩摩訶薩의 第四如幻忍이니라

이것이 보살마하살의 넷째 요술 같은 인이니라."

마. 아지랑이 같은 인[如焰忍] 3.

가) 질문으로 시작하다[徵起] (經/云何 42上4)
나) 아지랑이 같은 인의 뜻[釋義] 3.
(가) 법이 비유와 같음을 가리키다[指法同喩] (第五)

佛子여 云何爲菩薩摩訶薩의 如焰忍고 佛子여 此菩薩
摩訶薩이 知一切世間이 同於陽焰하나니
"불자여, 어떤 것을 보살마하살의 아지랑이 같은 인이라 하
는가? 불자여, 이 보살마하살이 일체 세간이 아지랑이와 같
음을 아나니,

[疏] 第五, 如焰忍이라 釋中에 有三하니 一, 指法同喩니 所喩如前이니라
二, 譬如下는 別顯喩相이요 三, 總以法合이라
■ 마. 아지랑이 같은 인이다. 나) (아지랑이 같은 인의) 뜻을 해석함 중에
셋이 있으니 (가) 법이 비유와 같음을 가리킴이니 비유할 대상이 앞과
같다. (나) 譬如 아래는 비유의 양상을 개별로 밝힘이요, (다) 총합
하여 법과 비유를 합함이다.

(나) 비유의 양상을 개별로 밝히다[別顯喩相] 2.
ㄱ. 체성이 공함에 비유하다[喩體空] (二中 42上10)

譬如陽焰이 無有方所하여 非內非外며 非有非無며 非斷非常이며 非一色非種種色이며 亦非無色이로되

마치 아지랑이가 있는 데가 없어 안도 아니고 바깥도 아니며, 있는 것도 아니고 없는 것도 아니며, 끊어짐도 아니고 항상함도 아니며, 한 빛도 아니고 갖가지 빛도 아니고 빛이 없는 것도 아니니,

[疏] 二中에 若別開義門하면 亦具五義하니 一, 空地요 二, 陽氣요 三, 氣與空地가 合而有焰이요 四, 焰似水나 卽無水요 五, 令渴鹿으로 謂有니라 初는 喩如來藏이요 二는 喩無明習氣요 三은 喩習氣가 熏動心海하여 起於緣生似法이요 四는 喩依他無生이요 五는 喩凡小執實이라 若十喩論인대 法喩가 各有多義하니 如彼廣說이라 其有無等義는 如幻應知니라 經文이 有二하니 初, 喩體空이요

■ (나) 중에 만일 이치의 문을 개별로 전개하면 또한 다섯 가지 뜻을 갖추리니 (1) 빈 땅이요 (2) 양(陽)의 기운이요, (3) 기운과 빈 땅이 합하여 불꽃처럼 피어오름이요, (4) 아지랑이가 물과 같아 보이지만 물은 없음이요, (5) 목마른 사슴에게 있다고 말함이다. (1) (빈 땅)은 여래장에 비유함이요, (2) (양의 기운)은 무명과 습기에 비유함이요, (3) (기운과 빈 땅이 합하여 불꽃처럼 피어오름)은 습기가 훈습되어 마음 바다를 움직거림에 비유하여 인연으로 생김을 시작함이 법과 같음이요, (4) (아지랑이가 물과 같아 보이지만 물은 없음)은 의타성이 생사 없음에 비유함이요, (5) (목마른 사슴에게 있다고 말함)은 범부나 소승이 실법이라 고집함에 비유함이다. 만일 열 가지 비유로 논한다면 법과 비유에 각기 여러 뜻이 있으니 저기에 자세히 설명함과 같다. 그 있고 없음 등의

뜻은 요술과 같은 줄 응당히 알아야 한다. 경문에 둘이 있으니 ㄱ. 체성이 공함에 비유함이다.

[鈔] 第五, 如焰忍이라 若十喩者는 智論에 釋如焰云호대 焰은 以日光과 風動塵故로 曠野中에 動如野馬이어든 無智人은 初見에 謂之爲水하나니 男女之相도 亦復如是니라 結使煩惱는 日光熱氣요 諸行之塵과 邪憶念風이 生死曠野中轉이어든 無智者는 謂爲一相하며 爲男爲女라하나니 是名如焰이니라 復次若遠見焰하면 想之爲水나 近則無水想이라 無智之人도 亦復如是하여 若遠聖法하면 不知無我하고 不知諸法空하여 於衆界入性空法中에 生⁴⁵⁾人想과 男想과 女想이라가 近聖法⁴⁶⁾則知諸法實相이라 是時에 虛誑種種妄想이 盡除니라 以是故로 說諸菩薩摩訶薩이 知諸法如焰이라하니라 釋曰, 彼就妄說일새 生死가 爲曠野어니와 今就眞妄合說일새 故以空地로 喩如來藏이니라 叡公이 云, 焰惑癡愛하여 樂之無極하여 非身想身하고 非色見色이나 實無可樂이어늘 莫之能識이라 若有智慧하면 此心이 自息이라하니라

● 마. 아지랑이 같은 인이다. '열 가지 비유와 같다'는 것은 『대지도론』에 아지랑이 같음을 해석하여 이르되, "'아지랑이 같다[如焰]' 함은 햇볕에 바람이 불어 티끌이 움직이는 연고로 넓은 들에 아지랑이[野馬=아지랑이]가 움직이는 것 같거든, 어리석은 사람들은 처음 보고서 물이라 여긴다. 남자의 모습, 여자의 모습 등도 그러하다. 결사(結使)의 번뇌는 햇빛의 열기요, 모든 현실의 티끌과 삿된 기억과 잡념의 바람이 생사의 들판에서 움직이는데 지혜 없는 사람은 '한 모습[一相]'이라 하기도 하고 '남자의 모습인가, 여자의 모습인가' 하였으니, 이를 아

---
45) 生下에 南續金本有於字, 論原本無라 하다.
46) 法下에 甲南續金本有者字, 論原本無라 하다.

지랑이라 이름한다. 또 멀리서 아지랑이를 보고는 물이라 생각하다가 가까이 가면 물이란 생각이 없어진다. 지혜 없는 사람도 그러하여서 성스러운 법을 멀리하면 〈나〉 없음을 모르고 모든 법이 공함을 몰라, 음(陰)·계(界)·입(入)의 성품이 공한 가운데서 사람이란 생각이나 남자란 생각이나 여자란 생각을 일으키지만 성스러운 법에 가까이 가서는 모든 법의 진실한 모습을 알게 된다. 이런 때에 거짓된 갖가지 망상은 모두 없어진다. 그러므로 모든 보살들은 모든 법이 아지랑이 같은 줄로 안다"[47]라고 하였다. 해석하자면 저 망상에 입각하여 말하므로 '생사를 넓은 들로 삼는다'라 하였지만, 지금은 진법과 망심에 입각하여 합하여 말하는 연고로 빈 땅은 여래장에 비유한다. 승예(僧叡)법사가 말하되, "아지랑이 같은 미혹과 어리석은 애정으로 즐거움이 지극함이 없어서 몸이 아니면서 몸을 생각하고, 형색 아님은 형색을 보지만 진실로 즐거울 것이 없는데, 능히 알지 못할 것도 없다. 만일 지혜가 있으면 이 마음 스스로 쉬게 된다"고 하였다.

ㄴ. 모양이 있음에 비유하다[喩相有] (後但 43上9)

但隨世間言說顯示인달하여
오직 세간의 말을 따라서 나타내어 보이느니라.

[疏] 後, 但隨下는 喩其相有니라
■ ㄴ. 但隨 아래는 모양이 있음에 비유함이다.

---

47) 大智度論 제6권 初品中 十喩釋論 제11의 내용이다.

(다) 총합하여 법과 비유를 합하다[總以法合] 2.
ㄱ. 법을 아는 것에 대해 밝히다[明了知法] (三菩 43下1)
ㄴ. 아지랑이 같은 인의 행법을 성취하다[明成忍行] (後現)

菩薩도 如是하여 如實觀察하여 了知諸法하고 現證一切하여 令得圓滿하나니
보살도 이와 같아서 실상과 같이 관하여 모든 법을 알고 현재에 모든 것을 증득하여 원만하게 하나니,

[疏] 三, 菩薩下는 法合中에 初, 明了法이요 後, 現證下는 明成忍行이니라
- (다) 菩薩 아래는 (총합하여) 법과 비유를 합함 중에 ㄱ. 법을 아는 것에 대해 밝힘이요, ㄴ. 現證 아래는 아지랑이 같은 인의 행법을 성취함이다.

다) 명칭을 결론하다[結名] (經/是名 43下3)

是名菩薩摩訶薩의 第五如焰忍이니라
이것이 보살마하살의 다섯째 아지랑이 같은 인이니라."

大方廣佛華嚴經 제44권

大方廣佛華嚴經疏鈔 제44권의 ③ 李字卷下

제29 十忍品 ②

바. 꿈 같은 인의 게송에 云,

"불자여, 이 보살 마하살이 일체 세간이 꿈과 같음을 아나니, 마치 꿈은 세간도 아니고 세간을 여읨도 아니며, 욕심 세계도 아니고 형상 세계도 아니고 무형 세계도 아니며, 나는 것도 아니고 없어지는 것도 아니며, 물든 것도 아니고 깨끗한 것도 아니지마는 나타내어 보임이 있느니라."

세상이 고요한 줄 알지만	了世皆空寂이나
세상 법을 헐지도 않아	不壞於世法이
마치 꿈속에 보는 것	譬如夢所見
길기도 짧기도 하나니	長短等諸色이니
이것은 꿈과 같은 인이라	是名如夢忍이라
이렇게 세상 법 알면	因此了世法하면
걸림 없는 지혜 이루어	疾成無礙智하야
중생을 널리 건지리.	廣度諸群生이로다

大方廣佛華嚴經疏鈔 제44권의 ③ 李字卷下

제29. 열 가지 법인을 말하는 품[十忍品] ②

바. 꿈 같은 인[如夢忍] 3.

가) 질문으로 시작하다[徵] (經/云何 1上4)
나) 양상을 해석하다[釋義] 3.
(가) 법이 비유와 같음을 표방하다[標法同喩] (第六)

佛子여 云何爲菩薩摩訶薩의 如夢忍고 佛子여 此菩薩
摩訶薩이 知一切世間이 如夢하나니
"불자여, 어떤 것을 보살마하살의 꿈 같은 인이라 하는가?
불자여, 이 보살마하살이 일체 세간이 꿈과 같음을 아나니,

[疏] 第六, 如夢忍이라 釋中에 亦三이니 一, 標法同喩요
■ 바. 꿈과 같은 인이니 나) 뜻을 해석함 중에도 또 셋이니 (가) 법이 비유와 같음을 표방함이요,

(나) 비유의 양상을 바로 거론하다[正擧喩相] 2.
ㄱ. 뜻을 열다[開義] (二譬 1上9)

譬如夢이 非世間이며 非離世間이며 非欲界며 非色界며

非無色界며 非生非沒이며 非染非淨이로되 而有示現인
달하니라

마치 (1) 꿈은 세간도 아니고 (2) 세간을 여읨도 아니며, (3) 욕심 세계도 아니고 (4) 형상 세계도 아니고 (5) 무형 세계도 아니며, (6) 나는 것도 아니고 (7) 없어지는 것도 아니며, (8) 물든 것도 아니고 (9) 깨끗한 것도 아니지마는 (10) 나타내어 보임이 있느니라.

[疏] 二, 譬如下는 正擧喩相이라 然開此夢義에 亦有五法하니 一, 所依니 謂悟心이니 以喩本識이요 二, 所因이니 謂睡蓋니 以喩無明習氣요 三, 所現이니 謂夢相差別이니 以喩緣所起法이요 四, 此夢事가 非有而有니 但心變故며 非見前法이요 五, 令夢者로 取以爲實이니라

■ (나) 譬如 아래는 비유한 양상을 바로 거론함이다. 그러나 이 꿈의 뜻을 열 적에 또한 다섯 가지 법이 있으니 (1) 의지할 대상이니 이른바 마음을 깨달음이니 근본식[本識]에 비유함이요, (2) 원인할 대상이니 이른바 수면의 덮개는 무명의 습기에 비유함이요, (3) 나타낼 대상이니 이른바 꿈의 양상인 차별이니 인연으로 일으킨 법에 비유함이요, (4) 이런 꿈의 일은 있지 않으면서 있나니, 단지 마음으로 변하는 것뿐이므로 앞의 법을 보지 않음이요, (5) 꿈꾸는 이로 하여금 취하여 실법으로 삼게 함이다.

[鈔] 一, 所依者는 若無本識하면 無所熏故로 則無無明等이니 亦可喩如來藏이라 喩本識者는 諸宗共許故니라 法相宗은 明如來藏이 不受熏故니라 二, 所因者는 智論에 云, 復次如夢中에 無喜事而喜하고 無瞋

事而瞋하며 無怖事而怖하여 三界衆生도 亦復如是니 無明眠力故로 不應瞋而瞋等이니라 四, 此夢事者는 智論에 云, 夢有五種하니 一, 若身中이 不調커나 若熱氣多하면 則夢見火하며 見黃見赤이니라 二, 若冷氣多하면 見水見白하며 三, 若風氣多하면 則見飛見黑하며 四, 又復所聞見事를 多思惟念故오 五, 或天與夢하여 欲令知[48]未來事故라 是五種夢은 皆無實事而妄見이니 世人도 亦復如是하여 五道中衆生이 身見力의 因緣故로 見四種我하나니 衆色是我오 色是我所며 我中에 有色하고 色中에 有我며 如色하여 受想行識도 亦復如是니 四五二十이라 得道實智慧覺하면 已知無實이라하니라 釋曰, 論中에 身見力은 合上身中不調오 五道衆生은 亦可合前五夢이니 初火는 如地獄이니 火塗道故요 白은 如人이니 善法故요 黑은 如畜生이니 愚癡故요 多思는 如鬼요 天與는 如天故라

- (1) 의지할 대상이란 만일 근본식이 없으면 훈습할 대상이 없는 연고로 무명도 없는 따위이니 또한 여래장에 비유할 수 있고, '근본식에 비유한 것'은 여러 종파가 함께 허용하는 까닭이다. 법상종(法相宗)에서는 여래장이 훈습받지 않음을 밝힌 까닭이다. (2) 원인할 대상이란 『대지도론』에 이르되, "또 꿈속에는 기쁠 것이 없는데 기뻐하고, 성낼 것이 없는데 성내고, 두려울 것이 없는데 두려워해서 삼계의 중생도 그러하나니 무명으로 잠든 힘 때문에 성내지 않을 일에 성낸다" 등이라고 하였다. (4) 이런 꿈의 일이란 『대지도론』에 이르되, "또 꿈에는 다섯 가지가 있으니, ① 몸이 고르지 못하거나 열기(熱氣)가 많으면 꿈에 불을 보거나, 노란빛과 붉은빛을 본다. ② 냉기(冷氣)가 많으면 꿈에 물을 보고는 흰빛을 보며, ③ 풍기(風氣)가 많으면 꿈에 날아다

---

48) 知下에 南續金本有於字라 하다.

니거나 검은빛을 보게 되며, ④ 또 듣거나 본 일을 많이 생각하고 기억한 연고며, ⑤ 혹은 천신(天神)이 꿈을 주어서 미래의 일을 알게 해 주려는 까닭이다. 이러한 다섯 가지 꿈은 모두가 실다운 일이 없는데 허망하게 본 것이다. 세상 사람도 그러하여서 다섯 갈래의 중생이 내 몸이란 소견의 힘의 인연인 연고로 네 가지 <나>를 보나니, 여러 색(色)이 <나>인가? 색이 내 것인가? <나> 가운데 색이 있고, 색 가운데 <나>가 있으며, 색에 대해서와 같이 수・상・행・식에 대하여도 그러하나니 4・5는 20이 되었다. 도를 얻은 진실한 지혜로 깨달으면 이미 실체가 없음을 안다"라고 하였다. 해석하자면 논문 중에 몸이란 소견의 힘은 위의 몸 가운데 조화롭지 않음과 합하고, 다섯 갈래 중생은 또한 앞의 다섯 가지 꿈과 합할 수 있나니, (1) 불은 지옥과 같으며, 불은 갈래를 덮은 연고요, 흰색은 사람과 같나니 선법인 연고요, 검은색은 축생과 같나니 어리석은 연고요, 많이 생각함은 귀신과 같고, 하늘이 줌은 하늘과도 같은 까닭이다.

然이나 周禮와 列子에 皆說六夢하니 與此五夢으로 有同有異라 言六夢者는 一, 正夢이요 二, 噩夢이요 三, 思夢이요 四, 寤夢이요 五, 喜夢이요 六, 懼夢이라 正夢은 謂不思慮라가 忽然而夢이니 共天神이 與夢大同이요 餘五는 多是見聞多攝이니라 莊子第二齊物篇에 云, 莊周가 夢爲蝴蝶하여 自喩適志與하여 不知周也라하니 注에 蝴蝶而不知周는 則與殊死로 不異也라 然所在에 無不適志하니 則當生而係生者가 必當死而戀死矣라 由此觀之컨대 知夫在生而哀死者가 誤矣라 하나니 俄然覺則蘧蘧然周也라 不知周之夢에 爲蝴蝶歟아 蝴蝶之夢에 爲周歟아 周與蝴蝶은 必有分矣니 此之謂物化라하니라 意云, 昨

日之夢이 於今化矣라 生死之變이 豈異於此아 又自周而言인대 蝴蝶
稱覺이 未必非夢이라 此亦可喩萬法이 如夢矣니라 又列子中에 有人
은 晝爲主役하고 而夜夢에 爲人君하며 主則夜夢에 被役하니 二者가
各有其美也니라

● 그러나 『주례(周禮)』와 『열자(列子)』에 모두 여섯 가지 꿈을 말하였으
니 이런 다섯 가지 꿈과 같은 것도 있고 다른 것도 있다. 여섯 가지
꿈을 말한 것은 (1) 바른 꿈 (2) 불길한 꿈[噩夢] (3) 생각하는 꿈 (4)
깨어나는 꿈 (5) 기쁜 꿈 (6) 두려운 꿈이다. (1) 바른 꿈은 이른바
생각으로 염려하지 않다가 홀연히 꾸는 꿈이니 천신과 꿈과 크게 같
음이요, 나머지 다섯 가지도 대부분 보고 들어서 섭수함이 많다. 『장
자(莊子)』 제2. 제물편(齊物篇)에 이르되, "장주(莊周)가 꿈에 나비가 되
었는데 스스로 기뻐하고 자적(自適)하면서 끝내 그는 장주임을 몰랐
다고 말한다"라고 하였다. 주(注)에서 "나비가 장주를 모르면 특별히
죽음과 다르지 않다. 그러나 사는 곳이 의지에 맞지 않음이 없나니
미래에 태어나고 이어서 태어나는 것이 반드시 미래에 죽을 것이면서
도 죽음을 그리워한다. 이로 말미암아 관찰하건대 아는 것은 대저 생
에 있지 않지만 애처롭게 죽음은 잘못이다"라고 하였다. 갑자기 깨
달으면 장주를 풀자리처럼 만들었다. "장주의 꿈에 나비가 되었는지
나비의 꿈에 장주가 되었는지 알지 못한다. 장주와 나비는 반드시
분수가 있나니, 이것을 물화(物化)라 말한다"라고 하였다. 의미로 말
하되, "어젯밤 꿈에 지금 변화했는지, 생사가 변함은 어찌 이것과 다
르리오"라고 하였다. 또한 장주로부터 말하되, "나비는 깨달음과 칭
합함이 반드시 꿈이 아니라 하지는 않는다"라 하였다. 이것도 또한
만법이 꿈과 같은 줄 알 수 있다. 또한 『열자(列子)』 중에 어떤 사람이

낮에는 임금 역할을 하고 밤의 꿈에는 임금이 되며, 임금은 밤 꿈에 임금 역할을 받았으니 둘이 각기 아름다움이 있다.

但心變者는 此通喩合이라 約喩者인대 即通妨難也니 謂有難言호대 若無實者인대 何以夢中에 見色聞聲等耶아 故로 智論에 云, 不應言論無實之事니 何以故오 得緣便生이라 夢中之識도 有種種緣이라 若無緣이면 云何生고할새 故今答云호대 夢中에는 五識不行이요 所見五塵은 但心變耳니라 故로 智論에 云, 無也라 不應見而見故니 如夢中에 見人頭有角하며 見身飛等이나 人實無角이요 身實不飛故라하니라 二, 約法者인대 但心變故는 合而有義요 不見前境은 合非有義니라

● '단지 마음이 변할 뿐'이란 여기서는 비유와 합함을 해명하였다. (1) 비유를 잡는다면 곧 비방과 힐난을 해명함이다. 말하자면 어떤 이가 힐난하여 말하되, "만일 진실함이 있다면 어떻게 꿈속에 형색을 보고 음성을 듣는 등이겠는가?" 그러므로 『대지도론』에 이르되, "응당히 꿈이 진실이 없다고 말할 수 없다. 왜냐하면 (인식하는 마음[識心]은) 인연을 만나면 곧 일어난다. 꿈속의 인식도 갖가지 인연이 있다. 이런 인연이 없으면 어떻게 인식이 일어나겠는가?"라고 말하는 연고로 지금 대답해 말하되, "꿈속에서 전5식이 행하지 않음이요, 보는 대상인 다섯 가지 경계는 단지 마음만 변했을 뿐이다. 그러므로 『대지도론』에 이르되, "진실이 없다. 보지 않을 것을 보기 때문이니, 마치 꿈속에 사람의 머리에 뿔이 있음을 보며 꿈속에 몸이 허공으로 날아다니는 것을 보는 등이나 사람이 실제에는 뿔도 없고 몸이 실제로 날아다니지도 않는다"라고 하였다. (2) 법을 잡는다면 단지 마음이 변한 까닭은 합해도 뜻이 있으며, 앞의 경계를 보지 않음은 있지 않은 뜻과 합하였다.

ㄴ. 경문을 풀이하다[消文] 3.
ㄱ) 경문의 의미를 총합하여 밝히다[總彰文意] (文中 3上9)

[疏] 文中에 初明俱非는 喩法非有요 後云而示現有는 喩法而有니라 雙辨이 爲俱句요 互奪이 爲雙非니라
- 경문 중에 ㄱ) 모두 아님을 밝혀서 법이 있지 않음에 비유하고 뒤에 말하되, 현실에 있음을 보여서 법으로 있음에 비유하고 함께하는 구절을 함께 밝히고, 번갈아 뺏어서 함께 아님이 되었다.

ㄴ) 이유를 거듭 해석하다[重釋所以] 2.
(ㄱ) 표방하다[標] (然此 3下1)
(ㄴ) 해석하다[釋] 2.

a. 있고 없는 두 구절을 해석하다[釋有無二句] 2.
a) 바로 해석하다[正釋] (謂一)

[疏] 然此四句가 皆由以是夢故라 謂一, 以是夢故로 有夢事現하여 於夢者에 爲有니라 二, 旣言是夢인대 其性이 必虛니 於無實處에 而見實故라
- 그러나 이런 네 구절은 모두 꿈으로 말미암은 까닭이다. 말하자면 (1) 이런 꿈으로 인해 꿈의 일이 나타남이 있어서 꿈꾸는 자에게는 있음이 되었다. (2) 이미 꿈이라고 말한다면 그 성품이 반드시 헛되나니 실제 장소에서 진실을 보는 까닭이다.

b) 잘못을 가려내다[揀濫] 2.

(a) 바로 거론하다[正擧] (然語 3下3)
(b) 잘못을 가려내다[揀非] (非但)

[疏] 然이나 語有則全攝無而爲有오 言無則全攝有而爲無니 以非二相故라 非但相有性無而已니 思之니라
■ 그러나 있다고 말하면 전체로 없다고 섭수해서 있음을 삼았고, 없다고 말하면 전체로 있다고 섭수해도 없음을 삼나니 두 모양이 아닌 까닭이다. 단지 모양은 있지만 성품은 없을 뿐이니 생각해 보라.

[鈔] 然此四句下는 第二, 重釋이라 於中에 此上二句는 標요 謂一以是下는 釋이라 於中에 有二하니 先, 釋有無二句요 後, 釋雙非라 前中에 又 二니 先, 正釋이요 後, 然語有下는 揀濫이라 於中에 又二니 先, 擧正[49]이요 謂有無交徹일새 卽夢事而性虛요 卽性虛是夢事니라 約法인대 卽性空이 是幻有요 卽幻有가 爲性空이니라 若是定有인대 不得爲空이요 若是斷空인대 不得爲有라 旣無性故有일새 卽全攝無而爲有也요 旣緣生故로 空하니 則全攝有而爲無일새 故로 結云, 非有二相이니라
非但相有下는 二, 揀非也라 謂諸宗計가 多有此說호대 但空自性이 不空於法이라 如法相宗은 但無徧計하고 非無依他오 設學三論하여 不得意者도 亦云法無自性을 無自性일새 故說爲空이라야 則令相으로 不空矣라 今旣無性이 緣生故로 有라 有體卽空이요 緣生無性故로 空이라 空而常有니 要互交徹하야사 方是眞空妙有니라 故로 其言大同이나 而旨有異니 故令思之니라 若得此意하면 則下二句義旨를 可知니라

---

49) 擧正은 南續金本作正擧, 甲本作擧正擧라 하다.

● ㄴ) 然此四句 아래는 이유를 거듭 해석함이다. 그중에 이 위의 두 구절은 (ㄱ) 표방함이요, (ㄴ) 謂一以是 아래는 해석함이다. 그중에 둘이 있으니 a. 있고 없는 두 구절을 해석함이요, b. 함께 아님을 해석함이다. a. 중에 또 둘이니 a) 바로 해석함이요, b) 然語有 아래는 잘못을 가려냄이다. 그중에 또 둘이니 (a) 바로 거론함이요, 이른바 유(有)와 무(無)가 교차하여 사무침은 곧 꿈꾸는 일이면서 성품이 허망함이요, 곧 성품이 허망함이 꿈꾸는 일이다. 법을 잡으면 곧 성품이 공함이 환(幻)같이 있음이요, 곧 환같이 있음[幻有]이 성품은 공함[性空]이 된다. 만일 결정코 유라면 얻지 못함을 공함이라 한다. 만일 단멸의 공이라면 얻지 못함을 유라 한다. 이미 체성이 없는 연고로 유이니 곧 전체로 무(無)를 섭수하여 유라 함이요, 이미 인연으로 생긴 연고로 공하나니 전체로 유(有)를 섭수하여 무라 함인 연고로 결론하여 말하되, '두 모양이 있지 않다'라고 말한다.

(b) 非但相有 아래는 잘못을 가려냄이다. 이른바 모든 종파의 계탁이니 대부분 이렇게 설함이 있되 단지 공한 자체 성품이 법에 공하지 않다. 마치 법상종(法相宗)은 단지 변계성만 없고 의타(依他)성이 없지 않음과 같다. 설사 세 가지 논을 배워서 의미를 얻지 못함도 또한 말하되, "법에 자체 성품이 없음을 자체 성품이 없는 연고로 공하다고 설해야만 모양이 공하지 않게 함이다. 지금은 이미 체성이 없음이 인연으로 생긴 연고로 유이다. 유의 체성은 공과 합치함이요, 인연으로 생김에 체성이 없는 연고로 공함이다. 공하면서 항상 유이니 중요한 것은 서로 교차하여 사무쳐야만 바야흐로 진공(眞空)이면서 묘유(妙有)인 까닭이다. 그 말은 크게는 같지만 종지가 다름이 있나니 그러므로 하여금 생각하게 한다. 만일 이런 의미를 얻으면 아래 두 구절

의 뜻과 종지는 알 수 있으리라.

b. 함께 옳고 함께 잘못임을 해석하다[釋雙是雙非] 2.
a) 바로 해석하다[正釋] (三以 4上7)
b) 융섭하여 해명하다[融通] (然此)

[疏] 三, 以是夢故로 必具二義니 全有之無가 與全無之有로 二門峙立하여 不相是故며 非是半有半無니라 四, 旣言是夢인대 必是雙非니 形奪俱融하여 二相盡故라 然此俱非가 不違雙是라 以若不奪無令盡하면 無以爲無오 若不奪有令盡하면 無以爲有라 是故로 存亡不礙하며 俱泯自在하야사 方爲如夢自在法門이니라

- (3) 꿈인 연고로 반드시 두 가지 뜻을 갖추었으니 완전한 유의 무가 완전한 무의 유인 것과 두 문을 우뚝 세워서 서로 옳지 않은 연고며 반은 유이고 반은 무가 아니다. (4) 이미 꿈이라 말한다면 반드시 함께 아님이니, 형상으로 뺏음과 모두 융섭하여 두 모양이 다한 까닭이다. 그러나 이건 모두 아님이 함께 옳음과 위배되지 않는다. 저 무(無)를 뺏지 않음으로 다하게 하면 없음으로 무(無)를 삼고, 저 유(有)를 뺏지 않음으로 다하게 하면 없음으로 유(有)를 삼는다. 이런 연고로 둠과 없음은 장애되지 않으며, 모두 없앰이 자재해야만 비로소 '꿈으로 자재한 법문[夢自在法門]'과 같음이 된다.

[鈔] 然此俱非下는 融通이요 亦爲揀濫이라 謂尋常雙是는 義涉相違요 尋常雙非는 義參戱論일새 故今雙融하여 令離二謗[50]하여 成具德句니

---

50) 謗은 甲南續金本作諦誤, 案二謗 謂相違謗與戱論謗이라 하다.

謂非但二不相違라 亦乃二句相成일새 故로 云, 若不奪無令盡하면 無以爲無라 言奪無令盡者는 非無也오 奪有令盡者는 非有也라 謂若無非無하면 則無亦無라 何者오 若無不盡하면 是定性無니 故非眞無니라 下句도 亦然이니 若無非有하면 則無亦有니 以有不盡하면 是定性有오 非眞有故라 故以非有와 非無로 成上亦有亦無니라 亦更合說俱句하여 成於俱非어든 含在俱句와 及下結[51]中일새 故略不明하니라 若欲別明인대 應云, 以亦有가 是卽無之有일새 故成非有오 以亦無가 是卽有之無일새 故成非無니라

是故存亡不礙者는 結成也라 存은 卽是有요 亡은 卽是無요 俱는 卽亦有亦無오 泯은 卽非有非無라 皆互交徹일새 故云自在無礙니라 又存者는 存四句요 亡者는 亡四句요 俱者는 亦存亦亡이요 泯者는 非存非亡일새 故曰夢自在法門이라 互爲抗行하면 豈名自在리요

● b) 然此俱非 아래는 융섭하여 해명함이요, 또한 잘못을 구분함이 된다. 이른바 평소에 함께 옳음은 이치가 건너서 서로 위배됨이요, 평소에 함께 잘못함은 이치가 섞여 장난말인 연고로 지금 함께 융섭하여 두 가지 비방을 여의게 하여 덕을 갖추는 구절을 이루었다. 말하자면 단지 둘이 서로 위배되지 않음이 또한 비로소 두 구절이 서로 성립한 연고로 말하되, "저 무를 뺏지 않음으로 하여금 다하게 하면 없음으로 무(無)를 삼는다"라 하였고, '무를 뺏어서 하여금 다하게 한다'고 말한 것은 없음이 아니요, '유를 뺏어서 하여금 다하게 함'은 있음이 아니다. 말하자면 저 없음이 무가 아니면 없음도 또한 무이니 무슨 까닭인가? 저 무(無)를 다하지 않으면 성품이 없음을 결정하나니 그러므로 참된 무[眞無]가 아니다. 아래 구절도 마찬가지이니 저 무가

---

51) 結은 南金本作經이라 하다.

유가 아니면 무도 또한 유이니, 유가 다하지 않으면 성품이 있음으로 결정함이요, 참된 유[眞有]도 아닌 까닭이다. 그러므로 유가 아님과 무가 아님[非有非無]으로 위의 유이기도 하고 무이기도 함[亦有亦無]을 이룬다. 또한 다시 함께한 구절을 합하여 말하여 함께 아님[俱非]을 이루는데 함께한 구절에 포함된 것과 나아가 아래 결론함 중인 연고로 생략하여 밝히지 않았다. 만일 개별로 밝히려 한다면 응당히 말하되, 있기도 함[亦有]은 바로 무와 합치한 유이므로 있지 않음[非有]을 이루고, 없기도 함[亦無]은 바로 유와 합치한 무이므로 무가 아님[非無]을 이룬다. '이런 연고로 둠과 없음을 장애하지 않음'은 결론하여 이룸이니, 둠은 곧 있음이요 없음은 곧 없음이요, 함께함은 곧 있기도 하고 없기도 함[亦有亦無]이요, 없앰은 곧 유도 아니고 무도 아님[非有非無]이다. 모두 번갈아 교차하여 사무치는 연고로 말하되, '자재하고 무애함'이라 하였다. 또한 둠은 네 구절을 둠이요, 없음은 네 구절을 없앰이요, 함께함은 두기도 하고 없기도 함이요, 없앰은 두지 않고 없지 않음인 연고로 '꿈으로 자재한 법문[夢自在法門]'이라 말한다. 번갈아 행함을 막으면 어찌 자재하다고 말하겠는가?

ㄷ) 인용문으로 증명하다[引文證成] (是故 5上7)

[疏] 是故로 經에 云, 世間恒如夢하고 智不得有無라하니 此之謂也니라
- 이런 연고로 경문[4권 능가경]에 이르되, "세상은 항상 꿈과 같거늘 지혜로운 분은 있고 없음을 가리지 않으시고 (대비심을 일으키시네)"라고 하였으니 이것을 말한 내용이다.

[鈔] 世間等者는 三, 引證也니 卽楞伽第一이니 此卽中間兩句라 若具인대 應云, 遠離於斷常하여 世間恒如夢이라 智不得有無언마는 而興大悲心이라하니 前如幻忍鈔에 已具引하니라

- ㄷ) 세상은 등이란 인용문으로 증명함이니 곧 『4권 능가경』 제1권이니 이 부분은 게송 중간의 두 구절이다. 만일 갖춘다면 응당히 말하되, "단견과 상견을 멀리 여의어 세상은 항상 꿈과 같거늘 지혜로운 분은 있고 없음을 가리지 않으시고 대비심을 일으키시네"라고 하였으니 앞의 라. 요술 같은 인[如幻忍]의 초문(鈔文)에 이미 갖추어 인용하였다.

(다) 법과 비유를 합하다[以法合喩] 2.
ㄱ. 총상으로 해석하다[釋總] (第三 5下5)

菩薩摩訶薩도 亦復如是하여 知一切世間이 悉同於夢하나니 無有變異故며 如夢自性故며 如夢執著故며 如夢性離故며 如夢本性故며 如夢所現故며 如夢無差別故며 如夢想分別故며 如夢覺時故니

보살마하살도 이와 같아서 (1) 일체 세간이 모두 꿈과 같음을 아나니, (2) 달라짐이 없는 까닭이며 (3) 꿈의 제 성품과 같은 까닭이며 (4) 꿈의 집착과 같은 까닭이며 (5) 꿈이 성품을 여읜 것 같은 까닭이며 (6) 꿈의 본성품과 같은 까닭이며 (7) 꿈에 나타나는 것과 같은 까닭이며 (8) 꿈이 차별이 없음과 같은 까닭이며 (9) 꿈이 생각으로 분별함과 같은 까닭이며 (10) 꿈을 깨었을 때와 같은 까닭이니,

[疏] 第三, 菩薩下는 合喩라 中十句에 初句는 爲總이요 次, 無有下는 別이라

- (다) 菩薩 아래는 법과 비유를 합함이다. 중간의 열 구절에서 ㄱ. 첫 구절은 총상으로 해석함이요, ㄴ. 無有 아래는 별상으로 해석함이다.

ㄴ. 별상에 대한 해석[釋別] 2.
ㄱ) 앞의 여덟 구절은 꿈을 말하다[前八辨夢] (別中 5下6)

[疏] 別中에 初句는 近上總句일새 略無如夢二字라 於九句中에 前八은 辨夢이요 後一은 明覺이라 就前八中하여 攝爲四對니 初二는 明常無常門이니 體虛無變이 卽是常義요 自性無恒이 是無常義니라 次二는 辨眞妄門이니 妄은 由着生이요 眞은 由性離니라 次二는 性相門이니 性本一如나 相現多種이니라 後二는 明一異門이니 但是一心이라 一而無別이요 隨相分別에 異異不同이니라 又唯是一夢이로되 相現多種이니라 上之四門은 各雙存互奪하여 以爲四句니 思之可見이니라

- ㄴ. 별상에 대한 해석 중에 첫 구절은 위의 총상 구절과 가까우니 如夢 두 글자는 생략하여 없다. 아홉 구절 중에 ㄱ) 앞의 여덟 구절은 꿈을 말함이요, ㄴ) 뒤의 한 구절은 꿈에서 깨어남에 대한 설명이다. ㄱ) 앞의 여덟 구절에 입각하여 네 가지 대구로 포섭하였다. (ㄱ) 두 대구는 항상하고 무상한 문을 밝힘이니, 체성이 비어 변함없음은 곧 '항상하다'는 뜻이요, 자체 성품이 항상하지 않음은 '무상하다'는 뜻이다. 다음의 둘은 '진법과 망심의 문[眞妄門]'을 밝힘이니 망심은 집착으로 인해 생김이요, 진법은 성품으로 인해 여읨이다. 다음의 둘은

'성품과 양상의 문[性相門]'이니 성품은 본래 한결같이 여어하지만 양상은 여러 종류를 나타냄이다. 뒤의 둘은 '하나와 다름의 문[一異門]'을 밝힘이니, 단지 한 마음뿐이다. 하나로되 차별이 없음이요, 양상을 따라 분별할 적에 다름과 다름이 같지 않다는 뜻이다. 또한 오직 하나의 꿈일 뿐이지만 양상으로 여러 종류를 나타내었다. 위의 네 문은 각기 함께 두고 번갈아 뺏어서 네 구절이 되었으니 생각하면 볼 수 있으리라.

[鈔] 上之四門者는 如第一, 常無常門에 云, 一者는 常이요 二는 無常이요 三은 合前하면 卽成亦常亦無常일새 故云雙存이요 四는 約互奪하면 卽成非常非無常이니 無常이 奪常故로 非常이요 常奪無常故로 非無常矣라 謂正以體虛無實이 卽自性無常[52]이라 故로 下三門은 例知也니라

● 위의 네 문이란 마치 첫째, 항상하고 무상한 문[常無常門]과 같음에 대해 말하되, "(1) 항상함 (2) 무상함 (3) 앞과 합함이면 곧 항상하기도 하고 무상하기도 함을 이루는 연고로 '함께 둔다[雙存]'고 말하고, (4) 번갈아 뺏음[互奪]을 잡으면 곧 항상하지 않고 무상하지 않음을 이룸이니, 무상함은 항상함을 뺏는 연고로 항상하지 않음[非常]이요, 항상함은 무상함을 뺏는 연고로 무상함도 아니다. 이른바 바로 '체성이 비고 진실이 없음'은 곧 자체 성품이 무상함이다. 그러므로 아래 세 문도 유례하여 알 수 있다.

ㄴ) 뒤의 한 구절은 꿈에서 깨어남을 밝히다[後一明覺] 3.

---

52) 常은 南金本作恒이라 하다.

(ㄱ) 깨어남의 뜻을 표방하다[標示覺義] (後一 6上8)

(ㄴ) 깨어난 이유를 건립하다[立覺所以] (謂要)

(ㄷ) 사마타와 위빠사나의 뜻을 해석하다[釋止觀義] (觀了)

[疏] 後一句는 明覺은 卽止觀門이니 謂要在覺時하야사 方知是夢이요 正夢之時에 不知是夢하나니 純昏心故라 設知是夢이라도 亦未覺故요 覺時了夢하야사 知實無夢이라 然由夢하야사 方有覺일새 故辨夢覺時라 若離於夢하면 夢覺가 斯絶이니라 觀了上之多門컨대 止不取於夢妄이니 如此라야 方爲了夢法門이니라

■ ㄴ) 뒤의 한 구절은 꿈에서 깨어남을 밝힘이니 곧 지관문(止觀門)이다. 이른바 중요함은 깨어나 있을 때에 있어야 비로소 꿈인 줄 아는 것이요, 바로 꿈꿀 때에 꿈인 줄 알지 못하나니 순전히 마음이 혼미한 까닭이다. 설사 꿈에라도 또한 깨어나지 못함을 아는 연고요, 깨어났을 때에 꿈인 줄 알아야만 실제로 꿈이 없음을 아는 것이다. 그러나 꿈으로 말미암아야 비로소 깨어남이 있는 연고로 꿈에서 깨어남을 밝힐 때를 안다. 만일 꿈을 여의면 꿈에서 깨어남은 여기서 끊어졌으니, 위의 여러 문을 위빠사나로 요달한다면 꿈이 거짓임을 사마타로 취하지 않나니 이와 같아야만 비로소 꿈을 아는 법문이 된다.

[鈔] 二, 謂要在下는 說立覺所以요 中에 亦是解妨이니 謂有問言호대 此明夢忍이어늘 那說覺時라할새 故今釋云호대 覺夢相成일새 故須說覺이라하니라 於中에 初, 以覺으로 成夢이니 以未覺時에 不知是夢故라 於中에 初, 要在覺時라야 方知是夢者는 正辨須覺所以니 謂大夢之

夜에 則必有彼大覺之明이라 謂我世尊이 方知三界가 皆如夢故니라 上引楞伽하여 歎佛이 能了於夢하니라 次, 正在夢時者는 謂爲實故니 爲諸凡夫가 長眠大夜하여 不生厭求故라 叡公이 云, 夢中矇夢이 純昏心也라하니라 次, 設知是夢者는 此通妨難이니 謂亦有人이 夢知是夢이라 如人重眠에 忽有夢生하면 了知我夢이라도 以睡重故로 取覺不能하시니 喩諸菩薩이 從初發心으로 卽知三界가 皆如夢하나니 豈非是覺인대 何用更說覺時오할새 故今에 釋云호대 亦未是覺이라하니 未大覺故라 故로 起信에 云, 若人이 覺知前念起惡하여 能止後念하여 令其不起하면 雖復名覺이나 卽是不覺이라하나니 有生滅故라 無明覆心하여 不自在故니라 次云, 覺時에 了夢者는 非唯覺時知夢이라 亦知無夢이니 如八地菩薩의 夢渡河喩라 證無生忍에 不見生死此岸과 涅槃彼岸하면 能渡所渡를 皆叵得故라 況於大覺아 故로 經에 云, 久念衆生苦하여 欲脫無由脫이러니 今日에 證菩提하여 豁然無所有라하니라

- (ㄴ) 謂要在 아래는 깨어난 이유를 건립함을 말함이요, 그중에 또한 비방을 해명함이다. 말하자면 어떤 이가 묻되, "이것은 꿈과 같은 인을 밝혔거늘 언제가 깨어남을 말할 때인가?"라 하는 연고로 지금 해석하여 말하되, "꿈에서 깨어나는 모양을 이룬 연고로 깨어나기를 구한다"라고 말한다. 그중에 첫 구절은 깨어남으로 꿈을 이룸이니, 깨어나지 않을 때에 꿈인 줄 알지 못하는 까닭이다. 그중에 (1) 중요함은 깨어날 때에 있어야 비로소 꿈인 줄 아는 것은 깨어난 이유를 바로 밝혔다. 이른바 큰 꿈을 꾸는 밤에 반드시 저 크게 깨어나는 광명이 있다. 말하자면 우리 세존께서 비로소 삼계가 모두 꿈과 같은 줄 아는 까닭이다. 위에서 『능가경』을 인용하여 부처님이 꿈인 줄 잘 아

는 것을 찬탄함이다. (2) 바로 꿈에 있을 때는 이른바 진실을 위하는 연고니 모든 범부가 큰 밤을 오래 잠자서 구하기 싫은 마음이 생겨나지 않는 까닭이다. 승예법사가 말하되, "꿈속에서 꿈에 어두움이 순진하고 혼돈한 마음이다"라고 하였다. (3) '설사 꿈인 줄 안다'는 것은 비방과 힐난을 해명함이다. 말하자면 또한 어떤 사람이 꿈속에 꿈인 줄 아는 것이다. 마치 사람이 깊이 잠들었을 때에 홀연히 꿈이란 생각이 있으면, 나의 꿈인 줄 알더라도 깊이 잠든 연고로 깨어남을 취하기 불가능하시니 여러 보살이 처음 발심할 때를 비유함이니 삼계가 모두 꿈 같음을 알았나니, 어찌 깨어남이 아니라면 어떻게 다시 깨어남을 말할 때를 사용할까 하는 연고로 지금 해석하여 말하되, "또한 깨어남이 아니다"라고 하나니, 크게 깨어나지 않은 까닭이다. 그러므로 『기신론』에 이르되, "만일 사람이 앞의 생각에서 악(惡)을 일으켰다는 것을 깨달아 알아서 능히 뒤의 생각을 그쳐서 일어나지 않게 하면 비록 다시 각(覺)이라 이름하지만 곧 불각(不覺)이다"53)라고 하나니 생멸이 있는 까닭이다. 무명이 마음을 덮어서 자재하지 못한 까닭이다. 다음에 말하되, "깨었을 때 꿈인 줄 안다는 것은 오직 깨었을 때만 꿈인 줄 아는 것이 아니다. 또한 꿈이 없음을 아는 것이니 마치 제8지 보살이 꿈에 강을 건넘에 비유함과 같다. 무생의 인을 증득하여 생사의 이쪽 언덕과 열반의 저 언덕을 보지 못하면 건너는 주체와 대상을 모두 얻을 수 없는 까닭이니, 하물며 크게 깨어남에 비교하겠는가?" 그러므로 경문에 이르되, "중생의 고통을 오래 생각하여 벗어나려 하지만 벗어날 이유가 없는데 금일에 보리를 증득하여 훤하게 깨달아 가진 것이 없다"고 하였다.

---

53) 기신론 顯示正義의 心生滅門의 내용이다.

然由夢方者는 上에는 辨以覺으로 成夢하고 此는 辨以夢으로 成覺하여 對夢說覺이라 無夢無覺하여 旣了夢無夢이니 對何說覺이리요 故로 覺夢斯絶이라 如無不覺하면 則無始覺이라 覺夢雙絶하야사 方爲妙覺이니라 疏觀了下는 釋止觀義니 照上四門일새 故名爲觀이라 覺夢斯絶하면 卽不取於夢妄故라 無量義經에 歎佛云하시되 智恬情怕慮凝靜하며 意滅識亡心亦寂하시며 永斷夢妄思想念하사 無復諸大陰界入이라하니라 卽知究竟了夢은 唯我世尊이로다 叡公이 云,[54] 長夜之內가 大夢所成이라 皆由心畵[55]하여 徧造衆形하며 神傳五道하여 備盡跉跰하나니 若能悟之하면 卽破無明이라하니라

● '그러나 꿈으로 인해 비로소 깨어남이 있다'는 것은 위에는 깨어남에 꿈 이룸을 밝히고 여기는 꿈에서 깨어남 이룸을 밝혀서 꿈을 상대하여 깨어남을 말한 것이다. 꿈이 없으면 깨어남도 없어서 이미 꿈속에 꿈 아님을 알 텐데 무엇을 상대하여 깨어남을 말하겠는가? 그러므로 깨어남과 꿈이 여기서 끊어지나니 마치 깨어남 아님이 없으면 비로소 깨달음이 없다. 깨어남과 꿈이 함께 끊어져야 비로소 묘한 깨달음이 된다. (ㄷ) 疏觀了 아래는 사마타와 위빠사나의 뜻을 해석함이다. 위의 네 문을 비추므로 위빠사나라 이름하고, 깨어남과 꿈이 여기서 끊어지면 곧 꿈이 허망한 줄 취하지 않는 까닭이다. 『무량의경(無量義經)』에서 부처님을 찬탄하여 말하되, "지혜는 밝고 마음은 한결같으시며 생각은 굳고 고요하시며, 뜻은 멸하고 인식이 없어져 마음 또한 적멸하시며, 꿈과 망상과 생각과 생각함이 영원히 끊어져 다시는 모든 대음계(大陰界)에 드심이 없으시다"라고 하였다. 곧 마지막에 꿈인 줄 아는 것은 오직 우리 세존뿐이다. 승예법사가 말하되, "긴긴 밤에

---

54) 云은 甲南續金本作頌云이라 하다.
55) 畵는 南本作盡이라 하다.

큰 꿈을 이루었으니 모두 마음을 그림으로 인하여 두루 여러 형상을 만들며, 신통하게 다섯 갈래에 전하여 굳은 살로 절뚝거리면서도 다 준비하나니 만일 능히 깨달으면 곧 무명을 타파하기 때문이다"라고 하였다.

다) 명칭을 결론하다[結名] (經/是名 7下9)

是名菩薩摩訶薩의 第六如夢忍이니라
이것이 보살마하살의 여섯째 꿈 같은 인이니라."

사. 메아리 같은 인[如響忍] 3.

가) 질문으로 시작하다[徵] (經/云何 7下10)
나) 뜻을 해석하다[釋] 3.
(가) 인행의 원인[忍行所因] (第七)

佛子여 云何爲菩薩摩訶薩의 如響忍고 佛子여 此菩薩摩訶薩이 聞佛說法하고 觀諸法性하여 修學成就하여 到於彼岸하며

"불자여, 어떤 것을 보살마하살의 메아리 같은 인이라 하는가? 불자여, 이 보살마하살이 (1) 부처님의 설법을 듣고 (2) 법의 성품을 관찰하고 (3) 배워서 성취하여 저 언덕에 이르며,

[疏] 第七, 如響忍이라 釋中에 分三이니 一, 忍行所因이요 二, 知一切下는 成忍之相이요 三, 此菩薩下는 忍成之益이라 今初니 由聞起觀하여 能成忍故니라
- 사. 메아리 같은 인이다. 나) 뜻을 해석함 중에 셋으로 나누니 (가) 인행의 원인이요, (나) 知一切 아래는 인행을 성취한 모습이요, (다) 此菩薩 아래는 인행을 성취한 이익이다. 지금은 (가)이니 들음으로 인해 관법을 시작하여 능히 인행을 성취하는 까닭이다.

(나) 인행을 성취한 모습[成忍之相] 2.
ㄱ. 법으로 설하다[法] 2.
ㄱ) 법이 비유와 같음을 가리키다[指法同喩] (二中 8上6)

知一切音聲이 悉同於響하여 無來無去나 如是示現이니라
(4) 일체 음성이 메아리 같아서 오는 일도 없고 가는 일도 없음을 알고 이렇게 나타내느니라.

[疏] 二中에 先, 法이요 後, 喩라 法中에 有二하니 一, 指法同喩하여 略顯其相이라 通知一切音聲이 如響하여 無去無來는 明其體空이요 如是示現은 彰其相有니라
- (나) 인행을 성취한 모습 중에 ㄱ. 법으로 설함이요, ㄴ. 비유로 밝힘이다. ㄱ. 법으로 설함 중에 둘이 있으니 ㄱ) 법이 비유와 같아서 간략히 그 양상을 밝힘을 지적함이다. 온갖 음성이 메아리 같은 줄 통하여 알아서 '오는 일도 없고 가는 일도 없음'은 체성이 공함을 밝힘이요, '이렇게 나타냄'은 그 양상이 있음을 밝힌 내용이다.

ㄴ) 여래의 음성을 알다[了知佛聲] (二 佛 8下2)

佛子여 此菩薩摩訶薩이 觀如來聲이 不從內出하며 不從外出하며 亦不從於內外而出하여 雖了此聲이 非內非外며 非內外出이나 而能示現善巧名句하여 成就演說하나니라

불자여, 이 보살마하살이 (5) 여래의 음성이 안에서 나는 것도 아니고, (6) 밖에서 나는 것도 아니고, (7) 안팎에서 나는 것도 아님을 관찰하느니라. (8) 이 음성이 안도 아니고 밖도 아니고 (9) 안팎에서 나는 것도 아님을 알지마는 (10) 교묘한 명사와 구절을 나타내어 연설하느니라.

[疏] 二, 佛子下는 了知佛聲如響이니 非獨但喩世間聲故라 於中에 先, 明卽有之無니 離機無聲故로 非內요 離佛無聲故로 非外요 二, 法相依故로 非內外라 若言內外合有56)者인대 便有二聲이어니와 內外相依에 卽顯無性이니라 後, 雖了此聲下는 明卽無之有니 故牒非三이로되 而能巧現이니라

■ ㄴ) 佛子 아래는 여래의 음성이 메아리와 같음을 깨달아 아는 것이니, 유독 단지 세간 메아리에 비유할 뿐만이 아니다. 그중에 (1) 유와 합치한 무를 밝힘이니, 허수아비를 여의면 음성이 없는 연고로 안이 아니요, 부처님을 여의면 음성이 없는 연고로 바깥도 아니요, (2) 법이 서로 의지하는 연고로 안과 밖이 아니다. 만일 안팎에서 합하여 있다고 말한다면 문득 두 가지 음성이 있거니와 안팎이 서로 의지할

---

56) 有는 甲南續金本無라 하다.

적에 곧 체성 없음을 밝힘이다. (3) 雖了此聲 아래는 무와 합치한 유를 밝힘이니 그러므로 셋도 아님을 따왔지만 능히 잘 나타낸다는 뜻이다.

ㄴ. 비유로 밝히다[喩顯] 4.
ㄱ) 비유로 견주다[喩況] (第二 8下8)
ㄴ) 법과 비유를 합하다[法合] (二而)

譬如谷響이 從緣所起하여 而與法性으로 無有相違하고 令諸衆生으로 隨類各解하여 而得修學하며
마치 (1) 골짜기에서 나는 메아리가 인연으로 생기는 것이나 법의 성품과 서로 어기지 않고 중생들로 하여금 종류를 따라서 각각 이해하고 닦아 배우는 것이며,

[疏] 第二, 譬如下는 喩顯이라 於中에 四니 一, 喩요 二, 合이요 三, 轉喩요 四, 重合이라 今初에 直擧從緣所起하여 明響無性이라 無性之相은 已見法中이니라 然有五法하니 一, 空谷이요 二, 有聲이니 此二는 是緣이요 三, 聲擊空谷에 便有響應이니 此明所起요 四, 有而非眞이니 此彰無性이요 五, 愚小는 謂有라 亦有有無等義는 如上準之니라 然此一喩가 通喩三法하니 一, 喩上一切聲이니 則谷은 喩喉壺桑이요 聲은 喩風氣요 二, 喩上如來聲이니 則谷은 喩如來요 聲喩緣感이니라 三, 喩一切法이니 今經에는 略無나 晉本에 具有하니라 大品十喩에도 亦響喩一切하니 則谷은 喩如來藏이요 聲은 喩無明習氣니라 二, 而與下는 合이니 但合佛聲이니 以從近故니라 然이나 初로 至令諸衆生으로 隨類

各解히 言含法喩하니 謂約法則如來之聲이 不違法性코 而能隨類니 合上能巧示現이요 約喩則不違本聲의 事法之性이니 隨其呼人하여 類別各解니라

- ㄴ. 譬如 아래는 비유로 밝힘이다. 그중에 넷이니 ㄱ) 비유로 견줌이요, ㄴ) 법과 비유를 합함이요, ㄷ) 전전이 비유함이요, ㄹ) 거듭 합함이다. 지금은 ㄱ)에 인연으로부터 생긴 것을 바로 거론하여 메아리가 체성 없음을 밝혔다. 체성 없는 모양은 법 중에서 이미 보았다. 그런데 다섯 가지 법이 있으니, (1) 빈 골짜기요, (2) 소리가 있음이니 이 둘은 인연이요, (3) 음성이 빈 골짜기에 부딪칠 적에 문득 메아리가 응함이 있나니, 이것은 생겨날 대상을 밝힘이요, (4) 있어도 진실이 아님이니 여기에 체성 없음을 밝힘이요, (5) 법에 어리석은 소승은 있다고 말한다. 있고 없는 등의 뜻도 또한 있으니 위와 같이 준하여 알 것이다. 그러나 이런 한 가지 비유가 세 가지 법을 통틀어 비유하였으니, ① 위의 온갖 음성을 비유하나니 골짜기는 목구멍이나 호리병, 뽕나무에 비유함이요, 음성은 바람 기운에 비유하였고, ② 위의 여래 음성에 비유하나니 골짜기는 여래에 비유하고 음성은 인연으로 느낌에 비유함이다. ③ 일체법에 비유함이니 지금 본경에는 생략하여 없지만 진경(晉經, 60권본)에는 갖추어 있다. 『대품반야경』의 열 가지 비유에도 또한 메아리로 일체법에 비유하나니 골짜기는 여래장에 비유하고, 음성은 무명의 습기에 비유하였다. ㄴ) 而與 아래는 법과 비유를 합함이다. 단지 부처님 음성과 합함이니 부터 옴이 가까운 까닭이다. 그러나 처음에서 令諸衆生부터 隨類各解까지이니 말 속에 법과 비유를 포함하고 있다. 이른바 법을 잡으면 여래의 음성이 법의 성품을 어기지 않고, 능히 종류를 따름이니 위의 잘 교묘하게 나타내

보임과 합함이요, 비유를 잡으면 본래 음성이 현상법의 성품을 어기지 않나니 그 부르는 사람을 따라 종류별로 각기 이해하는 것이다.

ㄷ) 전전이 비유하다[轉喩] (三如 9下4)
ㄹ) 거듭 비유와 합하다[重合] (四菩)

如帝釋夫人이 阿修羅女를 名曰舍支라 於一音中에 出千種音하되 亦不心念하고 令如是出인달하여 菩薩摩訶薩도 亦復如是하여 入無分別界하여 成就善巧隨類之音하여 於無邊世界中에 恒轉法輪이니라

또 (2) 제석천왕의 부인 아수라의 딸은 이름을 사지라 하는데, 한 가지 음성에서 여러 가지 소리를 내지마는, 마음으로 생각하지도 않고 이렇게 내나니, 보살마하살도 그와 같아서 분별이 없는 경지에 들어가면 교묘하게 종류를 따르는 음성을 성취하여 그지없는 세계에서 법 바퀴를 항상 굴리느니라.

[疏] 三, 如帝釋下는 轉以喩顯이라 此有二意하니 一則喩上佛聲이 一音隨類요 二則喩下菩薩이 無心普演이라 四, 菩薩下는 重合이니라

- ㄷ) 如帝釋 아래는 전전이 비유로 밝힘이다. 여기에 두 가지 의미가 있으니 (1) 위의 부처님 음성이 한 가지 음성으로 종류를 따름을 비유하였고, (2) 아래의 보살이 무심(無心)으로 널리 연설함에 비유하였다. ㄹ) 菩薩 아래는 거듭 비유와 합함이다.

(다) 인행을 성취한 이익[忍成之益] 2.
ㄱ. 근기를 따라 두루 말하다[隨機徧說] (第三 10上1)
ㄴ. 방편과 실법을 함께 행하다[權實雙行] (二雖)

此菩薩이 善能觀察一切衆生하여 以廣長舌相으로 而爲
演說하되 其聲이 無礙하여 徧十方土하여 令隨所宜하여
聞法各異라 雖知聲無起나 而普現音聲하며 雖知無所說
이나 而廣說諸法하며 妙音平等이나 隨類各解하여 悉以
智慧로 而能了達하나니

이 보살이 (1) 일체중생을 잘 살펴보고 넓고 긴 혀로 연설하나니, (2) 그 음성이 걸림 없이 시방세계에 두루 퍼져 듣는 이의 자격을 따라 각각 달리 이해케 하느니라. 비록 (3) 음성이 일어나지 아니함을 알지마는 음성을 널리 나타내며, (4) 말할 것이 없는 줄 알지마는 모든 법을 말하며, (5) 묘한 소리가 평등하여 종류를 따라 이해하되 모두 지혜로써 분명히 아나니,

[疏] 第三, 此菩薩下는 忍成之益이라 於中에 二니 一, 隨機徧說이요 二, 雖知聲下는 明權實雙行이니 以同於響하여 性相無礙故라 是則由聞如響之敎하여 了如響之聲하며 發如響之音하여 演如響之法也니라

■ (다) 此菩薩 아래는 인행을 성취한 이익이다. 그중에 둘이니 ㄱ. 근기를 따라 두루 말함이요, ㄴ. 雖知聲 아래는 방편과 실법을 함께 행함을 밝힘이니, 메아리와 같아서 체성과 양상이 무애한 까닭이다. 이것은 메아리와 같은 교법을 들음으로 말미암아 메아리 같은 음성을

알며, 메아리와 같은 소리를 발하여 메아리와 같은 법을 연설한다는 뜻이다.

[鈔] 疏文可見이니라 叡公이 讚云호대 聲以響酬하여 相和如一이라 緣[57]扣而應하니 誰辨虛實고 業雖虛妄이나 罪福不失이라 若映斯照하면 朗如皎日이라하니라 又爲讚曰, 響無所在나 緣會發聲커늘 不知自[58]我하고 喜怒交爭이로다 妄和眞心하여 事象萬形이라 莫知其本하고 終日營營이라하니라

● 소문은 볼 수 있으리라. 승예법사가 찬탄하여 말하되, "음성은 메아리로 대답하고, 모양은 한결같이 화합하며, 인연은 두드려서 응하나니, 누가 허망하고 진실함을 밝히겠는가? 업은 비록 허망하지만 죄와 복을 잃지는 않는다. 만일 비침은 이렇게 비추면 밝음은 달과 해와 같다"라고 하였다. 또한 찬탄하여 말하되, "메아리는 있는 곳이 없지만 인연을 모아서 소리가 나오거늘 자신을 알지 못하고, 기쁨과 성냄이 교차하여 다투는구나! 망심이 진실한 마음과 화합하여 일의 형상은 만 가지 형태라 그 근본을 알지 못하고 종일토록 지어 가고 지어 가누나!"라 하였다.

다) 명칭을 결론하다[結名] (經/是名 10下1)

是名菩薩摩訶薩의 第七如響忍이니라
이것을 보살마하살의 일곱째 메아리 같은 인이라 하느니라."

---

57) 緣은 甲南續金本作無라 하다.
58) 自는 金本作目이라 하다.

아. 그림자 같은 인[如影忍] 4.

가) 질문으로 표방하다[標] (第八 10下3)

佛子여 云何爲菩薩摩訶薩의 如影忍고
"불자여, 어떤 것을 보살마하살의 그림자 같은 인이라 하는가?

[疏] 第八, 如影忍이라 文分四別하니 一, 標요 二, 釋이요 三, 結이요 四, 果니라
- 아. 그림자 같은 인이다. 경문을 네 가지 차별로 나누리니 가) 표방함, 나) 해석함, 다) 결론함, 라) 결과이다.

나) 양상을 해석하다[釋] 3.
(가) 법으로 설하다[法] 3.
ㄱ. 일곱 대구는 함께 차단하여 체성을 밝혀서 사마타행을 성취하다
  [七對雙遮顯性以成止行] (釋中 10下8)

佛子여 此菩薩摩訶薩이 非於世間生이며 非於世間沒이며 非在世間內며 非在世間外며 非行於世間이며 非不行世間이며 非同於世間이며 非異於世間이며 非往於世間이며 非不往世間이며 非住於世間이며 非不住於世間이며 非是世間이며 非出世間이며

불자여, 이 보살마하살은 (1) 세간에 나는 것도 아니고 세간

제29. 십인품 ② 아. 如影忍 169

에서 사라지는 것도 아니며, (2) 세간 안에 있는 것도 아니고 세간 밖에 있는 것도 아니며, (3) 세간에 다니는 것도 아니고 세간에 다니지 않는 것도 아니며, (4) 세간과 같지도 않고 세간과 다르지도 않으며, (5) 세간에 가지도 않고 세간에 가지 않음도 아니며, (6) 세간에 머물지도 않고 세간에 머물지 않음도 아니며, (7) 세간도 아니고 출세간도 아니며,

[疏] 釋中에 有三하니 謂法과 喩와 合이라 今初, 法中에 有十一對라 分三하니 初七對는 雙遮顯性하여 以成止行이니 如影無實故라

■ 나) 해석함 중에 셋이 있으니 (가) 법으로 설함과 (나) 비유로 밝힘과 (다) 법과 비유를 합함이다. 지금은 (가) 법으로 설함 중에 11가지 대구를 셋으로 나누리니 ㄱ. 일곱 대구는 함께 막아서 성품을 드러내어 사마타행을 이루나니 그림자와 같아 진실함이 없는 까닭이다.

ㄴ. 두 대구는 체성과 양상을 함께 비추어 위빠사나행을 성취하다
[二對雙照性相以成觀行] (二非 11上1)

非修菩薩行이며 非捨於大願이며 非實非不實이라
(8) 보살의 행을 닦음도 아니고 큰 서원을 버림도 아니며,
(9) 진실함도 아니고 진실하지 않음도 아니며,

[疏] 二, 非修下의 二對는 雙照性相하여 以成觀行이니 如影이 雖虛나 而現故라 性則非修요 相乃不捨며 眞은 即俗故로 非實이요 俗은 即眞

故로 非不實이니라

■ ㄴ. 非修 아래 두 대구는 체성과 양상을 함께 비추어 위빠사나행을 성취함은 그림자와 같이 비록 허망하지만 나타나는 까닭이요, 성품은 닦는 것이 아니요, 양상은 비로소 버리지 않음이며, 진여는 세속과 합치하는 연고로 진실함이 아니요, 세속은 진여와 합치하는 연고로 진실함이 아니다.

[鈔] 性則非修者는 釋成雙照之義라 如前文에 云, 非是世間은 義當出世요 下句에 云非出世間은 卽拂上出世라 世與出世를 俱拂일새 故曰雙遮라 今文에 若云非修菩薩行은 則猶通雙遮요 旣云非捨於大願은 明是雙照라 謂非修菩薩行은 卽爲照實이요 非捨於大願은 卽是照權이니 故得雙照之名耳니라 次明非實非不實도 例然이니 雙照眞俗耳니라

● ㄴ. '성품은 닦는 것이 아님'이란 체성과 양상을 함께 비추는 뜻을 해석함이다. 마치 앞의 경문에 이르되, "(7) 세간도 아니라 함"은 뜻은 출세간에 해당한다. 아래 구절에 이르되, "(7) 출세간도 아니라 함"은 곧 위의 출세간을 털어 냄이다. 세간과 출세간을 모두 털어 내는 연고로 '함께 막는다'고 하였다. 지금 본경에 "(8) 보살의 행을 닦음도 아님"은 함께 막음을 해명함과 같다. 이미 말하되, "(8) 큰 서원을 버리지 않음"은 곧 함께 비춤을 밝힘이다. 이른바 "(8) 보살의 행을 닦음도 아님"은 실법을 비춤이 되고, "(8) 큰 서원을 버리지 않음"은 곧 방편을 비춤이니 그러므로 '함께 비춘다[雙照]'는 이름을 얻은 것일 뿐이다. 다음은 "(9) 진실함도 아니요, 진실하지 않음도 아님"은 마찬가지로 유례함이니 진여와 세속을 함께 비춤일 뿐이다.

ㄷ. 두 대구는 막고 비춤이 무애하여 함께 움직임이 자재한 행을 성취하다
[二對遮照無礙成雙運自在行] (三雖 11下2)

雖常行一切佛法이나 而能辦一切世間事하며 不隨世間流하고 亦不住法流하나니
(10) 모든 부처님 법을 항상 행하면서도 모든 세간 일을 행하며, (11) 세간 무리를 따르지도 않고 법의 흐름에 머물지도 않느니라.

[疏] 三, 雖常下의 二對는 遮照無礙하여 成雙運自在行이라 初對는 雙照眞俗이니 卽權實雙行이요 後對는 雙遮眞俗이니 卽權實雙寂이라 遮照一時가 爲雙運이요 互奪無礙가 爲自在라 以此로 結上二段이 同斯無礙하여 爲忍相之深玄이니라

■ ㄷ. 雖常 아래 두 대구는 막고 비춤이 무애하여 '함께 움직임이 자재한 행[雙運自在行]'을 성취함이다. (1) 첫째 대구는 진여와 세속을 함께 비춤이니 곧 방편과 실법을 함께 행함이요, (2) 둘째 대구는 진여와 세속을 함께 막음이니 곧 방편과 실법이 함께 고요함이요, 막고 비춤이 동시인 것이 '함께 움직임[雙運]'이 되고, 서로 뺏음이 무애한 것은 '자재함[自在]'이 된다. 이것으로 위의 두 문단을 결론함이 이런 무애함과 같아서 인행의 양상이 깊고 현묘함이 된다.

[鈔] 遮照一時者는 若約權實俱行하여 爲雙運竟이라 今에 遮照가 爲雙運하면 則此中에 方有니 卽合前二門하여 爲此第三門矣니라 旣言遮照一時하면 則全遮爲照요 全照爲遮하여 則二門峙立이요 以照로 奪遮

하고 遮亡하고 以遮로 奪照하여 照寂에 則爲遮照兩亡矣니라 言無礙者는 自有二意하니 一, 遮不礙照며 照不礙遮요 二者, 雙存이 不礙雙奪이며 雙奪이 不礙雙存이니 故云無礙라 如此하야사 方稱自在니 故로 下結에 云, 以此結上二段이 同斯無礙일새 故曰深玄이라하니라

● '막고 비춤이 동시[遮照一時]'란 만일 방편과 실법을 함께 행함을 잡아서 함께 움직임이라 해석함은 마친다. 지금에 막고 비춤이 함께 움직임이 되면 이 가운데 비로소 있으니, 곧 앞의 두 문을 합하여 여기의 셋째 문이 된다. 이미 막고 비춤이 동시라고 말하면 전체를 막음이 비춤이 되고, 전체를 비춤이 막음이 되었으니 두 문이 대치하여 건립함이요, 비춤으로 막음을 뺏고 막음이 없어지고 막음으로 비춤을 뺏어서 비춤이 고요할 적에 막고 비춤이 둘 다 없어진다. 무애(無礙)라 말함은 자연히 두 가지 의미가 있으니 (1) 막음이 비춤을 장애하지 않으며, 비춤이 막음을 장애하지 않음의 뜻이다. (2) 함께 두는 것이 함께 뺏음을 장애하지 않으며, 함께 뺏음이 함께 두는 것을 장애하지 않나니 그래서 '장애함이 없다'고 말한다. 이와 같아야 비로소 '자재하다'고 일컫나니 그래서 아래 결론함에 말하되, "이것으로 위의 두 문단을 결론한 것이 이런 무애함과 같은 연고로 '깊고 현묘하다[深玄]'고 말하였다.

(나) 비유로 밝히다[喩] 5.
ㄱ. 의지할 대상인 본질을 밝히다[明所依本質] 2.
ㄱ) 비유할 대상이 통하고 국한됨으로 구분하다[揀所喩通局]
(二譬 12上4)
ㄴ) 비유하는 주체가 통하고 국한함으로 구분하다[揀能喩通局] (其河)

譬如日月과 男子女人과 舍宅山林과 河泉等物이
비유하면 해와 달과 남자와 여인과 집과 산과 숲과 강과 샘
물들이

[疏] 二, 譬如下는 喩中에 文具五法하니 一, 日等이 爲所依本質이요 二, 於油下는 明能現之處니 上二는 是緣이니라 三, 而現其影下는 明緣之所起요 四, 影與油下는 明有之非有요 五, 然諸下는 愚小謂有니라 今初라 若約影喩하여 別喩菩薩現身하면 則日等은 喩悲智願等이요 若約影喩하여 通喩一切法하면 則日等은 喩因이라 其河泉二種은 雖通能現이나 且爲所現이니 長河와 飛泉이 入鏡中故니라

■ (나) 譬如 아래는 비유로 밝힘 중에 경문에 다섯 가지 법을 갖추었다. ㄱ. 해 등이 의지할 대상인 본질이 됨이요, ㄴ. 於油 아래는 나타내는 주체의 처소를 밝힘이니, 위의 둘은 인연이요, ㄷ. 而現其影 아래는 인연으로 생겨날 대상을 밝힘이요, ㄹ. 影與油 아래는 유가 유가 아님을 밝힘이요, ㅁ. 然諸 아래는 우법소승(愚法小乘)은 있다고 말한다. 지금은 ㄱ.이니 만일 그림자의 비유를 잡아서 보살이 몸을 나타냄을 개별로 비유하면 해 따위는 자비와 지혜와 서원 등에 비유하였다. 만일 그림자의 비유를 잡아서 통틀어 일체법에 비유하면 해 따위로 원인에 비유하였다. 그 강과 샘 두 종류는 비록 나타내는 주체와 통하지만 우선은 나타낼 대상이 되나니, 큰 강물과 비상(飛上)하는 샘이 거울 속에 들어가는 까닭이다.

[鈔] 二, 其河泉下는 揀能喩通局이라 言雖通能現者는 以河泉之中에 見日月故로 故爲能現이니라 言且爲所現者는 以下經에 云, 於油於水

下에 方明能現이라하나니 故今河泉이 以爲所現이니라 長河와 飛泉이 入鏡中故者는 出是所現之相이라 登樓持鏡에 則黃河一帶가 盡入鏡中이요 瀑布千丈이 現於徑尺이라함은 王右丞이 云, 隔牕雲霧가 生衣上이요 卷幔山泉이 入鏡中이라하니 明是所現矣니라

● ㄴ) 其河泉 아래는 비유하는 주체가 통하고 국한함으로 구분함이다. '비록 나타내는 주체와 통하더라도'라 말한 것은 강과 샘 중에서 해와 달을 보는 까닭이니, 그러므로 나타내는 주체가 된다. '우선은 나타낼 대상이 된다'고 말한 것은 아래 경문에 이르되, "기름이나 물 아래라야 비로소 나타내는 주체를 밝힌다"고 말하나니 그러므로 지금은 강과 샘이 나타낼 대상으로 삼는다. "큰 강물과 비상하는 샘처럼 거울 속에 들어가는 까닭"이란 나타낼 대상의 양상을 내보임이요, "누대에 올라 거울을 잡을 적에 황하강이 하나의 띠처럼 모두 거울 속에 들어오고, 천 길 폭포가 지름길처럼 나타난다"는 것은 왕우승(王右丞)59)이 이르되, "창 밖의 안개는 옷 위에서 피어오르고 휘장을 걷어내자 산과 샘물이 거울 속으로 들어오네"라 하였으니 나타낼 대상임이 분명하다.

ㄴ. 나타내는 주체의 장소를 밝히다[明能現之處] 3.
ㄱ) 경문의 종지를 통틀어 밝히다[通辨文旨] (二能 12下8)

---

59) 위의 시는 왕유의 시 중 두 구절이다. "隔牕雲霧生衣上하고 卷幔山泉入鏡中이요 花裏簾櫳晴放燕하고 柳逸樓閣曉聞鶯이라[창 밖의 운무는 옷 위에서 피어오르고 휘장을 걷자 산천이 거울 속으로 들어오네. 꽃 속이라 주렴 창밖에 비 개자 제비 날고 버들 곁이라 누각에선 새벽녘에 꾀꼬리 소리 들리네]." * 왕유(王維, 699-759, 또는 701-761) : 唐代 시인, 畵家, 자는 摩詰, 산서성 太原 사람. 開元 9년(721)에 진사에 급제하고 監察御使, 尙書右承 등을 역임. 그의 詩는 정밀, 교묘하고 律詩가 뛰어나 杜甫, 李白과 더불어 이름이 높다. 일찍이 禪宗과 교섭하여 荷澤神會에게 귀의하고 나중에 [六祖碑銘;全唐文327] [大薦福寺道光선사탑명] 등 禪僧의 碑銘을 짓다. 乾元 2년 7월에 61세로 입적. (舊唐書190 下, 新唐書 202)

於油於水와 於身於寶와 於明鏡等淸淨物中에
기름이나 물이나 몸이나 보배나 거울 등의 청정한 물상에

[疏] 二, 能現中에 亦有通別하니 別은 喩機感과 及應現處요 通은 喩於緣이니 謂無明等이니라
- ㄴ. 나타나는 주체의 장소를 밝힘 중에 또한 총상과 별상이 있다. 별상은 근기에 감응함과 응하여 나타낼 처소에 비유하고, 총상은 인연에 비유하나니 이른바 무명(無明) 따위이다.

[鈔] 別喩機感者는 日月을 旣喩菩薩하면 則水等은 喩機며 亦喩菩薩應處니라 如影落百川은 喩菩薩身이 充徧法界요 百川江河는 喩機와 及所現國土之處也니라
- '별상은 근기에 감응함'이란 해와 달이 이미 보살에 비유하면 물 따위로 근기에 비유하고, 또한 보살이 감응하는 처소에 비유하였다. 마치 그림자가 백 개의 강에 떨어짐은 보살의 몸이 법계에 가득함에 비유하였고, 백 개의 강물로 근기와 나타낼 대상인 국토 등의 처소에 비유하였다.

ㄴ) 비유한 종지를 개별로 전개하다[別開喩旨] 2.
(ㄱ) 총합하여 표방하다[總標] (然此 13上2)

[疏] 然此文이 具攝論三喩하니
- 그러나 여기의 경문은 『섭대승론』의 세 가지 비유를 갖추고 있다.

[鈔] 然此文下는 第二, 別開喩旨니 此二句는 總標요 下成三義는 卽分三別이니라
- ㄴ) 然此文 아래는 비유한 종지를 개별로 전개함이니, 이런 두 구절은 (ㄱ) 총합하여 표방함이요, (ㄴ) 아래의 세 가지 뜻을 완성함은 곧 세 가지 차별로 나누었다.

(ㄴ) 개별로 해석하다[別釋] 3.
a. 물속 달의 비유[水月喩] (一以 13上4)

[疏] 一, 以油水로 對上日月하면 爲水月喩니 喩於定地의 所引境界니 以水有潤滑澄淸性故라 鏡等影像은 闕此潤等하니 喩非定地니라
- a. 기름이나 물로 위의 해와 달에 상대하면 물속 달의 비유가 됨이니, 삼매의 경지로 인용할 경계에 비유하나니, 물은 윤기나고 미끄러워 깨끗한 성품인 까닭이다. 거울 따위의 영상은 이런 윤기가 빠진 등이니 삼매의 경지가 아님에 비유하였다.

[鈔] 一以油水者는 則日月[60]을 喩菩薩悲智요 水喩機心이요 水中之月은 喩定地境界니 謂定中에 見佛等이라 亦喩徧處定境이니 靑黃赤白等 故라 出現偈에 云, 譬如淨月이 在虛空하여 能蔽衆星示[61]盈缺하며 一切水中에 皆現影이어든 諸有觀瞻은 悉對前하나라 如來淨月도 亦復然하여 能蔽餘乘示修短하시며 普現人天淨心水어든 一切가 皆謂對其前이라하니라 叡公이 云,[62] 水月不眞하여 唯有虛影이어든 人亦如

---
60) 日月은 南金本作月影이라 하다.
61) 示는 金本作云이라 하나 誤植이다.
62) 云은 甲續本作頌云, 南金본作偈頌云이라 하다.

是하여 終莫之領하고 爲之驅驅하여 背此眞淨[63]하나니 若能悟之하면 超然獨醒이라하니라

- a. '기름이나 물로'는 해와 달을 보살의 자비와 지혜에 비유하고, 물은 중생 근기의 마음에 비유하고, 물속 달은 삼매의 경계에 비유하였으니, 이른바 삼매 속에서 부처님을 보는 등이다. 또한 두루한 처소의 삼매의 경계에 비유하나니, 파랗고 노랗고 붉고 흰 따위인 까닭이다. 여래출현품 게송에 이르되, "비유컨대 맑은 달 허공에 떠서 모든 별 가리며 찼다 기울다 간 데마다 물속에 비친 그림자 보는 이들 자기 앞에 있다 하는데, / 여래의 맑은 달도 그와 같아서 삼승을 가리고 길다 짧았다 하며, 인간 천상 마음 물에 나타나거든 모든 중생 자기 앞에 대했다 하네"라고 하였다. 승예(僧叡)법사가 이르되, "물속 달은 진실이 아니어서 오직 헛된 그림자만 있거든 사람도 또한 이와 같아서 마지막 옷깃 끝은 달리는 군진(軍陣)이 되어 이런 진실하고 깨끗함을 등졌으니, 만일 능히 깨닫는다면 초연하게 홀로 깨어나리라"라고 하였다.

b. 빛과 그림자의 비유[光影喩] (二以 13下4)

[疏] 二, 以於身으로 對上日月하면 爲光影喩니 身映日等에 而有影故며 弄影多端故로 喩於諸識이니라

- b. 몸으로 위의 해와 달에 상대하면 빛과 그림자의 비유가 되었으니, 몸이 햇빛 등에 비칠 적에 그림자가 있는 까닭이며, 그림자를 희롱함이 여러 갈래인 연고로 모든 식에 비유하였다.

---

63) 淨은 南續金本作靜이라 하다.

[鈔] 二, 以於身等者는 日月은 喩爲菩薩悲智요 身은 喩物機요 日照發影은 以喩現身等이라 而言映日等者는 等取經上의 月字와 及燈燭故니라 弄影多端者는 上은 約別하여 喩菩薩現身이요 此는 約通하여 喩一切諸識이라 動身俯仰이 卽是弄影이니 形端에 影正하고 形曲에 影斜일새 故云多端이니 以況八識이 依身有異하며 亦喩七識이 依第八識하여 對境差別이라 叡公이 云, 光不照處를 謂之爲影이니 不照慧明하여 生死長永이라 捨遠夷途하고 而行榛梗이로다 若能悟之하면 狂滅自醒이라하니라

- b. '몸으로 위의 해와 달에 상대함' 등에서 해와 달로는 보살의 자비와 지혜 등에 비유하고, 몸으로는 중생의 근기에 비유하고, 태양이 비쳐서 생긴 그림자로는 몸이 나타남에 비유한 등이다. 그런데 '햇빛 등에 비침' 등은 경문의 월(月) 자와 등촉(燈燭)을 똑같이 취한 까닭이다. '그림자를 희롱함이 여러 갈래'란 위에서는 별상을 잡아서 보살이 나타낸 몸에 비유하였고, 여기서는 총상을 잡아서 온갖 여러 식에 비유하였다. 몸을 움직여 구부렸다가 (고개를) 쳐듦은 곧 그림자를 희롱함이니, 형상이 단정하면 그림자가 바르고 형상이 굽었으면 그림자가 기우는 연고로 '여러 갈래'라고 말하나니, 8식에 견줌이 몸을 의지함에 차이가 있으며, 또한 7식은 제8식에 의지하여 경계를 상대하여 차별하였다. 승예법사가 이르되, "광명이 비치지 않는 처소를 그림자로 말함이니, 지혜 광명이 비치지 않아서 생사는 길고 영원하다. 평탄한 길을 버려 멀리하고서 가시밭길과 잡목 숲을 가는 것이다. 만일 능히 깨달으면 미친 증세 없어지면 자연히 깨어나리라"라고 하였다.

c. 그림자에 비친 영상의 비유[影像喩] 2.

a) 경문을 바로 배속하다[正屬經文] (三以 14上3)
b) 비유와 상대하여 다름을 밝히다[對喩辨異] (以鏡)

[疏] 三, 以寶鏡等으로 對上男子等하면 爲影像喩니 喩非定地果報니 以鏡中影像이 離於本質하고 別現鏡等之中일새 故喩於果가 與因處로 別이라 前의 映質之影은 雖因日等이나 影乃隨身하고 不於日內而現하나니 故喩諸識이 雖託境生이나 異自在我오 非在於鏡이니라

- c. 보배 거울 등으로 위의 남자 등에 상대한다면 그림자에 비친 영상의 비유이니, 삼매 경지의 과보가 아님에 비유하나니, 거울 속 그림자와 형상은 본질을 여의고 개별로 거울 따위를 나타낸 중인 연고로 결과에 비유함이 원인의 처소와 다르다. 앞에 비친 본질의 그림자는 비록 태양 등 때문이지만 그림자는 비로소 몸을 따르고 태양 속에서 나타남이 아니었으니 그러므로 모든 식이 비록 경계에 의탁하여 생겼지만 '자재한 나[自在我]'와 다르고 거울 속에 있는 것도 아님에 비유하였다.

[鈔] 三, 以寶鏡者는 釋第三喩라 疏從通說하여 云, 喩非定地果報니 此는 攝論意라 對前水月等定境일새 故云非定地라 則鏡喩於因일새 故云謂無明等이니라 本質喩緣이요 影喩果報라 故로 淨名에 云, 是身은 如影하여 從業緣現이라하나니라 又鏡은 喩本識如來藏性이요 本質은 喩無明業等이요 像은 喩果報니 如問明品하니라 若將鏡像하여 別喩現菩薩身64)하면 則鏡等은 喩菩薩이요 本質은 喩機요 像은 喩菩薩所現之身이니라 以鏡中에 影像者는 第二, 對喩辨異하여 明此鏡像이 得果報

---

64) 現菩薩身은 南續金本作菩薩現身이라 하다.

名이니 果與因別故가 若影在身外니라 前映質下는 辨前異此니 日月在天하고 影光⁶⁵⁾在身이라 身은 即喩因이니 則所現法이 得與因俱니라 故喩諸識下는 合上에 雖隨日等이나 影은 乃隨身이니 此就通하여 喩諸識以說이니라 若將光影하여 喩菩薩現身하면 則影隨身異하고 不在日光하니 則身由生異가 不在菩薩智日令異니라 叡公이 云,⁶⁶⁾ 形不入鏡코 光照而有니 世亦如是하여 業影而受라 不知此者는 長嬰其咎어니와 若能悟之하면 還神氣毋라하니라

● c. '보배 거울 등'이란 셋째 그림자에 비친 영상의 비유를 해석함이다. 소문에는 총상에서부터 말하되, '삼매 경지의 과보가 아님에 비유함'이니 이것은 『섭대승론』의 주장이요, 앞의 물속 달 따위는 삼매의 경지와 상대한 연고로 "삼매의 경지가 아님"이라 하였다. 거울은 원인에 비유한 연고로 "이른바 무명(無明) 따위"라고 하였다. 본질은 인연에 비유하고 그림자는 과보에 비유하였다. 그러므로『유마경』에 이르되, "이 몸은 그림자와 같아서 업의 인연으로부터 나타난 것이다"라 하였다. 또한 거울은 근본식인 여래장의 성품에 비유하고, 본질은 무명과 업 따위에 비유하고, 형상은 과보에 비유하나니, 보살문명품의 내용과 같다. 만일 거울 형상을 가져서 개별로 보살의 몸을 나타냄에 비유하면 거울 따위는 보살에 비유하고, 본질은 근기에 비유하고, 형상은 보살이 나타낸 대상인 몸에 비유하였다. '거울 속 영상'이란 b) 비유와 상대하여 다름을 밝혀서 (a) 여기의 거울 영상으로 과보라는 이름을 얻음을 밝혔으니, 과보는 원인과 다른 까닭은 그림자는 몸 밖에 있음과 같다. (b) 前映質 아래는 앞이 이것과 다름을 밝힘이니 해와 달이 하늘에 있고 그림자와 광명은 몸에 있다. 몸은 곧

---

65) 光은 甲南續金本作現이라 하다.
66) 云은 甲南續金本作頌曰이라 하다.

원인에 비유하나니 나타낼 법이 원인과 함께함을 얻었다.

故喩諸識 아래는 위의 '비록 해를 따르는 등'과 합하지만 그림자는 비로소 몸을 따르나니 여기는 총상에 입각하여 여러 식에 비유하여 말하였다. 만일 광명과 그림자를 가져서 보살이 나타낸 몸에 비유하면 그림자는 몸을 따라 차이 나고, 햇빛에 있지 않나니 몸은 태어남으로 인해 차이 남이 보살의 지혜의 태양과 다르게 함에 있지 않다. 승예법사가 이르되, "형상은 거울에 들어가지 않고 광명으로 비추어 있는 것이다. 세간도 또한 이와 같아서 업의 그림자로 받는다. 이것을 알지 못하는 것은 아이를 기름이 그 허물이지만 만일 능히 깨달으면 신기(神氣)가 도리어 없어진다"고 하였다.

ㄷ. 인연으로 생겨날 대상을 밝히다[明緣之所起] (三明 15上3)

而現其影이나
그림자를 나타내지마는,

[疏] 三, 明所起라 中에 亦有通別二果을 可知니라
- ㄷ. 인연으로 생겨날 대상을 밝힘이다. 그중에 또한 총상과 별상의 두 가지 결과를 알 수 있으리라.

ㄹ. 유가 곧 유가 아님을 밝히다[明有卽非有] 3.
ㄱ) 하나와 다름을 합하고 여의다[一異合離] (四明 15上6)

影與油等이 非一非異며 非離非合이라 於川流中에 亦不

漂度하며 於池井內에 亦不沈沒하여 雖現其中이나 無所染著이어늘
(1) 그림자가 기름들과 하나도 아니고 다르지도 않으며, (2) 여읨도 아니고 합함도 아니며, (3) 강물에 흘러 건너가지도 않고 못 속에 빠지지도 않으며, (4) 그 속에 나타나면서 물들지 않느니라.

[疏] 四, 明有非有라 中에 攝多義門하니 於中에 一異合離는 通顯影義라 各有四句는 如幻喩辨이니라 然이나 一異는 約此影과 彼影이요 合離는 約影對水等이니라

- ㄹ. 유가 곧 유가 아님을 밝힘이다. 그중에 여러 가지 이치의 문을 포섭하였나니, 그중에 ㄱ) 하나와 다름을 합하고 여읨은 그림자의 뜻을 통틀어 밝혔다. 각기 네 구절이 요술 같은 비유로 밝힘이 있다. 그러나 하나와 다름은 이 그림자와 저 그림자를 잡았고, 합하고 여읨은 그림자가 물을 상대한 따위를 잡아서 밝힌 내용이다.

[鈔] 於中一異者는 此揀經中의 諸對通局이니 此通三影일새 故云通顯이니라
- '그중에 ㄱ) 하나와 다름'이란 여기서 경문 중에 모두 통함과 국한됨을 상대함과 구분하였으니, 여기서 세 가지 그림자를 해명한 연고로 '통틀어 밝힌다'고 말한 것이다.

ㄴ) 그림자의 뜻을 개별로 밝히다[別顯影義] (次於 15上10)

[疏] 次, 於川流下는 別顯影義니 不通二影이니라 如月映淮流에 流水가

不將月去오 光臨潭上에 萬仞이 不見光沈하나니 喩菩薩이 同世遷流
하여도 不漂生死하며 證眞寂滅하여도 不沈涅槃이니라

- ㄴ) 於川流 아래는 그림자의 뜻을 개별로 밝힘이니, 두 그림자에 통하지 않는다. 달이 흐르는 강물에 비칠 적에 흐르는 물은 달을 가져가지 못함과 같고, 빛은 연못 위에 다다를 적에 만 가지 길은 빛이 빠짐을 보지 못하나니 보살이 세상과 더불어 바뀌고 흘러도 생사에 떠돌지 않음에 비유하였고, 참된 적멸을 증득하면서도 열반에도 빠지지 않는다.

[鈔] 次, 於川流下는 唯明水月之影이니라 然一異約此者는 自揀二對가 義旨不同하여 顯無重言之失이니라 言此影者는 江中之月이 若與水一인대 不可在河요 若與水異인대 江河不同일새 應有兩月이니라 言合離는 約影對水等者는 水影若合인대 水流에 月亦應流요 水影若離인대 去水에 應有影在니라 又合離者는 合意亦二가 如二掌合이어니와 一異不爾하니 一則無雙이 如冰成水라 影與水異면 則月可出水요 影與水一이면 則有水卽月이라 亦不可移니라 合離之義는 不異前釋이니라 不通二影者는 唯水月故로 非通鏡像과 及於映質이니 以文에 但云 川流와 池井故니라 言月映准流者는 故文選에 云, 月映淸流라하니라

- 次, 於川流 아래는 오직 물속 달그림자만 밝혔다. 그러나 '하나와 다름이 이것을 잡았다'는 것은 자연히 두 대구가 의지가 같지 않음을 구분하여 거듭 말한 잘못이 없음을 밝혔다. 이 그림자라 말한 것은 강물 속의 달이 만일 물과 하나라면 강물에 있지 않음이요, 만일 물과 다르다면 강과 물이 같지 않으므로 응당히 두 개의 달이 있다. '합하고 여읨은 그림자가 물을 상대한 등을 잡았다'고 말한 것은 물과

그림자가 만일 합하면 물이 흐를 적에 달도 역시 응하여 흐를 것이요, 물과 그림자가 만일 여의면 물이 갈 적에 응하여 그림자가 존재하여 있다. 또한 합하고 여읨이란 합한 의미도 또한 둘인 것이 두 손바닥이 합함과 같겠지만 하나와 다름은 그렇지 않나니 하나는 함께 하지 않음이 마치 얼음이 물이 됨과 같다. 그림자와 물이 다르면 달에서 물이 나올 수 있으며, 그림자가 물과 하나이면 물이 있으면 곧 달이 있게 되나니, 또한 옮길 수 없다. 합하고 여읨의 뜻은 앞의 해석과 다르지 않다.

'두 그림자에 통하지 않음'은 오직 물속 달뿐인 연고로 거울 형상과 비추는 본질에 통하지 않나니, 경문에 단지 말하되, "냇물과 못과 샘인 까닭"이라 하였다. '달이 흐르는 강물에 비친다'고 말한 것은 옛 『문선(文選)』에 이르되, "달이 맑은 물에 비친다"라고 하였다.

ㄷ) 있고 없음을 동시에 결론하다[雙結有無] (後雖 16上3)

[疏] 後, 雖現下는 雙結有無하사 喩性相이 交徹이며 兼於鏡像이니라
- ㄷ) 雖現 아래는 있고 없음을 동시에 결론하여 체성과 양상이 교차하여 사무침에 비유하며 거울의 형상을 겸하였다.

[鈔] 兼於鏡像者는 以文에 云, 雖現其中이라하니 故通鏡像이요 亦不通映質이라 映質之影은 無現中故니라 若取日照身影하여 入於水中인대 則亦通之어니와 然是水影中攝이니라
- '거울 형상을 겸한다'는 것은 경문에 이르되, "비록 그 중간에 나타나면서도"라 하였으니 그래서 거울의 형상에 통하고, 또한 비추는 본질

과 통하지 않는다. 본질을 비춘 그림자는 그 중간에 나타남이 없는 까닭이다. 만일 해가 몸에 비친 그림자를 취하여 물속에 들어간다면 또한 그것과 통하지만, 그러나 물과 그림자에 포섭된다.

ㅁ. 우법소승(愚法小乘)은 있다고 함을 밝히다[明愚小爲有] (五取 16上9)

然諸衆生이 知於此處에 有是影現하고 亦知彼處에 無如是影하나니 遠物近物이 雖皆影現이나 影不隨物하여 而有近遠인달하여
(5) 그러나 중생들은 여기에는 이 그림자가 있음을 알고, 저기에는 이 그림자가 없음을 알며, (6) 먼 데 물상과 가까운 데 물상의 그림자가 나타나지마는, (7) 그림자는 멀거나 가깝지 않으니라.

[疏] 五, 取爲有中에 由以有無로 爲有無하고 不知卽影이며 了不可取일새 故成執着이라 於中에 先, 取有無가 爲着이요 後, 遠物下는 擧影正義하여 顯上爲執이니 不知此影이 無遠近故니라

■ ㅁ. (우법소승은 있다고 여김을 밝힘이니) 취하여 유를 삼은 중에 유와 무를 말미암아 유와 무가 되었고, 그림자와 합치함을 알지 못하며 마침내 취할 수 없는 연고로 집착함을 이루었다. 그중에 ㄱ) 유와 무를 취하여 집착이 됨이요, ㄴ) 遠物 아래는 그림자의 바른 뜻을 거론하여 위를 드러내어 집착하였으니, 이 그림자가 멀고 가까움이 없음을 알지 못하는 까닭이다.

[鈔] 不知此影者는 卽釋經中의 影不隨物하여 而有遠近이라 如執鏡臨池에 池中에 月出이나 而此影不近이니 天上之月이 去地四萬二千由旬이니라 影落潭中에 而亦不遠이니 以喩菩薩이 遠在他方이나 恒住此故요 雖在此處나 常在彼故라 安有遠近之異相耶아 一切遠近을 皆類此知니라

● '이 그림자가 멀고 가까움이 없음을 알지 못함'이란 곧 경문 중에서 그림자가 물상을 따라 멀고 가까움이 있는 것이 아님을 해석하였다. 마치 거울을 잡고 못에 다다를 적에 연못 중에 달이 뜬 것과 같지만 이 그림자는 가깝지 않나니, 하늘에 뜬 달은 땅에서 떨어진 거리가 4만2천 유순이었다. 그림자가 연못 속에 떨어졌어도 또한 멀지 않나니, 보살이 타방에 멀리 있어도 항상 여기 머무름에 비유한 까닭이요, 비록 이런 처소에 있지만 항상 저곳에 있는 까닭이다. 어찌 멀고 가까움에 다른 양상이 있겠는가? 온갖 멀고 가까움도 모두 이것과 유례하여 알아야 한다.

(다) 법과 비유를 합하다[合] 2.
ㄱ. 앞의 경문과 바로 합하다[正合前文] (第三 16下10)
ㄴ. 전전이 비유와 합하다[轉以喩合] (二如)

菩薩摩訶薩도 亦復如是하여 能知自身과 及以他身이 一切皆是智之境界하여 不作二解하여 謂自他別이나 而於自國土와 於他國土에 各各差別하여 一時普現하며 如種子中에 無有根芽莖節枝葉하되 而能生起如是等事인달하여 菩薩摩訶薩도 亦復如是하여 於無二法中에 分別二

相하여 善巧方便으로 通達無礙하나니

보살마하살도 그와 같아서 내 몸이나 다른 이의 몸이나 모든 것이 다 지혜의 경계임을 알아서 두 가지 해석을 하여 나와 남이 다르다고 하지 않지마는 자기의 국토와 다른 이의 국토에 각각 다르게 일시에 나타나느니라. 마치 씨앗 속에는 뿌리·움·줄기·마디·가지·잎이 없지마는 그런 것을 능히 내듯이, 보살마하살도 그와 같아서 둘이 없는 법에서 두 가지 모양을 분별하며 교묘한 방편으로 걸림 없이 통달하나니,

[疏] 第三, 菩薩下는 合中에 二니 先, 正合前文이라 於中에 初, 擧智境하여 合前本質이요 次, 而於下는 合前油等이요 後, 各各下는 合前現影이니라 二, 如種子下는 轉以喩合非有之有라 於中에 先, 喩요 後, 合이라 有無無礙를 名爲方便等이니라

- (다) 菩薩 아래는 법과 비유를 합함 중에 둘이니 ㄱ. 앞의 경문과 바로 합함이다. 그중에 ㄱ) 지혜경계를 거론하여 앞의 본질과 합함이요, ㄴ) 而於 아래는 앞의 기름 따위와 합함이요, ㄷ) 各各 아래는 앞의 나타난 그림자와 합함이다. ㄴ. 如種子 아래는 전전이 비유로 유가 아닌 유와 합함에 비유하였다. 그중에 ㄱ) 비유로 밝힘이요, ㄴ) 법과 비유를 합함이다. 유와 무가 무애함을 방편 따위라 이름하였다.

다) 명칭을 결론하다[結名] (經/是名 17上8)

是名菩薩摩訶薩의 第八如影忍이니라
이것을 보살마하살의 여덟째 그림자 같은 인이라 하느니라.

라) 그림자 같은 인의 결과[果] 3.

(가) 법성신을 잡아 해석하다[約法性身] (第四 17下2)
(나) 장애 없음으로 결론하다[結成無礙] (次然)
(다) 이런 법성신의 원인을 밝히다[顯此身因] (後此)

菩薩摩訶薩이 成就此忍에 雖不往詣十方國土나 而能普現一切佛刹하여 亦不離此하며 亦不到彼하고 如影普現하여 所行無礙하여 令諸衆生으로 見差別身이 同於世間堅實之相이나 然此差別이 卽非差別이라 別與不別이 無所障礙하나니라 此菩薩이 從於如來種性而生하여 身語及意가 淸淨無礙일새 故能獲得無邊色相淸淨之身이니라
보살마하살이 이 인을 성취하면, (1) 비록 시방세계에 가지 않더라도 모든 세계에 나타나되 (2) 여기를 떠나지도 않고 저기에 이르지도 않나니, (3) 그림자가 두루 나타나듯이 간 데마다 걸림이 없으며, (4) 중생들로 하여금 차별한 몸을 보되 (5) 세간의 굳고 진실한 모양과 같게 하지마는 그런데 이 차별도 차별이 아니니, 차별과 차별 아닌 것이 장애가 없느니라. 이 보살은 여래의 종성으로부터 나서 몸과 말과 뜻이 청정하여 걸림이 없으므로 능히 그지없는 몸매와 청정한 몸을 얻느니라."

[疏] 第四, 果라 中에 三이니 初, 得稱性之身이니 如影이 不住而至하며 不分而徧故니라 次, 然此下는 結成無礙니 以無差는 是差之無差故로 雖不住而徧하여 令物見殊요 差는 是無差之差故로 雖徧而不在彼此니라 後, 此菩薩下는 顯此身因이라 其無邊身이 近局果中이나 亦通前法이니라

- 라) 그림자 같은 인의 결과이다. 그중에 셋이니 (가) 법성과 칭합한 몸을 얻음이니 그림자가 가지 않고도 이름과 같으며, 구분하지 않고 두루한 까닭이다. (나) 然此 아래는 장애 없음으로 결론함이다. 차별 없음은 차별함 중에서 차별함이 없는 까닭이요, 비록 가지 않고도 두루하여 중생으로 하여금 차별을 보게 함이요, 차별은 차별 없음 중의 차별인 까닭이요, 비록 두루하면서도 저와 이것에 있지 않은 까닭이다. (다) 此菩薩 아래는 이런 법성신의 원인을 밝힘이다. 그 그지없는 몸이 국한된 결과와 가까운 중에도 또한 앞의 법성신과 통한다.

자. 허깨비 같은 인[如化忍] 4.

가) 표방하다[標] (第九 18上3)

佛子여 云何爲菩薩摩訶薩의 如化忍고
"불자여, 어떤 것을 보살마하살의 허깨비 같은 인이라 하는가?

[疏] 第九, 如化忍이라 文分四別하니 一, 標요 二, 釋이요 三, 結이요 四,

果라 標에 云, 化者는 無而忽有故라하니라

■ 자. 허깨비 같은 인이니 경문을 네 가지로 구분하였다. 가) 표방함이요, 나) 해석함이요, 다) 결론함이요, 라) 허깨비 같은 인의 결과이다. 가) 표방하여 말하되, "변화함이란 없다가 홀연히 나타나기 때문이다"라고 하였다.

나) 뜻을 해석하다[釋] 3.
(가) 법으로 설하다[法] 2.

ㄱ. 총합하여 표방하다[總標] (釋中 18上6)
ㄴ. 개별로 밝히다[別顯] 2.
ㄱ) 알아야 할 대상을 총합하여 밝히다[總顯所知] 2.
(ㄱ) 다섯 구절은 물들게 변화함[五染化] (後所)

佛子여 此菩薩摩訶薩이 知一切世間이 皆悉如化하나니 所謂一切衆生意業化니 覺想所起故며 一切世間諸行化니 分別所起故며 一切苦樂顚倒化니 妄取所起故며 一切世間不實法化니 言說所現故며 一切煩惱分別化니 想念所起故며

불자여, 이 보살마하살은 온갖 세간이 모두 허깨비 같음을 아나니, 이른바 (1) 일체중생의 뜻으로 짓는 업이 허깨비이니 감각하는 생각으로 생긴 것이며, (2) 일체 세간의 행이 허깨비이니 분별로 생긴 것이며, (3) 모든 괴로움과 즐거움이 뒤바뀐 것이 허깨비이니 허망한 고집으로 생긴 것이며,

(4) 일체 세간의 진실하지 아니한 법이 허깨비이니 말로 나타난 것이며, (5) 일체 번뇌로 분별함이 허깨비이니 생각으로 생긴 것이니라.

[疏] 釋中에 有三하니 謂法과 喩와 合이라 法中에 二니 先, 總標라 標法과 同喩에 具能所知오 旣知一切世間하니 不局所化情類요 略標世間이나 應具出世니라 後, 所謂下는 別顯이니 先, 顯所知요 後, 顯能知라 前中에 十句니 前五는 染化요 後五는 淨化라 今初는 不出惑業苦三이니 前四는 是苦니 卽五蘊相이라 一, 識由想起요 二, 行因識生이니 分別이 是識故라 三, 受因想起니 想取愛憎相故라 四, 色亦行生이니 無記報色이 如沫不實이며 名言熏習이 卽是行故라 五, 卽是惑이니 惑由想行이며 念卽行故니라 業은 通二處니 初句, 意業과 此句는 分別이 皆是業故라 此中의 意等이 從緣無性이 如化不實이요 本無今有가 如化相現故라 仁王經에 云, 法本自無언마는 因緣生諸라하니라 淨化二義도 倣此可悉이니라

■ 나) 해석함 중에 셋이 있으니 이른바 (가) 법으로 설함과 (나) 비유로 밝힘과 (다) 법과 비유를 합함이다. (가) 법으로 설함 중에 둘이니 ㄱ. 총합하여 표방함이니, 법이 비유와 같음을 표방하여 아는 주체와 대상을 갖추었다. 이미 온갖 세간을 알아서 교화할 대상인 중생의 종류는 국한되지 않나니 간략히 세간을 표방하였지만 응당히는 출세간을 갖추었다. ㄴ. 所謂 아래는 개별로 밝힘이다. ㄱ) 알아야 할 대상을 밝힘이요, ㄴ) 아는 주체를 밝힘이다. ㄱ) 중에 열 구절이니 (ㄱ) 다섯 구절은 물들게 변화함이요, (ㄴ) 다섯 구절은 깨끗하게 변화함이다. 지금 (ㄱ)은 미혹과 업과 고통의 셋에서 벗어나지 않나

니, a. 앞의 네 구절은 고통이니 곧 오온의 양상이다. ① 식(識)은 생각으로 인해 생겨남이요, ② 지어 감은 인식으로 인해 생겨남이니 분별은 인식인 까닭이요, ③ 느낌은 생각으로 인해 생겨남이니, 생각은 사랑하고 미워하는 양상을 취한 까닭이요, ④ 형색도 또한 지어 감으로 생김이니, 무기(無記)의 과보인 형색이 거품처럼 실답지 않음과 같으며, 명언(名言)으로 훈습함이 곧 지어 감인 까닭이요, ⑤ 곧 미혹이니 미혹은 생각으로 인해 지어 감이요, 생각은 곧 지어 감인 까닭이다. 업(業)이 두 장소에 통하나니, 첫 구절은 의업이요, 이 구절은 분별이니 모두 업인 까닭이요, 이 가운데 의업 등은 인연으로부터 나와서 체성이 없나니 허깨비와 같이 실답지 않음이요, 본래는 없고 지금은 있음이 허깨비 모양처럼 나타난 까닭이다.『인왕반야경』에 이르되, "법은 본래 자체가 없으며 인연으로 모든 것이 생겨난다"라 하였고, 깨끗하게와 변화함의 두 가지 뜻은 이것과 비슷하게 알 수 있다.

[鈔] 故仁王者는 證上의 不實과 相現인 二義라 然有二義하니 一, 因緣生之는 卽是相現이라 由緣生故로 有來卽無니 云法本自無며 卽無實義니라 二者, 兩句가 共成一義니 謂自者는 從來也라 從無之有를 曰生이요 非本先有일새 故云法本自無오 遇緣卽起일새 故云因緣生諸니 斯卽但用因緣生諸하여 卽成二義니 謂因緣生故로 相有요 緣生無性故로 無實이니 正順無而忽有를 名化니 故引此文이라 此文은 卽第二卷護國品第五에 普明王이 爲千王說偈라 此後에 更有偈云호대 盛者는 必衰요 實者는 皆虛라 衆生蠢蠢이 都如幻居요 聲響俱空하고 國土가 亦如等이라하여 總有八偈와 及事緣하니 並如彼經也니라 淨化二義者는 卽不實과 相現之二義也니라

● '그러므로 인왕경'이란 위의 실답지 않음과 모습이 나타나는 두 가지 뜻을 증득함이다. 그런데 두 가지 뜻이 있으니 (1) 인연으로 생김은 곧 모양이 나타남이다. 인연으로 인해 생겨난 연고로 유가 오면 무이니, 이르되, '법은 본래 자체가 없다'고 하며, 곧 실다운 뜻이 없다. (2) 두 구절이 함께 한 가지 뜻을 이룸이다. 이른바 '자체'란 본래로부터이다. 없음에서부터 있음을 생겨남이라 말하고, 먼저 있지 않은 연고로 "법은 본래 자체가 없음"이요, 인연을 만나면 생겨나므로 "인연으로 모든 것이 생겨난다"라고 말하였으니, 이것은 단지 인연생제(因緣生諸) 만을 사용하여 곧 두 가지 뜻을 성립함이다. 이른바 인연으로 생긴 연고로 모양이 있고, 인연으로 생김이 체성이 없는 연고로 실다움이 없나니, 바로 없다가 홀연히 나타남을 따라 변화함이라 이름하나니, 그러므로 이 경문을 인용하였다. 이 경문은 곧『인왕경』제2권 호국품 제5에 보명왕(普明王)이 천 명의 왕을 위해 설한 게송이다. 이다음에 다시 게송에 이르되, "왕성한 것은 반드시 쇠퇴하고 실다운 것은 모두 헛되게 된다. 꿈틀대는 중생은 모두 허깨비처럼 살며, 음성과 메아리는 모두 공하고 국토도 또한 그러하다." 등이라 하여서 총합하여 여덟 게송과 사연이 있으니 아울러 저 경문의 내용과 같다. 깨끗하게와 변화한다는 두 가지 뜻은 곧 실답지 않음과 모양으로 나타남의 두 가지 뜻이다.

(ㄴ) 다섯 구절은 깨끗하게 변화함[五淨化] (後復 19下5)

復有淸淨調伏化하니 無分別所現故며 於三世不轉化니
無生平等故며 菩薩願力化니 廣大修行故며 如來大悲化

니 方便示現故며 轉法輪方便化니 智慧無畏辯才所說故
니라

(6) 또 청정하게 조복함이 허깨비이니 분별없이 나타나는 것이며, (7) 삼세에 변하지 않음이 허깨비이니 생사 없이 평등한 것이며, (8) 보살의 원력이 허깨비이니 엄청나게 수행하는 것이며, (9) 여래의 큰 자비가 허깨비이니 방편으로 나타난 것이며, (10) 법 바퀴를 굴리는 방편이 허깨비이니 지혜와 두려움 없음과 변재로 말하는 것이니라.

[疏] 後, 復有下는 明後五淨이라 中에 一, 方便調生이니 依眞智故요 二, 湛然眞智니 由理成故라 故로 上文에 云, 智入三世하여 了法平等이니라 三, 願由行滿이요 四, 慈悲는 復依方便立故요 五, 具無畏辯하여 能轉法故니라

- (ㄴ) 復有 아래는 다섯 가지 깨끗이 변화함을 밝힘이다. 그중에 a. 방편으로 중생을 조복함이니 진여 지혜를 의지하는 까닭이요, b. 담연한 진여의 지혜이니 이치로 말미암아 성취한 까닭이다. 그러므로 위의 경문에 이르되, "지혜로 삼세에 들어가서 법이 평등함을 안다"라 하였다. c. 서원은 수행으로 인해 만족함이요, d. 자비는 다시 방편을 의지하여 성립하는 까닭이요, e. 두려움 없는 변재를 갖추어 능히 법을 굴리는 까닭이다.

[鈔] 四慈悲者는 卽出現品文이라 故로 彼偈에 云, 譬如樹林이 依地有하고 地依於水得不壞하며 水輪은 依風風依空호대 而其虛空은 無所依니라 一切佛法이 依慈悲하고 慈悲는 復依方便立하며 方便은 依智智

依慧호대 無礙慧身은 無所依라하니 彼에 說五重相依어니와 今此는 但要慈悲가 依方便이니 方便은 卽後得智라 慈悲는 以後得智로 爲體니 後得智中에 與樂拔苦故니라

- d. 자비는 곧 여래출현품의 경문이다. 그러므로 저 게송에 이르되, "비유컨대 나무 숲은 땅덩이를 의지해 있고, 땅은 물을 의지해 안 무너지며, 물은 바람을 의지하고, 바람은 허공을 의지해, 그렇지만 허공은 의지 없나니 / 모든 불법은 자비를 의지하였고, 자비는 좋은 방편 의지해 있고, 방편은 지(智)를 의지, 지는 혜(慧)를 의지해, 걸림 없는 혜신(慧身)은 의지가 없어"라고 하였다. 저기에 다섯 번 서로 의지함을 말하였지만 지금 여기서 단지 중요한 것은 자비는 방편을 의지함이니, 방편은 곧 후득지(後得智)이며, 자비는 후득지로 체성을 삼으며, 후득지 가운데 즐거움을 주고 고통을 뽑아내는 뜻인 까닭이다.

ㄴ) 아는 주체를 개별로 밝히다[別顯能知] 3.
(ㄱ) 앞을 결론하고 뒤를 시작하다[結前生後] (二菩 20上8)

菩薩이 如是了知世間出世間化하여 現證知하며 廣大知하며 無邊知하며 如事知하며 自在知하며 眞實知하여 非虛妄見의 所能傾動이라 隨世所行하되 亦不失壞하나니라
보살이 이와 같이 세간과 출세간이 허깨비인 줄을 아나니, 눈앞에 증명하여 알고 광대하게 알고 그지없이 알고 사실대로 알고 자유롭게 알고 진실하게 아느니라. 허망한 소견으로 흔들 수 없으며 세상을 따라서 행하여도 잘못되지 않느니라.

[疏] 二, 菩薩如是下는 別顯能知라 於中에 初二句는 結前生後라 世間은 結前染이요 出世는 結前淨이요 亦結餘所不盡이니 謂乃至一法이 過於涅槃이라도 亦如化故라 或說涅槃不如化者는 大品에 云, 爲新發意菩薩이 恐其驚怖하여 分別生滅하여야 方如化故라하니라 餘如幻說이니라 了知之言은 卽是生後오

- ㄴ) 菩薩如是 아래는 아는 주체를 개별로 밝힘이다. 그중에 (ㄱ) 첫째와 둘째 구절은 앞을 결론하고 뒤를 시작함이다. 세간은 앞의 더러움을 결론하고 출세간은 앞의 깨끗함을 결론함이요, 또한 나머지는 다하지 못한 대상을 결론함이다. 이른바 나아가 한 법도 열반을 지나더라도 또한 허깨비와 같은 까닭이다. 혹은 열반은 허깨비와 같음을 설한 것이다. 『대품반야경』에 이르되, "새로 발심한 보살이 그 놀람과 공포를 두려워하여 생멸을 분별하여야 비로소 허깨비와 같아지는 까닭이다"라 하였다. 나머지는 '허깨비와 같다'고 설한다. '안다'는 말은 곧 뒤를 시작한다는 뜻이다.

(ㄴ) 아는 주체를 바로 밝히다[正顯能知] (次現 20下2)

[疏] 次, 現證下는 正顯能知라 上言了知가 知有六義하니 一, 若事若理를 非比度故요 二, 旁無遺故요 三, 契中道故요 四, 稱俗境故요 五, 眞俗無礙故요 六, 歸一實諦故니라

- (ㄴ) 現證 아래는 아는 주체를 바로 밝힘이다. 위에서 말한 깨달아 안다는 것은 아는 것에 여섯 가지 뜻이 있다. a) 현상과 이치가 비교하여 헤아림이 아닌 연고요, b) 옆으로 남김이 없는 연고요, c) 중도에 계합한 연고요, d) 세속의 경계와 칭합한 연고요, e) 진여와

세속이 장애가 없는 연고요, f) 한 가지 실법의 진리로 돌아가는 연고이다.

(ㄷ) 위의 여섯 가지 아는 것을 결론하다[結上六知] (後非 20下5)

[疏] 後, 非虛妄下는 結上六知니 處眞道而不傾이요 行非道而不壞니라
■ (ㄷ) 非虛妄 아래는 위의 여섯 가지 아는 것을 결론함이니, 참된 도에 있어도 기울지 않고, 도(道) 아님을 행하여도 무너뜨리지 않는다.

(나) 비유로 밝히다[喩] 2.
ㄱ. 총합하여 해석하다[總釋] (第二 21上4)

譬如化가 不從心起며 不從心法起며 不從業起며 不受果報며 非世間生이며 非世間滅이며 不可隨逐이며 不可攬觸이며 非久住며 非須臾住며 非行世間이며 非離世間이며 不專繫一方이며 不普屬諸方이며 非有量이며 非無量이며 不厭不息이며 非不厭息이며 非凡非聖이며 非染非淨이며 非生非死며 非智非愚며 非見非不見이며 非依世間이며 非入法界며 非黠慧며 非遲鈍이며 非取非不取며 非生死非涅槃이며 非有非無有인달하니라

비유컨대 (1) 허깨비는 마음으로 생긴 것도 아니고 마음 법으로 생긴 것도 아니며, (2) 업으로 생긴 것도 아니고 과보를 받지도 않으며, (3) 세간에 나는 것도 아니고 세간에서 사라지는 것도 아니며, (4) 따라갈 수도 없고 끌어올 수도

없으며, (5) 오래 있는 것도 아니고 잠깐 있는 것도 아니며, (6) 세간에 다니지도 않고 세간을 떠나지도 않으며, (7) 한 곳에 얽매이지도 않고 여러 곳에 붙지도 않으며, (8) 한량 있는 것도 아니고 한량없는 것도 아니며, (9) 싫지도 않고 쉬지도 않고 싫거나 쉬지 않는 것도 아니며, (10) 범부도 아니고 성인도 아니며, (11) 물들지도 않고 깨끗하지도 않으며, (12) 나지도 않고 죽지도 않으며, (13) 지혜 있지도 않고 어리석지도 않으며, (14) 보는 것도 아니고 보지 못함도 아니며, (15) 세간에 의지함도 아니고 법계에 들어가지도 않으며, (16) 영리하지도 않고 우둔하지도 않으며, (17) 가지지도 않고 가지지 않음도 아니며, (18) 생사도 아니고 열반도 아니어서 (19) 있는 것도 아니고 있지 않은 것도 아니니라.

[疏] 第二, 譬如下는 喩中에 應開四義니 一, 能化者니 以喩因緣이요 二, 化現事니 喩所起果요 三, 現用而無實이요 四, 愚小가 謂眞故라 十喩傳에 云, 猶如化事가 雖空無實이나 能令衆生으로 憂苦瞋恚와 喜樂癡惑하나니 諸法도 亦爾라하니라 云何無實고 如彼化人은 無生老死苦樂하여 異餘人故니라

■ (나) 譬如 아래는 비유로 밝힘 중에 응당히 네 가지 뜻으로 전개하나니 ㄱ. 변화하는 주체는 인과 연에 비유함이요, ㄴ. 현재의 일을 변화함이니 일으킨 결과에 비유함이요, ㄷ. 작용을 나타내어도 실법이 없음이요, ㄹ. 법에 어리석은 소승이 진실이라 말하기 때문이다. 열 가지 비유로 전하여 말하되, "변화하는 일이 비록 공하여 실법은 없

지만 능히 중생으로 하여금 고통과 성냄을 근심함과 어리석은 번뇌를 기쁘고 즐거워함과 같아서 모든 법도 또한 그러하다"라고 하였다. 어떤 것이 실법 없음인가? 저 변화한 사람은 태어나고 늙고 죽는 고통과 즐거움이 없는 것과 같아서 나머지 사람과 다른 까닭이다.

ㄴ. 경문을 따라 해석하다[隨文釋] (文中 21上8)

[疏] 文中에 有四十句하니 初句는 標요 次의 三十七句는 一向雙非하여 以顯無實이요 後에 非有非無有는 義通二種하니 一, 亦是雙非니 謂無有도 亦無故요 二, 雙融性相이니 化不實故로 非有요 現化事故로 非無有니라 對成四句와 及一異等은 準前思之니라

- ㄴ. 경문을 따라 해석함에 40구절이 있으니 (ㄱ) 첫 구절은 표방함이요, (ㄴ) 37구절은 한결같이 함께 아니어서 실법 없음을 밝힘이요, (ㄷ) 있음도 아니고 없지도 아님은 뜻이 두 종류와 통한다. a. 또한 함께 아님이니 이른바 유도 없고 또한 무도 없는 연고요, b. 성품과 양상을 함께 융섭함이니 변화하여 실답지 않은 연고로 있지 않음이요, 변화한 일을 나타내는 연고로 유와 무도 아니다. 상대하여 네 구절을 이룸과 하나나 아님 등이니 앞과 준하여 생각해 보라.

[鈔] 謂無有者는 經有二句하니 云, 非有며 非無有라하나니 今에 偏釋非無有句니 謂非有가 即是無有라 今에 亦遣彼無有일새 故云非有며 非無有라하나니 故云無有亦無니라 上句는 易故로 不釋하니라 叡公이 云, 衆生如化하여 非有非眞이어늘 不達此者는 轉如車輪하나니 解法淸淨하면 無我無人이라 衆垢消除가 如日無雲이라하니라

● '이른바 유도 또한 무인 것을 없음'이란 경문에 두 구절이 있으니 이르되, "유도 아니며 유가 없음도 아니다"고 하였으니 지금에 무와 유도 아닌 구절만 치우쳐 해석함이다. 이른바 유가 아님은 곧 유가 없음이다. 지금에 또한 저 무와 유를 보낸 연고로 말하되, "유도 아니며 유가 없음도 아니다"라 하였으니, 그러므로 '유도 또한 무도 없다' "고 말하였다. 위 구절은 쉬운 연고로 해석하지 않는다. 승예(僧叡)법사가 말하되, "중생이 변화함과 같아서 유도 아니고 진여도 아니거늘 이것을 통달하지 못한 것은 굴러감이 수레바퀴와 같나니 법이 청정함을 알면 나도 없고 사람도 없다. 많은 때를 해소하고 없앰이 태양이 떴을 때 구름이 없음과 같다"라 하였다.

(다) 법과 비유를 합하다[合] 2.
ㄱ. 변화하는 행법[化行] 4.
ㄱ) 변화하는 작용을 시작하다[起化用] (第三 21下10)
ㄴ) 변화하는 지혜를 밝히다[明化智] (二不)

菩薩도 如是하여 善巧方便으로 行於世間하여 修菩薩道하여 了知世法하여 分身化往하되 不着世間하고 不取自身하여 於世於身에 無所分別하며 不住世間하고 不離世間하며 不住於法하고 不離於法하니라

보살이 이와 같은 교묘한 방편으로 세간에 다니면서 보살의 도를 닦으며, 세간법을 분명히 알고 몸을 나누어 변화하여 가지마는 세간에 집착하지도 않고 자기의 몸을 취하지도 않으며, 세간과 몸에 대하여 분별이 없으며, 세간에 머물

지도 않고 세간을 떠나지도 않으며, 법에 머물지도 않고 법을 여의지도 않느니라.

[疏] 第三, 菩薩如是下는 合中에 二니 先, 化行이요 後, 佛子下는 化益이라 前中에 四니 一, 起化用이니 以同化相有故라 然이나 但云菩薩如是者는 以上諸非가 一一通法이니 故指上如是하여 爲善巧方便이니라 二, 不着下는 明化智니 以了化不實故라

■ (다) 菩薩如是 아래는 법과 비유를 합함 중에 둘이니 ㄱ. 변화하는 행법이요, ㄴ. 佛子 아래는 허깨비 같은 (행법의) 이익이다. ㄱ. 중에 넷이니 ㄱ) 변화하는 작용을 시작함이니 변화한 모양이 있음과 같기 때문이다. 그러나 단지 '보살도 이와 같다'고 말한 것은 위의 모든 아님이 하나하나 법과 통하나니 그래서 위의 이와 같음을 지적하여 교묘한 방편을 삼는다. ㄴ) 不着 아래는 변화하는 지혜를 밝힘이니 변화는 실법이 아님을 알기 때문이다.

ㄷ) 함께 아니고 중간임을 밝히다[雙非顯中] (三以 22上10)
ㄹ) 허깨비 같은 종지를 결론하여 보이다[結示化旨] (四了)

以本願故로 不棄捨一衆生界하며 不調伏少衆生界하며 不分別法하되 非不分別法이며 知諸法性이 無來無去하여 雖無所有나 而滿足佛法하며 了法如化하여 非有非無니라

본래의 서원이 있으므로 한 중생 세계를 버리지도 않고 조그만 중생 세계를 조복하지도 않으며, 법을 분별하지도 않

고 분별하지 않음도 아니며, 법의 성품이 오는 일도 없고 가는 일도 없음을 아나니, 비록 있는 것이 없으나 불법을 만족하며, 법이 허깨비와 같아서 있는 것도 아니고 없는 것도 아님을 아느니라.

[疏] 三, 以本願下는 雙非顯中이요 四, 了法下는 結示化旨니라
- ㄷ) 以本願 아래는 함께 아니고 중간임을 밝힘이요, ㄹ) 了法 아래는 변화한 종지를 결론하여 보임이다.

ㄴ. 허깨비 같은 (행법의) 이익[化益] (經/佛子 22下3)

佛子여 菩薩摩訶薩이 如是安住如化忍時에 悉能滿足一切諸佛菩提之道하여 利益衆生하나니
불자여, 보살마하살이 이와 같이 허깨비 같은 인에 머물렀을 적에 모든 부처님의 보리도를 만족하여 중생을 이익하게 하나니,

[疏] 化益과 及結은 文顯可知니라
- ㄴ. 허깨비 같은 (행법의) 이익과 다) 명칭을 결론함은 경문이 뚜렷하니 알 수 있으리라.

다) 명칭을 결론하다[結名] (經/是名 22下5)

是名菩薩摩訶薩의 第九如化忍이니라

이것을 보살마하살의 아홉째 허깨비 같은 인이라 하느니라.

라) 허깨비 같은 인의 결과[果] 2.
(가) 이타행의 업과 작용으로 얻은 결과[得利他業用之果] (第四 23上3)
(나) 자리행으로 세운 뛰어난 명칭과 결과를 얻다[得自利立勝名果]

(後佛)

菩薩摩訶薩이 成就此忍하면 凡有所作이 悉同於化하나니 譬如化士하여 於一切佛刹에 無所依住하며 於一切世間에 無所取着하며 於一切佛法에 不生分別하되 而趣佛菩提하여 無有懈倦하며 修菩薩行하여 離諸顚倒하며 雖無有身이나 而現一切身하며 雖無所住나 而住衆國土하며 雖無有色이나 而普現衆色하며 雖不著實際나 而明照法性平等圓滿이니라
佛子여 此菩薩摩訶薩이 於一切法에 無所依止일새 名解脫者며 一切過失을 悉皆捨離일새 名調伏者며 不動不轉하고 普入一切如來衆會일새 名神通者며 於無生法에 已得善巧일새 名無退者며 具一切力하여 須彌鐵圍가 不能爲障일새 名無礙者니라

보살마하살이 이 인을 성취하면 모든 하는 일이 모두 허깨비와 같나니, 마치 변화하여 생긴 사람이 일체 세계에 의지하여 머무름이 없고 일체 세간에 집착함이 없고 일체 불법에 분별을 내지 않으면서도 부처님 보리에 나아가기를 게을리하지 아니하고 보살의 행을 닦아 뒤바뀜을 여의며 비

록 몸이 없으나 온갖 몸을 나타내고, 비록 머무는 데가 없으
나 여러 국토에 머물며, 비록 빛깔이 없으나 여러 빛깔을 나
타내며, 실상의 경계에 집착하지 않으면서도 법의 성품을
밝게 비추어 평등하게 원만하니라.

불자여, 이 보살마하살이 일체 법에 의지함이 없으므로 해
탈한 이라 하고, 모든 과실을 다 버렸으므로 조복하는 이라
하고, 동하지도 않고 옮기지도 않으면서 모든 여래의 대중
속에 두루 들어가므로 신통한 이라 하고, 생사 없는 법에 교
묘함을 얻었으므로 물러남이 없는 이라 하고, 온갖 힘을 갖
추어 수미산과 철위산이 장애하지 못하므로 걸림 없는 이
라 하느니라."

[疏] 第四, 果中에 先得利他業用之果니라 後, 佛子下는 得依自利하여 立
勝名果라

- 라) 허깨비 같은 인의 결과 중에 (가) 이타행의 업과 작용으로 얻은
결과를 얻음이다. (나) 佛子 아래는 자리행을 얻어서 뛰어난 명칭과
결과를 세움이다.

차. 허공 같은 인[如空忍] 4.

가) 법계가 허공과 같음을 표방하다[標] 4.
(가) 비유할 대상이 통하고 국한함[所喩通局] (第十 23上10)

佛子여 云何爲菩薩摩訶薩의 如空忍고

"불자여, 어떤 것을 보살마하살의 허공 같은 인이라 하는가?

[疏] 第十, 如空忍中에 亦四니 謂標와 釋과 結과 果라 標에 云, 如空하니 如空所喩는 通一切法이라 佛地에 喩淸淨法界하니 以離差別相故요 及中邊等論에 喩圓成實하니 但是此中의 一義니라

- 차. 허공 같은 인 중에도 또한 넷이니 이른바 가) (법계가 허공과 같음을) 표방함과, 나) 해석함과, 다) 결론함과, 라) 결과이다. 가) 표방하여 말하되, "허공과 같은 인이니 허공과 같이 비유할 대상이 온갖 법에 통함이요, 『불지론』에서 '청정한 법계'에 비유하였으니 차별한 모양을 여읜 까닭이요, 또 『중변론』 등에서 '원성실성'에 비유하였으니 단지 이 가운데 한 가지 뜻뿐이다.

[鈔] 如空所喩通一切法等者는 疏文이 有四하니 一, 顯所喩通局이요 二, 明喩相不同이요 三, 引論會釋이요 四, 結成大意라 初中에 上은 是本經之意는 通喩一切요 二, 佛地論下는 引論明通局이니라

- '허공과 같이 비유할 대상이 온갖 법에 통함'이란 소문에 넷이 있으니 (1) 비유할 대상이 통하고 국한됨을 밝힘이요, (2) 비유한 양상이 다름을 밝힘이요, (3) 논문을 인용하여 회통하여 해석함이요, (4) 큰 의미를 결론함이다. (1) 중에 위는 본경의 의미는 통틀어 모두에게 비유함이요, (2) 佛地論 아래는 논문을 인용하여 통하고 국한됨을 밝힘이다.

(나) 비유한 양상이 같지 않다[喩相不同] 4.

ㄱ. 오직 허공의 비유만 가져서 여섯 가지 비유와 상대하다

[唯將空喩對六喩] (然其 23下6)

[疏] 然이나 其喩相이 小異諸喩하니 諸喩開義는 多分有五라 雖正取所成幻等하여 以喩於法이나 而亦取緣等하여 以顯無性이어니와 此中喩相은 不開別法하고 直指於空이 具含多義하여 以喩於法이니라

■ 그러나 그 비유한 양상은 여러 비유보다 조금 다르니 여러 비유에서 뜻을 전개함이 여럿으로 나누어 다섯이 되었다. 비록 이룰 대상인 허깨비 따위를 바로 취하여 법에 비유하지만 또한 인연 등을 취하여 체성 없음을 밝혔지만 이 가운데 비유한 양상은 열어서 법을 차별하지 않고 곧바로 공함에 많은 뜻을 갖추어 포함한 것을 가리켜서 법에 비유하였다.

ㄴ. 일곱 가지 비유로 타파할 대상이 차별함을 통틀어 밝히다

[通辨七喩所破差別] (又此 23下9)

[疏] 又此諸喩는 若約能喩인대 前五는 多取似有하여 以破實有요 化喩는 以不有之有로 破於似有요 此喩는 以性相俱絶로 破於一切니라

■ 또한 이런 여러 비유가 비유하는 주체를 잡는다면 앞의 다섯은 대부분 '있는 것 같음[似有]'을 취하여 '실제로 있음[實有]'을 타파함이요, 허깨비의 비유는 유가 아닌 유로 있는 것 같음[似有]을 타파함이요, 이 허공의 비유는 체성과 양상이 함께 끊어짐으로 온갖 것을 타파한 내용이다.

ㄷ. 거듭하여 허공의 비유를 가지고 앞의 여섯 가지 비유와 상대하다
[重將空喩對前六喩] (又前 24上1)

[疏] 又前六은 遣有會空이 多요 依空立有가 少어니와 此一은 遣有入空이 少하고 依空立有가 多니라
■ 또한 앞의 여섯 가지 비유는 유를 보내고 공을 아는 것이 많고 공에 의지하여 유를 건립함이 적지만, 여기의 한 가지 비유는 유를 보내고 공에 들어감이 적고 공에 의지하여 유를 건립함이 많다.

ㄹ. 일곱 가지 비유는 주체와 대상이 통하고 국한됨을 통틀어 밝히다
[通辨七喩能所通局] (又上 24上2)

[疏] 又上所喩는 則通一切요 此中에 能喩는 則具多義요 所喩는 各隨別義하여 喩一類法이니라
■ 또한 위에서 비유할 대상은 모두에 통하고, 이 가운데 비유하는 주체는 여러 뜻을 갖추었고, 비유할 대상은 각기 다른 뜻을 따라 한 종류의 법에 비유하였다.

[鈔] 又前六遣有下는 三重將空喩로 對六하여 明空有不同하여 義成諸喩는 共喩於空하고 空喩는 各成於有오 四, 又上所喩卽通一切下는 通辨七喩能所通局이라 言此中能喩者는 謂如一空이 有無相義하며 有無起義와 一味義等이라 言所喩가 各隨別者는 謂無相은 但喩事法界요 無起는 但喩世界요 一味는 但喩敎法等故니라
● ㄷ. 又前六遣有 아래는 거듭하여 허공의 비유를 가지고 앞의 여섯

가지 비유를 상대하여 공과 유가 같지 않음을 밝혀서 뜻이 여러 비유를 이룬 것은 함께 허공에 비유하였고, 허공의 비유는 각기 유를 이루었다. ㄹ. 又上所喩卽通一切 아래는 일곱 가지 비유는 주체와 대상이 통하고 국한됨을 통틀어 밝힘이다. '이 가운데 비유하는 주체'라 말한 것은 이른바 한 가지 허공이 모양이 없다는 뜻이 있음과 같이 일으킴이 없다는 뜻과 한 맛인 뜻 등이 있다. '비유할 대상은 각기 다른 뜻을 따라'라고 말한 것은 이른바 모양 없음은 단지 현상의 법계만 비유하고, 일으킴 없음은 단지 세계만 비유하고, 한 맛은 단지 교법 따위만 비유한 까닭이다.

(다) 논문을 인용하여 모아서 해석하다[引論會釋] 3.
ㄱ. 대지도론의 뜻을 인용하다[引智論之義] (然龍 24上8)
ㄴ. 불지론의 열 가지 뜻을 인용하다[引佛地十義] (及佛)
ㄷ. 제8지의 열 가지 뜻을 인용하다[引八地十義] (上八)

[疏] 然이나 龍樹十喩는 以四復次로 釋如空義하나니 一, 近無遠有니 謂如虛空이 非可見法이로되 以遠視故로 眼光廻轉하여 則見縹色이라 一切諸法도 亦復如是하여 空無所有어늘 以凡夫人은 遠無漏慧하여 棄捨實相일새 則見彼我男女等物이나 而實此物은 竟無所有니라 二, 約性淨不染이요 三, 約無初中後요 四, 約體實無物이니라 及佛地論에 有十復次하고 上八地中의 空有十義는 皆是略明이니라

■ 그러나 용수(龍樹)보살의 열 가지 비유는 네 개의 부차(復次)로 허공과 같은 뜻을 해석하였다. (1) 가까이는 없고 멀리는 있음을 잡은 해석이니, 이른바 허공이 법을 볼 수 없지만 멀리서 보는 연고로 눈빛이 회

전하여 사물의 모양과 형색을 보는 것과 같다. 일체의 모든 법도 마찬가지여서 공하여 있는 바도 없거늘 범부들은 무루의 지혜를 멀리하여 실상을 버렸으므로 저 나와 남녀 등의 물건을 보지만 실제로는 이런 물건이 마침내 소유가 없다. (2) 성품이 청정하고 오염되지 않음을 잡은 해석이요, (3) 처음과 중간과 나중이 없음을 잡은 해석이요, (4) 체성은 실로 물건이 없음을 잡은 해석이다. 또 『불지론』에 열 개의 부차(復次)가 있고, 위의 제8. 부동지 중에서 공과 유의 열 가지 뜻은 모두 간략히 설명하였다.

[鈔] 及佛地十義요 三,[67] 八地十義라 此之二經은 文皆十義나 意各不同하니 佛地十義는 唯喩如來의 淸淨法界요 八地十義는 知虛空身의 十相不同이라 謂一, 無量相이요 二, 周徧相이요 三, 無形相이요 四, 無異相이요 五, 無邊相이요 六, 顯現色身相이라 文唯有六이나 例合有十耳라 但語於空하고 又不別喩於法[68]이니라 佛地十義를 今當具引하리라 卽第三論去하여 至第四論方終이라 第一義者는 經에 云, 妙生아 當知하라 淸淨法界는 譬如虛空이 雖徧諸色種種相中이나 而不可說有種種相이요 體唯一味라 如是如來淸淨法界가 雖復徧至種種相類의 所知境界나 而不可說有種種相이요 體唯一味니라 二는 云, 又如虛空이 雖徧諸色하여 不相捨離나 而不爲色過의 所染汚라 如是如來淸淨法界가 雖徧一切衆生心性하여 由眞實故로 不相捨離나 而不爲彼過所染汚라하니라 三은 云, 又如虛空이 含容一切身語意業이나 而此虛空은 無有起作이라 如是如來가 含容一切智所變化인 利衆生事나 淸淨法界는 無有起作이라하니라 四, 當第四卷初일새 故

---

67) 三은 南金本無, 此下甲南續金本有菩薩二字라 하다.
68) 自上八地者以下至此는 南金本在本節末居然易了下라 하다.

云, 又如虛空中에 種種色相이 現生現滅이나 而此虛空은 無生無滅이라 如是云云, 諸智로 變化利衆生事가 現生現滅하여도 而淨法界는 無生無滅이라하니라 五는 云, 又如虛空이 種種色相을 現增現減이라도 而此虛空은 無增無減이라 如是云云, 顯示如來甘露聖敎가 有增有減하여도 而淨法界는 無增無減이라하니라

● 또한 『불지론』의 열 가지 뜻이요, (십지품) 제8지의 열 가지 뜻이다. 두 경문은 모두 열 가지 뜻이며 의미는 각기 다른데, 『불지론』의 열 가지 뜻은 오직 여래의 청정한 법계에만 비유하였고, 제8. 부동지(不動地)의 열 가지 뜻은 허공을 아는 몸의 열 가지 모양이 다르다. 이른바 (1) 한량없는 모양 (2) 두루한 모양 (3) 형태가 없는 모양 (4) 다르지 않은 모양 (5) 그지없는 모양 (6) 형색을 나타낸 몸의 모양이다. 경문에는 오로지 여섯 가지뿐이지만 유례하여 합하면 열 가지가 있을 뿐이다. 단지 공을 말한 것일 뿐, 또한 따로 법을 비유한 것은 아니다. 『불지론』의 열 가지 뜻을 지금 마땅히 갖추어 인용하리라. 곧 제3권에서 제4권의 논문까지 이르러 마친다. 첫째 뜻은 경문에 이르되, "묘생(妙生)보살이여, 마땅히 알라. 청정한 법계는 비유컨대 허공이 비록 모든 형색과 갖가지 모양 중에 두루하지만 갖가지 모양이 있음을 말할 수 없으며 체성은 한 맛뿐이다. 이와 같이 여래의 청정한 법계는 비록 다시 갖가지 모양과 부류가 알 대상 경계에 두루 이르거나 갖가지 모양이 있음을 말할 수는 없지만 체성은 한 맛일 뿐이다." 둘째는 이르되, "또한 허공과 같아서 비록 여러 형색에 두루하여 서로 버리거나 여의지 않지만 형색의 허물에 오염되지 않는다. 이와 같이 여래의 청정한 법계는 비록 일체중생의 마음 성품에 두루하여 진실함으로 말미암아 서로 버리거나 여의지 않지만 저 허물에 오염되지 않는다." 셋

째는 이르되, "또한 허공과 같아서 일체의 몸과 말과 생각의 업을 포함하여 용납하지만 그러나 이 허공은 만들기 시작한 적이 없다. 이와 같이 여래도 일체의 지혜가 변화된 결과인 중생을 이익하는 일을 포함하고 용납하지만 청정한 법계는 만들기 시작한 적이 없다." 넷째는 제4권 첫 부분에 해당한다. 그러므로 이르되, "또한 허공과 같아서 그중에 갖가지 형색의 모양이 현재에 생기고 현재에 없어지지만 이 허공은 나지도 않고 없어지지도 않으며 이와 같이 운운(云云)하듯이, 모든 지혜가 변화하여 중생을 이롭게 하는 일이 현재에 생겼다가 현재에 없어져도 청정한 법계는 나지도 않고 없어지지도 않는다." 다섯째는 이르되, "또한 허공과 같아서 갖가지 형색의 모양이 현재에 늘어나고 현재에 없어져도 그러나 이 허공은 늘지도 줄지도 않는다. 이와 같이 운운(云云)하듯이 여래의 감로 같은 성스러운 가르침이 늘거나 줄어듦이 있음을 나타내 보이더라도 그러나 청정한 법계는 늘거나 줄어듦이 없다"라 하였다.

六은 云, 又如虛空에 十方色相이 無邊無盡이나 是虛空界는 無邊盡故로 而此虛空은 無去無來며 無動無轉이라 如是云云, 建立十方一切衆生의 利益安樂種種作用이 無邊無盡이나 淸淨法界는 無邊無盡故로 而淨法界는 無去無來며 無動無轉[69]이라하니라 七은 云, 又如虛空이 三千世界를 現成現壞[70]나 而虛空界는 無壞無成이라 如是云云, 現無量相하여 成等正覺하며 或復示現入大涅槃이나 而淨法界는 非成等正覺이며 非入寂滅이라하니라 八은 云, 又如依空하여 種種色相이 壞爛燒爍하여 變異可得이나 而虛空界는 非彼所變이며 亦無勞

---

69) 動無轉은 南續金本作轉無動이라 하다.
70) 成現壞는 經南續金本作壞現成이라 하다.

弊라 如是依止如來淨界하여 衆生界內의 種種學處에 身語意業의 毁犯可得이나 而淨法界는 非彼變異며 亦無勞弊라하니라 九는 云, 又如依空하여 大地大山과 光明水火와 帝釋眷屬과 乃至日月히 種種可得이나 而虛空界는 非彼諸相이라 如是依止如來淨界하여 戒蘊과 定蘊과 慧蘊과 解脫과 解脫知見인 諸蘊可得이나 而淨法界는 非彼諸相이라하니라 十은 云, 又如空中에 種種因緣으로 展轉生起三千大千無量世界하여 周輪可得이나 而虛空界는 無所起作이라 如是如來淸淨法界가 具無量相과 諸佛衆會하여 周輪可得이나 而淨法界는 無所起作이라하니라 釋曰, 上之十義가 具出經文이요 如是字下에 皆有如來淸淨法界之言이라 餘並依經이며 而論에 皆廣釋이어니와 大意相似일새 故疏不引論하고 亦不具列經文이니라

● 여섯째는 이르되, "또한 허공과 같아서 시방의 형색 모양이 그지없고 다함없지만 허공계는 그지없고 다함이 없는 연고로 그러나 이 허공은 오고 감이 없으며 동요하거나 바뀌지 않는다. 이와 같이 운운하듯이 시방의 일체중생이 이익하고 안락한 갖가지 작용함이 그지없고 다함없지만 청정한 법계도 그지없고 다함없는 연고로 청정한 법계가 오고 감이 없으며 동요하거나 바뀌지도 않는다." 일곱째는 이르되, "또한 허공과 같아서 삼천세계를 현재에 이루고 현재에 무너지지만 허공계는 무너지거나 이룸이 없다. 이와 같이 운운하듯이 '한량없는 모양'을 나타내어 등정각을 이루고, 혹은 다시 대열반에 들어감을 나타내 보이지만 그러나 청정한 법계는 등정각을 이루지도 않고 적멸에 들어가지도 않는다." 여덟째는 이르되, "또한 허공에 의지한 갖가지 형색 모양과 같아서 무너져 없어지고 태워 사그라지고 변하여 달라짐은 얻을 수 있지만 허공계는 저 변화할 대상이 아니고 또한 힘써 폐

지할 것이 없다. 이와 같이 여래의 청정한 경계에 의지하여 중생세계 내의 갖가지 배울 곳에 몸과 말과 생각의 업도 훼범할 수 있지만, 청정한 법계는 저 변하고 달라지지 않고 또한 힘써 폐지함도 없다." 아홉째는 이르되, "또한 허공을 의지함과 같아서 대지와 큰 산의 광명과 물과 불과 제석천 권속으로 나아가 해와 달에까지 갖가지를 얻을 수 있지만 허공계는 저 여러 모양이 아니며 이와 같이 여래의 청정한 경계를 의지함과 계온(戒蘊)과 선정의 온과 슬기의 온과 해탈과 해탈한 지견의 여러 온을 얻을 수 있지만 청정한 법계는 저 여러 모양이 아니다." 열째는 이르되, "또한 허공과 같아서 그 가운데 갖가지 인연으로 전전이 삼천세계의 한량없는 세계가 일어나는 두루한 바퀴를 얻을 수 있지만 그러나 허공계는 일어남이 없다. 이와 같이 여래의 청정한 법계도 한량없는 모양과 부처님의 대중 모임을 갖추어 모든 두루 한 바퀴를 얻을 수 있지만, 그러나 청정한 법계는 일어나고 작용함이 없다"라고 하였다. 해석하자면 위의 열 가지 뜻에 경문을 갖추어 내보이면 여시(如是)란 글자 아래에는 모두 '여래의 청정한 법계'라는 말이 있다. 나머지는 함께 경문을 의지하며 논에 모두 자세히 해석하였거니와 큰 의미는 거의 같나니, 그러므로 소에서 논문을 인용하지 않고 또한 경문을 갖추어 나열하지 않았다.

言大意相似者는 通與一切法으로 非卽離義耳니라 上에 正辨五法之中의 一眞法界일새 故以虛空十義로 爲喩어니와 若略取別相者인대 一者, 體唯一味요 二, 性淨無染이요 三, 無起作이요 四, 無生滅이요 五, 無增減이요 六, 無去來動轉이요 七, 無成壞요 八, 無變異勞倦이요 九, 非諸相이요 十, 無所起作이니라 觀其經文컨대 十與三同이로되 而

三은 是含容無起作이요 十은 是生起無起作이니 三에 合云無能所니라 若觀論結인대 十은 應言無分別이요 三은 應云無作意라 今에 略引論釋하리라 釋第一에 云, 次當顯示淨法界相하여 釋難決擇인 法界差別하리라 謂有難言호대 若諸如來가 法界爲性인대 法界는 則用眞如爲體요 眞如는 卽是諸法共相이라 諸法에 旣有種種差別이요 法界는 隨彼어니 云何無有種種差別고 法界가 若有種種差別인대 云何淸淨하여 非頗胝迦의 種種依止하여 共相應故로 無種種相고할새 爲釋此難하여 故說最初太虛空喩라 意에 云, 雖徧種種이나 不隨成形하나니 不捨自性일새 故唯一味니라 下取意引論하리라 二는 有難云호대 法界가 徧在一切인대 則與貪等으로 而共相應이어니 云何不如有漏心法이 成不淸淨고할새 故今通云호대 性淸淨故며 非彼體故로 不爲所染이니라 三은 有難云호대 如來淸淨法界는 眞如爲體니 則無戲論이며 亦無起作이어늘 云何得容利有情事고할새 故今通云호대 由先願力이 爲增上緣하여 與諸衆生으로 作利樂事호대 任運而住하여 無有分別하며 而無戲論이라하니라 四는 有難云호대 若淨法界가 徧在一切하여 不相捨離하여 一向隨轉인대 是則法界가 應有生滅故라할새 故今通云호대 雖徧一切하여 世俗施設인대 則有生滅이나 眞勝義體는 不生不滅이라하니라 五는 有難言호대 若淨法界가 徧在一切하여 不相捨離인대 如來聖敎가 現有增減하니 法界도 亦應增減이라할새 故今通云호대 然이나 一切世俗理에 說有增減이나 非眞法界에 而有增減이니라

● '큰 의미는 거의 같다'는 것은 통틀어 온갖 법과 함께 합치하거나 여의지 않는 뜻일 뿐이다. 위에서 다섯 가지 법을 바로 밝힌 중에 일진법계(一眞法界)이므로 허공의 열 가지 뜻으로 비유를 삼았지만 만일 개별 양상을 간략히 취한다면 (1) 체성은 오직 한 맛뿐이요, (2) 성

품이 청정하고 더럽지 않음이요, (3) 일어나 작용함이 없음이요, (4) 나고 없어짐이 없음이요, (5) 늘거나 줄지 않음이요, (6) 오고 가고 동요하고 바뀜이 없음이요, (7) 이루고 무너짐이 없음이요, (8) 변해 달라지고 애쓰거나 권태함이 없음이요, (9) 여러 모양이 아님이요, (10) 일어나고 작용함이 없음이다. 그 경문을 관하건대 열 가지와 세 가지가 같지만 세 가지는 곧 생겨나고 작용함 없음을 포함하고 용납하였고, 열 가지는 곧 생겨남과 일어나 작용함 없으니 세 가지에 합하여 주체와 대상이 없다. 만일 논문의 결론을 관한다면 열 가지는 응당히 '분별없음'이라 말하고, 세 가지는 응당히 '작용하는 의미가 없다'고 말한다. 지금에 간략히 논문을 인용하여 해석하리라. (1)에 해석하여 말하되, "다음에 당연히 청정한 법계의 모양을 나타내 보여서 힐난을 결택하여 법계가 차별함을 해석하였다. 이른바 어떤 이가 힐난하여 말하되, '만일 모든 여래가 법계로 성품을 삼는다면 법계는 작용하는 진여로 체성이 된다. 진여는 곧 모든 법과 함께한 모양이다. 모든 법에는 이미 갖가지 차별함이 있고, 법계가 저를 따르는데 어찌하여 갖가지 차별함이 없겠는가? 법계가 만일 갖가지로 차별함이 있는데 어찌하여 청정하여 파지가(頗胝迦)의 갖가지 의지함이 아니고 함께 상응하는 연고로 갖가지 모양이 없는가'라고 할 것이므로 이런 힐난을 해석하기 위한 연고로 최초의 태허공의 비유를 말하였다." 의미를 말하되, "비록 갖가지에 두루하고 따라서 형상을 이루지 않나니 자체 성품을 버리지 않은 연고로 오직 한 맛뿐이다." 아래는 의미를 취하여 논문을 인용하리라. (2) 어떤 이가 힐난하여 말하되, "법계가 온갖 것에 두루 있다면 탐욕 등과 함께 상응할 텐데 어찌하여 유루의 심법이 청정하지 않음을 이룰 것인가?"라 하므로 지금은 해명하여 말하되, "성품이 청정한 연고며 저 체성이 아닌 연고로 오염할 대상이 되지 않는다." (3) 어떤 이가 힐난하여 말하되, "여래의 청정한 법계는 진여로 체성을 삼았으니 희론(戱論)이 없으며 일어나 지음이 없는데 어찌하여 중생을 이익하게 한 일을 용납하였는가?"라 하였다. 그러므로 지금 해명하여 말하되, "먼저 원래의 힘으로 증상하는 인연이 됨을 말미암아서 모든 중생과 함께 이익하고 즐거운 일을 지어서 움직임에 맡겨 머물러 분별함이 없고 희론이 없다." (4) 어떤 이가 힐난하여 말하되, "만일 청정한 법계가 온갖 것에 두루하여 있고 서로 버리거나 여의지 않아서 한결같이 따라 바뀐다면 이것은 법계가 응당히 생멸함이 있기 때문인가?"라 하므로 지금 해명하여 말하되, "비록 온갖 것에 두루하여 세속법으로 시설한다면 나고 없어짐이 있지만 진실법의 뛰어난 이치의 체성은 나고 없어지지 않는다"라고 하였다. (5) 어떤 이가 힐난하여 말하되, "만일 청정한 법계가 온갖 것에 두루하여 서로 버리거나 여의지 않는다면 여래의 성스러운 교법이 현재에 늘고 줄어듦이 있을 것이니 법계도 또한 응당히 늘고 줄어드는 것인가?"라 하므로 지금 해명하여 말하되, "그러나 온갖 세속의 이치로는 늘고 줄어듦이 있지만 진실한 법계는 늘고 줄어듦이 있는 것이 아니다"라고 하였다.

六은 有難云호대 若諸如來가 法界爲體인대 如來가 施與有情利樂하사 或去或來하시니 法界도 應有來去라할새 故今通云호대 就受用身하여 說有去來언정 非法界體가 而有來去라하니라 七은 有難云호대 若無去來인대 云何得有成等正覺고할새 故今通云호대 成者는 約世俗이요 勝義에는 無成壞니라 八은 有難云호대 若法界가 徧一切有情之類인대

云何有情이 得有毁犯고할새 故今通云호대 衆生이 有毁犯이언정 法界는 無變異라하니라 九은 有難云호대 若法界가 徧一切인대 應無有戒等 無漏蘊相이라할새 故今通云호대 有⁷¹⁾增上緣하여 增長一切언정 自無諸相이라하니라 十은 有難云호대 若一切佛이 法界爲體인대 應無受用이어늘 云何得有衆會差別고할새 故今通云호대 約別別因緣所得이언정 非如來身이 有戲論分別等이라하니라 以上十難으로 對上經文하면 居然易了⁷²⁾니라

● (6) 어떤 이가 힐난하여 말하되, "만일 모든 여래가 법계로 체성을 삼는다면 여래가 중생에게 이롭고 즐거움을 보시하여 주어서 혹은 가거나 오는 것이니 법계도 응당히 오고 감이 있는 것인가?"라 하므로 지금 해명하여 말하되, "수용하는 몸에 입각하여 가고 옴이 있다고 말하지만 법계의 체성은 오고 감이 있는 것은 아니다." (7) 어떤 이가 힐난하여 말하되, "만일 가고 옴이 없다면 어찌하여 등정각을 이룸이 있는가?"라 하므로 지금 해명하여 말하되, "이룸은 세속을 잡은 해석이요, 뛰어난 이치에는 이루고 무너짐이 없다"라 하였다. (8) 어떤 이가 힐난하여 말하되, "만일 법계가 온갖 유정의 종류에 두루하다면 어찌하여 유정이 훼손하고 범함이 있는가?"라 하므로 지금 해명하여 말하되, "중생은 훼손하고 범함이 있지만 법계는 변하고 달라짐이 없다"라고 하였다. (9) 어떤 이가 힐난하여 말하되, "만일 법계가 온갖 것에 두루하다면 응당히 계온(戒蘊) 등의 무루(無漏)의 온의 양상이 없는 것인가?"라 하므로 지금 해명하여 말하되, "증상하는 인연이 있어서 온갖 것을 증장하지만 자체는 여러 모양이 없다"라고 하였다. (10) 어떤 이가 힐난하여 말하되, "만일 온갖 부처님이 법계로 체성

---

71) 有는 甲南續金本作爲라 하다.
72) 此下에 南金本有上八地者十相不同至別喩相法一段, 原續本已見前이라 하다.

을 삼는다면 응당히 수용함이 없는데 어찌하여 대중 모임이 차별함이 있는가?"라 하므로 지금 해명하여 말하되, "별별 인연으로 얻은 바를 잡기는 하지만 여래의 몸이 희론으로 분별함 등이 있는 것은 아니다"라고 하였다. 위의 열 가지 힐난으로 위의 경문과 상대하면 자연히 알기 쉬우리라.

(라) 큰 의미를 결론하다[結成大意] 3.
ㄱ. 총합하여 밝히다[總明] (然別 28上10)
ㄴ. 승예법사를 인용하여 증명하다[引證] (故叡)
ㄷ. 결론하여 성취하다[結成] (餘無)

[疏] 然別義가 有此不同이나 若約同義인대 諸喩無別이니라 故로 叡公이 云, 十喩로 以喩空하니 空必待此喩라 借言以會意하면 意盡無會處리라 若得出長羅하면 住此無所住요 若能映斯照하면 萬象無來去라 하니라 餘無礙義는 如前後說이니라

■ 그러나 개별 뜻은 이것과 다름이 있지만 만일 같은 뜻을 잡는다면 모든 비유가 다름이 없다. 그러므로 승예(僧叡)법사가 이르되, "열 가지 비유로 공에 비유하였으니, 공(空)은 이런 비유를 반드시 기다려서 말을 빌려서 의미를 알면 의미는 알 곳이 모두 없다. 만일 긴 비단을 내면 이런 머물 곳이 없는 곳에 머무르며, 만일 비추는 주체가 이렇게 비춘다면 만 가지 형상이 오고 감이 없다"라고 하였으며, 나머지 장애 없음의 뜻은 앞뒤에 말한 내용과 같다.

[鈔] 二, 故叡公下는 引證하여 成於空義가 是同이니 此는 但總結十喩之

讚이어니와 若別明空讚인댄 云, 空唯有名이요 無用無色이라 人亦如是어늘 莫之能識하여 妄造妄苦하여 百艱孔棘이요 馳空求空하여 空竭其力이라하니 亦顯空義耳니라 後, 餘無礙義如前後說者는 三, 結成이니 此經之大意也니라 經疏의 前에 已有說은 如如幻忍等이요 後에 亦有說은 如德齊空中說이요 前後遠文은 文更多矣니라

- ㄴ. 故叡公 아래는 (승예법사를) 인용하여 증명하여 공의 뜻을 이룸은 같나니, 여기는 단지 열 가지 비유를 총합 결론하여 찬탄하였지만, 만일 공을 개별로 밝혀서 찬탄하여 말하되, "공은 오직 명칭만 있고 작용도 형색도 없으니 사람도 마찬가지인데, 누구도 능히 알지도 못하여 망령되게 허망한 고통을 지어서 백 가지로 구멍과 가시 속에서 고생하여 공을 좇으면서 공을 구하여 그 힘을 텅 비게 고갈시킨다고 하나니, 또한 공의 뜻을 밝혔을 뿐이다." ㄷ. '나머지 장애 없음의 뜻은 앞뒤에 말한 내용과 같다'고 말한 것은 결론하여 성취함이니 본경의 큰 의미이다. 경의 소문 앞부분에 이미 설함은 허깨비 같은 인 등과 같으며, 뒤에도 또한 설함이 있음은 덕이 공과 가지런한 중에 설함과 같으며, 앞뒤에 경문이 멀어질수록 경문이 더욱 많다.

나) 해석하다[釋] 2.
(가) 과목 나누기[分科] (第二 29上6)

佛子여 此菩薩摩訶薩이 了一切法界가 猶如虛空이니 以無相故며 一切世界가 猶如虛空이니 以無起故며 一切法이 猶如虛空이니 以無二故며 一切衆生行이 猶如虛空이니 無所行故며 一切佛이 猶如虛空이니 無分別故며 一切

佛力이 猶如虛空이니 無差別故며 一切禪定이 猶如虛空이니 三際平等故며 所說一切法이 猶如虛空이니 不可言說故며 一切佛身이 猶如虛空이니 無着無礙故니라

불자여, 이 보살마하살이 (1) 일체 법계가 허공과 같음을 아나니 모양이 없는 까닭이며, (2) 일체 세계가 허공과 같으니 일어남이 없는 까닭이며, (3) 일체 법이 허공과 같으니 둘이 없는 까닭이며, (4) 일체중생의 행이 허공과 같으니 행할 바가 없는 까닭이며, (5) 일체 부처님이 허공과 같으니 분별이 없는 까닭이며, (6) 일체 부처님의 힘이 허공과 같으니 차별이 없는 까닭이며, (7) 일체 선정이 허공과 같으니 세 시절이 평등한 까닭이며, (8) 일체 법을 말함이 허공과 같으니 말할 수 없는 까닭이며, (9) 일체 부처님의 몸이 허공과 같으니 집착도 없고 걸림도 없는 까닭이니라.

[疏] 第二, 釋이라 中에 二니 先, 忍解之相이요 後, 忍行成益이라
- 나) 해석함이다. 그중에 둘이니 ㄱ. 허공 같은 인의 행법을 아는 모양이요, ㄴ. 허공 같은 인의 행법으로 성취한 이익이다.

(나) 과목에 따라 해석하다[隨釋] 2.

ㄱ. 허공 같은 인의 행법을 아는 모양[忍解之相] 2.
ㄱ) 개별로 설명하다[別明] (今初 29上6)

[疏] 今初에 先, 別明이니 以空九義로 喩九種法이라 隨義雖別이나 然其總

意는 亦以緣成하여 無性故로 空이니라 然이나 九句에 各初는 標法同
喩요 後는 出所以라 一, 標事法界가 如空이니 下에 出所以者는 以無
相故라하니 謂從緣無性이라 其相自虛니 卽事는 是理法界라 故로 此
句爲總이니라 二는 世界共業所起故요 三은 軌儀敎法이 一味法界所
流故라 及餘六句는 並準初句니라

■ 지금은 ㄱ.이니 ㄱ) 개별로 설명함이다. 공의 아홉 가지 뜻으로 아홉 종류의 법을 비유하였다. 뜻에 따라 비록 다르지만 그러나 그 총상의 의미도 또한 인연으로 이루어져서 체성이 없는 연고로 공함이다. 그러나 아홉 구절에 각기 (ㄱ) 법이 비유와 같음을 표방함이요, (ㄴ) 이유를 내보임이다. (1) 현상의 법계가 허공과 같음을 표방함이니 아래에 이유를 내보인 것은 모양이 없는 까닭이라 하나니, 이른바 인연으로부터 체성이 없다. 그 모양은 자연히 비었으니 현상과 합치함은 이치의 법계이다. 그러므로 이 구절은 총상이 된다. (2) 세계가 함께 한 업으로 일어난 바인 연고요, (3) 법과 의례의 교법이 한 맛인 법계가 흐를 대상인 연고요, 나머지 여섯 구절은 함께 첫 구절에 준한다.

[鈔] 二, 世界者는 出現品에 當說이니라
● (2) 세계가 함께한 업이란 여래출현품에 마땅히 말하겠다.

ㄴ) 총합하여 결론하다[總結] (後菩 29下4)

菩薩이 如是以如虛空方便으로 了一切法이 皆無所有니라
보살이 이와 같이 허공과 같은 방편으로 일체 법이 모두 없는 줄을 아느니라.

[疏] 後, 菩薩如是下는 總結이니라
■ ㄴ) 菩薩如是 아래는 총합하여 결론함이다.

ㄴ. 허공 같은 인의 행법으로 성취한 이익[忍行成益] 3.
ㄱ) 허공 같은 인의 삼업과 업이 갖추어 얻음을 총합하여 밝히다
[總明得如空三業業具] (第二 29下7)

佛子여 菩薩摩訶薩이 以如虛空忍智로 了一切法時에 得如虛空身身業하며 得如虛空語語業하며 得如虛空意意業하나니라
불자여, 보살마하살이 허공과 같은 인의 지혜로 일체 법을 알 때에 허공 같은 몸과 몸으로 짓는 업을 얻으며, 허공 같은 말과 말로 짓는 업을 얻으며, 허공 같은 뜻과 뜻으로 짓는 업을 얻느니라.

[疏] 第二, 佛子下는 忍行成益이라 中에 三이니 初, 總明得如空三業業具니라
■ ㄴ. 佛子 아래는 허공 같은 인의 행법으로 성취한 이익이다. 그중에 셋이니 ㄱ) 허공 같은 인의 삼업과 업이 갖추어 얻음을 총합하여 밝힘이요,

ㄴ) 덕이 허공과 가지런함을 개별로 밝히다[別顯德齊虛空] 2.
(ㄱ) 전체 경문을 총합하여 해석하다[總釋全文] (二譬 30下9)

譬如虛空이 一切法依라 不生不歿인달하여 菩薩摩訶薩도 亦復如是하여 一切法身이 不生不歿하며 譬如虛空이 不可破壞인달하여 菩薩摩訶薩도 亦復如是하여 智慧諸力을 不可破壞하며 譬如虛空이 一切世間之所依止로되 而無所依인달하여 菩薩摩訶薩도 亦復如是하여 一切諸法之所依止로되 而無所依하며 譬如虛空이 無生無滅하되 能持一切世間生滅인달하여 菩薩摩訶薩도 亦復如是하여 無向無得하되 能示向得하여 普使世間으로 修行淸淨하며 譬如虛空이 無方無隅하되 而能顯現無邊方隅인달하여 菩薩摩訶薩도 亦復如是하여 無業無報하되 而能顯示種種業報하며 譬如虛空이 非行非住로되 而能示現種種威儀인달하여 菩薩摩訶薩도 亦復如是하여 非行非住로되 而能分別一切諸行하며 譬如虛空이 非色非非色이로되 而能示現種種諸色인달하여 菩薩摩訶薩도 亦復如是하여 非世間色非出世間色이로되 而能示現一切諸色하며 譬如虛空이 非久非近이로되 而能久住하여 現一切物인달하여 菩薩摩訶薩도 亦復如是하여 非久非近이로되 而能久住하여 顯示菩薩의 所行諸行하며 譬如虛空이 非淨非穢로되 不離淨穢인달하여 菩薩摩訶薩도 亦復如是하여 非障非無障이로되 不離障無障하며 譬如虛空이 一切世間은 皆現其前하되 非現一切世間之前인달하여 菩薩摩訶薩도 亦復如是하여 一切諸法이 皆現其前하되 非現一切諸法之前이며 譬如虛空이 普入一切하되 而無邊際인달하여 菩薩摩訶薩도 亦復如是하여 普入諸法하되

而菩薩心은 無有邊際니라

(1) 마치 허공에 온갖 법이 의지하지마는 나지도 않고 사라지지도 않듯이, 보살마하살도 그와 같아서 온갖 법의 몸이 나지도 않고 사라지지도 않느니라. (2) 허공을 깨뜨릴 수 없듯이, 보살마하살도 그와 같아서 지혜와 힘을 깨뜨릴 수 없느니라. (3) 허공이 일체 세간의 의지가 되면서도 의지할 바가 없듯이, 보살마하살도 그와 같아서 일체 법의 의지가 되면서도 의지할 바가 없느니라. (4) 허공이 나지도 않고 사라지지도 않으나 일체 세간의 나고 없어짐을 유지하듯이, 보살마하살도 그와 같아서 향함도 없고 얼음도 없으나 향하고 얼음을 보이어 세간의 수행을 청정케 하느니라. (5) 마치 허공이 방위도 없고 모퉁이도 없으나 그지없는 방위와 모퉁이를 나타내듯이, 보살마하살도 그와 같아서 업도 없고 과보도 없으나 가지가지 업과 과보를 나타내느니라. (6) 허공이 다니는 것도 아니고 머무는 것도 아니나 가지가지 위의를 나타내듯이, 보살마하살도 그와 같아서 다님도 아니고 머무름도 아니나 온갖 행을 능히 분별하느니라. (7) 허공이 빛도 아니고 빛 아님도 아니나 가지각색 빛을 나타내듯이, 보살마하살도 그와 같아서 세간 빛도 아니고 출세간의 빛도 아니나 온갖 빛을 나타내느니라. (8) 마치 허공이 오래지도 않고 가깝지도 않으나 능히 오래 머물러서 모든 물건을 나타내듯이, 보살마하살도 그와 같아서 오래지도 않고 가깝지도 않으나 능히 오래 머물러서 보살의 행할 바 행을 나타내느니라. (9) 허공이 깨끗하지도 않고 더럽지도 않으

나 깨끗하고 더러움을 여의지도 않듯이, 보살마하살도 그 와 같아서 막힌 것도 아니고 막힘이 없는 것도 아니나 막힘 과 막힘이 없음을 여의지도 않느니라. (10) 허공에는 일체 세간이 그 앞에 나타나는 것이고 일체 세간의 앞에 나타나 는 것이 아니듯이, 보살마하살도 그와 같아서 모든 법이 그 앞에 나타나고 모든 법의 앞에 나타나지 않느니라. (11) 허 공이 온갖 것에 두루 들어가도 끝이 없듯이, 보살마하살도 그와 같아서 온갖 법에 두루 들어가지마는 보살의 마음은 끝이 없느니라.

[疏] 二, 譬如下는 別顯德齊虛空이라 於中에 初二句는 一向喩實이니 無依로 爲依오 已下는 皆顯性相無礙니 從緣有故며 無性空故며 又此 二가 相卽故라 便成四句니 一, 緣生故로 空이며 緣生故로 有요 二, 無性故로 空이며 無性故로 有요 三, 緣生故로 有며 無性故로 空이요 四, 卽反此라 餘一異等도 並例此知니라

■ ㄴ) 譬如 아래는 덕이 허공과 가지런함을 개별로 밝힘이다. 그중에 (ㄱ) 두 구절은 한결같이 실법을 비유함이니, 의지함 없음으로 의지 를 삼고, 아래는 성품과 양상이 무애함을 모두 밝혔으니, 인연으로 부터 있는 연고며, 또한 이 둘이 서로 합치하는 까닭이다. 문득 네 구 절을 이루었으니, (1) 인연으로 생긴 연고로 공(空)이요, 인연으로 생 긴 연고로 유(有)이다. (2) 체성이 없는 연고로 공(空)이요, 체성이 없 는 연고로 유(有)이다. (3) 인연으로 생긴 연고로 유(有)이고 체성이 없는 연고로 공(空)이다. (4) 이와 반대이니 나머지는 하나와 다른 등 도 이것과 함께 유례하면 알 수 있으리라.

[鈔] 四卽反此者는 謂無性故有며 緣生故空이니 並如問明品하니라 若對經文하면 應言從緣有故로 爲世界依요 無性空故로 而無所依니라 四句가 但出空義니 所以差別耳니라
- (4) '이와 반대'란 이른바 체성이 없는 연고로 유(有)요 인연으로 생긴 연고로 공(空)이니, 함께 보살문명품과 같다. 만일 경문과 상대하면 응당히 말하되, "인연으로부터 유인 연고로 세계의 의지가 되며, 체성이 없이 공한 연고로 의지할 대상이 없다. 네 구절이 단지 공의 뜻을 내보이기 위함이니, 때문에 차별될 뿐이다.

(ㄴ) 마지막 두 구절을 개별로 해석하다[別釋末二句] (無法 31上7)

[疏] 無法出空故로 皆現其前이요 空不可見故로 不現法前이니 餘並文顯이니라
- 법에서 공이 나옴이 없는 연고로 모두 그 앞에 나타남이요, 공하여 볼 수 없는 연고로 법의 앞에 나타나지 않나니, 나머지는 경문과 함께하면 드러나리라.

[鈔] 無法出空下는 別釋이니 譬如虛空이 一切世間에 皆現其前호대 非現一切世間之前이니라
- (ㄴ) 無法出空 아래는 개별로 해석함이다. 비유컨대 허공과 같아서 온갖 세간이 모두 그 앞에 나타나지만 온갖 세간의 앞에 나타나는 것이 아니기도 하다.

ㄷ) 행법으로 얻은 이익의 이유를 묻고 해석하다[徵釋得益之由] 2.

(ㄱ) 질문하다[徵] (三何 31下4)
(ㄴ) 해석하다[釋] 2.
a. 지혜가 허공과 같음을 증득한 때문[智證齊空故] (先智)
b. 덕과 작용이 허공에 가득한 때문[德用滿空故] (後嚴)

何以故오 菩薩所作이 如虛空故니 謂所有修習과 所有 嚴淨과 所有成就가 皆悉平等하여 一體一味며 一種分量 이라 如虛空淸淨하여 徧一切處하니 如是證知一切諸法 하여 於一切法에 無有分別하니라
嚴淨一切諸佛國土하며 圓滿一切無所依身하며 了一切 方하여 無有迷惑하며 具一切力하여 不可摧壞하며 滿足 一切無邊功德하여 已到一切甚深法處하며 通達一切波 羅蜜道하여 普坐一切金剛之座하며 普發一切隨類之音 하여 爲一切世間하여 轉於法輪하여 未曾失時하나니

무슨 까닭인가? 보살의 짓는 일이 허공과 같은 까닭이니, 닦아 익힌 것과 깨끗하게 장엄한 것과 성취한 것이 모두 평등하여 한 가지 체성이며, 한 가지 맛이며, 한 가지 분량으로서 허공이 청정하여 온갖 곳에 두루한 것과 같이 이렇게 모든 법을 증명하여 알되 모든 법에 분별이 없느니라.

(1) 온갖 부처님의 국토를 깨끗하게 장엄하며, (2) 온갖 의지한 데 없는 몸을 원만하며, (3) 온갖 방위를 알아 미혹하지 아니하며, (4) 온갖 힘을 갖추어 깨뜨릴 수 없으며, (5) 온갖 그지없는 공덕을 만족하며, (6) 온갖 깊고 깊은 법의 처소에 이르렀으며, (7) 온갖 바라밀다의 길을 통달하며,

(8) 온갖 금강좌에 두루 앉으며, (9) 온갖 종류를 따르는 음성을 내며, (10) 온갖 세간을 위하여 법 바퀴를 굴리면서 한 번도 때를 잃지 아니하나니,

[疏] 三, 何以下는 徵釋得益之由라 所以得者는 釋意에 云, 空觀成故라 於中에 二니 先, 智證齊空故라 一體者는 眞如平等故요 一味者는 解脫不殊故요 一種分量者는 大小가 皆稱性故라 後, 嚴淨下는 德用滿空故니라

- ㄷ) 何以 아래는 행법으로 얻은 이익의 이유를 묻고 해석함이다. 얻은 이유는 의미를 해석하여 말하되, "공관으로 성취한 까닭이다"라 하였고, 그중에 둘이다. a. 지혜가 허공과 같음을 증득한 때문이니 '온갖 것'이란 진여가 평등한 까닭이다. '한 맛'이란 해탈함이 다르지 않기 때문이다. '한 가지 분량'이란 크고 작음이 모두 성품과 칭합한 까닭이다. b. 嚴淨 아래는 덕과 작용이 허공에 가득한 때문이다.

[鈔] 一味解脫者는 涅槃에 云, 一切가 同一甘露요 一解脫味라하며 淨名에 云, 解脫味로 爲漿故라하니라 餘文과 及頌은 文並可知니라 十忍品은 竟하다

- '한 맛으로 해탈함'이란 『열반경』에 이르되, "온갖 것이 동일한 감로이며, 한결같이 해탈한 맛이다"라고 하였고, 『유마경』에 이르되, "해탈한 맛으로 간장을 삼은 까닭이다"라 하였다. 나머지 경문과 게송은 경문과 함께하면 알 수 있으리라. 제29. 십인품은 마친다.

다) 명칭을 결론하다[結名] (結名 32上6)

是名菩薩摩訶薩의 第十如空忍이니라
이것을 보살마하살의 열째 허공 같은 인이라 하느니라.

[疏] 結名을 可知로다
- 다) 명칭을 결론함은 알 수 있으리라.

라) 허공 같은 인의 결과[果] (果中 33上3)

菩薩摩訶薩이 成就此忍에 得無來身이니 以無去故며 得無生身이니 以無滅故며 得不動身이니 以無壞故며 得不實身이니 離虛妄故며 得一相身이니 以無相故며 得無量身이니 佛力無量故며 得平等身이니 同如相故며 得無差別身이니 等觀三世故며 得至一切處身이니 淨眼等照하여 無障礙故며 得離欲際身이니 知一切法이 無合散故며 得虛空無邊際身이니 福德藏無盡이 如虛空故며 得無斷無盡法性平等辯才身이니 知一切法相이 唯是一相이라 無性爲性이 如虛空故며 得無量無礙音聲身이니 無所障礙이 如虛空故며 得具足一切善巧淸淨菩薩行身이니 於一切處에 皆無障礙이 如虛空故며 得一切佛法海次第相續身이니 不可斷絶이 如虛空故며 得一切佛刹中現無量佛刹身이니 離諸貪着이 如虛空無邊故며 得示現一切自在法無休息身이니 如虛空大海無邊際故며 得一切不可壞堅固勢力身이니 如虛空이 任持一切世間故며 得諸根明利가 如金剛堅固不可壞身이니 如虛空이 一切劫火가

不能燒故며 得持一切世間力身이니 智慧力이 如虛空故라

보살마하살이 이 인을 성취하면 (1) 옴이 없는 몸을 얻나니 가는 일이 없는 까닭이며, (2) 남이 없는 몸을 얻나니 사라짐이 없는 까닭이며, (3) 동하지 않은 몸을 얻나니 깨뜨릴 수 없는 까닭이며, (4) 실제 아닌 몸을 얻나니 허망을 여읜 까닭이며, (5) 한 모양인 몸을 얻나니 모양이 없는 까닭이며, (6) 한량없는 몸을 얻나니 부처님 힘이 한량이 없는 까닭이며, (7) 평등한 몸을 얻나니 진여의 모양과 같은 까닭이며, (8) 차별 없는 몸을 얻나니 세 세상을 평등하게 보는 까닭이며, (9) 온갖 곳에 이르는 몸을 얻나니 깨끗한 눈으로 평등하게 비추어 장애를 여의는 까닭이며, (10) 탐욕의 경계를 여의는 몸을 얻나니 일체 법이 모이고 흩어짐이 없음을 아는 까닭이니라.

(11) 허공처럼 끝이 없는 몸을 얻나니 복덕광이 그지없이 허공과 같은 까닭이며, (12) 끊임없고 다함없는 법의 성품이 평등한 변재의 몸을 얻나니 모든 법의 모양이 오직 한 모양이어서 성품이 없으므로 성품을 삼아 허공과 같음을 아는 까닭이며, (13) 한량없고 걸림 없는 음성의 몸을 얻나니 장애 없기 허공과 같은 까닭이며, (14) 모든 교묘함을 구족하여 청정한 보살행의 몸을 얻나니 온갖 곳에서 장애가 없음이 허공과 같은 까닭이며, (15) 온갖 부처님의 법 바다가 차례로 계속하는 몸을 얻나니 끊을 수 없음이 허공과 같은 까닭이니라. (16) 모든 세계에 한량없는 부처님 세계를 나

타내는 몸을 얻나니 탐욕과 집착을 여의는 것이 허공처럼 그지없는 까닭이며, (17) 온갖 자재한 법을 나타내어 쉬지 않는 몸을 얻나니 허공 바다와 같이 끝이 없는 까닭이며, (18) 온갖 것이 깨뜨릴 수 없는 견고한 세력이 있는 몸을 얻나니 허공처럼 일체 세간을 맡아 지니는 까닭이며, (19) 모든 근의 날카로움이 금강같이 견고하여 깨뜨릴 수 없는 몸을 얻나니 허공과 같이 모든 겁말의 불이 태우지 못하는 까닭이며, (20) 일체 세간을 유지하는 힘의 몸을 얻나니 지혜의 힘이 허공과 같은 까닭이니라.

[疏] 果中에 得二十種身이라 前十은 與十行과 及離世間으로 大分相似라 然이나 通相이 多從德用하여 立名이니 可以意得이니라
- 라) 허공 같은 인의 결과 중에 20종류의 몸을 얻나니, 앞의 열 가지는 십행품과 이세간품으로 크게 나누면 같다. 그러나 전체 모양으로 대부분 덕스러운 작용에서 나와서 명칭을 세움이니 의미로 얻을 수 있다.

4) 열 가지 인의 명칭을 총합 결론하다[總結十忍] (大文 33上6)

佛子여 是名菩薩摩訶薩의 十種忍이니라
불자여, 이것을 보살마하살의 열 가지 인이라 하느니라."

[疏] 大文第四, 佛子로 至是名下는 總結十忍이니라
- 큰 문단으로 4) 佛子至是名 아래는 열 가지 인의 명칭을 총합 결론함이다.

2. (107개) 게송으로 거듭 노래하다[偈頌] 2.

1) 100개 게송은 앞을 노래하다[一百偈頌前] 2.
(1) 과목 나누기[分科] (第二 33上10)

爾時에 普賢菩薩摩訶薩이 欲重宣其義하사 而說頌言하시되
이때 보현보살마하살이 그 뜻을 다시 펴려고 게송을 말하였다.

[疏] 第二, 祇夜가 一百七頌을 大分爲二니 百偈는 頌前이요 七偈는 結歎이라 前中에 但頌廣釋이니 即爲十段이요 段各十偈라 初, 有十頌은 頌音聲忍이라

- 2. 게송으로 노래함이다. 107개 게송을 크게 둘로 나누리니 1) 100개 게송은 앞을 노래함이요, 2) 일곱 게송은 결론하여 찬탄함이다. 1) 중에 단지 자세한 해석을 노래함은 열 문단이니 문단마다 각기 열 게송이다. 가. 열 게송은 음성인을 노래함이다.

(2) 과목에 따라 해석하다[隨釋] 10.

가. 열 게송은 음성인을 노래하다[十偈頌音聲忍] 2.
가) 두 게송은 들은 바가 부처님의 설법[二偈頌所聞佛說] (於中 33下2)

1 譬如世有人이   聞有寶藏處하고

以其可得故로　　　　心生大歡喜하네
　　　세간의 어떤 사람
　　　보배 광 있음을 알고
　　　찾을 수 있다고 해서
　　　즐거운 마음을 내네.

2　　如是大智慧인　　　　菩薩眞佛子가
　　　聽聞諸佛法의　　　　甚深寂滅相이로다
　　　이러한 큰 지혜 있는 보살
　　　참으로 부처님 아들
　　　부처님의 깊고도 깊은
　　　고요한 이치를 듣나니

[疏] 於中에 先, 二偈는 頌所聞佛說이요
■ 그 중에 가) 두 게송은 들은 바 부처님의 설법을 노래함이다.

나) 여덟 게송은 듣는 주체의 법에 들어감을 노래하다
　　[八偈頌能聞入法] 6.
(가) 한 게송은 놀라거나 두려워하지 않음을 노래하다 (餘頌 34上1)

3　　聞此深法時에　　　　其心得安隱하여
　　　不驚亦不怖하며　　　亦不生恐畏로다
　　　이 깊은 법 들었을 때
　　　그 마음 편안해지고

놀라지도 무섭지도 않아
두려운 생각 생기지 않고

(나) 한 게송은 깊은 믿음을 노래하다

4 　大士求菩提에　　　　　聞斯廣大音하고
　　心淨能堪忍하여　　　　於此無疑惑이로다
　　보살이 보리를 구할 제
　　이 광대한 음성 듣고
　　마음이 깨끗하고 견딜 수 있어
　　조금도 의심 없나니

(다) 한 게송은 깨달아 아는 것을 노래하다

5 　自念以聞此　　　　　　甚深微妙法으로
　　當成一切智　　　　　　天人大導師로다
　　깊고도 미묘한
　　이 법문 듣고
　　온갖 지혜 이루어
　　삼계의 대도사 될 줄 알며

(라) 두 게송은 사랑하고 즐거워함을 노래하다

6 　菩薩聞此音하고　　　　其心大歡喜하여

　　　　發生堅固意하여　　　　願求諸佛法이로다
　　　　보살이 이 음성 듣고
　　　　그 마음 매우 즐겁고
　　　　견고한 뜻을 내어
　　　　부처님 법 구하려 하며

7　　以樂菩提故로　　　　　其心漸調伏하여
　　　　令信益增長하여　　　　於法無違謗이로다
　　　　보리를 좋아하는 사람들
　　　　마음은 점점 조복하고
　　　　믿음이 더욱 늘어서
　　　　법을 비방하지 않으며

(마) 한 게송은 닦고 익혀서 안주함을 노래하다

8　　是故聞此音에　　　　　其心得堪忍하여
　　　　安住而不動하여　　　　修行菩薩行이로다
　　　　이러한 말씀 듣고는
　　　　감당할 수 있는 마음
　　　　편안히 머물러 동하지 않고
　　　　보살의 행을 항상 닦으며

(바) 두 게송은 취향하여 전심으로 기억함을 노래하다

9　爲求菩提故로　　　　　專行向彼道하여
　　精進無退轉하여　　　不捨衆善軛이로다
　　보리를 구하려고
　　저 길로 향해 나아가
　　정진하고 물러서지 않으며
　　선한 멍에 버리지 않고

10　以求菩提故⁷³⁾로　　　其心無恐畏하여
　　聞法增勇猛하여　　　供佛令歡喜로다
　　보리에 가는 길 찾아
　　두려운 마음이 없고
　　법을 들으면 더욱 용맹해
　　부처님 공양하여 환희케 하네.

[疏] 餘頌은 能聞入法이라 於中에 一偈는 頌不驚怖畏요 一偈는 深信이요 一偈는 悟解요 二偈는 愛樂이요 一偈는 修習安住요 後, 二偈는 頌趣向專心憶念이니라

■ 나) 여덟 게송은 듣는 주체가 법에 들어감을 노래함이다. 그중에 (가) 한 게송은 놀라거나 두려워하지 않음을 노래함이요, (나) 한 게송은 깊은 믿음을 노래함이요, (다) 한 게송은 깨달아 아는 것을 노래함이요, (라) 두 게송은 사랑하고 즐거워함을 노래함이요, (마) 한 게송은 닦고 익혀서 안주함을 노래함이요, (마) 두 게송은 취향하여 전심으로 기억함을 노래함이다.

---

73) 故는 明淸綱杭敦纂金本作道, 麗宋元合續本作故, 合注云故, 宋南北藏作道라 하다.

나. 열 게송은 따라 주는 인을 노래하다[十偈頌順忍] 4.
가) 한 게송의 세 구절은 사유에 대해 노래하다[初一偈三句頌思惟]

(二有 34下4)

11 如有大福人이   獲得眞金藏에
    隨身所應服하여
    큰 복 받는 사람
    황금 항아리 얻어
    몸을 꾸미는 데 필요한

나) 두 게송과 한 구절은 수순하여 알아서 마음을 깨끗하게 함을 노래하다
    [二偈一句頌隨順了知令心淸淨] (經/造作 34上4)

12 造作莊嚴具인달하여
    장엄거리 만들 듯

13 菩薩亦如是하여   聞此甚深義에
    思惟增智海하여   以修隨順法이로다
    보살도 역시 그러해
    깊은 법문 듣고
    생각하고 지혜 늘어서
    수순하는 법 닦나니

14 法有亦順知하며   法無亦順知하여

　　　　隨彼法如是하여　　　　如是知諸法이로다
　　　　법이 있어도 따라서 알고
　　　　법이 없어도 따라서 알며
　　　　저 법이 어떠함을 따라서
　　　　그렇게 법을 아나니

다) 한 게송은 각기 평등하여 위배됨 없음을 노래하다
　　[一各頌觀察平等無違]

15　　成就淸淨心하여　　　　明徹大歡喜하며
　　　知法從緣起하여　　　　勇猛勤修習이로다
　　　깨끗한 마음 이루어
　　　분명히 깨닫고 즐거워
　　　인연으로 생긴 법 알고
　　　용맹하게 닦아 익히며

라) 여섯 게송은 바로 머물러 수습함을 노래하다[餘頌正住修習]
　　　　　　　　　　　　　　　(經/平等 34上8)

16　　平等觀諸法하여　　　　了知其自性하고
　　　不違佛法藏하여　　　　普覺一切法이로다
　　　모든 법 평등하게 보고
　　　그 성품 분명히 알며
　　　부처님 법 어기지 않고

온갖 법 두루 깨닫네.

17 志樂常堅固하여　　　　　嚴淨佛菩提하며
　　不動如須彌하여　　　　　一心求正覺이로다
　　좋아하는 뜻 항상 견고해
　　부처의 보리 깨끗이 장엄하며
　　수미산처럼 동요치 않고
　　일심으로 바른 깨달음 구해

18 以發精進意하고　　　　　復修三昧道하되
　　無量劫勤行하여　　　　　未曾有退失이로다
　　꾸준히 노력하여
　　다시 삼매 닦으며
　　오랜 세월 부지런히 수행하여
　　한번도 물러나지 않았고

19 菩薩所入法이　　　　　　是佛所行處라
　　於此能了知하여　　　　　其心無厭怠로다
　　보살의 들어간 법은
　　부처님의 행하시던 곳
　　이것을 분명히 알아
　　게으른 마음이 없고

20 如無等所說하여　　　　　平等觀諸法하여

非不平等忍으로　　　能成平等智로다
　　　견줄 데 없는 이의 말씀과 같이
　　　평등하게 모든 법 보면
　　　평등한 인 아닌 것 없어
　　　평등한 지혜 능히 이루리.

21　隨順佛所說하여　　　成就此忍門에
　　　如法而了知하되　　　亦不分別法이로다
　　　부처님의 말씀하신 대로
　　　이 인의 문을 성취하면
　　　법과 같이 분명히 알면서도
　　　법을 분별하지 않으리.

[疏] 二, 有十偈는 頌順忍이라 於中에 初一偈의 三句는 頌思惟요 次, 二偈一句는 頌隨順了知하여 令心淸淨이요 次, 一은 各頌觀察平等無違요 餘, 頌正住修習이니라

- 나. 열 게송은 따라 주는 인을 노래함이다. 그중에 가) 한 게송의 세 구절은 사유에 대해 노래함이요, 나) 두 게송과 한 구절은 수순하여 알아서 마음을 깨끗하게 함을 노래함이다. 다) 한 게송은 평등하여 위배됨 없음을 각기 노래함이요, 라) (여섯 게송은) 바로 머물러 수습함을 노래함이다.

다. 열 게송은 생사 없는 인을 노래하다[十偈頌無生忍] 3.
가) 세 게송은 표방하다[三頌標] (三有 34下10)

22 三十三天中에　　　　　所有諸天子가
　　共同一器食하되　　　所食各不同하니
　　삼십삼천 가운데
　　있는 하늘 사람들
　　한 그릇에 밥을 먹지만
　　먹는 밥 제각기 달라

23 所食種種食이　　　　不從十方來라
　　如其所修業으로　　　自然咸在器니
　　제각기 다른 여러 가지 밥
　　시방에서 오는 것 아니고
　　그들의 닦은 업으로
　　저절로 그릇에 담기니

24 菩薩亦如是하여　　　觀察一切法이
　　悉從因緣起하여　　　無生故無滅이로다
　　보살들도 그와 같아서
　　온갖 법 살펴보건대
　　인과 연으로 생기는 것
　　나지 않으매 사라짐이 없으며

[疏] 三, 有十偈는 頌無生忍이라 初, 三頌은 標니 以前三忍은 皆是法說일새 故로 偈初에 各加其喩니라

■ 다. 열 게송은 생사 없는 인을 노래함이다. 가) 세 게송은 표방함이

니 앞의 세 가지 인은 모두 법으로 설함이므로 게송의 첫 구절은 각기 그 비유를 더하였다.

나) 네 게송은 해석을 노래하다[四頌釋] (次四 35上6)

25 　無滅故無盡이요　　　　　無盡故無染이니
　　　於世變異法에　　　　　　了知無變異하며
　　　사라지지 않으매 다함이 없고
　　　다함이 없으매 물들지 않아
　　　세상의 변하는 법에
　　　변함이 없음을 알고

26 　無異則無處요　　　　　　無處則寂滅이니
　　　其心無染着하여　　　　　願度諸群生이로다
　　　변함이 없으매 처소가 없고
　　　처소가 없으므로 고요하나니
　　　마음이 물들지 않아
　　　중생을 건지려 하네.

27 　專念於佛法하여　　　　　未嘗有散動하고
　　　而以悲願心으로　　　　　方便行於世로다
　　　부처님 법 오로지 생각하여
　　　언제나 산란치 않고
　　　자비와 서원하는 마음

　　　　방편으로 세상에 다니며

28　勤求於十力하여　　　　　處世而不住[74]하며
　　無去亦無來하여　　　　　方便善說法이로다
　　열 가지 힘 애써 구하여
　　세상에 있으나 머물지 않고
　　가는 것 없고 오는 것 없이
　　방편으로 법을 말하네.

[疏] 次, 四頌은 釋이요
■ 나) 네 게송은 해석을 노래함이요.

다) 세 게송은 결론을 노래하다[三頌結] (後三 35上10)

29　此忍最爲上이라　　　　　了法無有盡하여
　　入於眞法界하되　　　　　實亦無所入이로다
　　이 인이 가장 높아서
　　모든 법 다함이 없고
　　참 법계에 들어가지만
　　실제로는 들어갈 것도 없어

30　菩薩住此忍에　　　　　　普見諸如來가
　　同時與授記니　　　　　　斯名受佛職이로다

---

74) 力은 續金本作方, 合注云力, 宋論作方이라 하다.

보살들이 인에 머물면
　　　여러 부처님 두루 뵈오며
　　　같은 때에 수기 받나니
　　　이것을 부처님 직책 받는다고.

31　了達三世法의　　　　　寂滅淸淨相이나
　　而能化衆生하여　　　　置於善道中이로다
　　세 세상 모든 법
　　고요하고 청정함 알고
　　중생들을 교화해
　　좋은 길에 두나니

[疏] 後, 三은 結歎이니라
　■ 다) 세 게송은 결론하여 찬탄함이요,

라. 열 게송은 요술 같은 인을 노래하다[十偈頌如幻忍] 2.

가) 여섯 게송은 간략히 설명하다[頌略說] 2.
(가) 네 게송은 법이 비유와 같음을 가리키다[四頌指法同喩] (第四 35下5)

32　世間種種法이　　　　　一切皆如幻하니
　　若能如是知하면　　　　其心無所動이로다
　　세간의 갖가지 법
　　모두 요술과 같아

만일 이렇게 알면
　　　그 마음 동요치 않으리.

33　諸業從心生일새　　　　故說心如幻이니
　　若離此分別하면　　　　普滅諸有趣로다
　　모든 업 마음에서 생기매
　　마음이 요술 같다 하지만
　　이 분별 여읠 수 있으면
　　여러 길이 없어지나니

34　譬如工幻師가　　　　普現諸色像하여
　　徒令衆貪樂이나　　　　畢竟無所得인달하여
　　마치 요술하는 사람
　　갖가지 모양 만들어 내어
　　여럿으로 즐겁게 하지만
　　필경은 아무 것도 없어.

35　世間亦如是하여　　　　一切皆如幻이라
　　無性亦無生이나　　　　示現有種種이로다
　　이 세상 그와 같아서
　　모든 것 요술인 것이니
　　성품도 없고 나는 것 없지만
　　가지가지로 빚어내는 것.

[疏] 第四, 頌如幻忍이라 初, 六頌은 略說이요 於中에 前四頌은 指法同喩와 及顯緣相이요
- 라. 열 게송은 요술 같은 인을 노래함이다. 가) 여섯 게송은 간략히 설명함이요, 그중에 (가) 네 게송은 법이 비유와 같음을 가리킴과 인연의 양상을 밝힘이다.

(나) 두 게송은 인행을 성취함을 노래하다[二頌忍行成就] (後二 35下9)

36　度脫諸衆生하여　　令知法如幻이나
　　衆生不異幻이니　　了幻無衆生이로다
　　중생들을 건지어
　　요술 같은 법 알게 하지만
　　중생도 요술과 다를 것 없나니
　　요술인 줄 알면 중생도 없어

37　衆生及國土와　　　三世所有法이
　　如是悉無餘하여　　一切皆如幻이로다
　　중생이나 국토나
　　세 세상 모든 법
　　하나도 남길 것 없이
　　모두가 요술 같나니

[疏] 後, 二頌은 成就忍行이요
- (나) 두 게송은 인행 성취함을 노래함이요,

제29. 십인품 ② 2. 偈頌　247

나) 네 게송은 자세하게 설함을 노래하다[四頌廣說] 3.
(가) 두 게송은 비유를 노래하다[二頌頌喩] (後四 36上2)

38　幻作男女形과　　　　　及象馬牛羊과
　　屋宅池泉類와　　　　　園林華果等이나
　　요술을 부려서 남자와 여자
　　코끼리 · 말 · 소와 양들과
　　집과 못과 샘물과
　　숲과 동산과 꽃을 만들지만

39　幻物無知覺이며　　　　亦無有住處하여
　　畢竟寂滅相이라　　　　但隨分別現이니
　　요술로 된 것들 지각이 없고
　　있는 데도 없어서
　　끝까지 고요한 것이나
　　분별을 따라 나타날 뿐.

[疏] 後, 四頌은 廣이라 於中에 初二頌은 喩요

■ 나) 네 게송은 자세하게 설함이다. 그중에 (가) 두 게송은 비유를 노래함이요,

(나) 한 게송은 비유와 합함을 노래하다[一頌頌合] (次一 36上4)

40　菩薩能如是하여　　　　普見諸世間에

有無一切法하고　　　　了達悉如幻이로다
보살도 그와 같아서
모든 세간을 두루 보지만
있고 없는 모든 법
요술 같은 줄 알고

[疏] 次, 一頌은 合이요
■ (나) 한 게송은 비유와 합함을 노래함이요,

(다) 한 게송은 행법 성취함을 노래하다[一頌頌成行] (後一 36上6)

41　衆生及國土가　　　　種種業所造라
　　入於如幻際하여　　　於彼無所着이로다
　　중생과 국토들
　　모두 업으로 생긴 것
　　요술과 같아진다면
　　거기에 집착할 것 없으리.

[疏] 後, 一頌은 忍行成이니라
■ (다) 한 게송은 행법 성취함을 노래함이요,

마. 열 게송은 아지랑이 같은 인을 노래하다[十偈頌如焰忍] 4.
가) 한 게송은 앞을 포섭하고 뒤를 시작하다[一頌攝前生後]
　　　　　　　　　　　　(第五 36上8)

제29. 십인품 ② 2. 偈頌　249

42　如是得善巧하여　　　　寂滅無戱論이라
　　住於無礙地하여　　　　普現大威力이로다
　　이러하게 교묘함 얻으면
　　고요하고 실없는 말 없이
　　걸림 없는 자리에 머물러
　　큰 위엄 두루 나투리라.

[疏] 第五, 如是下는 頌如焰忍이라 初一은 躡前生後하여 以明觀意요
■ 마. 如是 아래 (열 게송은) 아지랑이 같은 인을 노래함이다. 가) 한 게송은 앞을 포섭하고 뒤를 시작함이니, 관찰함의 뜻을 밝힘이다.

나) 다섯 게송은 법이 비유와 같음을 가리키다[五頌指法同喩]
　　　　　　　　　　　　　　　　　(次五 36下5)

43　勇猛諸佛子가　　　　　隨順入妙法하여
　　善觀一切想이　　　　　纏網於世間이로다
　　용맹한 불자들
　　묘한 법에 따라 들어가
　　온갖 생각이
　　세간에 얽매인 줄 관찰하리니

44　衆想如陽焰하여　　　　令衆生倒解어든
　　菩薩善知想하여　　　　捨離一切倒로다
　　모든 망상 아지랑이 같아서

중생의 뒤바뀐 소견 내게 하나니
보살은 망상인 줄 분명히 알아
모든 뒤바뀐 생각 여의고

45 衆生各別異하여　　　　形類非一種이나
　　了達皆是想이라　　　一切無眞實이로다
　　중생들 제각기 달라
　　형상이 한 가지 아니니
　　모두 다 망상인 줄 알면
　　하나도 진실한 것 없고

46 十方諸衆生이　　　　　皆爲想所覆니
　　若捨顚倒見이면　　　則滅世間想이로다
　　시방의 중생들
　　허망한 생각에 덮였으니
　　뒤바뀐 소견 버리면
　　세간의 망상 사라지리라.

47 世間如陽焰하여　　　　以想有差別이니
　　知世住於想이면　　　遠離三顚倒로다
　　세간이 아지랑이 같아서
　　생각 때문에 차별 있나니
　　세상이 망상에 머문 줄 알면
　　세 가지 뒤바뀜 멀리 여의리.

[疏] 次, 五頌은 指法同喩요
- 나) 다섯 게송은 법이 비유와 같음을 가리킴이요,

다) 한 게송은 비유로 견주다[一頌喩況] (次一 36下7)

48 譬如熱時焰을 　　世見謂爲水나
　　水實無所有라 　　智者不應求인달하여
　　더운 날 아지랑이를
　　세상이 물인 줄 알지만
　　실제로는 물이 아니니
　　지혜 있는 이 누가 구하랴.

[疏] 次, 一頌은 喩요
- 다) 한 게송은 비유로 견줌이요,

라) 세 게송은 법과 비유를 합하다[三頌合法] (後三 37上1)

49 衆生亦復然하여 　　世趣皆無有니
　　如焰住於想하면 　　無礙心境界로다
　　중생도 그와 같아서
　　세상 길 모두 없는 것
　　아지랑이 생각이 있는 듯
　　걸림이 없는 마음의 경계라.

50 若離於諸想하고　　　　　亦離諸戲論하면
　　愚癡着想者로　　　　　悉令得解脫이로다
　　모든 생각을 떠나고
　　실없는 말까지 여의면
　　생각에 집착한 어리석은 이
　　모두 해탈 얻으리.

51 遠離憍慢心하며　　　　　除滅世間想하고
　　住盡無盡處가　　　　　是菩薩方便이로다
　　교만한 마음 여의고
　　세간이란 생각 멸하여
　　다하고도 다함없는 데 머물면
　　이것이 보살의 방편이라네.

[疏] 後, 三頌은 合이니라
■ 라) 세 게송은 법과 비유를 합함이다.

바. 열 게송은 꿈과 같은 인을 노래하다[十偈頌如夢忍] 9.
가) 한 게송은 변하고 달라짐이 없음을 노래하다 (第六 37下2)

52 菩薩了世法의　　　　　一切皆如夢하여
　　非處非無處라　　　　　體性恒寂滅이로다
　　보살은 세상의 모든 법
　　꿈과 같은 줄 알면

제29. 십인품 ② 2. 偈頌　253

처소도 아니고 처소가 없지도 않아
　　　성품이 항상 고요하리니

나) 한 게송은 자체 성품을 노래하다

53　諸法無分別이라　　　　如夢不異心하니
　　 三世諸世間이　　　　　一切悉如是로다
　　 모든 법 분별이 없이
　　 꿈인 듯 마음과 다르지 않고
　　 세 세상 모든 세간도
　　 모두 이와 같나니

다) 한 게송은 집착을 여의면 해탈함을 노래하다

54　夢體無生滅이며　　　　亦無有方所라
　　 三界悉如是니　　　　　見者心解脫이로다
　　 꿈이란 남도 멸함도 없고
　　 있는 처소도 없어
　　 세 가지 세계도 이와 같나니
　　 보는 이 마음이 해탈.

라) 성품이 여읨을 노래하다

55　夢不在世 間이며　　　　不在非世間이니

此二不分別하면 　　　　得入於忍地로다
꿈은 세간에 있지도 않고
세간 아닌 데도 있지 않아
이 두 가지 분별치 않으면
꿈 같은 인에 들어가리라.

마) 나타낼 대상을 노래하다

56　譬如夢中見　　　　種種諸異相인달하여
　　世間亦如是하여　　與夢無差別이로다
　　마치 꿈속에서
　　갖가지 다른 모양 보듯이
　　세간도 그와 같아서
　　꿈이나 다를 것 없어

바) 각기 본 성품을 노래하다

57　住於夢定者는　　　了世皆如夢하여
　　非同非是異며　　　非一非種種이로다
　　꿈 삼매에 머무른 이
　　세상이 꿈인 줄 알아
　　같지도 않고 다르지 않고
　　하나도 아니고 여럿도 아니니

사) 두 게송은 차별 없음을 노래하다

58 衆生諸刹業과　　　　雜染及淸淨을
　　如是悉了知　　　　與夢皆平等이로다
　　중생과 모든 세계와 업
　　더럽기도 청정하기도 하니
　　이렇게 모든 것 알면
　　꿈과 같아서 평등하리라.

59 菩薩所行行과　　　　及以諸大願이
　　明了皆如夢하여　　與世亦無別이로다
　　보살의 닦는 행이나
　　여러 가지 서원들
　　분명히 꿈과도 같고
　　세간과 다를 것 없어

아) 생각으로 분별함을 노래하다

60 了世皆空寂이나　　　不壞於世法이
　　譬如夢所見　　　　長短等諸色이니
　　세상이 고요한 줄 알지만
　　세상 법을 헐지도 않아
　　마치 꿈속에 보는 것
　　길기도 짧기도 하나니

자) (꿈에서) 깨었을 때를 노래하다

61　是名如夢忍이라　　　因此了世法하면
　　疾成無礙智하여　　　廣度諸群生이로다
　　이것은 꿈과 같은 인이라
　　이렇게 세상법 알면
　　걸림 없는 지혜 속히 이루어
　　중생을 널리 건지리.

[疏] 第六, 菩薩了下는 頌如夢忍이라 中에 正頌前合하고 兼頌標喩니라 十頌은 頌前九句하니 一은 頌無變異요 二, 一頌은 頌自性이니 上二는 兼頌標法이요 三, 頌執着이니 翻則解脫이라 兼頌前喩요 四, 頌性離요 五, 超頌所現이요 六, 各頌本性이요 七八二頌은 頌無差別이요 九, 頌想分別이요 十, 頌覺時니 思之면 可了니라

■ 바. 菩薩了 아래의 (열 게송은) 꿈과 같은 인을 노래함이다. 그중에 앞의 합함을 바로 노래하고, 겸하여 표방하고 비유를 노래함이다. 열 게송은 앞(장항)의 아홉 구절을 노래함이다. 가) 한 게송은 변하고 달라짐이 없음이요, 나) 한 게송은 자체 성품을 노래함이요, 위의 둘은 겸하여 법을 표방함을 노래함이요, 다) 한 게송은 집착을 노래함이니, (집착은) 뒤바꾸면 해탈함이요, 겸하여 앞의 비유를 노래함이다. 라) 성품이 여읨을 노래함이요, 마) 한 게송은 나타낼 대상을 건너뛰어 노래함이요, 바) 각기 본 성품을 노래함이요, 사) 일곱째 여덟째 두 게송은 차별 없음을 노래함이요, 아) 생각으로 분별함을 노래함이요, 자) (꿈에서) 깨었을 때를 노래함이다. 생각하면 알 수 있으리라.

사. 열 게송은 메아리 같은 인을 노래하다[十偈頌如響忍] 4.
가) 한 게송은 인행을 닦은 원인[一偈頌忍行所因] (第七 37下8)

62　修行如是行하면　　　　出生廣大解하여
　　巧知諸法性이나　　　　於法心無著이로다
　　이러한 행을 닦고
　　광대한 지혜를 내어
　　법의 성품을 잘 알면
　　마음에 집착이 없고

[疏] 第七, 修行下는 頌如響忍이라 初一偈는 頌忍行所因이라 文에 云, 修行如是行이 似結前喩나 旣言知諸法性이라하나니 義同忍行이니라

■ 사. 修行 아래 (열 게송은) 메아리 같은 인을 노래함이다. 가) 한 게송은 인행을 닦은 원인을 노래함이다. 경문에 이르되, '이러한 행을 닦음'은 앞의 비유를 결론함과 같지만, 이미 '법의 성품을 안다'고 말하나니 뜻이 인행과 같다.

나) 두 게송은 온갖 세간의 소리를 메아리같이 듣다
　　[二偈頌聞一切聲如響] (次二 38上3)

63　一切諸世間에　　　　　種種諸音聲이
　　非內亦非外라　　　　　了之悉如響이니[75]
　　모든 세간에 있는

---

[75] 之는 續金本作知, 準晋經應從麗宋元明本作之라 하다.

가지가지 음성들
안도 아니고 바깥도 아니니
모두 메아리 같네.

64 　如聞種種響하고　　　　心不生分別하여
　　菩薩聞音聲에　　　　其心亦如是로
　　메아리를 들어도
　　마음이 분별 없듯이
　　보살이 음성을 듣는
　　마음도 그와 같나니

[疏] 次二偈는 頌聞一切聲이 如響이요
■ 나) 두 게송은 온갖 세간의 소리를 메아리같이 들음을 노래함이요,

다) 두 게송은 여래의 음성이 메아리 같음을 알다[二偈頌知如來聲如響]
(次二 38上6)

65 　瞻仰諸如來하며　　　　及聽說法音과
　　演契經無量에　　　　雖聞無所着이로다
　　여러 여래를 앙모하고
　　법문 말하는 음성 들으며
　　한량없이 경을 말씀하심
　　들어도 집착이 없어

66　如響無來處하여　　　所聞聲亦然하되
　　而能分別法하여　　　與法無乖謬로다
　　메아리가 온 데 없듯이
　　듣는 음성도 그러하지만
　　능히 법을 분별하여서
　　법과 어기지 않나니

[疏] 次, 二는 頌知如來聲이 如響이요
　■ 다) 두 게송은 여래의 음성이 메아리 같음을 아는 것을 노래함이요,

라) 다섯 게송은 인행을 성취한 이익을 노래하다[五偈頌忍成之益]

(餘頌 38下2)

67　善了諸音聲하여　　　於聲不分別하여
　　知聲悉空寂이나　　　普出淸淨音이로다
　　여러 음성을 잘 알아도
　　소리에 분별이 없으며
　　소리가 공한 줄 알고
　　청정한 음성을 내며

68　了法不在言하여　　　善入無言際로다
　　而能示言說하여　　　如響徧世間이로다
　　법은 말에 있지 않음을 알고
　　말이 없는 데 들어갔으나

그래도 말을 보이어
　　　메아리가 세간에 두루하듯

69　了知言語道하고　　　　具足音聲分하여
　　　知聲性空寂이나　　　　以世言音說이로다
　　　말하는 것을 분명히 알고
　　　음성의 분한을 갖추었건만
　　　소리의 성품 공한 줄 알아
　　　세상 말로써 말하며

70　如世所有音하여　　　　示同分別法하니
　　　其音悉周徧하여　　　　開悟諸群生이로다
　　　세상에 있는 음성이
　　　분별하는 법과 같거니와
　　　그 음성이 두루하여서
　　　중생들을 깨닫게 하며

71　菩薩獲此忍에　　　　　淨音化世間하여
　　　善巧說三世하되　　　　於世無所着이로다
　　　보살이 이 인을 얻고는
　　　깨끗한 소리로 세상을 교화하여
　　　세 세상 일 잘 말하지만
　　　세상에 집착이 없다.

[疏] 餘頌은 忍成之益이니 其喩는 徧諸偈中이니라
- 라) 나머지 다섯 게송은 인행을 성취한 이익을 노래함이니, 그 비유함은 모든 게송 중에 두루하다.

아. 열 게송은 그림자 같은 인을 노래하다[十偈頌如影忍] 9.
가) 두 게송은 세간의 생몰이 아님을 노래하다[二偈頌非世生沒]

(第八 38下5)

72　爲欲利世間하여　　　　專意求菩提하되
　　而常入法性하여　　　　於彼無分別이로다
　　세상을 이익하게 하고자
　　전심하여 보리 구하지만
　　항상 법의 성품에 들어가
　　저런 것에 분별이 없고

73　普觀諸世間이　　　　　寂滅無體性하되
　　而恒爲饒益하여　　　　修行意不動이로다
　　모든 세간 고요하여
　　자체의 성품 없는 줄 보지만
　　언제나 중생을 이익하려고
　　수행하는 뜻 동요치 않아

[疏] 第八, 爲欲下는 頌如影忍이라 頌法說十對요 喩와 合은 含在其中이니라 初二偈는 頌非世生沒이니 謂了寂故로 不生이요 饒益故로 不沒

이니라

■ 아. 爲欲 아래 (열 게송은) 그림자 같은 인을 노래함이다. (1) 법으로 설함을 노래함은 열 가지 대구요, (2) 비유로 밝힘과 (3) 법과 비유를 합함은 그 가운데 포함되었다. 가) 두 게송은 세간의 나고 죽음이 아님을 노래함이다. 이른바 고요함을 아는 연고로 나지 않고, (중생을) 요익하는 연고로 죽지 않는다.

나) 한 게송은 안과 바깥에 있지 않음을 노래하다[一偈頌不在內外]
(次偈 38下9)

74 不住於世間하며　　　　不離於世間하여
　　於世無所依하니　　　　依處不可得이로다
　　세간에 머물지도 않고
　　세간을 떠나지도 않으며
　　세상에 의지함이 없어
　　있는 곳 찾을 수 없고

[疏] 次偈는 頌非在內外니 不住故로 不內요 不離故로 不外라

■ 나) 한 게송은 안과 바깥에 있지 않음을 노래함이니, 머물지 않는 연고로 안이 아니요, 떠나지 않는 연고로 바깥도 아니다.

다) 한 게송은 행이 아님과 행하지 않음을 노래하다[一偈頌非行不行]
(次偈 39上1)

75　了知世間性하여　　　　　於性無染着하니
　　雖不依世間이나　　　　　化世令超度로다
　　세간 성품을 분명히 알고
　　성품에 물들지 않으며
　　세간에 의지하지 않으나
　　세간을 교화하여 건지고

[疏] 次偈는 頌非行不行이니 了無染故로 非行이요 化世故로 非不行이니라
■ 다) 한 게송은 행이 아님과 행하지 않음을 노래함이니, 물들지 않음을 아는 연고로 행이 아니요, 세간을 교화하는 연고로 행하지 않음이 아니다.

라) 한 게송은 같지 않고 다르지 않음을 노래하다[一偈頌非同非異]
　　　　　　　　　　　　　　　　　　　　　(次偈 39上4)

76　世間所有法에　　　　　　悉知其自性하여
　　了法無有二하되　　　　　無二亦無着이로다
　　세간에 있는 모든 법
　　그 성품 모두 알아서
　　법은 둘이 없음을 아니
　　둘도 없고 집착도 없네.

[疏] 次偈는 頌非同非異니 知自性故로 非同이요 了無二故로 非異니라
■ 라) 한 게송은 같지 않고 다르지 않음을 노래함이니, 자성을 아는 연

고로 같지 않음이요, 둘이 없음을 아는 연고로 다르지 않음이다.

마) 한 게송은 감도 아니요 가지 않음도 아님을 노래하다
　　[一偈頌非往不住] (次偈 39上7)

77　心不離世間하며　　　　　亦不住世間하되
　　非於世間外에　　　　　　修行一切智로다
　　마음은 세간을 떠나지 않고
　　세간에 머물지도 않으며
　　세간 밖에서
　　온갖 지혜를 닦지도 않아

[疏] 次偈는 頌非往不住이니 第二[76]句는 不住요 餘三句는 非不住니라
■ 마) 한 게송은 가는 것도 아니요 가지 않음도 아님을 노래함이다. 둘째 구절[亦不住世間]은 가지 않음이요, 나머지 세 구절은 가지 않음도 아님을 노래함이다.

바) 여섯 구절은 머묾도 아니고 머물지 않음도 아님을 노래하다
　　[六句頌非住非不住] (次六 39上10)

78　譬如水中影이　　　　　　非內亦非外인달하여
　　菩薩求菩提에　　　　　　了世非世間하여
　　마치 물속의 그림자

---

76) 二는 纂金本作一, 源原南續本作二라 하다.

안도 아니고 밖도 아니듯
　　보살이 보리 구함은
　　세간이 세간 아님을 알고

79　不於世住出하니　　　以世不可說이며
　　세간에 있지도 나가지도 않나니
　　세간은 말할 수 없는 탓

[疏] 次六句는 頌非住非不住라 於中에 初二句는 兼別頌喩니 故云非內外니라

- 바) 여섯 구절[譬如水中影 - 以世不可說]은 머묾도 아니고 머물지 않음도 아님을 노래함이다. 그중에 (가) 두 구절은 비유를 겸하여 개별로 노래함이니 그러므로 '안과 밖이 아니다'라고 말하였다.

사) 두 구절은 세간도 출세간도 아님을 노래하다
　　[二句頌非世間非出世間] (次亦 39下3)

79-1　亦不在內外나　　　如影現世間이로다
　　안에도 밖에도 있지 아니해
　　그림자가 세간에 나타나듯.

[疏] 次, 亦不在內外二句는 頌非是世間非出世間이니라

- 사) 亦不在內外의 두 구절은 세간이 아니요 출세간도 아님을 노래함이다.

아) 한 게송은 보살행 닦음이 아닌 등을 노래하다[一偈頌非修菩薩行等]

(次入 39下5)

80　入此甚深義에　　　　　離垢悉明徹이나
　　不捨本誓心하고　　　　普照世間燈이로다
　　이 깊은 이치에 들어가면
　　때를 여의고 밝게 통하여
　　본래의 서원 버리지 않고
　　세간에 두루 비치는 등불이라

[疏] 次, 入此一偈는 頌非修菩薩行이며 非捨於大願이니라
■ 아) 入此 아래 한 게송은 보살행 닦음이 아닌 등을 노래함이며, 큰 원력을 버리지 않는다는 뜻이다.

자) 한 게송은 항상 온갖 법을 행하는 등을 노래하다
　　[一偈頌常行一切法等] (次一 39下7)

81　世間無邊際에　　　　　智入悉齊等하여
　　普化諸群生하여　　　　令其捨衆着이로다
　　세간이 끝이 없는데
　　지혜로 들어가 평등해지고
　　모든 중생을 두루 교화해
　　애착을 버리게 하네.

[疏] 次, 一偈는 頌雖常行一切佛法이나 而能辨一切世間事니라 其實不實과 及不住世流法流는 義通結上이니 故로 略不頌이니라
- 자) 한 게송은 비록 항상 온갖 법을 행하는 등을 노래하지만 그러나 온갖 세간의 일을 능히 힘쓴다. 그 실답고 실답지 않음과 세상 흐름과 법의 흐름에 머무르지 않음은 이치로 위와 통틀어 결론함이니 그러므로 생략하고 (게송에는) 노래하지 않았다.

자. 열 게송은 허깨비 같은 인을 노래하다[十偈頌如化忍] 4.
가) 세 게송은 온갖 세간이 허깨비 같음을 노래하다
[三偈頌總知一切世間如化] (第九 40上3)

82 觀察甚深法하여　　利益群生衆하고
從此入於智하여　　修行一切道로다
깊고 깊은 법 살펴보고
여러 중생을 이익하나니
이제로부터 지혜에 들어가
모든 도를 닦아 행하며

83 菩薩觀諸法하여　　諦了悉如化나
而行如化行하여　　畢竟永不捨로다
보살이 모든 법 관찰하여
허깨비 같음을 분명히 알고
허깨비 같은 행을 행하나
끝까지 아주 버리지 않고

84 隨順化自性하여　　　　修習菩提道에
　　一切法如化라　　　　菩薩行亦然이로다
　　허깨비의 성품을 따라
　　보리의 길 닦아 익히니
　　모든 법 허깨비 같거든
　　보살의 행도 역시 그러해

[疏] 第九, 觀察下는 頌如化忍이라 初三偈는 頌總知一切世間如化요
■ 자. 觀察 아래 (열 게송은) 허깨비 같은 인을 노래함이다. 가) 세 게송은 온갖 세간이 허깨비 같음을 다 아는 것을 노래함이요,

나) 한 게송은 물든 법으로 교화함을 노래하다[一偈頌染法化]
(次一 40上6)

85 一切諸世間과　　　　及以無量業이
　　平等悉如化하여　　　畢竟住寂滅이로다
　　모든 세간과
　　한량없는 업이
　　한결같이 허깨비 같아서
　　끝까지 고요하오며

[疏] 次一은 頌染法化요
■ 나) 한 게송은 물든 법으로 교화함을 노래함이요,

다) 두 게송은 깨끗한 법으로 교화함을 노래하다[二偈頌淨法化]

(次二 40上9)

86　三世所有佛이　　　　一切亦如化나
　　本願修諸行하여　　　變化成如來로다
　　세 세상 모든 부처님
　　모두 다 변화함 같나니
　　본래의 원으로 행을 닦아
　　변화하여 여래를 성취하네.

87　佛以大慈悲로　　　　度脫化衆生이나
　　度脫亦如化라　　　　化力爲說法이로다
　　부처님 대자대비로
　　변화와 같은 중생 건지시니
　　건지는 것도 변화한 것이며
　　변화한 힘으로 법을 말하고

[疏] 次二는 頌淨法化라 言度脫亦如化者는 爲釋疑故니 謂觀察衆生如化인대 何用化之라할새 故此答云호대 化若有實인대 可招來難이어니와 度旣如化커니 化之何妨이리요

■ 다) 두 게송은 깨끗한 법으로 교화함을 노래함이다. '건지는 것도 변화한 것이다'라 말한 것은 의심을 해석하기 위한 까닭이다. 이른바 중생이 허깨비 같음을 관찰한다면 무슨 작용으로 변화하고 변화한 연고로 여기서 대답하여 말하되, "허깨비가 실법이 있음과 같다면 힐

난을 초래할 수 있지만 제도함이 이미 허깨비와 같은데 그들을 교화함에 무엇이 방해되겠는가?"

라) 네 게송은 법과 비유를 합함을 노래하다[四偈頌法合] (餘頌 40下6)

88　知世皆如化하여　　　　不分別世間하니
　　化事種種殊가　　　　　皆由業差別이로다
　　세상이 모두 변화한 것
　　세간을 분별 않으나
　　변화한 일이 각각 다름은
　　업이 차별한 까닭이니라.

89　修習菩提行하여　　　　莊嚴於化藏하니
　　無量善莊嚴이　　　　　如業作世間이로다
　　보리의 행을 닦아
　　변화한 광을 장엄하는데
　　한량없는 선으로 장엄하는 것
　　업으로 세간을 짓는 듯하네.

90　化法離分別하고　　　　亦不分別法이라
　　此二俱寂滅하니　　　　菩薩行如是로다
　　변화하는 법 분별 여의고
　　법을 분별하지도 않아
　　두 가지 모두가 적멸하니

보살의 행도 이와 같나니

91　化海了於智하고　　　　化性印世間하니
　　化非生滅法이라　　　　智慧亦如是로다
　　변화한 바다로 지혜를 알고
　　변화의 성품 세간을 인정하여
　　변화하는 법 생멸 아니니
　　지혜도 역시 그러하도다.

[疏] 餘頌은 法合이니라
　■ 라) (나머지) 네 게송은 법과 비유를 합함을 노래함이다.

차. 열 게송은 허공 같은 인을 노래하다[十偈頌如空忍] 2.
가) 한 게송은 인을 아는 모양을 노래하다[一偈頌忍解之相]
　　　　　　　　　　　　　　　　(第十 40下8)

92　第十忍明觀　　　　　　衆生及諸法이
　　體性皆寂滅하여　　　　如空無處所로다
　　열째의 인으로 살펴보건대
　　중생과 여러 가지 법
　　그 성품 모두 고요해
　　허공과 같아 처소가 없고

[疏] 第十, 頌如空忍이라 初一偈는 頌忍解之相이요 餘는 頌忍行成益이라

■ 차. 열 게송은 허공 같은 인을 노래함이다. 가) 한 게송은 인을 아는 모양을 노래함이요, 나) 나머지 (아홉 게송은) 인행으로 성취한 이익을 노래함이다.

나) 아홉 게송은 인행을 성취한 이익[九偈頌忍行之益] 3.
(가) 다섯 게송은 덕이 허공과 가지런함을 노래하다
　　[五偈頌別顯德齊虛空] (於中 41上5)

93　獲此如空智하여　　　　永離諸取着하니
　　如空無種種하여　　　　於世無所礙로다
　　허공과 같은 이 지혜 얻으면
　　여러 가지 집착 아주 여의고
　　허공처럼 차별이 없어
　　세상에 걸릴 것 없고

94　成就空忍力에　　　　　如空無有盡하여
　　境界如虛空하되　　　　不作空分別이로다
　　허공 같은 인의 힘을 이루면
　　허공처럼 다함이 없어
　　모든 경계가 허공과 같고
　　허공이란 분별 짓지도 않아

95　虛空無體性하되　　　　亦復非斷滅이며
　　亦無種種別하니　　　　智力亦如是로다

허공은 비록 성품 없으나
아주 사라진 것도 아니며
가지가지 차별 없나니
지혜의 힘도 그런 것이고

96　虛空無初際며　　　　亦復無中後라
　　其量不可得이니　　　菩薩智亦然이로다
　　허공은 처음도 없고
　　중간도 나중도 없어
　　그 모양 알 수 없나니
　　보살의 지혜도 그러한 것

97　如是觀法性이　　　　一切如虛空하여
　　無生亦無滅이　　　　菩薩之所得이로다
　　이렇게 법의 성품 살피면
　　모든 것이 허공과 같아
　　나지도 않고 멸하지 않으니
　　보살들의 얻는 바로다.

[疏] 於中에 初五偈는 頌別顯德齊虛空이요
■ 그중에 (가) 다섯 게송은 덕이 허공과 가지런함을 개별로 밝힘을 노래함이요,

(나) 세 게송은 인행을 성취한 이유를 묻고 해석하다

[三偈頌徵釋得忍之由] (次三 41上9)

98　自住如空法하고　　　復爲衆生說하여
　　降伏一切魔가　　　　皆斯忍方便이로다
　　허공 같은 법 자기가 알고
　　중생들에게 말하여 주며
　　모든 마군을 항복받나니
　　이것이 인의 방편들

99　世間相差別이　　　　皆空無有相하니
　　入於無相處하면　　　諸相悉平等이로다
　　세간 모양은 차별하지만
　　모두 공하여 형상이 없고
　　형상 없는 데 들어만 가면
　　여러 모양이 평등하리라.

100　唯以一方便으로　　　普入衆世間하니
　　謂知三世法이　　　　悉等虛空性이로다
　　다만 한 가지 방편으로
　　모든 세간에 들어가나니
　　세 세상 법을 안다 하지만
　　모두 허공의 성품과 같아

[疏] 次三偈는 頌徵釋得忍之由요
- (나) 세 게송은 인행을 성취한 이유를 묻고 해석함을 노래함이요,

(다) 한 게송은 위의 허공 같은 인의 삼업을 노래하다
   [一偈頌上總明得如空三業] (後一 41下1)

101 智慧與音聲과   及以菩薩身이
     其性如虛空하여   一切皆寂滅이로다
     지혜거나 음성이거나
     보살의 몸까지도
     성품이 허공과 같아
     온갖 것이 모두 고요해.

[疏] 後一偈, 却頌上에 總明得如空三業이니라
- (다) 한 게송은 위의 허공 같은 인의 삼업을 밝힘을 거꾸로 노래함이요,

2) 일곱 게송은 결론하여 찬탄하다[七頌結歎] 2.
(1) 세 게송은 2리행이 원만함을 노래하다[三偈頌二利行圓] (末後 41下5)

102 如是十種忍이   佛子所修行이라
     其心善安住하여   廣爲衆生說이로다
     이와 같은 열 가지 인을
     불자들이 닦아 행하면

그 마음 편안하여서
　　중생 위하여 널리 말하며

103 　於此善修學하면　　　　成就廣大力과
　　法力及智力하여　　　　爲菩提方便이로다
　　이것을 닦아 배우면
　　광대한 힘을 이루게 되며
　　법의 힘과 지혜의 힘으로
　　보리의 방편 얻게 되나니

104 　通達此忍門하면　　　　成就無礙智하여
　　超過一切衆하여　　　　轉於無上輪이로다
　　이러한 인의 문 통달한다면
　　걸림 없는 지혜 성취한 후에
　　모든 무리를 뛰어넘어서
　　위없는 법 바퀴를 운전하리라.

[疏] 末後七偈는 結歎이라 中에 二니 前三은 二利行圓이니 言超過一切는 正顯十頂之義요

■ 2) 마지막 일곱 게송은 결론하여 찬탄함이다. 그중에 둘이니 (1) 세 게송은 2리행이 원만함을 노래함이니, '모든 무리를 뛰어넘었다'고 말함은 바로 십정(十頂)의 뜻을 밝힘이다.

(2) 네 게송은 깊어서 측량하기 어려움을 밝히다[四偈顯深難測]

(後四 42上1)

105　所修廣大行이　　　　　其量不可得이니
　　　調御師智海로　　　　　乃能分別知로다
　　　닦아 이룬 바 광대한 행은
　　　그 양을 이루 짐작 못하니
　　　부처님의 지혜라야
　　　분별하여 알 수 있나니

106　捨我而修行하여　　　　入於深法性하고
　　　心常住淨法하여　　　　以是施群生이로다
　　　나를 버리고 행을 닦아서
　　　깊은 성품에 들어간다면
　　　깨끗한 법에 항상 있어서
　　　이로써 중생에게 보시하리라.

107　衆生及刹塵은　　　　　尙可知其數어니와
　　　菩薩諸功德은　　　　　無能度其限이로다
　　　중생들이나 세계의 티끌
　　　그 수효 넉넉히 안다 하여도
　　　보살의 가진 모든 공덕은
　　　한도를 능히 알 수 없나니

108 菩薩能成就　　　　　如是十種忍하면
　　智慧及所行을　　　　衆生莫能測이로다
　　보살이 이러한
　　열 가지 인을 이루었으매
　　그의 지혜와 행하는 일을
　　중생으로서는 측량 못하네.

[疏] 後四, 顯深難測이니 上智라야 所知니라
■ (2) 네 게송은 깊어서 측량하기 어려움을 밝힘이니, 위는 지혜로 알 대상이다.

　　　　　　　　　　제29. 십인품(十忍品) 終

大方廣佛華嚴經 제45권
大方廣佛華嚴經疏鈔 제45권의 ① 柰字卷上

제30 阿僧祇品

제30. 아승지의 공덕을 말하는 품[阿僧祇品]

一) 아승지품은 헤아릴 수 없는 뛰어난 공덕이니 云,

"세존이시여, 어떤 것을 아승지라 하오며, 내지 말할 수 없이 말할 수 없다 하시나이까?"
부처님이 심왕보살에게 말씀하시었다. "좋고 좋다. 착한 남자여, 그대가 지금 여러 세간 사람들로 하여금
부처님이 아는 수량의 뜻을 알게 하기 위하여 여래·응공·정등각에게 묻는구나. …"

말할 수 없는 온갖 부처 세계를	不可言說諸佛刹을
모두 다 부수어서 티끌 만들어	皆悉碎末爲微塵이어든
한 티끌에 있는 세계 말할 수 없으니	一塵中刹不可說이니
하나처럼 온갖 티끌 다 그러하니	如一一切皆如是로다

말로 할 수가 없는 여러 겁 동안	不可言說一切劫에
말할 수 없는 공덕 찬탄할 적에	讚不可說諸功德하되
말할 수 없는 겁은 다할지언정	不可說劫猶可盡이어니와
말할 수 없는 덕은 다할 수 없네.	不可說德不可盡이로다

> 大方廣佛華嚴經 제45권
> 大方廣佛華嚴經疏鈔 제45권의 ① 柰字卷上

제30. 아승지의 공덕을 말하는 품[阿僧祇品]

二. 뒤의 세 품은 깊고 오묘함을 밝히다[後三品總顯深奧] 3.

一) 아승지품은 헤아릴 수 없는 뛰어난 공덕[勝德無數] 4.

(一) 오게 된 뜻[來意] 2.
1. 통틀어 밝히다[通辨] (初來 1上5)

[疏] 初, 來意에 有二하니 一, 通이니 謂前三品은 別答前問이요 此下三品은 總明等覺深奧故라
- (一) 오게 된 뜻에 둘이 있으니 1. 통틀어 밝힘이니 말하자면 1) 앞의 세 품[십정품, 십통품, 십인품]은 앞의 질문에 개별로 대답함이요, 2) 여기부터 아래 세 품[아승지품, 여래수량품, 제보살주처품]은 등각(等覺)의 지위가 깊고 오묘함을 총합하여 밝힌 까닭이다.

2. 개별로 밝히다[別辨] (二別 1上6)

[疏] 二, 別이니 謂前은 旣智圓證極이요 此品은 校量行德難思일새 故로 次來也니라 又難思佛德을 菩薩盡窮故며 亦爲遠答變化海故라 故로

下偈中에 廣顯變化大用하시며 又通顯一部之數量故니라
- 2. 개별로 밝힘이니 이른바 앞은 이미 지혜가 원만하여 증득함이 지극함이요, 이 아승지품은 행법의 공덕을 분량으로 비교함을 사유할 수 없는 연고로 다음에 온 것이다. 또한 사유하기 어려운 부처님 공덕을 보살이 다 궁구한 까닭이며, 또한 변화의 바다에 대해 멀리 대답한 까닭이다. 그러므로 아래 게송 중에서 변화하는 큰 작용을 자세히 밝혔으며, 또한 한 부의 숫자와 분량을 통틀어 밝힌 까닭이다.

[鈔] 初來意者는 一, 通이니 以後三品으로 對前三品이요 二, 別77)이니 則此品이 對十忍品이라 自有三意하니 一, 答第二會初요 二, 亦爲遠答下는 答第一會中의 十海요 三, 又通下는 顯一部之數라 初中에 復有二意하니 一, 直辨菩薩이요 二, 又難思下는 明菩薩이 知佛德이라 下科偈文에도 亦具此二意니라
- (一) 오게 된 뜻에서 1. 통틀어 밝힘이니 뒤의 세 품은 앞의 세 품과 상대해 밝힘이요, 2. 개별로 밝힘이니 이 아승지품은 십인품과 상대하면 자연히 세 가지 의미가 있으니 (1) 제2. 보광명전법회의 처음에 대답함이요, (2) 亦爲遠答 아래는 제1. 적멸도량법회 중의 열 가지 바다에 대해 대답함이요, (3) 又通 아래는 한 부의 숫자를 밝힘이다. (1) 중에 다시 두 가지 의미가 있으니 ① 바로 보살에 대해 밝힘이요, ② 又難思 아래는 보살이 부처님 공덕을 아는 것에 대해 밝힘이다. 아래 과목의 게송 문장에도 또한 이런 두 가지 의미를 갖추었다.

(二) 명칭 해석[釋名] (二釋 1下5)

---

77) 別下에 甲南續金本有辨者라 하다.

[疏] 二, 釋名者는 阿之言無요 僧祇曰數니 全帶數名이라 若晉本云인대 心王菩薩이 問阿僧祇品이라하니 兼能問人이라 卽人法雙擧며 及菩薩所問之算數라 梵本同此니라 然이나 僧祇는 是十大數之創首니 經論에 多用일새 故以標名이니라 又顯此數가 卽離數故니 寄無數하여 標名이니라

- (二) 명칭 해석이니 아(阿)는 없음을 말하고 승지(僧祇)는 숫자를 말하나니, 완전히 숫자를 수반하는 명칭이다. 진역 화엄경에 이르되, "심왕보살이 아승지에 대해 질문한 품이다"라 하였으니, 겸하여 질문하는 주체의 사람을 겸한다. 곧 사람과 법을 함께 거론하며 보살이 질문할 대상을 헤아린 숫자이니, 범본도 이와 같다. 그러나 승지는 열 가지 대수의 처음 우두머리이니, 경과 논에서 많이 사용하는 연고로 명칭을 표방하였다. 또한 이런 숫자는 헤아릴 수 없음을 의탁하여 명칭을 표방하였다.

[鈔] 全帶數名者는 無數는 乃是一百二十四數之一故니라 人法雙擧者는 若人法不同인대 卽是相違라 下言及菩薩所問之算[78]數는 卽是依主니라 然僧下는 通妨이니 妨云호대 僧祇는 非初요 又非[79]是後[80]니 何以偏標오하니 通意는 可知니라

- '완전히 숫자를 수반하는 명칭'이란 헤아릴 수 없음은 비로소 124가지 숫자의 하나인 까닭이다. '사람과 법을 함께 거론함'이란 만일 사람과 법이 같지 않다면 곧 서로 위배됨이요, 아래에 보살이 물은 대상의 숫자를 말로 한 것은 곧 의주석(依主釋)이다. 然僧 아래는 비방

---

78) 算은 甲南續金本無라 하다.
79) 初又非는 甲南續金本無라 하다.
80) 後下에 南續金本有數字라 하다.

을 해명함이니 비방하여 말하되, "승지는 처음이 아니요 뒤의 숫자도 아닌데 어찌하여 치우쳐 내세웠는가?"라 하였으니 해명한 의미는 알 수 있으리라.

(三) 근본 가르침[宗趣] (三宗 2上3)

[疏] 三, 宗趣者는 寄數顯德分齊로 爲宗이요 令知普賢과 諸佛이 離數重重無盡으로 爲趣니라

- (三) 근본 가르침은 숫자에 의탁하여 덕의 영역을 밝힘으로 근본을 삼고, 보현과 여러 부처님으로 하여금 숫자로 거듭거듭 끝없음을 알게 함으로 가르침을 삼는다.

(四) 경문 해석[釋文] 2.

1. 세 품은 심오하고 현묘함을 총합하여 밝히다[總辨此三品深奧玄微]
(四正 2上5)

[疏] 四, 正釋文이라 此下三品은 總顯深奧하사대 卽爲三別이니 此品은 明勝德이 無數요 次品은 明盡一切時요 後品은 明徧一切處라

- (四) 경문 해석이다. 이 아래 1. 세 품(아승지품, 여래수량품, 제보살주처품)은 심오하고 현묘함을 총합하여 밝혔는데 곧 셋으로 구별하나니 이 1) 아승지품은 뛰어난 공덕이 헤아릴 수 없음을 밝힘이요, 2) 다음 제31. 여래수량품은 모든 시간에 다함을 밝힘이요, 3) 뒤의 제32. 보살주처품은 온갖 처소에 두루함을 밝힌 내용이다.

2. 인과가 뛰어난 행법이 특별함을 통틀어 밝히다[通明因果超勝行絶] 2.
1) 세 가지 뛰어난 공덕[明三勝德] (然此 2上7)

[疏] 然此三品에 初一은 通明佛菩薩德이요 次品은 正顯佛德이며 兼明菩薩이요 後品은 唯明菩薩이라 所以爾者는 亦是等覺이며 亦名佛故니 位後普賢이 是佛菩薩故니라

- 그러나 이 세 품 중에서 처음 아승지품은 부처님과 보살의 공덕을 통틀어 밝혔고, 다음의 제31. 여래수량품은 부처님 공덕을 바로 밝히고 겸하여 보살에 대해 밝혔고, 뒤의 제32. 제보살주처품은 오직 보살에 대해서만 밝혔다. 이유가 그러함은 또한 등각(等覺)이라고도 하고, 또한 부처님이라 이름하기도 하는 연고니 '보살 지위 이후 보현보살[位後普賢]'이 '바로 부처인 보살[是佛菩薩]'인 까닭이다.

[鈔] 四釋文下는 此先, 總科有二하니 一, 直就法科요 後,[81] 然此品下는 約人料揀이라

- (四) 釋文 아래는 여기서 먼저 총합하여 과목 나누면 둘이 있으니 (1) 바로 법에 입각하여 과목 나눔이요, (2) 然此品 아래는 사람을 잡아 구분함이다.

2) 질문과 대답으로 분별하다[問答分別] 2.
(1) 질문하다[問] 2.
가. 부처님의 설법을 따오다[牒佛所說] (今初 2下4)
나. 질문함에 대해 바로 설명하다[正明諮問] (經/世尊)

---

81) 後는 南續金本無라 하다.

爾時에 心王菩薩이 白佛言하시되 世尊하 諸佛如來가 演說阿僧祇와 無量과 無邊과 無等과 不可數와 不可稱과 不可思와 不可量과 不可說과 不可說不可說하시나니 世尊하 云何阿僧祇며 乃至不可說不可說耶잇가

그때 심왕보살이 부처님께 여쭈었다. "세존이시여, 여러 부처님 여래께서 (1) 아승지이고, (2) 한량이 없고, (3) 그지 없고, (4) 같을 이 없고, (5) 셀 수 없고, (6) 일컬을 수 없고, (7) 생각할 수 없고, (8) 헤아릴 수 없고, (9) 말할 수 없고, (10) 말할 수 없이 말할 수 없음을 연설하시나이다. 세존이시여, 어떤 것을 아승지라 하오며, 내지 말할 수 없이 말할 수 없다 하시나이까?"

[疏] 初一品에 先, 問이요 後, 答이라 問中에 二니 先, 牒佛所說이요 後, 世尊下는 正明咨問이라 今初에 所以心王問者는 表數不離心이며 數與非數가 皆自在故니라 又顯此數가 統收前後하여 辨超勝故라 所以로 偏[82]問十者는 擧後攝初하여 顯無盡故니 前後文中에 多用此故라 故로 文에 云, 如來演說이라하니 但問本數에 已攝諸轉이니라

■ 지금의 처음 한 품, 곧 아승지품은 (1) 질문함이요, (2) 질문에 대답함이다. (1) 질문함 중에 둘이니 가. 부처님의 설법을 따옴이요, 나. 世尊 아래는 질문함에 대해 바로 설명함이다. 지금은 가.에 심왕보살이 질문한 이유는 숫자가 마음을 여의지 않음을 표한 것이요, 숫자와 숫자 아님에 모두 자재한 까닭이다. 또한 이 숫자가 앞과 뒤를 통솔하고 거둠을 밝혀서 뛰어나고 훌륭함을 말한 까닭이다. 그런 까

---

82) 偏은 金本作徧誤라 하다.

닭에 치우쳐 열 가지로 질문한 이유는 뒤를 거론하여 처음을 섭수하여 다함없음을 밝힌 연고니, 앞과 뒤의 경문 중에 대부분 이것을 사용하는 까닭이다. 그러므로 경문에 이르되, "여래께서 연설하신다"고 하시니 단지 근본 숫자만을 질문할 적에 이미 여러 번 구른 것을 섭수한 것이다.

[鈔] 表數不離者는 此釋心字요 數與非數下는 釋王字라 王以自在로 爲義故니라 又顯此數下는 雙明心王二字니 心者는 統攝諸法하여 一切最勝故오 王者는 統御四海가 爲最勝故라 所以偏問下는 料揀所問이라 言轉者는 謂阿僧祇阿僧祇가 爲一阿僧祇轉等이니라

● '숫자가 마음을 여의지 않음을 표한 것'이란 여기서 심(心) 자를 해석함이요, 數與非數 아래는 왕(王) 자를 해석함이다. 왕은 자재함으로 뜻을 삼는 까닭이다. 又顯此數 아래는 심(心)과 왕(王) 두 글자를 함께 설명함이니 심(心)은 모든 법을 통솔하고 섭수하여 온갖 것 중에 가장 훌륭한 연고요, 왕(王)이란 천하를 통솔하고 제어함이 가장 뛰어남이 되는 연고요, 所以偏問 아래는 질문할 대상을 구분함이다. '구른다'고 말한 것은 아승지의 아승지라는 뜻이니, 1아승지만큼 구름이 된다는 등이다.

(2) 질문에 대답하다[答] 4.
가. 질문으로 이룬 이익을 찬탄하다[讚問成益] (第二 3上7)

佛告心王菩薩言하시되 善哉善哉라 善男子여 汝今爲欲令諸世間으로 入佛所知數量之義하여 而問如來應正等

覺하니

부처님이 십왕보살에게 말씀하시었다. "좋고 좋다. 착한 남자여, 그대가 지금 여러 세간 사람들로 하여금 부처님이 아는 수량의 뜻을 알게 하기 위하여 여래·응공·정등각에게 묻는구나."

[疏] 第二, 佛告下는 答中에 四니 一, 讚問成益이라 令入佛所知數者는 以是圓教에 所明은 深廣無涯하여 唯佛方測이니 不同凡小所知라 如黃帝算法에는 但有二十三數하니 始從一二하여 終至正載히 已說天地不容이요 小乘에는 六十은 已至無數어니와 此有百二十四하여 倍倍變之일새 故非餘測이라 故로 數之終에 寄不可說이라 況復偈初에 更積不可說하여 歷諸塵刹하여 以顯無盡가 所以로 佛自答者는 正表難思故니라 又明此品에 統語因位終德일새 故佛說之하시니라

■ (2) 佛告 아래는 질문에 대답함 중에 넷이니 가. 질문으로 이룬 이익을 찬탄함이다. '하여금 부처님이 아는 숫자에 들어가게 함'이란 원교(圓敎)에서 밝힐 대상은 깊고 광대함이 끝이 없어서 오직 부처님이라야 비로소 측량할 것이니, 범부와 소승이 아는 바와 같지 않다. 마치 황제(黃帝)의 산법과 같이 하면 단지 23가지 숫자만 있을 뿐이니, 하나 둘로부터 시작하여 바른 재(載)에까지 마치는 것이 이미 하늘과 땅이 용서하지 못한다고 말하였다. 소승(小乘)의 60가지는 이미 '셀 수 없음[無數]'에 이르겠지만 여기 원교(圓敎)는 124가지가 있어서 숫자로 배와 배로 변하므로 나머지를 측량하지 못한다. 그러므로 숫자의 끝에 '말할 수 없음[不可說]'에 의탁하였다. 하물며 다시 게송의 첫 부분에 다시 말할 수 없음을 쌓아서 모든 미진수 국토를 거쳐서

'다함없음[無邊]'을 밝힌 것에서 부처님 자신이 대답한 이유는 바로 '생각할 수 없음[不可思]'을 표한 까닭이다. 또한 이 품을 설명할 적에 인행 지위에서 끝내는 덕을 거느려서 말하려는 연고로 부처님이 말씀하신 것이다.

[鈔] 始從一二者는 從一至十이 爲十이요 次有十三數하니 謂十十爲百이요 十百爲千이요 次萬億兆京垓와 秭壤溝澗正載라 言載者는 天地가 不能容載故니라 小乘六十者는 卽俱舍論에 說六十하고 向後에 更無數也라 卽第十二論에 引解脫經하여 說六十數中에 阿僧企耶는 是第五十二數라 彼文에 具列이라 從一至十이 爲十이요 乃至跋羅攙이 爲一阿僧企耶라 於此數中에 忘失餘八하고 但五十二라 今云小乘에는 六十이 已至無數者는 此之無數는 謂此外에 更無언정 非是阿僧企耶也니라

● '하나 둘로 시작하여'란 하나로부터 십(十)에 이르면 십이 됨이요, 다음에 13가지 숫자가 있으니, 이른바 십에 십을 곱하여 백이 되고 십에 백을 곱하여 천이 되었다. 다음으로 만(萬)과 억(億)과 경(京)과 조(兆)와 해(垓)로 흙을 가래질해서 붓도랑을 만듦이 바로 해[載]이다. '싣는다[載]'고 말한 것은 하늘과 땅이 능히 용납하여 싣지 못하는 까닭이요, 소승의 60가지란 곧 『구사론』에서 60가지를 말하였고, 그 뒤에는 다시 '셀 수 없음[無數]'이다. 곧 『구사론』 제12권에서 해탈경을 인용하여 60가지 숫자를 설명하는 중에 아승기야(阿僧企耶)는 바로 52번째 숫자이다. 저 논문에 갖추어 나열하였으니 하나로부터 10까지를 십으로 하고, 나아가 바라참(跋羅攙)까지를 1아승기야로 삼았다. 이런 숫자 중에 나머지 여덟 가지를 잃고 단지 52가지가 된다.

지금은 말하되, "소승에는 60은 무수(無數)에까지 이른다"는 것은 바로 여기 원교의 무수는 이른바 이것 밖에 다시 아승기야가 아닌 것이 없다는 뜻이다.

나. 들을 것을 훈계하고 설법을 허락하다[戒聽許說] (二善 4上4)
다. 세존의 명을 공경하게 받다[敬受尊命] (三時)

善男子여 諦聽諦聽하여 善思念之하라 當爲汝說하리라
時에 心王菩薩이 唯然受敎러시니라
착한 남자여, 자세히 듣고 잘 생각하라, 너에게 말하리라."
심왕보살은 말씀을 기다리고 있었다.

[疏] 二, 善男子下는 誡聽許說이라 三, 時心王下는 敬受尊命이라
■ 나. 善男子 아래는 들을 것을 훈계하고 설법을 허락함이다. 다. 時心王 아래는 세존의 명을 공경하게 받음이요,

라. 의심되는 바를 바로 대답하다[正答所疑] 2.
가) 헤아리는 주체가 넓고 많음을 장항으로 밝히다[長行明能數之廣多]
(四佛 7下3)

佛言하시되 善男子여 一百洛叉가 爲一俱胝요 俱胝俱胝가 爲一阿庾多요 阿庾多阿庾多가 爲一那由他요 那由他那由他가 爲一頻婆羅요 頻婆羅頻婆羅가 爲一矜羯羅요 矜羯羅矜羯羅가 爲一阿伽羅요 阿伽羅阿伽羅가 爲一

最勝이요 最勝最勝이 爲一摩婆羅요 摩婆羅摩婆羅가 爲
一阿婆羅요 阿婆羅阿婆羅가 爲一多婆羅요 多婆羅多婆
羅가 爲一界分이요 界分界分이 爲一普摩요 普摩普摩가
爲一禰摩요 禰摩禰摩가 爲一阿婆鈐이요 阿婆鈐阿婆鈐
이 爲一彌伽婆요 彌伽婆彌伽婆가 爲一毘欏欏伽요 毘欏
伽毘欏伽가 爲一毘伽婆요 毘伽婆毘伽婆가 爲一僧羯邏
摩요 僧羯邏摩僧羯邏摩가 爲一毘薩羅요 毘薩羅毘薩羅
가 爲一毘贍婆요 毘贍婆毘贍婆가 爲一毘盛伽요 毘盛
伽毘盛伽가 爲一毘素陀요 毘素陀毘素陀가 爲一毘婆訶
요 毘婆訶毘婆訶가 爲一毘薄底요 毘薄底毘薄底가 爲
一毘佉擔이요 毘佉擔毘佉擔이 爲一稱量이요 稱量稱量
이 爲一一持요 一持一持가 爲一異路요 異路異路가 爲
一顚倒요 顚倒顚倒가 爲一三末耶요 三末耶三末耶가
爲一毘覩羅요 毘覩羅毘覩羅가 爲一奚婆羅요 奚婆羅奚
婆羅가 爲一伺察이요 伺察伺察이 爲一周廣이요 周廣周
廣이 爲一高出이요 高出高出이 爲一最妙요 最妙最妙가
爲一泥羅婆요 泥羅婆泥羅婆가 爲一訶理婆요 訶理婆訶
理婆가 爲一一動이요 一動一動이 爲一訶理蒲요 訶理蒲
訶理蒲가 爲一訶理三이요 訶理三訶理三이 爲一奚魯伽
요 奚魯伽奚魯伽가 爲一達欏步陀요 達欏步陀達欏步陀
가 爲一訶魯那니라

부처님이 말씀하시었다. "착한 남자여, (1) 일백 낙차가 (2) 한 구지요, (3) 구지씩 구지가 한 아유다요, (4) 아유다씩 아유다가 한 나유타요, (5) 나유타씩 나유타가 한 빈바라요,

(6) 빈바라씩 빈바라가 한 긍갈라요, (7) 긍갈라씩 긍갈라가 한 아가라요, (8) 아가라씩 아가라가 한 최승이요, (9) 최승씩 최승이 한 마바라요, (10) 마바라씩 마바라가 한 아바라요, (11) 아바라씩 아바라가 한 다바라요, (12) 다바라씩 다바라가 한 계분이요, (13) 계분씩 계분이 한 보마요, (14) 보마씩 보마가 한 네마요, (15) 네마씩 네마가 한 아바검이요, (16) 아바검씩 아바검이 한 미가바요, (17) 미가바씩 미가바가 한 비라가요, (18) 비라가씩 비라가가 한 비가바요, (19) 비가바씩 비가바가 한 승갈라마요, (20) 승갈라마씩 승갈라마가 한 비살라요, (21) 비살라씩 비살라가 한 비섭바요, (22) 비섭바씩 비섭바가 한 비성가요, (23) 비성가씩 비성가가 한 비소타요, (24) 비소타씩 비소타가 한 비바하니라.

(25) 비바하씩 비바하가 한 비박저요, (26) 비박저씩 비박저가 한 비카담이요, (27) 비카담씩 비카담이 한 칭량이요, (28) 칭량씩 칭량이 한 일지요, (29) 일지씩 일지가 한 이로요, (30) 이로씩 이로가 한 전도요, (31) 전도씩 전도가 한 삼말야요, (32) 삼말야씩 삼말야가 한 비도라요, (33) 비도라씩 비도라가 한 해바라요, (34) 해바라씩 해바라가 한 사찰이요, (35) 사찰씩 사찰이 한 주광이요, (36) 주광씩 주광이 한 고출이요, (37) 고출씩 고출이 한 최묘요, (38) 최묘씩 최묘가 한 니바라요, (39) 니바라씩 니바라가 한 하리바요, (40) 하리바씩 하리바가 한 일동이요, (41) 일동씩 일동이 한 하리포요, (42) 하리포씩 하리포가 한 하리삼이요,

(43) 하리삼씩 하리삼이 한 해로가요, (44) 해로가씩 해로가가 한 달라보다요, (45) 달라보다씩 달라보다가 한 하로나니라.

訶魯那訶魯那가 爲一摩魯陀요 摩魯陀摩魯陀가 爲一懺慕陀요 懺慕陀懺慕陀가 爲一瑿欄陀요 瑿欄陀瑿欄陀가 爲一摩魯摩요 摩魯摩摩魯摩가 爲一調伏이요 調伏調伏이 爲一離憍慢이요 離憍慢離憍慢이 爲一不動이요 不動不動이 爲一極量이요 極量極量이 爲一阿麽怛羅요 阿麽怛羅阿麽怛羅가 爲一勃麽怛羅요 勃麽怛羅勃麽怛羅가 爲一伽麽怛羅요 伽麽怛羅伽麽怛羅가 爲一那麽怛羅요 那麽怛羅那麽怛羅가 爲一奚麽怛羅요 奚麽怛羅奚麽怛羅가 爲一鞞麽怛羅요 鞞麽怛羅鞞麽怛羅가 爲一鉢羅麽怛羅요 鉢羅麽怛羅鉢羅麽怛羅가 爲一尸婆麽怛羅요 尸婆麽怛羅尸婆麽怛羅가 爲一翳羅요 翳羅翳羅가 爲一薜羅요 薜羅薜羅가 爲一諦羅요 諦羅諦羅가 爲一偈羅요 偈羅偈羅가 爲一窣步羅요 窣步羅窣步羅가 爲一泥羅요 泥羅泥羅가 爲一計羅요 計羅計羅가 爲一細羅요 細羅細羅가 爲一睥羅요 睥羅睥羅가 爲一謎羅요 謎羅謎羅가 爲一娑欄茶요 娑欄茶娑欄茶가 爲一謎魯陀요 謎魯陀謎魯陀가 爲一契魯陀요 契魯陀契魯陀가 爲一摩覩羅요 摩覩羅摩覩羅가 爲一娑母羅요 娑母羅娑母羅가 爲一阿野婆요 阿野婆阿野婆가 爲一迦麽羅요 迦麽羅迦麽羅가 爲一摩伽婆요 摩伽婆摩伽婆가 爲一阿怛羅요 阿怛羅阿

怛羅가 爲一醯魯耶요 醯魯耶醯魯耶가 爲一薜魯婆요 薜魯婆薜魯婆가 爲一羯羅波요 羯羅波羯羅波가 爲一訶婆婆요 訶婆婆訶婆婆가 爲一毘婆羅요 毘婆羅毘婆羅가 爲一那婆羅요 那婆羅那婆羅가 爲一摩欖羅요 摩欖羅摩欖羅가 爲一娑婆羅요

(46) 하로나씩 하로나가 한 마로다요, (47) 마로다씩 마로다가 한 참모다요, (48) 참모다씩 참모다가 한 예라다요, (49) 예라다씩 예라다가 한 마로마요, (50) 마로마씩 마로마가 한 조복이요, (51) 조복씩 조복이 한 교만 여읨이요, (52) 교만 여읨씩 교만 여읨이 한 부동이요, (53) 부동씩 부동이 한 극량이요, (54) 극량씩 극량이 한 아마달라요, (55) 아마달라씩 아마달라가 한 발마달라요, (56) 발마달라씩 발마달라가 한 가마달라요, (57) 가마달라씩 가마달라가 한 나마달라요, (58) 나마달라씩 나마달라가 한 혜마달라요, (59) 혜마달라씩 혜마달라가 한 비마달라요, (60) 비마달라씩 비마달라가 한 발라마달라요, (61) 발라마달라씩 발라마달라가 한 시바마달라요, (62) 시바마달라씩 시바마달라가 한 예라요, (63) 예라씩 예라가 한 폐라요, (64) 폐라씩 폐라가 한 체라요, (65) 체라씩 체라가 한 게라요, (66) 게라씩 게라가 한 솔보라요, (67) 솔보라씩 솔보라가 한 니라요, (68) 니라씩 니라가 한 계라요, (69) 계라씩 계라가 한 세라요, (70) 세라식 세라가 한 비라요, (71) 비라씩 비라가 한 미라요, (72) 미라씩 미라가 한 사라다요, (73) 사라다씩 사라다가 한 미로다요, (74) 미로다씩 미로다가 한 계로다요,

(75) 계로다씩 계로다가 한 마도라요, (76) 마도라씩 마도라가 한 사무라요, (77) 사무라씩 사무라가 한 아야사요, (78) 아야사씩 아야사가 한 가마라요, (79) 가마라씩 가마라가 한 마가바요, (80) 마가바씩 마가바가 한 아달라요, (81) 아달라씩 아달라가 한 혜로야요, (82) 혜로야씩 혜로야가 한 폐로바요, (83) 폐로바씩 폐로바가 한 갈라파요, (84) 갈라파씩 갈라파가 한 하바바요, (85) 하바바씩 하바바가 한 비바라요, (86) 비바라씩 비바라가 한 나바라요, (87) 나바라씩 나바라가 한 마라라요, (88) 마라라씩 마라라가 한 사바라니라.

娑婆羅娑婆羅가 爲一迷欏普요 迷欏普迷欏普가 爲一者麽羅요 者麽羅者麽羅가 爲一馱麽羅요 馱馬羅馱馬羅가 爲一鉢欏麽陀요 鉢欏麽陀鉢欏麽陀가 爲一毘伽摩요 毘伽摩毘伽摩가 爲一烏波跋多요 烏波跋多烏波跋多가 爲一演說이요 演說演說이 爲一無盡이요 無盡無盡이 爲一出生이요 出生出生이 爲一無我요 無我無我가 爲一阿畔多요 阿畔多阿畔多가 爲一靑蓮華요 靑蓮華靑蓮華가 爲一鉢頭摩요 鉢頭摩鉢頭摩가 爲一僧祇요 僧祇僧祇가 爲一趣요 趣趣가 爲一至요 至至가 爲一阿僧祇요 阿僧祇阿僧祇가 爲一阿僧祇轉이요 阿僧祇轉阿僧祇轉이 爲一無量이요 無量無量이 爲一無量轉이요 無量轉無量轉이 爲一無邊이요 無邊無邊이 爲一無邊轉이요 無邊轉無邊轉이 爲一無等이요 無等無等이 爲一無等轉이요 無等

轉無等轉이 爲一不可數요 不可數不可數가 爲一不可數
轉이요 不可數轉不可數轉이 爲一不可稱이요 不可稱不
可稱이 爲一不可稱轉이요 不可稱轉不可稱轉이 爲一不
可思요 不可思不可思가 爲一不可思轉이요 不可思轉不
可思轉이 爲一不可量이요 不可量不可量이 爲一不可量
轉이요 不可量轉不可量轉이 爲一不可說이요 不可說不
可說이 爲一不可說轉이요 不可說轉不可說轉이 爲一不
可說不可說이요 此又不可說不可說이 爲一不可說不可
說轉이니라

(89) 사바라씩 사바라가 한 미라보요, (90) 미라보씩 미라
보가 한 자마라요, (91) 자마라씩 자마라가 한 타마라요,
(92) 타마라씩 타마라가 한 발라마다요, (93) 발라마다씩
발라마다가 한 비가마요, (94) 비가마씩 비가마가 한 오파
발타요, (95) 오파발타씩 오파발타가 한 연설이요, (96) 연
설씩 연설이 한 다함없음이요, (97) 다함없음씩 다함없음이
한 출생이요, (98) 출생씩 출생이 한 나 없음이요, (99) 나
없음씩 나 없음이 한 아반다요, (100) 아반다씩 아반다가 한
청련화요, (101) 청련화씩 청련화가 한 발두마요, (102) 발
두마씩 발두마가 한 승지요, (103) 승지씩 승지가 한 취요,
(104) 취씩 취가 한 지요, (105) 지씩 지가 한 아승지요,
(106) 아승지씩 아승지가 한 아승지 제곱이요, (107) 아승
지 제곱씩 아승지 제곱이 한 한량없음이요, (108) 한량없음
씩 한량없음이 한 한량없는 제곱이요, (109) 한량없는 제곱
씩 한량없는 제곱이 한 그지없음이요, (110) 그지없음씩 그

지없음이 한 그지없는 제곱이니라.

(111) 그지없는 제곱씩 그지없는 제곱이 한 같을 이 없음이요, (112) 같을 이 없음씩 같을 이 없음이 한 같을 이 없는 제곱이요, (113) 같을 이 없는 제곱씩 같을 이 없는 제곱이 한 셀 수 없음이요, (114) 셀 수 없음씩 셀 수 없음이 한 셀 수 없는 제곱이요, (115) 셀 수 없는 제곱씩 셀 수 없는 제곱이 한 일컬을 수 없음이요, (116) 일컬을 수 없음씩 일컬을 수 없음이 한 일컬을 수 없는 제곱이요, (117) 일컬을 수 없는 제곱씩 일컬을 수 없는 제곱이 한 생각할 수 없음이요, (118) 생각할 수 없음씩 생각할 수 없음이 한 생각할 수 없는 제곱이요, (119) 생각할 수 없는 제곱씩 생각할 수 없는 제곱이 한 헤아릴 수 없음이요, (120) 헤아릴 수 없음씩 헤아릴 수 없음이 한 헤아릴 수 없는 제곱이요, (121) 헤아릴 수 없는 제곱씩 헤아릴 수 없는 제곱이 한 말할 수 없음이요, (122) 말할 수 없음씩 말할 수 없음이 한 말할 수 없는 제곱이요, (123) 말할 수 없는 제곱씩 말할 수 없는 제곱이 한 말할 수 없이 말할 수 없음이요, (124) 이것을 또 말할 수 없이 말할 수 없는 것이 한 말할 수 없이 말할 수 없는 제곱이니라."

[疏] 四, 佛言下는 正答所疑라 於中에 二니 先, 長行은 明能數之數廣多요 後, 偈頌은 顯所數之德無盡이라 今初에 問하고 乃擧後難知어늘 答則始從具說하나니라 初言一百洛叉가 爲一俱胝者는 是中等數라 洛叉는 是萬이요 俱胝는 是億이라 故로 光明覺品에 云過一億이라하니

梵本에 皆云俱胝故라 若依俱舍의 以洛叉로 爲億인대 則俱胝는 當兆也니라 若兼取一十百千萬等下數法하면 則通有百三十七數어니와 由前易故로 略不說之라 俱胝以下는 並是上等數法이니 倍倍變故라 餘如光明覺品說하니라 其中에 多存梵音이나 但是數名이요 更無別理라 末後에 云, 此又不可說不可說者는 若類前具牒인대 便有四箇不可說字일새 故로 譯家가 云, 此又二字하여 替一不可說不可說하니 爲譯之巧니라

■ 라. 佛言 아래는 의심되는 바를 바로 대답함이다. 그중에 둘이니 가) 장항은 헤아리는 주체가 넓고 많음을 밝힘이요, 나) (120개) 게송은 셀 수 있는 그지없는 공덕을 밝힘이다. 지금은 가)에 (가) 질문하고서 비로소 뒤가 알기 어려움을 거론하거늘 (나) 대답함은 처음에서부터 갖추어 설한다. (1) '일백 낙차가 한 구지'라 말함은 중등(中等)의 숫자이다. 낙차(洛叉)는 만이요, 구지(俱胝)는 억이다. 그러므로 광명각품에 이르되, "일억 세계를 지난다"고 하니 범본에는 모두 '구지'라 말한 까닭이다. 만일『구사론』의 낙차가 억이 됨을 의지한다면 구지는 조(兆)에 해당한다. 만일 일, 십, 백, 천 등 아래를 취하여 세는 법을 겸하면 통틀어 137가지 숫자가 있지만 앞은 쉬운 것을 말미암은 연고로 생략하고 말하지 않았다. 구지 아래는 아울러 상등(上等)의 세는 법이니 배와 배로 변하는 까닭이니, 나머지는 광명각품에 설한 내용과 같다. 그 가운데 대부분 범음이 있지만 단지 숫자의 명칭이요, 다시 별다른 이치가 없나니 마지막에 말하되, "이것을 또 말할 수 없이 말할 수 없는 것"이라 말한 것은 만일 앞과 유례하여 갖추어 따 왔다면 문득 네 개의 불가설(不可說) 자가 있으므로 번역하는 이가 말하되, "此又 두 글자는 하나의 말할 수 없이 말할 수 없음과 교체한

다"고 하였으니 번역가의 교묘한 기술이다.

[鈔] 若依俱舍者는 彼論十一에 釋三論頌에 云, 安立器世間에 風輪最居下하니 其量이 廣無數오 厚十六洛叉니라 次上에 水輪深이 十一億二萬이니 下는 八洛叉水요 餘는 凝結成金이라하니라 謂十一億은 是此方言이요 下洛叉는 卽是梵語니 若並從此方인댄 合云, 下八億은 是水오 餘는 凝結成金이니라 故知以洛叉로 爲億이니라 便有四箇者는 謂取前例인댄 合云不可說不可說, 不可說不可說이 爲一不可說不可說轉이니라 上의 兩不可說不可說은 是所積之一數니 謂一箇不可說不可說과 兩箇不可說不可說이며 乃至不可說不可說箇와 不可說不可說일새 故有四箇라 今以此又二字로 替却兩箇不可說字하니 豈非妙耶아 所以擧此者는 以刊定記에 破經此又字하여 爲長故니라

● '만일 구사론에 의지한다'는 것은 저『구사론』제11권에 삼론(三論)의 게송을 해석하여 말하되, "기세간(器世間)을 건립할 적에 풍륜(風輪)이 가장 밑에 있으니 그 분량의 넓이는 셀 수 없음[無數]이며, 두께는 16낙차이네. 다음 그 위에는 수륜(水輪)의 깊이가 11억2만 낙차이니 밑의 8낙차는 물이고 나머지는 엉키어 금륜(金輪) 이루었네. (이 수륜과 금륜의 넓이와 지름은 12억3천4백만 유선나이며 주위는 그 수의 세 배가 되네.)"라 하였다. 이른바 11억은 이 나라 말이요, 아래의 낙차는 바로 범어이니, 만일 이 나라 말을 따른다면 합하여 말하되, "아래 8억은 물이며 나머지는 엉키어 금륜 이루었네"라 한 연고로 낙차가 억인 줄을 알았다. 문득 네 개가 있음은 말하자면 앞의 사례를 취한다면 합하여 말하면, '말할 수 없이 말할 수 없는, 말할 수 없이 말할 수 없는'이 '말할 수 없이 말할 수 없는 제곱'이 된다. 위에 두 개의 말할 수 없이 말

할 수 없음은 쌓을 대상의 한 숫자이다. 이른바 한 개의 '말할 수 없이 말할 수 없는'과 두 개의 '말할 수 없이 말할 수 없는'이며 나아가 말할 수 없이 말할 수 없는 개와 말할 수 없이 말할 수 없는인 연고로 네 개가 있다. 지금은 이것이 또한 두 글자로 두 개의 '말할 수 없이[不可說]'인 글자를 거꾸로 대체하였으니 어찌 묘함이 아니겠는가? 이것을 거론한 이유는 간정기(刊定記)에서 경문의 此又 두 글자를 타파하여 긴 것을 삼는 까닭이다.

나) 120개 게송은 헤아릴 수 있는 그지없는 공덕
   [一百二十偈所數之德無盡] 2.

(가) 앞의 여섯 게송은 보현의 공덕이 그지없음을 널리 설하다
   [前六偈明普賢德廣說不盡] 2.
ㄱ. 네 개 반의 게송은 세는 주체가 많음을 밝히다 [前四偈半明能數多] 10.

爾時에 世尊이 爲心王菩薩하사 而說頌言하시되
이때 세존께서 심왕보살에게 게송으로 말씀하셨다.

ㄱ) 첫 구절은 말할 수 없음을 쌓아서 말할 수 없음에 이른 것
(第二 9上6)
ㄴ) 둘째 구절은 미치지 않을 대상의 숫자에 미치지 못함을 표하여 말한 까닭

30-1   不可言說不可說이   充滿一切不可說이라

말할 수 없이 말할 수 없는 것이
　　　말 못할 온갖 곳에 가득 찼으니

ㄷ) 반의 게송은 위의 모든 말할 수 없음을 가져서 하나하나가 한 국토를 만들다

　30-2　不可言說諸劫中에　　　說不可說不可盡이로다
　　　말할 수 없는 온갖 겁 가운데서
　　　말할 수 없이 말해 다할 수 없고

ㄹ) 반의 게송은 곧 앞의 낱낱 티끌에 말할 수 없는 국토가 있는 것

　30-3　不可言說諸佛刹을　　　皆悉碎末爲微塵이어든
　　　말할 수 없는 온갖 부처 세계를
　　　모두 다 부수어서 티끌 만들어

ㅁ) 반의 게송은 앞의 모든 티끌 속 국토를 가져서 '한 생각에 부순 티끌'이 되다

　30-4　一塵中刹不可說이니　　如一一切皆如是로다
　　　한 티끌에 있는 세계 말할 수 없으니
　　　하나처럼 온갖 티끌 다 그러하니

ㅂ) 반의 게송은 생각 생각에 티끌을 부수어서 다시 많은 겁을 다한 것

30-5 此不可說諸佛刹을　　一念碎塵不可說이어든
　　　　이러하게 말 못할 부처 세계를
　　　　한 생각에 부순 티끌 말할 수 없고

ㅅ) 한 구절은 앞의 부술 대상인 티끌에 다시 여러 국토가 있다
ㅇ) 한 구절은 곧 이런 여러 국토가 다시 부수어 티끌이 된 것

30-6 念念所碎悉亦然하니　　盡不可說劫恒爾로다
　　　　생각 생각 부순 티끌 역시 그러해
　　　　말할 수 없는 겁이 늘 그러하며

ㅈ) 반의 게송은 많은 세는 숫자로 많은 세월 지나가서

30-7 此塵有刹不可說이니　　此刹爲塵說更難이라
　　　　이런 티끌 속 세계를 말할 수 없고
　　　　이런 세계 부순 티끌 더욱 그러해

ㅊ) 위의 모든 티끌 수 겁에서 한 티끌에 10만 개의 말할 수 없는 겁이 있다

30-8 以不可說算數法으로　　不可說劫如是數하여
　　　　以此諸塵數諸劫이　　一塵十萬不可說이어든
　　　　말로 할 수가 없는 셈법으로써
　　　　말할 수 없는 겁에 그렇게 세며
　　　　이러한 티끌로써 겁을 세는데

한 티끌에 10만 개의 말 못할 겁씩

[疏] 第二, 偈頌이라 百二十偈를 大分爲二니 前六은 明普賢德廣하여 說不可盡이요 餘偈는 明佛德深廣을 普賢窮究니라 前中에 分二니 前, 四偈半은 明能數多요 後, 一偈半은 顯所數廣이라 今初에 積數가 自有十重하여 以顯無盡하니 是知上至不可說轉이 尙約順機요 據佛所知하면 實無盡故라 言十重者는 一, 初句는 積不可說하여 至不可說이라 然此가 應積最後의 不可說不可說轉이로되 而但積不可說者는 有二義故니 一은 取言易故니 下偈에 多用故오 二는 表言所不及之數故니라 二次三句는 將上所積하여 充滿一切不可說中이라 於中에 初句는 標요 後二句는 釋이라 謂何者가 是一切不可說고 釋云호대 不可說劫中에 說不盡者니라 三, 半偈는 將上諸不可說하여 一一是一刹이어든 皆碎爲塵이요 四, 半偈는 卽前一一塵에 有不可說刹이요 五, 半偈는 將前諸塵中刹하여 一念에 徧碎爲塵이요 六, 半偈는 念念碎塵이 復盡多劫이요 七, 一句는 明前所碎塵에 復有多刹이요 八, 一句는 卽此多刹을 復碎爲塵이요 九, 半偈는 以多算數로 經於多劫하여 數上諸塵일새 云如是數니라 十, 以上諸塵數劫에 一塵에 有十萬箇不可說劫하여 如是重重하여 無盡無盡이니라

■ 나) 게송은 (헤아릴 수 있는 그지없는 공덕이니) 120개 게송을 크게 둘로 나누리니 (가) 앞의 여섯 게송은 보현의 공덕이 넓어서 다할 수 없음을 말함이요, (나) 나머지 (114개) 게송은 부처님 공덕이 깊고 광대함을 보현보살이 끝까지 궁구함을 밝힘이다. (가) 중에 둘로 나누리니 ㄱ. 네 개 반의 게송은 세는 주체가 많음을 밝힘이요, ㄴ. 한 개 반의 게송은 셀 대상이 넓음을 밝힘이다. 지금은 ㄱ.에 쌓은 숫자가 자연

히 열 번 거듭함이 있어서 그지없음을 밝혔으니, 이로써 위로 말할 수 없음의 제곱까지 이른 것인 줄을 아는 것이 오히려 근기에 수순함을 잡았고, 부처님이 알 대상을 의거하면 진실로 그지없는 까닭이다. '열 번 거듭'이라 말한 것은 (1) 첫 구절은 말할 수 없음을 쌓아서 말할 수 없음에 이른 것이다. 그러나 이것은 응당히 마지막 말할 수 없는 말할 수 없음의 제곱까지 쌓았더라도 단지 말할 수 없음만 쌓은 것은 두 가지 뜻이 있는 까닭이다. 하나는 말이 쉬움을 취한 까닭이니 아래 게송은 많이 쓰였기 때문이다. (2) 미치지 않을 대상의 숫자에 미치지 못함을 표하여 말한 까닭이다. 두 번째 다음 세 구절은 위의 쌓을 대상을 가져서 온갖 말할 수 없음 속에 가득함을 가진 까닭이다. 그중에 첫 구절은 표방함이요, 뒤의 두 구절은 해석함이다. 이른바 무엇이 온갖 말할 수 없음인가? 해석하여 말하되, "말할 수 없는 겁 중에 끝이 아니다고 말한 것이다"라고 하였다. (3) 반의 게송은 위의 모든 말할 수 없음을 가져서 하나하나가 한 국토인데 모두 부수어서 티끌이 된 것이다. (4) 반의 게송은 곧 앞의 낱낱 티끌에 말할 수 없는 국토가 있으며, (5) 반의 게송은 앞의 모든 티끌 속 국토를 가져서 '한 생각에 부순 티끌'이 되었다. (6) 반의 게송은 생각 생각에 티끌을 부수어서 다시 많은 겁을 다한 것이요, (7) 한 구절은 앞의 부술 대상인 티끌에 다시 여러 국토가 있음이요, (8) 한 구절은 곧 이런 여러 국토가 다시 부수어 티끌이 된 것이다. (9) 반의 게송은 많은 세는 숫자로 많은 세월 지나가서 위의 모든 티끌을 세어서 말하되, '이러한 숫자로'라 하였다. (10) 위의 모든 티끌 수 겁에서 한 티끌에 10만 개의 말할 수 없는 겁이 있나니, 이렇게 거듭거듭하여 다함없이 다함없다는 뜻이다.

ㄴ. 한 개 반의 게송은 셀 대상이 넓음을 밝히다[後一偈半顯所數廣]

(第二 10上6)

30-9 　爾劫稱讚一普賢하되　　無能盡其功德量이라
　　　그렇게 많은 겁에 칭찬한대도
　　　한 보현의 공덕도 다할 수 없어

30-10 　於一微細毛端處에　　有不可說諸普賢하며
　　　一切毛端悉亦爾하여　　如是乃至徧法界로다
　　　가장 작은 한 털끝이 있을 자리에
　　　말 못할 보현보살 있는 것과 같이
　　　온갖 터럭 끝마다 모두 그러해
　　　이와 같이 법계에 가득하니라.

[疏] 第二, 顯所數廣中에 略擧三重하니 一, 將上諸劫하여 讚一普賢之德이라가 不盡이요 二, 況一塵中에 有多普賢가 三, 況徧法界하여 塵皆有多矣아 是知德無盡故라 若不以稱性之心으로 思之하면 心惑狂亂이니라

■ ㄴ. (한 개 반의 게송은) 셀 대상이 넓음을 밝힘 중에 간략히 세 번 거듭함을 거론하나니 ㄱ) 위의 여러 겁을 가져서 하나의 보현의 공덕을 칭찬하다가 다하지 않음이요, ㄴ) 한 티끌 중에 여러 보현이 있음과 견줌이요, ㄷ) 법계에 두루하여 티끌에 모두 여럿이 있음과 견주는 것인가? 이로써 공덕이 그지없음을 아는 까닭이다. 만일 성품과 칭합한 마음 때문이 아님으로 생각해 보면 마음이 미혹하여 미치고 혼란

함이다.

(나) 114개 게송은 부처님 공덕이 깊고 광대함을 밝히다

[餘一百十四偈明佛德深廣] 2.

ㄱ. 과목 나누기[分科] (第二 10下6)

[疏] 第二, 一毛端下의 一百一十四偈에 明佛德深廣을 普賢窮究니 卽廣
顯變化之相이라 於中에 二니 前九十一頌은 明果德無礙을 因位善窮
이요 後, 不可言說諸如來下는 明果德深廣을 因能趣入이라

- (나) 一毛端 아래의 114개 게송에 부처님 공덕이 깊고 광대함을 보현보살의 끝까지 궁구함을 밝힘이니, 곧 변화하는 양상을 자세하게 밝혔다. 그중에 둘이니 ㄱ) 91개 게송은 과덕이 무애함을 인행이 끝까지 좋음을 밝힘이요, ㄴ) 不可言說諸如來 아래 (22개 게송은) 과덕이 깊고 광대한 것을 인행으로 능히 나아가 들어감을 밝힘이다.

ㄴ. 과목에 따라 해석하다[隨釋] 2.

ㄱ) 92개 게송은 과덕이 무애하고 인행이 끝까지 좋음을 밝히다

[九十二頌明果德無礙因位善窮] 2.

(ㄱ) 33개 반의 게송은 과덕의 법이 무애함을 밝히다

[三十三頌半明果法無礙] 2.

a. 세 게송은 의보가 자재함을 밝히다[三偈明依報自在] (前中 10下10)

30-11　一毛端處所有刹이　　其數無量不可說이며

盡虛空量諸毛端에　　一一處刹悉如是로다
한 터럭 끝에 있는 모든 세계들
그 수효 한량없이 말할 수 없고
온 허공에 가득한 터럭 끝마다
낱낱 곳에 있는 세계 다 그러하며

30-12　彼毛端處諸國土가　　無量種類差別住하되
　　　　有不可說異類刹하며　有不可說同類刹이로다
저 터럭 끝에 있는 모든 세계들
한량없는 종류가 각각 다르니
말할 수 없이 많은 다른 종류와
말할 수 없이 많은 같은 종류며

30-13　不可言說毛端處에　　皆有淨刹不可說하니
　　　　種種莊嚴不可說이며　種種奇妙不可說이로다
말할 수 없이 많은 터럭 끝마다
깨끗한 세계들을 말할 수 없고
가지가지 장엄도 말할 수 없고
가지가지 기묘함도 말할 수 없어

[疏] 前中에 亦二니 先, 明果法無礙요 後, 菩薩悉能下는 明因位善窮이라
　　 前中에 亦二니 先, 三偈는 明依報自在요
■　ㄱ) 중에 또한 둘이니 (ㄱ) (33개 반의 게송은) 과덕의 법이 무애함을 밝힘이요, (ㄴ) 菩薩悉能 아래 (58개 반의 게송은) 인행이 끝까지 좋음을

밝힘이다. (ㄱ) 중에도 또 둘이니 a. 세 게송은 의보가 자재함을 밝힘이다.

[鈔] 明果德深廣者는 趣入은 約證詣요 前善窮은 約解了니라 又所擧德에 一, 約無礙요 二, 約深廣이라 則二不同이나 然趣入과 善窮이 應通無礙深廣이니 蓋影略耳니라

● ㄴ) '과덕이 깊고 광대함을 밝힘'이란 나아가 들어감은 증득하여 참예함을 잡았고, 앞의 끝까지 좋음은 알고 요달함을 잡아서 해석함이다. 또한 거론할 공덕에서 (1) 무애를 잡은 해석이요, (2) 깊고 광대함을 잡은 해석이니, 둘이 같지 않지만 그러나 나아가 들어감과 끝까지 좋은은 응당히 걸림 없고 깊고 광대함에 통하나니 대개 비추어 생략했을 뿐이다.

b. 나머지 30개 반의 게송은 의보와 정보가 융섭함을 밝히다
　　[餘三十頌半偈明依正融攝] 5.
a) 두 개 반의 게송은 의보 중에 정보를 나타내다[初二偈半依中現正]

(後於 11上9)

30-14　於彼一一毛端處에　　演不可說諸佛名하니
　　　　一一名有諸如來하되　皆不可說不可說이로다
　　　　저러한 하나하나 터럭 끝마다
　　　　말할 수 없는 부처 이름 말하며
　　　　하나하나 이름 아래 있는 부처님
　　　　모두 말할 수가 없이 말할 수 없고

30-15　　一一諸佛於身上에　　　現不可說諸毛孔하며
　　　　　於彼一一毛孔中에　　　現衆色相不可說하며
　　　　　저러한 부처님의 낱낱 몸 위에
　　　　　말할 수 없이 많은 털구멍 있고
　　　　　저러한 하나하나 털구멍 속에
　　　　　나타내는 여러 몸매 말할 수 없고

30-16　　不可言說諸毛孔에　　　咸放光明不可說이로다
　　　　　말할 수 없이 많은 털구멍마다
　　　　　광명을 놓는 것도 말할 수 없고

[疏] 後, 於彼一一毛端處에 演不可說下는 明依正이 融攝卽入自在라 於 中에 五니 初, 二偈半은 依中에 現正이요,

■ b. 於彼一一毛端處演不可說 아래 (나머지 30개 반의 게송은) 의보와 정보가 융섭하여 곧 들어감에 자재함을 밝힘이다. 그중에 다섯이니 a) 두 개 반의 게송은 의보 중에 정보를 나타냄이요,

b) 11개 반의 게송은 정보 중에 의보를 나타내다[十一偈半正中現依] 2. (a) 아홉 게송은 연꽃 광명을 밝히다[初九偈明蓮華光] (二於 12上9)

30-17　　於彼一一光明中에　　　悉現蓮華不可說이며
　　　　　그러한 하나하나 광명 가운데
　　　　　나타나는 연꽃도 말할 수 없어

30-18 　於彼一一蓮華內에　　悉有衆葉不可說이며
　　　 不可說華衆葉中에　　各現色相不可說이며
　　　 저러한 하나하나 연꽃 속마다
　　　 말할 수 없이 많은 잎새가 있고
　　　 말할 수 없는 연꽃 잎새 가운데
　　　 나타내는 빛깔이 말할 수 없어

30-19 　彼不可說諸色內에　　復現衆葉不可說이며
　　　 葉中光明不可說이며　光中色相不可說이며
　　　 말할 수 없이 많은 빛깔 속에서
　　　 나타내는 잎새도 말할 수 없고
　　　 잎새 속에 광명도 말할 수 없고
　　　 광명 속에 빛깔도 말할 수 없네.

30-20 　此不可說色相中에　　一一現光不可說이며
　　　 光中現月不可說이며　月復現月不可說이며
　　　 말로 할 수가 없는 빛깔 속마다
　　　 나타내는 광명을 말할 수 없고
　　　 광명 속에 있는 달도 말할 수 없고
　　　 달 속에 또 있는 달 말할 수 없어

30-21 　於不可說諸月中에　　一一現光不可說이며
　　　 於彼一一光明內에　　復現於日不可說이며
　　　 말할 수 없이 많은 모든 달마다

나타내는 광명을 말할 수 없고
저러한 하나하나 광명 속에서
해를 다시 나타냄도 말할 수 없네.

30-22 於不可說諸日中에　　一一現色不可說이며
　　　於彼一一諸色內에　　又現光明不可說이며
　　　말로 말할 수 없는 날날 해에서
　　　나타내는 빛깔이 말할 수 없고
　　　저러한 하나하나 빛깔 속마다
　　　광명을 또 나투어 말할 수 없고

30-23 於彼一一光明內에　　現不可說師子座하니
　　　一一嚴具不可說이며　一一光明不可說이며
　　　저 날날 광명 속에 말할 수 없는
　　　사자좌를 또 다시 나타내나니
　　　하나하나 장엄거리 말할 수 없고
　　　하나하나 광명도 말할 수 없어

30-24 光中妙色不可說이며　色中淨光不可說이며
　　　광명 속에 묘한 빛깔 말할 수 없고
　　　빛깔 속에 맑은 광명 말할 수 없어

30-25 於彼一一淨光內에　　復現種種妙光明이며
　　　此光復現種種光하니　不可言說不可說이며

하나하나 깨끗한 저 광명 속에
또 다시 여러 묘한 광명 나투며
이 광명 다시 여러 광명 나투니
말로 할 수가 없이 말할 수 없고

30-26 如是種種光明內에   各現妙寶如須彌하니
       一一光中所現寶가   不可言說不可說이로다
       이와 같은 가지가지 광명 속에서
       각각 보배 나타냄이 수미산 같아
       하나하나 광명 속에 나투는 보배
       말로 할 수가 없이 말할 수 없고

[疏] 二, 於彼一一光明下의 十一偈半은 正中에 現依라 於中에 二[83]니 初, 現蓮華光明이요

■ b) 於彼一一光明 아래 11개 반의 게송은 정보 중에 의보를 나타냄이다. 그중에 둘이니 (a) (아홉 게송은) 연꽃 광명을 밝힘이요,

(b) 두 개 반의 게송은 정토의 작용을 나타내다[二偈半現淨土用]

(後彼 12下6)

30-27 彼如須彌一妙寶에   現衆剎土不可說이며
       盡須彌寶無有餘하여   示現剎土皆如是로다
       수미산 크기 같은 한 보배에서

---

83) 上三字는 甲南續金本無라 하다.

　　　　여러 세계 나타냄도 말할 수 없어
　　　　수미산이 끝나도록 그 많은 보배
　　　　나타내는 세계들도 그와 같거든

30-28　以一刹土末爲塵하니　　一塵色相不可說이며
　　　　衆刹爲塵塵有相을　　不可言說不可說이니
　　　　한 세계를 부수어 만든 티끌들
　　　　한 티끌의 모양을 말할 수 없고
　　　　여러 세계 부순 티끌 그 많은 모양
　　　　말로 할 수가 없이 말할 수 없고

30-29　如是種種諸塵相에　　皆出光明不可說이로다
　　　　이러한 가지가지 모든 티끌이
　　　　제각기 내는 광명 말할 수 없어

[疏] 後, 彼如須彌下는 淨土之用이라
■　(b) 彼如須彌 아래 (두 개 반의 게송은) 정토의 작용을 나타냄이요,

c) 다섯 게송은 의보 중에 정보가 설법함을 나타내다
　　[五偈依中現正說法] (三光 13上7)

30-30　光中現佛不可說이며　　佛所說法不可說이며
　　　　法中妙偈不可說이며　　聞偈得解不可說이며
　　　　광명 속에 있는 부처 말할 수 없고

부처님이 설한 법문 말할 수 없고
법문 속에 묘한 게송 말할 수 없고
게송 듣고 생긴 지혜 말할 수 없어

30-31　不可說解念念中에　　顯了眞諦不可說이며
　　　　示現未來一切佛하여　常演說法無窮盡이로다
말할 수 없는 지혜 생각 가운데
분명한 참된 이치 말할 수 없고
오는 세상 나타나실 여러 부처님
법문을 연설하심 끝이 없으며

30-32　一一佛法不可說이며　　種種淸淨不可說이며
　　　　出妙音聲不可說이며　　轉正法輪不可說이며
하나하나 부처님 법 말할 수 없고
가지가지 청정함도 말할 수 없고
미묘하게 내는 음성 말할 수 없고
법 바퀴 굴리는 것 말할 수 없어

30-33　於彼一一法輪中에　　演修多羅不可說이며
　　　　於彼一一修多羅에　　分別法門不可說이며
저러한 하나하나 법 바퀴마다
수다라 연설함도 말할 수 없고
저러한 하나하나 수다라에
분별하는 법문도 말할 수 없고

30-34 　於彼一一法門中에　　又說諸法不可說이며
　　　於彼一一諸法中에　　調伏衆生不可說이로다
　　　저러한 하나하나 법문 가운데
　　　모든 법문 또 설함도 말할 수 없고
　　　저러한 하나하나 모든 법 중에
　　　중생을 조복함도 말할 수 없어

[疏] 三, 光中現佛下의 五偈는 依中에 現正說法이요
- c) 光中現佛 아래 다섯 게송은 의보 중에 정보가 설법함을 나타냄이요,

d) 한 게송은 현재에 상주함을 밝히다[一偈明現時常住] (四或 13上10)

30-35 　或復於一毛端處에　　不可說劫常安住하며
　　　如一毛端餘悉然하여　　所住劫數皆如是로다
　　　혹은 다시 한 터럭 끝만 한 데에
　　　말할 수 없는 겁이 항상 있나니
　　　한 터럭 끝과 같이 모두 그러해
　　　그러한 겁의 수효 다 그러니라.

[疏] 四, 或復下의 一偈는 明現時常住요
- d) 或復 아래 한 게송은 현재에 상주함을 밝힘이요,

e) 열 개 반의 게송은 자재하게 중생을 조복하다[十偈半自在調生]

(五其 14下2)

30-36　　其心無礙不可說이며　　變化諸佛不可說이며
　　　　一一變化諸如來가　　　復現於化不可說이며
　　　　걸림 없는 그 마음 말할 수 없고
　　　　변화하신 부처님 말할 수 없고
　　　　변화하여 나타난 낱낱 여래가
　　　　변화를 또 나타냄 말할 수 없어

30-37　　彼佛法力不可說이며　　彼佛分身不可說이며
　　　　莊嚴無量不可說이며　　往詣十方不可說이며
　　　　저 부처님 법의 힘 말할 수 없고
　　　　저 부처님 분신도 말할 수 없고
　　　　한량없는 장엄을 말할 수 없고
　　　　시방세계 나아감도 말할 수 없어

30-38　　周行國土不可說이며　　觀察衆生不可說이며
　　　　淸淨衆生不可說이며　　調伏衆生不可說이며
　　　　여러 국토 다니는 일 말할 수 없고
　　　　중생을 살펴봄도 말할 수 없고
　　　　중생을 청정케 함 말할 수 없고
　　　　중생을 조복함도 말할 수 없어

30-39   彼諸莊嚴不可說이며   彼諸神力不可說이며
        彼諸自在不可說이며   彼諸神變不可說이며
        여러 가지 장엄도 말할 수 없고
        저 여러 신통한 힘 말할 수 없고
        여러 가지 자재함도 말할 수 없고
        여러 가지 신통변화 말할 수 없어

30-40   所有神通不可說이며   所有境界不可說이며
        所有加持不可說이며   所住世間不可說이며
        갖고 있는 신통을 말할 수 없고
        갖고 있는 경계도 말할 수 없고
        갖고 있는 가지함도 말할 수 없고
        세간에 머무름도 말할 수 없어

30-41   淸淨實相不可說이며   說修多羅不可說이며
        於彼一一修多羅에   演說法門不可說이며
        청정하온 실상을 말할 수 없고
        말씀하신 수다라 말할 수 없고
        저러한 하나하나 수다라에
        연설하신 법문도 말할 수 없어

30-42   於彼一一法門中에   又說諸法不可說이며
        於彼一一諸法中에   所有決定不可說이며
        저러한 하나하나 법문 가운데

또 말씀한 모든 법 말할 수 없고
저러한 하나하나 모든 법 중에
갖고 있는 결정한 뜻 말할 수 없어

30-43 於彼一一決定中에　　調伏衆生不可說이며
　　　 不可言說同類法이며　不可言說同類心이며
하나하나 결정한 저 뜻 가운데
중생을 조복함도 말할 수 없고
같은 종류 법들을 말할 수 없고
같은 종류 마음을 말할 수 없어

30-44 不可言說異類法이며　不可言說異類心이며
　　　 不可言說異類根이며　不可言說異類語며
다른 종류 법들을 말할 수 없고
다른 종류 마음을 말할 수 없고
다른 종류 근기를 말할 수 없고
다른 종류 언어를 말할 수 없어

30-45 念念於諸所行處에　　調伏衆生不可說이며
　　　 所有神變不可說이며　所有示現不可說이며
생각 생각 다니는 여러 곳에서
중생을 조복함도 말할 수 없고
갖고 있는 신통변화 말할 수 없고
보이어 나타냄도 말할 수 없어

30-46　　於中時劫不可說이며　　於中差別不可說을
　　　　그 가운데 겁과 시간 말할 수 없고
　　　　그 가운데 차별도 말 못할 것을

[疏] 五, 其心無礙下의 十偈半은 明自在調生이라
- e) 其心無礙 아래 열 개 반의 게송은 자재하게 중생을 조복함을 밝힘이다.

(ㄴ) 58개 반의 게송은 인행의 지위가 끝까지 좋음을 밝히다
　　　[五十八頌半明因位善窮] 2.
a. 반의 게송은 앞을 결론하고 뒤를 시작하다[半偈結前生後]
　　　　　　　　　　　　　　(第二 14下4)

30-47　　菩薩悉能分別說이언정　　諸明算者莫能辨이로다
　　　　보살이 분별하여 다 말하지만
　　　　산수에 능한 이도 분별 못하네.

[疏] 第二, 因位善窮中에 二니 先, 半偈는 結前生後요
- (ㄴ) (58개 반의 게송은) 인행의 지위가 끝까지 좋음을 밝힘 중에 둘이니
　　a. 반의 게송은 앞을 결론하고 뒤를 시작함이요,

b. 50개 게송은 보현행의 공덕을 바로 밝히다[五十頌正顯因德] 10.
a) 여덟 게송은 인드라망의 몸과 국토가 보현행을 일으키는 장소이다
　　[八偈明帝網身土是起行處] (餘偈 15下1)

30-48　一毛端處大小刹과　　　雜染淸淨麤細刹에
　　　　如是一切不可說을　　一一明了可分別이로다
　　　　한 터럭 끝에 있는 작고 큰 세계
　　　　물들고 깨끗하고 굵고 잔 세계
　　　　말로 할 수가 없는 여러 세계를
　　　　낱낱이 분명하게 분별하리라.

30-49　以一國土碎爲塵하니　　其塵無量不可說이어든
　　　　如是塵數無邊刹이　　俱來共集一毛端이로다
　　　　한 세계를 부수어 만든 티끌들
　　　　그 티끌 한량없어 말할 수 없고
　　　　이러한 티끌 수의 끝없는 세계
　　　　모두 와서 한 털끝에 모이었으니

30-50　此諸國土不可說이　　共集毛端無迫隘하여
　　　　不使毛端有增大하되　而彼國土俱來集이로다
　　　　말로 할 수가 없는 여러 세계가
　　　　한 털끝에 모여도 비좁지 않고
　　　　터럭 끝이 커진 것도 아니지마는
　　　　저 많은 국토들이 모두 모였고

30-51　於中所有諸國土가　　形相如本無雜亂이며
　　　　如一國土不亂餘하여　一切國土皆如是로다
　　　　그 속에 모여 있는 모든 국토도

형상이 여전하여 섞이지 않고
한 국토가 섞이지 않은 것처럼
그 많은 국토들이 다 그러하네.

30-52 虛空境界無邊際를　　悉布毛端使充滿하여
　　　如是毛端諸國土를　　菩薩一念皆能說이로다
끝 간 데를 모르는 저 허공 안에
털끝을 가득 세워 채운다 하고
이러한 털끝마다 있는 국토를
보살이 한 생각에 능히 말하고

30-53 於一微細毛孔中에　　不可說刹次第入이어든
　　　毛孔能受彼諸刹하되　諸刹不能徧毛孔이로다
한 개의 가느다란 털구멍 속에
말할 수 없는 세계 차례로 드니
털구멍은 여러 세계 받아 넣지만
여러 세계는 털구멍에 두루 못하며

30-54 入時劫數不可說이며　　受時劫數不可說이며
　　　於此行列安住時에　　一切諸劫無能說이로다
들어갈 때 겁의 수효 말할 수 없고
받을 때의 겁의 수효 말할 수 없어
여기서 줄을 지어 머무를 적에
일체 모든 겁들을 말할 이 없네.

30-55 如是攝受安住己에   所有境界不可說이며
       入時方便不可說이며   入己所作不可說이로다
       이렇게 받아 넣고 머무른 뒤에
       갖고 있는 경계를 말할 수 없고
       들어갈 때 방편도 말할 수 없고
       들어가서 짓는 일도 말할 수 없어

[疏] 餘偈, 正顯因德이라 於中에 有十하니 初八偈는 明帝網身土가 是起行處라 又前文은 明其展徧이요 此明包容이니 文影略耳니라 言毛孔悉能受諸刹等者는 稱法性之一毛일새 故受多刹而無外요 不壞相之多刹이 安徧悟者之一毛니 內外緣起가 非卽離故니라

■ b. 나머지 (50개) 게송은 보현 인행의 공덕을 바로 밝힘이다. 그중에 열이 있으니 a) 여덟 게송은 인드라망의 몸과 국토가 보현행을 일으키는 장소임을 밝힘이다. 또한 앞의 경문은 그 전개가 두루함을 밝힘이요, 여기서는 포용함을 밝혔으니 경문이 비추어 생략되었을 뿐이다. '털구멍에 모두 능히 여러 국토 등을 받아들인다'고 말한 것은 법의 성품과 칭합한 한 개의 터럭인 연고로 많은 국토를 수용해도 바깥이 없으며, 여러 국토의 모양을 무너뜨리지 않음이 두루 깨달은 이의 한 터럭에 두었으니, 안과 밖이 인연으로 생김이 합치하고 여윔이 아닌 까닭이다.

[鈔] 稱法性之一毛者는 此中文이 亦影略이라 若具인대 諸刹과 毛孔이 皆有稱性과 及不壞相義어늘 今毛上에 取稱性義일새 故로 如法性之無外요 刹上[84)]에 取不壞相義일새 故로 不徧稱性之毛라 而着悟者之言

도 更有一意하니 亦文影略이라 謂毛安悟者는 則顯刹因迷有니 迷則有分하고 悟則無邊이라 前義는 直就法論하고 後義는 約人取法이라 思之可見이니라

內外緣起者는 亦有二義하니 一, 約內外가 共爲緣起니 由不卽故로 有能所入이요 由不離故로 故得相入이니라 二, 約內外緣起가 與眞法性으로 不卽不離하면 此復二義니 一, 由內外가 不卽法性故로 有能所入이요 不離法性故로 毛能包하여 刹能徧入이니라 二者는 毛約不離法性일새 如理而包요 刹約不卽法性일새 不徧毛孔이니 思之成觀이니라

● '법의 성품과 칭합한 한 개의 털'이란 이 가운데 경문이 또한 비추어 생략되었다. 만일 갖춘다면 모든 국토와 털구멍이 모두 성품과 칭합함과 모양을 무너뜨리지 않는 뜻이 있거늘 지금 터럭 위에 성품과 칭합한 뜻을 취한 연고로 법의 성품이 바깥이 없음과 같음이요, (부처님) 국토 위에 모양을 무너뜨리지 않는 뜻을 취한 연고로 성품과 칭합한 터럭이 두루하지 않는다. 그러나 깨달음에 집착한 사람의 말도 다시 한 가지 의미가 있으니 또한 경문이 비추어 생략되었다. 이른바 터럭을 깨달은 이에게 둔 것은 국토는 미혹으로 인해 있음을 밝혔으니 미하면 부분이 있고, 깨달으면 그지없음이니, 앞의 뜻은 바로 법에 입각하여 논함이요, 뒤의 뜻은 사람을 잡아 법을 취한 뜻이니 생각해 보면 볼 수 있다.

'안과 밖의 인연으로 생김'이란 또한 두 가지 뜻이 있으니 (1) 안과 밖이 함께 연기가 됨을 잡으면 합치하지 않음을 말미암은 연고로 들어가는 주체와 대상이 있으며, 여의지 않음을 말미암은 연고로 그래서

---

84) 上은 甲續本作土誤라 하다.

서로 들어감을 얻는다. (2) 안과 밖의 연기가 참된 법성과 합치하지 않고 여의지도 않음을 잡으면 여기에 다시 두 가지 뜻이니 (1) 안과 밖이 법성과 합치하지 않음으로 인하며 들어가는 주체와 대상이 있고, 법성을 여의지 않으므로 터럭이 능히 포용하여 국토에 능히 두루 들어간다. (2) 터럭은 법성을 여의지 않음을 잡으므로 이치대로 포용함이요, 국토는 법성과 합치하지 않음을 잡으므로 털구멍에 두루하지 않나니 생각하면 관법을 성취하게 된다.

b) 다섯 게송은 삼업이 근면하고 용기 있는 행임을 밝히다
[五偈明三業勤勇之行] (二意 16下7)

30-56　意根明了不可說이며　　遊歷諸方不可說이며
　　　　勇猛精進不可說이며　　自在神變不可說이며
　　　　의근이 분명함을 말할 수 없고
　　　　여러 방위 다님도 말할 수 없고
　　　　용맹하게 정진함도 말할 수 없고
　　　　자유로운 신통변화 말할 수 없고

30-57　所有思惟不可說이며　　所有大願不可說이며
　　　　所有境界不可說이며　　一切通達不可說이며
　　　　그 가운데 생각함도 말할 수 없고
　　　　그 가운데 큰 서원도 말할 수 없고
　　　　거기 있는 경계도 말할 수 없고
　　　　온갖 것 통달함도 말할 수 없고

30-58　身業淸淨不可說이며　　語業淸淨不可說이며
　　　　意業淸淨不可說이며　　信解淸淨不可說이며
　　　　몸의 업이 청정함을 말할 수 없고
　　　　말하는 업 청정함을 말할 수 없고
　　　　마음의 업 청정함을 말할 수 없고
　　　　믿는 이해 청정함을 말할 수 없고

30-59　妙智淸淨不可說이며　　妙慧淸淨不可說이며
　　　　了諸實相不可說이며　　斷諸疑惑不可說이며
　　　　묘한 슬기 청정함도 말할 수 없고
　　　　묘한 지혜 청정함도 말할 수 없고
　　　　실상을 이해함도 말할 수 없고
　　　　의혹을 끊는 일도 말할 수 없고

30-60　出離生死不可說이며　　超昇正位不可說이며
　　　　甚深三昧不可說이며　　了達一切不可說이로다
　　　　생사를 뛰어남도 말할 수 없고
　　　　정위에 올라감도 말할 수 없고
　　　　매우 깊은 삼매도 말할 수 없고
　　　　온갖 것 통달함도 말할 수 없고

[疏] 二, 意根明了下의 五偈는 三業勤勇行이요
■ b) 意根明了 아래 다섯 게송은 삼업이 근면하고 용기 있는 행임을 밝힘이요,

c) 네 개 반의 게송은 근기에 맞추어 중생을 섭수하는 행을 밝히다
   [四偈半明應器攝生之行] (三一 17上7)

30-61   一切衆生不可說이며   一切佛刹不可說이며
        知衆生身不可說이며   知其心樂不可說이며
        갖가지 중생들을 말할 수 없고
        갖가지 부처 세계 말할 수 없고
        중생의 몸 아는 일도 말할 수 없고
        그 마음 아는 것도 말할 수 없고

30-62   知其業果不可說이며   知其意解不可說이며
        知其品類不可說이며   知其種性不可說이며
        업과 과보 아는 일을 말할 수 없고
        그 뜻을 아는 일도 말할 수 없고
        그 종류 아는 일도 말할 수 없고
        그 종성 아는 일도 말할 수 없고

30-63   知其受身不可說이며   知其生處不可說이며
        知其正生不可說이며   知其生已不可說이며
        받는 몸 아는 일도 말할 수 없고
        태어나는 처소도 말할 수 없고
        바로 남을 아는 일도 말할 수 없고
        난 뒤를 아는 일도 말할 수 없고

30-64 　知其解了不可說이며　　知其趣向不可說이며
　　　　知其言語不可說이며　　知其作業不可說이니
　　　　이해함을 아는 일 말할 수 없고
　　　　나아갈 데 아는 일 말할 수 없고
　　　　그 말을 아는 일도 말할 수 없고
　　　　짓는 업 아는 일도 말할 수 없어

30-65 　菩薩如是大慈悲로　　利益一切諸世間이로다
　　　　보살이 이와 같은 큰 자비로써
　　　　저 모든 세간들을 이익하게 하며

[疏] 三, 一切衆生下는 應器攝生行이요
■ c) 一切衆生 아래 (네 개 반의 게송은) 근기에 맞게 중생을 섭수하는 행을 밝힘이요,

d) 다섯 개 반의 게송은 방소를 다니며 부처님께 공양하는 행을 밝히다
　　[五偈半明遊方供佛之行] (四普 17下9)

30-66 　普現其身不可說이며　　入諸佛刹不可說이며
　　　　見諸菩薩不可說이며　　發生智慧不可說이며
　　　　그 몸 두루 나타냄을 말할 수 없고
　　　　모든 세계 들어감을 말할 수 없고
　　　　여러 보살 보는 일을 말할 수 없고
　　　　지혜를 내는 것도 말할 수 없고

30-67　　請問正法不可說이며　　敷揚佛教不可說이며
　　　　　現種種身不可說이며　　詣諸國土不可說이며
　　　　　바른 법 묻는 것도 말할 수 없고
　　　　　불교를 널리 폄도 말할 수 없고
　　　　　여러 몸을 나타냄을 말할 수 없고
　　　　　여러 세계 나아감도 말할 수 없고

30-68　　示現神通不可說이며　　普徧十方不可說이며
　　　　　處處分身不可說이며　　親近諸佛不可說이며
　　　　　신통을 보이는 일 말할 수 없고
　　　　　시방에 두루함을 말할 수 없고
　　　　　곳곳마다 나누는 몸 말할 수 없고
　　　　　부처님 친근함을 말할 수 없고

30-69　　作諸供具不可說이며　　種種無量不可說이며
　　　　　清淨衆寶不可說이며　　上妙蓮華不可說이며
　　　　　공양거리 마련함도 말할 수 없고
　　　　　가지가지 한량없음 말할 수 없고
　　　　　깨끗한 여러 보배 말할 수 없고
　　　　　가장 묘한 연꽃도 말할 수 없고

30-70　　最勝香鬘不可說이며　　供養如來不可說이며
　　　　　清淨信心不可說이며　　最勝悟解不可說이며
　　　　　가장 좋은 향과 화만 말할 수 없고

여래께 공양함을 말할 수 없고
청정한 믿는 마음 말할 수 없고
가장 나은 깨달음도 말할 수 없고

30-71 增上志樂不可說이며 恭敬諸佛不可說이로다
늘어가는 즐거운 뜻 말할 수 없고
부처님께 공경함도 말할 수 없네.

[疏] 四, 普現其身下의 五偈半은 明遊方供佛行이요
- d) 普現其身 아래 다섯 개 반의 게송은 방소를 다니며 부처님께 공양하는 행을 밝힘이요,

e) 11개 반의 게송은 십바라밀을 널리 닦는 행을 밝히다
 [十一偈半明廣修十度之行] (五修 19上3)

30-72 修行於施不可說이며 其心過去不可說이며
有求皆施不可說이며 一切悉施不可說이며
보시를 행하는 일 말할 수 없고
그 마음 지나간 일 말할 수 없고
찾는 대로 보시함을 말할 수 없고
모든 것을 보시함도 말할 수 없고

30-73 持戒淸淨不可說이며 心意淸淨不可說이며
讚歎諸佛不可說이며 愛樂正法不可說이며

계행이 청정함을 말할 수 없고
마음이 깨끗함을 말할 수 없고
부처님 찬탄함을 말할 수 없고
바른 법 좋아함을 말할 수 없고

30-74   成就諸忍不可說이며   無生法忍不可說이며
　　　　具足寂靜不可說이며   住寂靜地不可說이며
참는 일 성취함을 말할 수 없고
생사 없는 지혜 말할 수 없고
고요함을 갖춘 일 말할 수 없고
고요한 데 머무는 일 말할 수 없고

30-75   起大精進不可說이며   其心過去不可說이며
　　　　不退轉心不可說이며   不傾動心不可說이며
큰 정진 일으킴을 말할 수 없고
그 마음 지나간 일 말할 수 없고
물러나지 않는 마음 말할 수 없고
흔들리지 않는 마음 말할 수 없고

30-76   一切定藏不可說이며   觀察諸法不可說이며
　　　　寂然在定不可說이며   了達諸禪不可說이며
갖가지 선정의 광 말할 수 없고
모든 법 관찰함도 말할 수 없고
고요히 정에 있음 말할 수 없고

모든 선정 통달함을 말할 수 없고

30-77 　智慧通達不可說이며　　三昧自在不可說이며
　　　了達諸法不可說이며　　明見諸佛不可說이며
　　　지혜로 통달함을 말할 수 없고
　　　삼매에 자재함을 말할 수 없고
　　　모든 법 잘 아는 것 말할 수 없고
　　　부처님 밝게 봄도 말할 수 없고

30-78 　修無量行不可說이며　　發廣大願不可說이며
　　　甚深境界不可說이며　　淸淨法門不可說이며
　　　한량없는 행 닦음을 말할 수 없고
　　　광대 서원 내는 일도 말할 수 없고
　　　깊고 깊은 경계를 말할 수 없고
　　　청정한 법문들도 말할 수 없고

30-79 　菩薩法力不可說이며　　菩薩法住不可說이며
　　　彼諸正念不可說이며　　彼諸法界不可說이며
　　　보살의 법력 힘을 말할 수 없고
　　　보살의 법에 있음을 말할 수 없고
　　　저들의 바른 생각을 말할 수 없고
　　　저들의 모든 법계를 말할 수 없고

30-80 　修方便智不可說이며　　學甚深智不可說이며

　　　　　無量智慧不可說이며　　究竟智慧不可說이며
　　　　　방편 지혜 닦는 일 말할 수 없고
　　　　　깊은 지혜 배우는 일 말할 수 없고
　　　　　한량없는 지혜를 말할 수 없고
　　　　　끝까지 이른 지혜 말할 수 없고

30-81　　彼諸法智不可說이며　　彼淨法輪不可說이며
　　　　　彼大法雲不可說이며　　彼大法雨不可說이며
　　　　　저 여러 법의 지혜 말할 수 없고
　　　　　깨끗한 법 바퀴도 말할 수 없고
　　　　　저렇게 큰 법 구름을 말할 수 없고
　　　　　저렇게 큰 법 비도 말할 수 없고

30-82　　彼諸神力不可說이며　　彼諸方便不可說이며
　　　　　入空寂智不可說이며　　念念相續不可說이며
　　　　　저 모든 신통의 힘 말할 수 없고
　　　　　저 모든 방편들도 말할 수 없고
　　　　　고요한 지혜에 들어감도 말할 수 없고
　　　　　생각 생각 계속함을 말할 수 없네.

30-83　　無量行門不可說이며　　念念恒住不可說이로다
　　　　　한량없는 수행의 문 말할 수 없고
　　　　　생각 생각 머무름을 말할 수 없고

[疏] 五, 修行於施下는 廣修十度行이요
- e) 修行於施 아래 (11개 반의 게송은) 십바라밀을 널리 닦는 행을 밝힘이요,

f) 두 개 반의 게송은 국토를 다님에 자재한 행을 밝히다
   [二偈半遊刹自在行] (六諸 19上9)

30-84 　諸佛刹海不可說이며　　悉能往詣不可說이며
　　　諸刹差別不可說이며　　種種淸淨不可說이며
　　　부처님의 세계해도 말할 수 없고
　　　거기마다 나아감을 말할 수 없고
　　　세계의 차별함을 말할 수 없고
　　　가지가지 청정함도 말할 수 없고

30-85 　差別莊嚴不可說이며　　無邊色相不可說이며
　　　種種間錯不可說이며　　種種妙好不可說이며
　　　차별한 장엄들도 말할 수 없고
　　　그지없는 빛깔도 말할 수 없고
　　　가지가지 섞인 것도 말할 수 없고
　　　가지가지 기묘함도 말할 수 없고

30-86 　淸淨佛土不可說이며　　雜染世界不可說이로다
　　　청정한 부처 세계 말할 수 없고
　　　물든 세계들도 말할 수 없네.

[疏] 六, 諸佛刹海下의 二偈半은 游刹自在行이요

- f) 諸佛刹海 아래 두 개 반의 게송은 국토를 다님에 자재한 행을 밝힘이요,

g) 네 게송은 중생을 조복받는 행법을 노래하다[四偈調伏衆生行]

(七了 19下8)

30-87　了知衆生不可說이며　　知其種性不可說이며
　　　　知其業報不可說이며　　知其心行不可說이며
　　　　중생들을 잘 앎도 말할 수 없고
　　　　그 종성을 아는 것도 말할 수 없고
　　　　그 업보 아는 것도 말할 수 없고
　　　　마음과 행 아는 것도 말할 수 없고

30-88　知其根性不可說이며　　知其解欲不可說이며
　　　　雜染淸淨不可說이며　　觀察調伏不可說이며
　　　　근성을 아는 것도 말할 수 없고
　　　　지혜 욕망 아는 것도 말할 수 없고
　　　　더럽고 청정함을 말할 수 없고
　　　　관찰하고 조복함을 말할 수 없고

30-89　變化自在不可說이며　　現種種身不可說이며
　　　　修行精進不可說이며　　度脫衆生不可說이며
　　　　변화가 자재함을 말할 수 없고

온갖 몸 나타냄도 말할 수 없고
수행하고 정진함도 말할 수 없고
중생을 제도함도 말할 수 없고

30-90 　示現神變不可說이며　　放大光明不可說이며
　　　種種色相不可說이며　　令衆生淨不可說이로다
신통변화 나타냄을 말할 수 없고
큰 광명 놓는 일을 말할 수 없고
가지가지 빛깔을 말할 수 없고
중생을 깨끗하게 함도 말할 수 없네.

[疏] 七, 了知衆生下는 明調伏衆生行이요
■ g) 了知衆生 아래 (네 게송은) 중생을 조복받는 행법을 밝힘이요,

h) 일곱 개 반의 게송은 삼업이 깊고 청정한 행을 밝히다
　　[七偈半三業深淨行] (八一 20下4)

30-91 　一一毛孔不可說이며　　放光明網不可說이며
　　　光網現色不可說이며　　普照佛刹不可說이며
하나하나 털구멍을 말할 수 없고
광명 그물 놓는 일을 말할 수 없고
광명에서 내는 빛을 말할 수 없고
부처 세계 비추는 일 말할 수 없고

30-92　勇猛無畏不可說이며　　方便善巧不可說이며
　　　　調伏衆生不可說이며　　令出生死不可說이며
　　　　용맹하여 무섭지 않음을 말할 수 없고
　　　　방편이 공교함도 말할 수 없고
　　　　중생을 조복함도 말할 수 없고
　　　　생사에서 벗어나게 함도 말할 수 없고

30-93　清淨身業不可說이며　　清淨語業不可說이며
　　　　無邊意業不可說이며　　殊勝妙行不可說이며
　　　　청정한 몸의 업을 말할 수 없고
　　　　청정한 말의 업도 말할 수 없고
　　　　그지없는 뜻의 업도 말할 수 없고
　　　　수승하고 묘한 행을 말할 수 없고

30-94　成就智寶不可說이며　　深入法界不可說이며
　　　　菩薩總持不可說이며　　善能修學不可說이며
　　　　지혜 보배 성취함을 말할 수 없고
　　　　법계에 들어감을 말할 수 없고
　　　　보살의 모두 지님 말할 수 없고
　　　　공부를 잘하는 일 말할 수 없고

30-95　智者音聲不可說이며　　音聲清淨不可說이며
　　　　正念眞實不可說이며　　開悟衆生不可說이며
　　　　지혜로운 이의 음성 말할 수 없고

　　　　음성의 청정함을 말할 수 없고
　　　　진실한 바른 생각 말할 수 없고
　　　　중생을 깨우침도 말할 수 없고

30-96　具足威儀不可說이며　　淸淨修行不可說이며
　　　　成就無畏不可說이며　　調伏世間不可說이며
　　　　위의를 갖추는 일 말할 수 없고
　　　　청정하게 수행함을 말할 수 없고
　　　　두렵지 않음 성취함을 말할 수 없고
　　　　세간을 조복함을 말할 수 없고

30-97　諸佛子衆不可說이며　　淸淨勝行不可說이며
　　　　稱歎諸佛不可說이며　　讚揚無盡不可說이며
　　　　불자의 여러 대중 말할 수 없고
　　　　청정하고 훌륭한 행 말할 수 없고
　　　　부처님을 찬탄함도 말할 수 없고
　　　　끝없이 칭찬함을 말할 수 없고

30-98　世間導師不可說이며　　演說讚歎不可說이로다
　　　　세상의 길잡이를 말할 수 없고
　　　　연설하고 찬탄함을 말할 수 없네.

[疏] 八, 一一毛孔不可說下의 七偈半은 三業深淨行이요
■ h) 一一毛孔不可說 아래 일곱 개 반의 게송은 삼업이 깊고 청정한 행

을 밝힘이요,

i) 여덟 개 반의 게송은 서원과 지혜가 자재한 행을 노래하다
  [八偈半願智自在行] (九彼 21下2)

30-99   彼諸菩薩不可說이며   淸淨功德不可說이며
        彼諸邊際不可說이며   能住其中不可說이며
        저 모든 보살들을 말할 수 없고
        청정한 그 공덕을 말할 수 없고
        저 여러 끝 간 데를 말할 수 없고
        그 가운데 머무는 일 말할 수 없고

30-100 住中智慧不可說이며   盡諸劫住無能說이며
        欣樂諸佛不可說이며   智慧平等不可說이며
        머무르는 지혜들도 말할 수 없고
        그지없이 머무는 일 말할 수 없고
        부처님을 반기는 일 말할 수 없고
        지혜가 평등함을 말할 수 없고

30-101 善入諸法不可說이며   於法無礙不可說이며
        三世如空不可說이며   三世智慧不可說이며
        여러 법에 잘 들어감을 말할 수 없고
        여러 법에 걸림 없음을 말할 수 없고
        세 세상 허공 같음 말할 수 없고

세 세상 지혜들을 말할 수 없고

30-102   了達三世不可說이며   住於智慧不可說이며
        殊勝妙行不可說이며   無量大願不可說이며
세 세상 통달함을 말할 수 없고
지혜에 머무는 일 말할 수 없고
훌륭하고 묘한 행을 말할 수 없고
한량없는 큰 서원 말할 수 없고

30-103   淸淨大願不可說이며   成就菩提不可說이며
        諸佛菩提不可說이며   發生智慧不可說이며
청정한 큰 서원을 말할 수 없고
보리를 성취함도 말할 수 없고
부처님의 보리를 말할 수 없고
지혜를 내는 일도 말할 수 없고

30-104   分別義理不可說이며   知一切法不可說이며
        嚴淨佛刹不可說이며   修行諸力不可說이며
이치를 분별함도 말할 수 없고
모든 법 아는 일을 말할 수 없고
부처 세계 장엄함을 말할 수 없고
모든 힘 수행함을 말할 수 없고

30-105   長時修習不可說이며   一念悟解不可說이며

　　　　　諸佛自在不可說이며　　廣演正法不可說이며
　　　　　오랜 세월 수행함을 말할 수 없고
　　　　　한 생각에 깨달음을 말할 수 없고
　　　　　부처님의 자재하심 말할 수 없고
　　　　　바른 법 연설함을 말할 수 없고

30-106　種種神力不可說이며　　示現世間不可說이며
　　　　　清淨法輪不可說이며　　勇猛能轉不可說이며
　　　　　가지가지 신통한 힘 말할 수 없고
　　　　　세간에 나타나심 말할 수 없고
　　　　　청정한 법 바퀴를 말할 수 없고
　　　　　용맹하게 굴리는 일 말할 수 없고

30-107　種種開演不可說이며　　哀愍世間不可說이로다
　　　　　갖가지로 연설함을 말할 수 없고
　　　　　세간을 슬피 여김 말할 수 없네.

[疏] 九, 彼諸菩薩下는 願智自在行이요
■　i) 彼諸菩薩 아래 (여덟 개 반의 게송은) 서원과 지혜가 자재한 행을 노래
　　함이요,

j) 한 게송은 그지없는 공덕의 행을 결론하다[一偈結德無盡行]
　　　　　　　　　　　　　　　(十不 21下5)

제30. 아승지품 4. 釋文 나) 偈頌　341

30-108 　不可言說一切劫에　　　讚不可說諸功德하되
　　　　不可說劫猶可盡이어니와　不可說德不可盡이로다
　　　　말로 할 수가 없는 여러 겁 동안
　　　　말할 수 없는 공덕 찬탄할 적에
　　　　말할 수 없는 겁은 다할지언정
　　　　말할 수 없는 덕은 다할 수 없네.

[疏] 十, 不可言說一切劫下의 一偈는 結德無盡이라
- j) 不可言說一切劫 아래 한 게송은 그지없는 공덕의 행을 결론함이요,

ㄴ) 22개 게송은 과덕이 깊고 광대함과 인행으로 능히 나아가 들어감을 밝히다[二十二頌明果德深廣因能趣入] 2.
(ㄱ) 12개 게송은 과덕을 밝히다[十二頌果] 3.
a. 여섯 게송은 부처님 공덕을 총합하여 찬탄하다[六偈總歎佛德]

(第二 22上8)

30-109 　不可言說諸如來가　　　不可言說諸舌根으로
　　　　歎佛不可言說德하되　　不可說劫無能盡이로다
　　　　말로 할 수가 없는 많은 여래의
　　　　말로 할 수가 없는 여래 혀로써
　　　　말 못할 부처 공덕 찬탄한대도
　　　　말할 수 없는 겁에 다할 수 없어

30-110 　十方所有諸衆生이　　　一切同時成正覺하여
　　　　於中一佛普能現　　　　不可言說一切身하되
　　　　시방에 살고 있는 모든 중생이
　　　　한꺼번에 바른 깨달음 모두 이루고
　　　　그 가운데 한 부처가 말할 수 없는
　　　　여러 몸을 능히 나타내거든

30-111 　此不可說中一身에　　　示現於頭不可說이며
　　　　此不可說中一頭에　　　示現於舌不可說이며
　　　　말할 수 없는 몸의 한 몸에다
　　　　나타내는 머리를 말할 수 없고
　　　　말할 수 없는 머리 한 머리에서
　　　　말할 수 없는 혀를 나타내나니

30-112 　此不可說中一舌에　　　示現於聲不可說이며
　　　　此不可說中一聲이　　　經於劫住不可說이어든
　　　　말할 수 없는 혀의 이 한 혀에서
　　　　나타내는 음성을 말할 수 없고
　　　　말할 수 없는 음성의 한 음성으로
　　　　몇 겁을 지내는지 말할 수 없어

30-113 　如一如是一切佛과　　　如一如是一切身과
　　　　　如一如是一切頭와　　　如一如是一切舌과
　　　　한 부처님 그렇듯이 모든 부처님

한 몸이 그렇듯이 모든 몸이며
한 머리가 그렇듯이 모든 머리와
한 혀가 그렇듯이 모든 혀이며

30-114 如一如是一切聲으로　　不可說劫恒讚佛하되
不可說劫猶可盡이어니와　歎佛功德無能盡이로다
한 음성 그렇듯이 모든 소리로
말할 수 없는 겁에 부처님 찬탄하여
말할 수 없는 겁을 다한다 해도
부처 공덕 찬탄함은 다할 수 없네.

[疏] 第二, 明果德深廣을 因能趣入이라 中에 先, 果요 後, 因이라 前中에 三이니 初, 六偈는 總歎佛德이요

- ㄴ) (22개 게송은) 과덕이 깊고 광대한 것을 인행으로 능히 나아가 들어감을 밝힘이다. 그중에 (ㄱ) 앞은 과덕이요, (ㄴ) 뒤는 인행이다. (ㄱ) 과덕 중에 셋이니 a. 여섯 게송은 부처님 공덕을 총합하여 찬탄함이요,

b. 세 게송은 의보를 개별로 밝히다[三偈別明依報] (二一 22下6)

30-115 一微塵中能悉有　　　不可言說蓮華界어든
一一蓮華世界中에　　賢首如來不可說이며
한 티끌 속마다 말할 수 없는
연화장 세계들이 모두 다 있고

하나하나 연화장 세계 가운데
계시는 현수여래 말할 수 없고

30-116　乃至法界悉周徧하여　　其中所有諸微塵에
　　　　世界若成若住壞가　　　其數無量不可說이로다
　　　　그렇게 온 법계에 가득하거든
　　　　그 가운데 들어 있는 티끌 속마다
　　　　이뤄지고 머물고 무너지는 세계
　　　　그 수효 한량없어 말할 수 없고

30-117　一微塵處無邊際에　　　無量諸刹普來入하니
　　　　十方差別不可說이며　　刹海分布不可說이로다
　　　　한 티끌 있는 곳이 끝 간 데 없어
　　　　한량없는 세계가 다 들어오니
　　　　시방의 차별함을 말할 수 없고
　　　　세계해의 분포도 말할 수 없네.

[疏] 二, 一微塵中能悉有下는 別明依報요
■ b. 一微塵中能悉有 아래 (세 게송은) 의보를 개별로 밝힘이요,

c. 세 게송은 정보를 개별로 밝히다[三偈別明正報] (三一 23上3)

30-118　一一刹中有如來하되　　壽命劫數不可說이며
　　　　諸佛所行不可說이며　　甚深妙法不可說이며

하나하나 세계마다 계시는 여래
수명이 몇 겁인지 말할 수 없고
부처님의 행하심도 말할 수 없고
깊고 깊은 묘한 법 말할 수 없어

30-119 神通大力不可說이며   無障礙智不可說이며
入於毛孔不可說이며   毛孔因緣不可說이며
신통하신 큰 힘을 말할 수 없고
걸림 없는 지혜도 말할 수 없고
털구멍에 드시는 일 말할 수 없고
털구멍의 인연도 말할 수 없고

30-120 成就十力不可說이며   覺悟菩提不可說이며
入淨法界不可說이며   獲深智藏不可說이로다
열 가지 힘 이룸을 말할 수 없고
보리를 깨달음도 말할 수 없고
청정법계 들어감도 말할 수 없고
깊은 지혜 얻는 일 말할 수 없네.

[疏] 三, 一一刹中有如來下의 三偈는 別明正報라
■ c. 一一刹中有如來 아래 세 게송은 정보를 개별로 밝힘이다.

(ㄴ) 열 게송은 인행의 덕을 밝히다[十頌因] 2.
a. 여섯 개 반의 게송은 자분행을 노래하다[六偈半自分行] (第二 23下7)

30-121 種種數量不可說을   如其一切悉了知하며
　　　　種種形量不可說을   於此靡不皆通達하며
　　　　가지가지 수효를 말 못하는데
　　　　그와 같은 모든 것 모두 다 알고
　　　　가지가지 형체도 말 못하는데
　　　　이런 것 통달하지 못함이 없네.

30-122 種種三昧不可說을   悉能經劫於中住하며
　　　　於不可說諸佛所에   所行淸淨不可說이며
　　　　가지가지 삼매를 말 못하거든
　　　　여러 겁 지내도록 머물러 있고
　　　　말할 수 없는 부처 계신 곳에서
　　　　청정하게 닦은 행을 말할 수 없고

30-123 得不可說無礙心하여   往詣十方不可說이며
　　　　神力示現不可說이며   所行無際不可說이며
　　　　말 못하게 걸림 없는 마음을 얻어
　　　　시방에 나아감을 말할 수 없고
　　　　신통한 힘 나타냄도 말할 수 없고
　　　　행하는 일 그지없어 말할 수 없고

30-124 往詣衆刹不可說이며   了達諸佛不可說이며
　　　　精進勇猛不可說이며   智慧通達不可說이며
　　　　모든 세계 가는 일을 말할 수 없고

부처님 아는 일도 말할 수 없고
용맹하게 정진함도 말할 수 없고
지혜를 통달함도 말할 수 없고

30-125 於法非行非不行이라　入諸境界不可說이며
不可稱說諸大劫에　　恒遊十方不可說이며
저 법에 행하지도, 행하지 않지도 않고
경계에 들어감을 말할 수 없고
말로 할 수가 없는 여러 큰 겁에
시방에 다니는 일 말할 수 없고

30-126 方便智慧不可說이며　眞實智慧不可說이며
神通智慧不可說이며　念念示現不可說이며
방편으로 있는 지혜 말할 수 없고
진실하게 있는 지혜 말할 수 없고
신통으로 있는 지혜 말할 수 없고
생각 생각 나타냄을 말할 수 없고

30-127 於不可說諸佛法에　　一一了知不可說이로다
말할 수 없는 여러 부처님 법을
낱낱이 아는 일을 말할 수 없네.

[疏] 第二, 種種數量下는 明因德趣入이라 於中에 二니 先, 自分行이요
■ (ㄴ) 種種數量 아래 (열 게송)은 인행의 공덕으로 나아가 들어감을 밝

힘이다. 그중에 둘이니 a. (여섯 개 반의 게송은) 자분행을 노래함이요,

b. 세 개 반의 게송은 승진행을 노래하다[三偈半勝進行] (後能 24上6)

30-128　能於一時證菩提하며　　或種種時而證入하며
　　　　　毛端佛刹不可說이며　　塵中佛刹不可說이며
　　　　　한꺼번에 보리를 얻기도 하고
　　　　　여러 때에 증득하여 들기도 하며
　　　　　털끝의 부처 세계 말할 수 없고
　　　　　티끌 속의 세계도 말할 수 없어

30-129　如是佛刹皆往詣하여　　見諸如來不可說이며
　　　　　通達一實不可說이며　　善入佛種不可說이며
　　　　　이러한 부처 세계 모두 나아가
　　　　　여러 여래 뵈옵는 일 말할 수 없고
　　　　　실상을 통달함도 말할 수 없고
　　　　　부처 종성 들어감도 말할 수 없고

30-130　諸佛國土不可說에　　　悉能往詣成菩提하며
　　　　　國土衆生及諸佛의　　體性差別不可說이니
　　　　　부처님의 국토들을 말 못하는데
　　　　　모두 다 나아가서 보리 이루네.
　　　　　국토와 중생들과 여러 부처님
　　　　　성품과 차별함을 말할 수 없어

30-131　如是三世無有邊을　　菩薩一切皆明見이로다
　　　　이렇게 세 세상이 그지없거늘
　　　　보살은 온갖 것을 분명히 보네.

[疏] 後, 能於一時證菩提下는 勝進行이라 且從相顯하여 略科니라 然上 諸德은 德德圓融하여 無盡無盡하니 惟忘懷體之어다
- b. 能於一時證菩提 아래 (세 개 반의 게송은) 승진행을 노래함이다. 우선 모양으로부터 드러내어 간략히 과목 나누었다. 그러나 위의 모든 공덕은 공덕마다 원융하여 그지없고 그지없나니 오직 생각을 잊고 체득한다는 뜻이다.

[鈔] 且從相顯下는 結釋顯深이니라
- 且從相顯 아래는 (과덕이) 깊음을 밝혀서 결론하여 해석함이다.

　　　　　　　　　　　　　　　제30. 아승지품(阿僧祇品) 終

大方廣佛華嚴經 제45권
大方廣佛華嚴經疏鈔 제45권의 ② 柰字卷中

제31 如來壽量品

제31. 영원한 수명 가진 여래의 공덕[如來壽量品]

二) 온갖 시간에 두루 존재하는 불덕[盡一切時]이니 경문에 云,

"그때 심왕보살마하살이 대중 가운데서 여러 보살에게 말하였다. '불자여, 석가모니가 계시는 사바세계의 한 겁이 아미타불이 계시는 극락세계에서는 낮 하루, 밤 하루요 극락세계의 한 겁은 금강견불이 계시는 가사당 세계의 낮 하루, 밤 하루요 가사당 세계의 한 겁은 선승광명연화개부불이 계시는 불퇴전음성륜 세계의 낮 하루, 밤 하루요 … 불자여, 이렇게 차례차례로 백만 아승지 세계를 지나가서 최후 세계의 한 겁은 현승불(賢勝佛)이 계시는 승련화(勝蓮華) 세계의 낮 하루, 밤 하루인데 보현보살과 함께 수행하는 큰 보살들이 그 가운데 가득하였느니라.'"

> 大方廣佛華嚴經疏鈔 제45권의 ② 柰字卷 中

제31. 영원한 수명 가진 여래의 공덕[如來壽量品]

二) 온갖 시간에 두루 존재하는 부처님 공덕[盡一切時] 4.

(一) 오게 된 뜻[來意] 2.

1. 이치를 세우다[立理] (初來 1上5)

[疏] 初, 來意者는 夫玄鑒은 虛朗하여 出乎數域之表커니 豈有殊形萬狀 修短之壽哉리온 然應物隨機에 能無不形이며 而無不壽故라
- (一) 오게 된 뜻은 대저 현묘한 거울은 비고 밝아서 숫자의 영역의 표면에서 나왔는데, 어찌 형상이 다른 만 가지 양상이 길고 짧은 수명이 있겠는가? 그러나 중생에게 맞추고 근기를 따를 적에 능히 형상이 아닌 것이 없으며, 그러나 수명 아님이 없기 때문이다.

2. 바로 밝히다[正顯] 2.
1) 가까이 보살의 수명이 무량함을 자세히 밝히다[近廣前品菩薩壽量]
(上品 1上7)
2) 멀리 제1회는 오직 여래의 수명이 무량함만 대답하다
 [遠答初會唯 如來壽量] (亦爲)

[疏] 上品은 彰其實德이요 此品은 以辨隨機라 雖積少至多하여 顯時無不徧이나 卽前多德之一일새 故粗廣之니라 亦爲遠答壽量海故로 所以來也니라

■ 위의 제30. 아승지품은 실법의 공덕을 밝혔고, 이 여래수량품은 근기를 따름을 밝혔다. 비록 적은 것에서 많은 것까지 쌓아서 시간이 두루하지 않음이 없음을 밝혔지만 곧 앞의 많은 공덕의 하나인 연고로 거칠게 넓혔다. 또한 수명의 분량에 대해 멀리서 대답하기 위한 연고로 여기에 온 것이다.

[鈔] 初來意中에 二니 先, 立理요 前中에 正顯[85]十身壽量하고 且寄三身明之라 謂眞身은 無修短이요 應身은 示有修短이라 玄은 謂玄理요 鑑은 謂鑑照니 理智冥契가 以爲眞身이라 玄故로 則虛凝이요 鑑故로 則明徹이라 出乎數일새 不可語其壽命短長이요 出乎域일새 不可言其形量所在니라 又出乎數일새 不可說其一身과 多身이요 出乎域일새 不可同其人天之壽니라 若開上能所證別하면 則三身義具니라 然應物下는 辯其應化라 故로 經에 云, 佛以法爲身하사 淸淨如虛空하니 所現衆色形이 令入此法中이라하시며 又云, 如來眞身은 本無二나 應物隨機徧十方等이라하니라

● (一) 오게 된 뜻 중에 둘이니 1. 이치를 세움이요, 열 가지 몸의 수명의 분량을 밝히는데 우선 세 가지 몸에 의탁하여 밝혔다. 이른바 진여의 몸은 길고 짧음이 없고, 응신은 그 길고 짧음이 있음을 보여 주었다. 현(玄)은 현묘한 이치를 말하고, 감(鑑)은 보고 비춤의 뜻이다. 이치의 지혜로 그윽이 계합함으로 진신을 삼았으니 현묘한 연고로

---

85) 上四字는 南金本無라 하다.

텅 비고 응결됨이요, 비추어 보는 까닭에 밝고 사무친다는 뜻이다. 숫자에서 벗어났으므로 그 수명이 길고 짧음을 말할 수 없고, 영역에서 벗어났으므로 그 형상의 분량이 있는 곳을 말할 수 없다. 또한 숫자에서 벗어났으므로 그 한 몸과 여러 몸을 말할 수 없고, 영역에서 벗어났으므로 그 사람과 천상의 수명과 같을 수 없다. 만일 위의 증득하는 주체와 대상이 다름을 전개하면 세 가지 몸의 뜻이 갖추어진다. 然應物 아래는 응신과 화신을 말한 연고로 (세주묘엄품) 경문에 이르되, "법으로 되신 부처님 몸은 허공과 같이 깨끗하여서 나타내는 바 모든 형상을 이 법 가운데 들게 하시네"라 하였고, 또 말하되, "여래의 참된 몸은 둘이 없지만 중생에 응하여 근기를 따라 나타낸 몸 세간에 가득하네" 등으로 말하였다.

(二) 명칭 해석[釋名] (二釋 1下9)

[疏] 二, 釋名者는 壽는 謂報命이요 量은 卽分限이라 染淨土之報壽와 隨機見之分限으로 以顯無盡之命과 無限之量이니 壽之量故라 壽有斯量하니 通二釋也니라 別行經에는 名無邊佛土經이니 卽以處로 顯人이니라

■ (二) 명칭 해석에서 수명은 보신의 수명을 말하고 분량은 분수와 한계를 말한다. 예토(穢土)와 정토(淨土)의 보신의 수명과 근기를 따라 보는 분수와 한계로 그지없는 수명을 밝히고, 한계가 없는 분량이니 수명의 분량인 까닭이다. 수명에 이런 분량이 있나니 두 가지 해석에 통한다. 별행하는 경전은 이름이 '그지없는 부처님 국토의 경[無邊佛土經]'이라 하나니, 곧 도량으로 사람을 밝힌 내용이다.

[鈔] 二釋名者는 亦依眞應하여 以立其名이라 然諸經論에 說三身壽量호대 化則有始有終하여 長短萬品이요 報則有始無終하여 一得永常이요 法身無始無終하여 凝然不變이라 故로 法華中에 以伽耶生하시고 雙林滅은 化身也라 我本行菩薩道時에 所成壽命은 報身也오 常住不滅은 法身也라 此經의 宗意는 三身旣融하나니 三壽無礙라 卽長能短코 卽短恒長하시며 無長無短코 長短存焉이나 一一圓融하여 言思斯絶이니라

● (二) 명칭 해석은 또한 진신과 응신(應身)에 의지하여 그 명칭을 세운 것이다. 그러나 모든 경과 논에 세 가지 몸의 수명의 분량을 말했는데, 화신은 시작도 있고 끝남도 있어서 길고 짧은 만 가지 품이요, 보신은 시작은 있고 끝은 없나니, 한번 얻으면 영원하고 항상한 것이요, 법신은 시작도 없고 끝도 없어서 응연히 변하지 않는다. 그러므로 『법화경』중에, "가야에서 태어나시고 쌍림에서 멸도하신다"고 말한 것은 화신을 말한다. 내가 본래 보살도를 행할 때에 이룬 바 수명은 보신이요, 항상 머물러 멸도하지 않음은 법신이다. 이 본경의 근본 되는 의미는 세 가지 몸이 이미 융섭하였으니 세 가지 수명에 장애되지 않음이니, 곧 긴 것이 짧게 됨이요, 곧 짧은 것이 항상하고 길며, 긴 것도 없고 짧은 것도 없으며 길고 짧음을 둔 것이지만 하나하나 원융하여 말과 생각이 여기서 끊어진 것이다.

(三) 근본 가르침[宗趣] (三宗 2上9)

[疏] 三, 宗趣者는 應物修短으로 爲宗이요 顯窮來際無限으로 爲趣라 以就同敎인대 且積劣之勝이나 若就別敎하면 則修短이 圓融故니라

- (三) 근본 가르침은 중생에 응하여 길고 짧음으로 근본을 삼고, 미래제가 다하여 한량없음을 밝힘으로 가르침을 삼는다. 동교일승(同教一乘)에 입각하면 먼저 열등함을 쌓아 뛰어남이 되지만 만일 별교일승(別教一乘)에 입각하면 길고 짧음에 원융한 까닭이다.

(四) 경문 해석[釋文] 2.

1. 경전 편집자의 서론[集經者敍] (次正 2下2)

爾時에 心王菩薩摩訶薩이 於眾會中에 告諸菩薩言하시되
그때 심왕보살마하살이 대중 가운데서 여러 보살에게 말하였다.

[疏] 次, 正釋文이라 初, 集經者敍라 而心王說者는 以領旨故며 佛壽自在故니라
- (四) 경문 해석이다. 1. 경전 편집자의 서론이다. 그런데 심왕보살이 말함이란 뜻을 아는 연고며, 부처님은 수명에 자재하기 때문이다.

2. 바로 설명함을 밝히다[明其正說] 3.
1) 열 가지 국토가 서로 바라봄을 개별로 거론하다[別擧十刹相望]
(二佛 3上6)

佛子여 此娑婆世界의 釋迦牟尼佛刹一劫이 於極樂世界 阿彌陀佛刹에 爲一日一夜요 極樂世界一劫이 於袈裟幢

世界金剛堅佛刹에 爲一日一夜요 袈裟幢世界一劫이 於不退轉音聲輪世界善勝光明蓮華開敷佛刹에 爲一日一夜요 不退轉音聲輪世界一劫이 於離垢世界法幢佛刹에 爲一日一夜요 離垢世界一劫이 於善燈世界師子佛刹에 爲一日一夜요 善燈世界一劫이 於妙光明世界光明藏佛刹에 爲一日一夜요 妙光明世界一劫이 於難超過世界法光明蓮華開敷佛刹에 爲一日一夜요 難超過世界一劫이 於莊嚴慧世界一切神通光明佛刹에 爲一日一夜요 莊嚴慧世界一劫이 於鏡光明世界月智佛刹에 爲一日一夜니라

"불자여, (1) 석가모니가 계시는 사바세계의 한 겁이 아미타불이 계시는 극락세계에서는 낮 하루, 밤 하루요 (2) 극락세계의 한 겁은 금강견불이 계시는 가사당세계의 낮 하루, 밤 하루요 (3) 가사당세계의 한 겁은 선승광명연화개부불이 계시는 불퇴전음성륜세계의 낮 하루, 밤 하루요 (4) 불퇴전음성륜세계의 한 겁은 법당불이 계시는 이구세계의 낮 하루, 밤 하루요 (5) 이구세계의 한 겁은 사자불이 계시는 선등세계의 낮 하루 밤 하루요 (6) 선등세계의 한 겁은 광명장불이 계시는 묘광명세계의 낮 하루, 밤 하루요 (7) 묘광명세계의 한 겁은 법광명연화개부불이 계시는 난초과세계의 낮 하루, 밤 하루요 (8) 난초과세계의 한 겁은 일체신통광명불이 계시는 장엄혜세계의 낮 하루, 밤 하루요 (9) 장엄혜세계의 한 겁은 월지불이 계시는 경광명세계의 낮 하루, 밤 하루이니라.

[疏] 二, 佛子下는 正說이라 於中에 三이니 初, 別擧十刹相望이요
- 2. 佛子 아래는 바로 설함이다. 그중에 셋이니 1) 열 가지 국토가 서로 바라봄을 개별로 거론함이요,

2) 간략함을 거론하여 자세함을 밝히다[擧略顯廣] (次佛 3上8)
3) 그 현묘하고 지극함을 거론하다[擧其玄極] (三最)

佛子여 如是次第로 乃至過百萬阿僧祇世界하여 最後世界一劫이 於勝蓮華世界賢勝佛刹에 爲一日一夜니 普賢菩薩과 及諸同行大菩薩等이 充滿其中하니라
불자여, 이렇게 차례차례로 백만 아승지 세계를 지나가서 (10) 최후 세계의 한 겁은 현승불이 계시는 승련화세계의 낮 하루 밤 하루인데, 보현보살과 함께 수행하는 큰 보살들이 그 가운데 가득하였느니라."

[疏] 次, 佛子如是下는 擧略顯廣이요 三, 最後世界下는 擧其玄極이라 且如以劫으로 爲日을 未歷十重이라가 則劫不可說이온 況百萬僧祇則最後之刹이 已隣刹海平等가 故로 擧普賢等이 充滿하사 明極位所居라 由此하여 名爲兼顯菩薩이니라
- 2) 佛子如是 아래는 간략함을 거론하여 자세함을 밝힘이요,[86] 3) 最後世界 아래는 그 현묘하고 지극함을 거론함이다. 우선 저 겁으로 하루를 삼고 열 번 거듭함을 거치지 않다가 겁을 말할 수 없는데 하물며 백만 아승지인 최후의 국토가 이미 국토해가 평등함과 가깝

---
86) 이는 최후세계의 1겁의 분량을 밝힌 내용이다.

겠는가? 그러므로 보현보살 따위가 충만함을 거론하여 지극한 지위에서 사는 곳을 밝힌다. 이로 말미암아 이름하여 겸하여 보살에 대해 밝혔다.

[鈔] 已隣刹海者는 猶有數限일새 故致隣言이라 刹海平等은 無數量故니라
● '이미 국토해가 가깝다'는 것은 아직도 숫자의 한계가 있는 연고로 가깝다는 말에 이른다. 국토해가 평등함은 숫자의 분량이 없어지기 때문이다.

제31. 여래수량품(如來壽量品) 終

大方廣佛華嚴經 제45권
大方廣佛華嚴經疏鈔 제45권의 ③ 柰字卷下
제32 諸菩薩住處品

제32. 보살이 머무는 곳을 말하는 품[諸菩薩住處品]

三) 불보살은 온갖 곳에 두루하다는 뜻이니 經云,

"동북방에 청량산이 있으니 옛적부터 보살들이 거기 있었으며, 지금은 문수사리보살이 그의 권속 1만 보살과 함께 그 가운데 있으면서 법을 연설하느니라. 바다 가운데 금강산이 있으니 옛적부터 보살들이 거기 있었으며 지금은 법기(法起)보살이 그의 권속 1천 2백 보살과 함께 그 가운데 있으면서 법을 연설하느니라. … 비사리 남쪽에 한 처소가 있으니 이름이 잘 머무는 근본인데 옛적부터 보살들이 거기 있느니라. 마도라성에 한 처소가 있으니 이름이 만족굴인데 옛적부터 보살들이 그 가운데 있느니라. … 암부리마국에 한 처소가 있으니 이름이 억장광명을 봄인데 옛적부터 보살들이 거기 있었느니라. 건타라국에 한 처소가 있으니 이름이 첨파라굴(苫婆羅窟)인데 옛적부터 보살들이 거기 있었느니라."

大方廣佛華嚴經疏鈔 제45권의 ③ 奈字卷下

제32. 보살이 머무는 곳을 말하는 품[諸菩薩住處品]

三) 보살들은 온갖 곳에 두루하다[徧一切處] 4.

(一) 오게 된 뜻[來意] 3.

1. 아승지에 대한 자세한 해석[廣僧祇] (初來 1上5)

[疏] 初, 來意者는 上約化益이 盡一切時요 今明菩薩이 徧一切處일새 故 次來也라 故로 僧祇中에 明法界毛端之處에 皆有多多普賢하시니 此 則據實而談이니라 今約機緣所宜하사 指有方所하여 使物欣厭하여 翹 心有歸라 若知能住菩薩이 毛含刹海하고 所住之處가 塵納無邊하면 則未有一方도 非菩薩住니라

- (一) 오게 된 뜻이란 위[제30.아승지품, 제31.여래수량품]는 교화한 이익이 온갖 시간에 다함을 잡은 해석이요, 지금 이 제보살주처품은 보살이 온갖 곳에 두루함을 밝힌 연고로 다음에 온 것이다. 그러므로 아승지품에 법계 터럭 끝의 장소에 모두 많고 많은 보현보살이 계심을 밝혔으니, 이것은 실법에 의거하여 말한 것이다. 지금은 근기와 인연의 마땅함을 잡아서 방소가 있음을 지적하여 중생으로 하여금 좋아하고 싫어하여 깃털의 마음에 돌아감이 있다. 만일 머무는 주체인 보살이 터럭 속에 국토가 포함됨을 알고, (보살이) 머무는 장소가 티끌

에 그지없는 것이 들어가면 한 방소도 보살이 머무는 곳 아님이 없다는 뜻이다.

2. 제1. 적멸도량법회의 질문에 대답하다[酬初會] (亦遠 1上9)
3. 다른 설명을 펼치다[敍異說] (昔將)

[疏] 亦遠答前壽量海問이니 菩薩이 隨機하여 住壽異故라 昔에 將此品하여 遠答第二會初의 問意十句하니 非唯義意不同이라 抑亦文不相次니라
- 또한 멀리 앞의 (제1. 적멸도량법회 여래현상품에서) 수명의 바다에 대한 질문에 멀리서 대답하였으니, 보살이 근기를 따라 수명에 머무름이 다른 까닭이다. 예전에는 이 제보살주처품을 가져서 제2. 보광명전법회의 첫 부분에서 의미를 질문한 열 구절로 멀리서 대답하였으니, 오로지 뜻과 의미가 같지 않을 뿐만 아니라 또한 경문도 양상의 순서대로가 아니다.

(二) 명칭 해석[釋名] (二釋 1下3)

[疏] 二, 釋名者는 菩薩大悲로 隨機住處하사 能住非一일새 故名曰諸요 諸菩薩之住處일새 故로 以爲名이니라
- (二) 명칭 해석이다. 보살의 대비심으로 근기를 따라 처소에 머무르나니, 머무는 주체가 하나가 아닌 연고로 '여럿'이라 말하였고, 모든 보살이 머무는 처소인 연고로 그렇게 이름한 것이다.

(三) 근본 가르침[宗趣] (三宗 1下5)

[疏] 三, 宗趣者는 隨機應感方所로 爲宗이요 使物歸憑과 及悟無方으로 爲趣니라
- (三) 근본 가르침은 근기를 따라 방소에 감응함으로 근본을 삼고, 중생이 돌아가 의지하게 함과 방소가 따로 없음을 깨닫게 함으로 가르침을 삼는다.

(四) 경문 해석[釋文] 3.

1. 경전 편집자의 말[結集者敍] (次正 1下8)

爾時에 心王菩薩摩訶薩이 於衆會中에 告諸菩薩言하시되
그때 심왕보살마하살이 대중 가운데서 여러 보살에게 말하였다.

[疏] 次, 正釋文이라 文中에 二니 先, 集經者敍니라 亦心王이 說者는 隨所統王이 皆自在故며 亦表心隨智住하여 無障礙故니라
- (四) 경문 해석이다. 경문 중에 둘이니 1. 경전 편집자의 말이다. 또한 심왕(心王)이 설한 것은 장소를 따라 다스리는 왕이 모두 자재한 연고며, 또한 마음이 지혜를 따라 머물러서 장애가 없음을 표하는 까닭이다.

2. 머무는 곳을 바로 밝히다[正明住處] 2.

1) 앞의 열 군데는 여덟 방위의 산과 바다를 의지하다

　[前十依於八方山海] 10.

(1) 선인산 주처[仙人山] (二佛 2上3)

佛子여 東方에 有處하니 名仙人山이라 從昔已來로 諸菩薩衆이 於中에 止住오 現有菩薩하니 名金剛勝이라 與其眷屬諸菩薩衆三百人으로 俱하여 常在其中하여 而演說法하나니라

"불자여, (1) 동방에 선인산이 있으니 옛적부터 보살들이 거기 있었으며 지금은 금강승보살이 그의 권속 3백 보살과 함께 그 가운데 있으면서 법을 연설하느니라.

[疏] 二, 佛子下는 正說住處라 有二十二處하니 前十은 依八方山海라 以上下는 非凡至일새 故不明之라 山海包藏은 仁智棲止니 表大智高深故로 能止能照故니라 後, 十二處는 城邑雜居니 曲盡物機일새 表大悲無遺故라 則知菩薩이 無不在矣로다 今初와 第六은 是海中之山이요 第十은 海中之窟이요 餘皆是山이라 一, 仙人山者는 相傳에 是東海蓬萊山이라하니 若爾인대 則亦兼海니라

■ 2. 佛子 아래는 머무는 곳을 바로 말함이다. 22군데 주처가 있으니
1) 앞의 열 군데는 여덟 방위의 산과 바다를 의지하였으니, 위와 아래는 범부가 이를 곳이 아니므로 밝히지 않은 것이요, 산과 바다에 포섭하여 감춤은 인자한 지혜를 (거기에) 깃들고 멈추었으니 큰 지혜가 높고 깊음을 표한 연고로 머물고 비추는 주체가 되는 까닭이다.
2) 12군데는 성과 마을에 섞여서 사는 곳이니, 중생 근기를 자세하

게 다하므로 대비가 남김이 없음을 표한 까닭이니, 보살이 있지 않은 곳이 없음을 알았다. 지금은 (1) (선인산 주처)와 (6) (금강산 주처)는 바다 가운데 산이요, (10) (장엄굴 주처)는 바다 속의 동굴이요, 나머지는 모두 산이다. (1) 선인산 주처는『화엄경전기[相傳]』에 동해 쪽의 봉래산(蓬萊山)이라 하였으니, 만일 그렇다면 또한 바다를 겸한다는 뜻이다.

[鈔] 山海包藏下는 釋山海意라 此句는 約事니 山藏海納이니라 言仁智棲止者는 寄外典說이니 夫子가 云, 仁者는 樂山이요 智者는 樂水라하니 意云, 仁者好山은 如山之安固不動이요 智者好水는 如水之德[87]이 淸鑒洗滌하며 流止從緣故오 非要仁卽住山하고 智卽近水也니라 表大智下는 正約所表니 唯一大智가 雙合上二라 高如山하고 深如海하며 止卽是山이요 照卽是海니라

● 山海包藏 아래는 산과 바다의 의미를 해석함이다. 이 구절은 현상을 잡았으니 산에 감추고 바다에 들어간다는 뜻이다. '인자한 지혜가 깃들고 멈춘다'고 말한 것은 외전(外典)에 의탁하여 설명한 내용이다. 공자가 말씀하되, "어진 사람은 산을 좋아하고 지혜로운 사람은 물을 좋아한다"라고 하였다. 의미를 말하면, "어진 사람이 산을 좋아함은 산과 같이 편안하고 단단하여 동요하지 않는 까닭이며, 지혜로운 사람이 물을 좋아함은 물과 같이 맑게 비추며 씻어내고 흐르다가 멈추면서 인연을 따르는 까닭이다. 중요한 것은 어진 이는 산에 머무르고 지혜로운 이는 물을 가까이함이 아니다. 表大智 아래는 바로 표할 대상을 잡았으니 오직 하나의 큰 지혜뿐이 아닌 것이 위의 둘을

---

87) 德은 南續金本無라 하다.

함께 합한 까닭이다. 높은 것은 산과 같고, 깊은 것은 바다와 같으며, 머무르면 산이 되고, 비추면 바다가 된다.

(2) 승봉산 주처[勝峯山] (二勝 2下8)

南方에 有處하니 名勝峯山이라 從昔已來로 諸菩薩衆이 於中止住어니와 現有菩薩하니 名曰法慧라 與其眷屬諸菩薩衆五百人俱하여 常在其中하여 而演說法이니라
(2) 남방에 승봉산이 있으니 옛적부터 보살들이 거기 있었으며 지금은 법혜보살이 그의 권속 5백 보살과 함께 그 가운데 있으면서 법을 연설하느니라.

[疏] 二, 勝峰은 卽德雲所在라 晉本에 名樓閣山이라하니 卽婆施羅의 所居니라
- (2) 승봉산 주처는 곧 덕운(德雲)비구가 머무는 처소이며, 진본 화엄경에 누각산이라 이름하였으니 바시라(婆施羅) 뱃사공이 사는 처소이다.

(3) 금강 불꽃산 주처[金剛焰山] (三金 3上3)

西方에 有處하니 名金剛焰山이라 從昔已來로 諸菩薩衆이 於中止住어니와 現有菩薩하니 名精進無畏行이라 與其眷屬諸菩薩衆三百人俱하여 常在其中하여 而演說法이니라

(3) 서방에 금강염산이 있으니 옛적부터 보살들이 거기 있
었으며 지금은 정진무외행보살이 그의 권속 3백 보살과 함
께 그 가운데 있으면서 법을 연설하느니라.

[疏] 三, 金剛焰은 在西海之濱이라
- (3) 금강 불꽃산 주처이니 서해의 가장자리에 있는 산이다.

(4) 향적산 주처[香積山] (四香 3上7)

北方에 有處하니 名香積山이라 從昔已來로 諸菩薩衆이
於中止住어니와 現有菩薩하니 名曰香象이라 與其眷屬
諸菩薩衆三千人俱하여 常在其中하여 而演說法이니라
(4) 북방에 향적산이 있으니 옛적부터 보살들이 거기 있었
으며 지금은 향상보살이 그의 권속 3천 보살과 함께 그 가
운데 있으면서 법을 연설하느니라.

[疏] 四, 香積山은 昔에 云應是雪北之香山이라하니라
- (4) 향적산 주처이니 예전에 이르되, "응당히 설산 북쪽의 향산을 말
한다"라고 하였다.

[鈔] 昔云等者는 凡有應是之言은 卽是帶疑니 事難融會일새 不可勇知니
固當多聞闕疑矣니라 言雪北者는 俱舍論에 說雪北香南에 有阿耨達
池라하니 故知雪山이 在香之南至니라
- '예전에 이르되' 등은 무릇 여기에 맞는 말이 있으니 곧 의심을 수반

함이니 현상이 어렵고 원융하게 회통하므로 용맹스럽게 알 수 없나니, 진실로 다문으로 의심을 없앰에 해당한다. '설산 북쪽'이라 말한 것은 『구사론』에 설산의 북쪽이요 향산의 남쪽에 있는 아누달 연못이 있으므로 설산이 향산의 남쪽 끝에 있음을 알겠다.

(5) 청량산 주처[淸凉山] 6.
가. 경문을 간략히 해석하다[略釋經文] (五淸 3下4)

東北方에 有處하니 名淸凉山이라 從昔已來로 諸菩薩衆이 於中止住어니와 現有菩薩하니 名文殊師利라 與其眷屬諸菩薩衆一萬人俱하여 常在其中하여 而演說法이니라
(5) 동북방에 청량산이 있으니 옛적부터 보살들이 거기 있었으며, 지금은 문수사리보살이 그의 권속 1만 보살과 함께 그 가운데 있으면서 법을 연설하느니라.

[疏] 五, 淸凉山은 卽代州鴈門郡의 五臺山也니 於中에 現有淸凉寺라 以歲積堅冰이요 夏仍飛雪하여 曾無炎暑일새 故曰淸凉이요 五峰聳出하여 頂無林木하고 有如壘土之臺일새 故曰五臺니라

■ (5) 청량산 주처는 곧 대주(代州) 언문군(鴈門郡)의 오대산을 말하나니, 그중에 현재에는 청량사(淸凉寺)가 있다. 세월이 쌓일수록 굳은 것이 얼음이요, 여름에는 흩날리는 눈으로 인해 일찍이 푹푹 찌는 더위는 없으므로 청량산이라 하고, 다섯 봉우리가 솟아올라서 꼭대기에 숲과 나무가 없으며, 마치 흙을 쌓은 누대가 있는 것과 같으므로 오대(五臺)라 하였다.

나. 그 표하는 곳을 밝히다[彰其所表] (表我 3下7)

[疏] 表我大聖이 五智已圓하시며 五眼已淨하사 總五部之眞秘하고 洞五陰之眞源하시니 故로 首戴五佛之冠하고 頂分五方之髻하사 運五乘之要하시며 淸五濁之災矣니라

■ 우리 큰 성인이 다섯 가지 지혜가 이미 원만하고, 다섯 가지 눈은 이미 깨끗해졌음을 표하여 다섯 부(部)가 진실로 신비함을 총합하고, 오음(五陰)의 진실한 근원을 훤히 통한 까닭이다. 그래서 머리에는 다섯 부처님 모자를 쓰고, 정수리는 다섯 방향으로 상투를 나누어 오승(五乘)의 요지를 움직이며, 오탁(五濁)악세의 재난을 맑게 하려는 것이다.

[鈔] 淸凉山은 疏文分六하니 一, 略釋經文이요 然이나 略有二名하니 言代州五臺는 卽五臺縣과 及繁峙兩縣之界라 往者가 非一이니 可略言也니라 表我大聖下는 第二, 彰其所表니 多出金剛頂이요 瑜伽에 亦有일새 以理推析이라 言大聖者는 卽文殊也니 不指其名하고 直言大聖이라 今山中에 稱念호대 但云大聖菩薩하니 卽擧總稱이요 別指吉祥耳라

言五智者는 若準佛地經論인대 五法은 攝大覺性하니 謂四智菩提와 一眞法界라 依金剛頂컨대 卽一眞法界를 名淸凉法界智니 故成五智니라 二, 五眼은 可知니라 三, 言五部者는 一, 佛部요 二, 金剛部요 三, 寶部요 四, 蓮華部요 五, 羯磨部라 一切諸天의 眞言은 皆屬寶部요 諸鬼神의 眞言은 屬羯磨部니라 四, 五陰者는 卽我五陰이니 表是五臺에 中有大覺이니 卽不動智佛인 妙慧自在가 卽是文殊라 五,

言首戴五佛之冠者는 諸大菩薩이 多有此冠호대 而大聖은 不論戴冠이니라

● (5) 청량산 주처는 소의 문장을 여섯으로 나누리니, 가. 경문을 간략히 해석함이다. 그러나 간략히 두 가지 명칭이 있으니 대주(代州) 오대산은 곧 오대현(五臺縣)과 번치현(繁峙縣) 두 현의 경계에 있다. 가는 이가 하나가 아님이니 말하기를 생략할 수 있다. 나. 表我大聖 아래는 그 표할 대상을 밝힘이니, 대부분『금강정경(金剛頂經)』에서 나왔고,『유가사지론』에도 또한 있으므로 이치로 미루어 분석하였다. 큰 성인이란 곧 문수보살을 뜻하나니, 그 명칭을 가리키지 않고 곧바로 대성인이라 말하였다. 지금은 산중에서 생각과 칭합하되 단지 '대성보살(大聖菩薩)'이라고만 하였으니 곧 총합 명칭을 거론함이요, 따로 길상(吉祥)이라 지적했을 뿐이다.

'다섯 가지 지혜'라 말한 것은 만일『불지경론(佛地經論)』에 준한다면 다섯 가지 법은 대각의 성품을 포섭하였으니, 이른바 네 가지 지혜의 보리와 한 가지 진실한 법계이다. (1)『금강정경』에 의지하면 곧 일진법계(一眞法界)를 '청량한 법계의 지혜'라 이름하였으니, 그러므로 다섯 가지 지혜를 이루었다. (2) 다섯 가지 눈[五眼]은 알 수 있으리라. (3) 다섯 부[五部]라 말한 것은 ① 부처부 ② 금강부(金剛部) ③ 보배부[寶部] ④ 연꽃부 ⑤ 갈마부(羯磨部)이다. '온갖 여러 하늘 진언[一切諸天眞言]'은 모두 보배부에 속하고, 여러 귀신의 진언은 갈마부에 속한다. (4) 오음(五陰)은 곧 나의 오음이니 오대(五臺)를 표시할 적에 중간에 대각(大覺)이 있나니, 곧 부동지불(不動智佛)의 묘한 지혜가 자재함은 곧 문수(文殊)이다. (5) '머리에는 다섯 부처님 모자를 쓴다'고 말한 것은 여러 대보살이 대부분 이 모자를 쓰고 있지만 큰 성인은

모자를 쓰는 데에 논하지 않는다.

六, 復常有五髻라 然諸五義는 類例大同이라 謂當中髻니 卽中臺表之라 毘盧遮那佛居요 是佛部主며 法界淸淨智요 亦佛眼也니라 其東一髻는 卽是東臺니 是阿閦佛居하사 爲金剛部主니 是大圓鏡智며 卽是慧眼이니라 其南一髻는 卽是南臺니 寶生如來所居며 是寶部主니 是平等性智요 卽是天眼이니라 其西一髻는 卽是西臺니 阿彌陀如來所居니 是蓮華部主며 卽妙觀察智요 卽是法眼이니라 其北一髻는 卽是北臺니 不空成就如來所居며 是羯磨部主요 是成所作智며 卽是肉眼이니라 七, 若配五乘인대 中은 卽佛乘이요 東은 菩薩乘이요 南은 緣覺乘이요 西는 聲聞乘이요 北은 人天乘이니라 若人天乘別인댄 北은 卽人乘이니 合佛菩薩이요 餘如次第니라 八, 若淸五濁인대 但取五不同이요 不必如次어니와 若配五陰인대 中은 卽識陰이요 東爲行陰이요 南爲想陰이요 西爲受陰이요 北爲色陰이니 例爲其次며 識爲主故니라 然五如來에 皆有種子하니 一一觀行이 各各不同이라 學密敎者는 方知其要어니와 今에 但略屬而已니라

● (6) 다시 항상 다섯 상투가 있다. 그러나 여러 다섯 가지 뜻은 종류로 유례하면 크게는 같다. 이른바 중간 상투에 해당함은 곧 중대(中臺)로 표시하나니, 비로자나부처님 거처요, 바로 부처부의 주인이요, 법계가 청정한 지혜도 또한 부처님 눈이다. 그 동쪽의 한 상투는 바로 동대(東臺)이니 아촉부처님의 거처요, 금강부의 주인으로 대원경지(大圓鏡智)가 되며 곧 혜안(慧眼)을 뜻한다. 그 남쪽의 한 상투는 바로 남대(南臺)의 보생(寶生)여래의 거처이니 보배부의 주인이요, 평등성지는 곧 천안(天眼)이다. 그 서쪽 한 상투는 바로 서대(西臺)의 아미타여

래의 거처이니, 연화부의 주인이며 곧 묘관찰지요, 바로 법안(法眼)에 해당한다. 그 북쪽의 한 상투는 곧 북대(北臺)이니 불공성취(不空成就) 여래의 거처이니 갈마부의 주인이요, 성소작지이며 바로 육안(肉眼)에 해당한다. (7) 만일 오승(五乘)에 배대한다면 중간은 불승(佛乘)이요, 동쪽은 보살승이요, 남쪽은 연각승이요, 서쪽은 성문승이요, 북쪽은 인천승이다. 만일 인간과 천상의 승으로 구분한다면 북쪽은 인승(人乘)이니 부처와 보살을 합하고 나머지는 순서대로이다. (8) 만일 오탁악세를 밝힌다면 단지 다섯이 다름을 취하였고, 반드시 순서대로는 아니지만 만일 오음에 배대하면 중간은 곧 식음(識陰)이요, 동쪽은 행음(行陰), 남쪽은 상음(想陰), 서쪽은 수음(受陰), 북쪽은 색음(色陰)이다. 유례하여 그 순서를 삼으며 인식으로 주인을 삼는 까닭이다. 그러나 다섯 여래는 모두 종자가 있는 것이니 하나하나 관찰하여 행함이 각각 같지 않고, 밀교(密敎)를 배우는 사람은 바야흐로 그 중요함을 알 것이지만 지금은 단지 간략히 배대했을 뿐이다.

다. 그 방위와 처소를 정하다[定其方所] (然但 5上7)

[疏] 然이나 但云東北方者는 其言은 猶漫이어니와 按寶藏陀羅尼經云하면 我滅度後에 於瞻部洲東北方에 有國하니 名大振那라 其國中間에 有山하니 號爲五頂이라 文殊師利童子가 遊行居住하여 爲諸菩薩衆하여 於中說法하며 及與無量無數藥叉와 羅刹과 緊那羅摩睺羅伽와 人非人等으로 圍繞供養恭敬이라하시니 斯言이 審矣니라

■ 그러나 단지 동북방이라 말한 것은 그 말은 오히려 만만하지만 『보장다라니경(寶藏陀羅尼經)』을 잘 참고하여 말하되, "내가 멸도한 후에

남섬부주 동북방에 한 나라가 있으니 이름은 대진나국(大振那國)이다. 그 나라 중간에 산이 있으니 이름이 오정산(五頂山)이다. 문수사리 동자가 유행하면서 머물러 살면서 여러 보살 대중을 위하여 거기서 설법하고 한량없고 셀 수 없는 야차, 나찰과 긴나라, 마후라가와 사람인 듯 아닌 듯한 무리들로 둘러싸여 공양하고 공경한다"고 하였으니 이 말을 잘 살펴보아라.

[鈔] 然但云下는 三, 定方所니 以經에 不指國名하고 但云東北일새 故引經定이라 所以此經이 不指者는 以在八方之例라 餘之七方도 皆不指國名하시니 在下文故라 今에 恐淺識者惑일새 故引經證이라 此經을 亦名八字陀羅尼經이니 廣說文殊之德하니라 疏引猶略일새 今更引之하리라 謂彼經에 金剛密跡主菩薩이 問如來云호대 文殊師利는 於何處方面住며 復何方面에 能行利益이닛고 如來答云하사대 我滅度已下를 疏文에 全引이라 下有偈云호대 文殊大菩薩이 不捨大悲願하고 變身爲童眞호대 或冠或露體하며 或處小兒叢하여 叢遊戲邑聚落하며 或作貧窮人하여 衰形爲老狀이요 亦現饑寒苦하여 巡行坊市廛하여 求乞衣財寶하여 令人發一施하며 與滿一切願하여 使令發信心하고 信心旣發已에 爲說六度法호대 領萬諸菩薩하여 居於五頂山하여 放億衆光明이어든 人天이 咸悉覩하여 罪垢가 皆消滅하며 或得聞持法인 一切陀羅尼秘密深藏門하여 修行證實法하여 究竟佛果願하며 具空三昧門하여 習盡泥洹路하리라 文殊大願力이 與佛同境界라하시고 下에 更廣讚其德이언마는 不能繁敍니 要當尋經이니라

● 다. 然但云 아래는 그 방위와 처소를 정함이다. 경문에 나라 이름은 가리키지 않고 단지 동북방이라고만 한 연고로 경문의 선정을 인용

하였다. '이 경에서 (나라 이름을) 가리키지 않은 까닭'은 여덟 방위의 사례가 있다. 나머지 일곱 방위도 모두 나라 이름을 가리키지 않았으니 아래 경문이 있는 까닭이다. 지금에 얕게 인식한 이의 미혹을 두려워한 연고로 경문을 인용하여 증명하였다. 이 경을 또한 『팔자다라니경(八字陀羅尼經)』이라 이름하나니 문수보살의 공덕을 자세히 설명하였다. 소가가 인용한 것을 더욱 생략하였으므로 지금 다시 인용하리라. 이른바 저 경문에 "금강밀적주(金剛密跡主)보살이 여래에게 질문하여 말하되, '문수사리는 어느 곳의 방면에 머무르며, 다시 어떤 방면에서 능히 이익을 행하십니까?' 여래께서 대답하여 말씀하시되, 我滅度已 아래를 소문에 전체를 인용하였다. 아래에 게송이 있으니 말하되, '문수사리 대보살이 대비원력을 버리지 않고 천진한 아이로 변신하되 혹은 모자를 쓰고 혹은 몸을 드러내며 혹은 어린아이와 놀기도 하면서 마을 부락에서 함께 장난치기도 합니다. 혹은 가난한 거지가 되어 형상이 초췌한 노인 모습을 하고 또한 굶주리고 추위에 떨기도 하여 시장바닥을 돌고 밥과 옷, 재물을 빌기도 하여 사람들로 하여금 온갖 보시를 하게 하며 온갖 원을 만족하여 주어서 하여금 신심을 일으키게 하고, 신심을 발하고 나서 육바라밀법을 설하려 하되 만방의 모든 보살을 거느려 오정산(五頂山)에 살아서 억만의 많은 광명을 놓았는데 인간과 천상이 모두 다함께 보아서 죄와 번뇌가 모두 소멸하며, 혹은 듣고 간직한 법인 온갖 다라니의 비밀하고 깊은 창고문을 얻어서 수행하여 실법을 증득하여 불과와 원을 끝까지 성취하며 공한 삼매문을 갖추어 열반의 길을 모두 익히리라. 문수보살의 대원력이 부처님과 같은 경계이다'라 하였고, 아래에 다시 그 공덕을 널리 칭찬하였지만 번거롭게 밝힐 수 없으니, 중요한 것은 마땅히 경문을 찾아볼 것이다.

라. 그 성스럽고 신령스러운 점을 밝히다[顯其靈聖] 2.

가) 여러 전기를 간략히 지적하다[略指諸傳] (其山 6上8)
나) 보고 들은 것을 스스로 말하다[自述所觀] 2.
(가) 산까지 이르는 본래 원인[至山元由] (余幼)

[疏] 其山靈迹이 備諸傳記하니라 余ㅣ 幼尋玆典할새 每至斯文하여는 皆掩卷長歎이라가 遂不遠萬里하여 委命棲託하니 聖境相誘가 十載于玆라

■ 그 산의 신령스러운 자취에 모든 전기가 갖추어졌다. 너희가 어려서 이런 전적을 찾아보고 매양 이런 경문에 이르러 모든 책을 덮고 길게 탄식하다가 드디어 만 리를 멀다 하지 않고 숨어들어 의탁하라고 자세히 명하였으니, 성스러운 경계로 서로 유혹한 것이 지금까지 10년이 되었다.

(나) 보고 들은 바를 바로 펼치다[正敍見聞] 2.
ㄱ. 보고 들은 바를 말하다[正敍見聞] (其感 6上10)
ㄴ. 아름다운 경계를 간략히 지적하다[略指佳境] (其山)

[疏] 其感應昭著하여 盈于耳目하니라 及夫夏景하여는 勝事尤多하니 歷歷龍宮에 夜開千月이요 纖纖細草에 朝問百華라 或萬聖羅空하시며 或五雲이 凝岫하며 圓光이 映乎山翠하고 瑞鳥가 翥于煙霄라 唯聞大聖之名이요 無復人間之慮하니 入聖境者가 接武오 革凡心者가 架肩이

라 相視에 互謂非凡이요 觸目이 皆爲佛事라 其山勢寺宇를 難以盡言이로다

■ 그 감응함이 밝고 현저하여 귀와 눈에 넘친다. 저 여름의 경치에 미쳐서는 뛰어난 일이 더욱 많나니 역력히 용궁의 밤에 천 개의 달이 뜨니 가늘고 미세한 풀이 아침에 백 가지 꽃에게 문안하였다. 혹은 만 명의 성인이 하늘에 벌여 있으며, 혹은 오운산(五雲山)의 산굴에 원만한 광명이 엉기어 산속에 사는 비취 빛 상서로운 새를 비춤이 연기의 기운으로 날아올라 오직 대성인의 이름만 들었고, 다시 인간의 염려는 없나니, '성인의 경계에 들어간 것'이 무예를 접함이요, '범부의 마음을 바꾼다는 것'이 어깨에 매달았으니, 서로 보고서 번갈아 범부가 아님을 말하였다. 눈을 마주침이 모두 부처님 일이요, 그 산세의 절과 당우는 말로 다하기 어렵다.

[鈔] 其山靈迹下는 四, 顯聖靈이라 於中에 有二하니 初, 略指諸文이요 本傳이 甚廣이나 略有六門하니 一, 立名標化요 二, 封域里數요 三, 臺頂塔廟요 四, 諸寺廟宇요 五, 古今靈應이요 六, 聞名禮敬功德이라 然이나 今文中에 皆已略有하니 今初二句는 通指諸88)門이라 地理誌에 云, 其山이 層盤秀峙며 路徑紆深하니 靈嶽神溪며 非薄俗所居라 悉是棲神禪寂之士며 冥搜造微之儔矣라하니라

余幼尋下는 二, 自迹見聞이라 於中에 有三하니 先, 敍至山元由니 由此菩薩의 住處인 淸涼山之文이라 當時에 逆冠亂常하여 兵戈鋒起하고 豹狼滿路하여 山川阻絶커늘 不憚而遊일새 故云委命棲託이니라 途雖五千이나 反覆萬里라 始本暫遊가 日復一日이요 傾馳聖境이 一十

---

88) 諸는 甲南續金本作前五라 하다.

五年이라 作疏至斯가 正當十載니라 其山勢寺宇下는 略指佳境이라 其山이 在長安東北一千六百里요 離代州之東南百餘里하니 左隣恒嶽하여 秀出千峰이요 右接盂津하여 長流一帶라 北臨絶塞하여 遏萬里之煙塵이요 南擁汾陽하여 爲大國之艮背라 廻泊日月하며 蓄洩雲龍하니 雖積雪夏凝이나 而名花가 萬品이요 寒風勁烈이나 而瑞草千般이라 丹嶂橫開하고 翠屛疊起하니 排雲撥路[89]에 時逢物外之峯이요 捫蘿履危에 每到非常之境이라 白雲凝布[90]에 奪萬里之澄江이요 杲日將昇에 見三尺之大海라 五峯一一을 難具言也니라

言寺宇者는 北齊崇敬하여 置立伽藍하니 見有故壞이 二百餘所오 當時棲託에 寺有八焉이러니 貞元以來에 數早過十이라 或五峯抱出하고 或雙嶺中開하며 或疊起巖中하고 或聳居雲外하니 不可具言也니라

● 라. 其山靈迹 아래는 그 성스럽고 신령스러운 자취를 밝힘이다. 그 중에 둘이 있으니 가) 여러 경문을 간략히 지적함이다. 본래 전기(傳記)가 매우 자세하지만 대략 여섯 문이 있으니 (1) 명칭을 세우고 교화를 표방함이요, (2) 영역의 거리 숫자를 북돋움이요, (3) 오대의 꼭대기 탑묘요, (4) 모든 사찰의 법당이요, (5) 옛과 지금에 신령하게 응함이요, (6) 명성을 듣고 예경한 공덕이다. 그러나 본 화엄경의 경문 중에 모두 이미 간략히 있으니, 지금의 첫째와 둘째 구절은 앞의 여러 문을 통틀어 지적함이다. 지리지(地理誌)에 말하되, "그 산의 층계 바탕에 빼어나게 솟으며, 지름길이 굽고 깊으니 영험한 산과 신령스러운 계곡이며, 박덕하고 속된 이의 거처가 아니요, 모두 신령함에 깃들어 선정을 닦는 고요한 보살이며, 미세함에 나아감을 그윽하게 찾는 동무이다"라고 하였다.

---

89) 路는 原續本作霧라 하다.
90) 布는 南金本作望이라 하다.

나) 余幼尋 아래는 보고 들은 것을 스스로 말함이다. 그중에 셋이 있으니 (가) 산까지 이르는 본래 원인을 말함이니, 이 보살이 머무는 처소인 청량산으로 말미암은 문장이다. 당시에 거꾸로 모자를 쓰고 상례를 어지럽혀서 병사와 창이 날카롭게 일어나고 표범과 이리가 길에 가득하여 산과 강은 험준하거늘 거리낌 없이 유행하는 연고로 말하되, "목숨을 맡기고 깃들어 의탁한다"고 하였다. 길이 비록 5천 가지이지만 반복하면 만 리가 된다. 근본에서 시작하여 잠시 노는 것이 하루 지나고 다시 하루를 더하고 성스러운 경계에 기울여 달린 지 15년이 된지라 소(疏)를 지으며 여기에 이른 것이 바로 10년이 되었다. (나) 其山勢寺宇 아래는 아름다운 경계를 간략히 지적함이다. 그 산이 장안의 동북쪽 1,600리에 있으며, 대주(代州)의 동남쪽 100여 리 정도 떨어져 있으니 왼쪽 가까이 항산(恒嶽)이 있어서 천 개의 봉우리가 빼어나게 솟았고, 오른쪽은 발우 같은 진[孟津]에 접하여 일대를 길게 흐르고 있다. 북쪽으로 절벽에 막혀서 만 리의 세상 연기를 막았고 남쪽으로 분양산(汾陽山)을 끌어안고 큰 나라의 어긋난 배경이 되었다. 배회하여 하루를 묵으며 구름과 용을 쌓고 흘러나오니 비록 쌓인 눈이 여름에도 응결되지만 그러나 이름난 꽃이 만 가지 품류요, 찬 바람이 굳세고 세차지만 상서로운 풀은 천 가지이다. 붉은 산머리는 가로로 열고 비췻빛 병풍은 첩첩이 생겨나니 구름을 밀치고 길을 없앨 때에 만물 밖의 봉우리를 막은 것이요, 미나리를 만지며 위태하게 걸어갈 적에 매양 비상한 경계에 도달하곤 한다. 흰 구름이 엉키고 퍼질 적에 만 리의 맑은 강물을 뺏고 솟은 태양이 오르려 할 적에 석 자가 되는 큰 바다와 다섯 봉우리 하나하나 본 것을 낱낱이 갖추어 말하기 어렵구나.

'사찰의 당우'라 말한 것은 북제(北齊) 나라 때 (황제가) 숭배하고 경모하여 가람을 세웠으니 있는 것을 본 것이 오래되면 무너짐이 200여 군데 처소요, 당시에 깃들고 의탁할 적에 사찰이 여덟 개나 되었다. 정원(貞元) 년간(785-805) 이래로 헤아려서 일찍이 열 개를 넘었다. 혹은 오봉산(五峯山)을 품은 듯 빼어나고, 혹은 두 고개 속을 열기도 하고, 혹은 바위 속을 첩첩이 일어나기도 하며, 혹은 솟아올라 구름 밖까지 산 것을 다 갖추어 말할 수가 없다.

마. 본래 원인에 대해 질문하다[徵其元由] (自大 7下8)

[疏] 自大師가 晦迹於西天으로 妙德이 揚輝於東夏하나니라 雖法身은 長在而雞山이 空掩於荒榛이요 應現이 有方이나 而鷲嶺을 得名於玆土로다 神僧이 顯彰於靈境하고 宣公이 上稟於諸天하며 漢明이 肇啓於崇基하고 魏帝가 中孚於至化하며 北齊는 數州로 以傾俸하고 有唐에는 九帝之廻光이로다

■ 큰 스승이 서천(西天)에서 자취를 숨기고부터 묘덕(妙德)보살이 동쪽 하(夏)나라에 광채를 드날렸다. 비록 법신은 오래 계시더라도 계족산(雞足山)이 공연히 황무지 덤불에 가림이요, 응하여 나타남이 방편이 있지만 영축의 독수리 고개를 넘어서 이 땅에서 이름을 얻었도다. 신령한 고승이 영험한 경계를 밝게 드러내고 선공(宣公)이 위로 여러 하늘에서 품 받으며, 한(漢)나라 명제(明帝)는 높은 기틀을 처음 열고 위(魏)나라 황제는 지극히 교화함을 중간에 미쁘게 여겼으며, 북제(北齊)나라의 여러 고을에 녹봉을 기울이고 당(唐)나라 아홉 황제가 빛을 돌림이 있었다.

[鈔] 自大師下는 五, 徵其元由며 兼彰聖迹이라 初對는 正敍本源이니 大集經中에 佛將涅槃할새 委諸菩薩하사 分衛 大千하나니 此土에는 多有毒龍爲害오 人多愛樂大乘일새 故로 妙吉祥菩薩이 處斯以行化하시니 故로 云妙德이 揚輝於東夏니라 文殊般泥洹經에 云, 若但聞名者라도 除十二億劫生死之罪오 若禮拜者는 恒生佛家하며 若稱名字 一日七日하면 文殊가 必降하시며 若有宿障이라도 夢中得見이요 得見形像하면 斯人은 位階聖果하여 應化廣大하시니 故曰揚輝니라

次對는 成上兩句니 初成上의 大師晦迹이요 兼通妨難이라 謂有問言호대 常在靈鷲山과 及餘諸住處라하여늘 何言晦迹고 故今答[91]云호대 二聖之本은 本皆湛然이요 二聖之迹은 迹有隱顯이라 今靈鷲山은 盡是荒榛所翳오 雞山은 卽是雞足이니 亦鷲嶺所管이니라 應現下는 成上揚輝於東夏라 山似靈鷲일새 故言鷲嶺得名이니 次下에 當說하리라

● 마. 自大師 아래는 본래 원인에 대해 질문함이니, 성스러운 자취를 겸하여 밝혔다. 처음 대구는 본래 원인을 바로 말함이니『대집경』중에 부처님이 열반에 드실 때에 모든 보살에게 맡겨서 대천세계를 나누어 방비하였으니, 이 국토에 대부분 독룡이 해를 입힘이 있으므로 사람들이 대부분 대승을 좋아하고 즐거워하는 연고로 묘길상보살이 여기에 머물면서 교화를 행한다. 그러므로 말하되, "묘덕보살이 동쪽 하(夏)나라에 광채를 드날린다"라고 말하였다.『문수반니원경』에 이르되, "만일 단지 명칭만 들었더라도 12억 겁 동안 나고 죽는 죄를 없애고, 만일 예배하는 이는 항상 부처님 가문에 태어나며, 저 이름을 하루나 칠일 동안 부르면 문수보살이 반드시 강림하시며, 만일 숙세의 업장이 있더라도 꿈속에 보게 되고, 형상을 보게 되면 이런 사람은

---

91) 答은 甲南續金本無라 하다.

지위가 성인의 과덕인 단계여서 응하여 교화함이 광대한다"고 하므로 '광채가 드날림'이라 말한다.

다음 대구는 위의 두 구절을 이루었으니 처음에 위의 대사(大師)가 자취를 지움을 이루고, 겸하여 비방과 힐난을 해명하였다. 말하자면 어떤 이가 물어 말하되 "항상 영축산과 나머지 여러 머무는 곳에 계신다"고 하였는데, 어찌하여 자취를 지운다고 말했는가?" 그러므로 지금은 대답해 말하되, "두 성인의 근본은 본래 모두 담연함이요, 두 성인의 자취는 행적이 숨었다 나타남이 있다." 지금은 영축산이 모두 거친 덤불의 그늘이요, 계족산은 바로 닭의 발과 같나니 또한 독수리 고개로 통하는 곳이다. 應現 아래는 위의 동쪽 하(夏)나라에 광채를 드날림이다. 산이 신령스러운 독수리와 같으므로 '독수리 고개[鷲嶺]'라는 이름을 얻었으니, 다음 아래에 가서 마땅히 말하리라.

神僧等者는 感通傳에 云, 宇文後周時에 文殊가 化爲梵僧하사 來遊此土하여 云, 欲禮拜迦葉佛의 說法處하며 幷往文殊師利所住之處하니 名淸涼山이라하니라 唐初에 長安에 師子國僧이 九十九夏니 三果人也라 聞斯聖迹하고 跣行至此하여 禮淸涼山하니 皆神僧顯彰也니라 宜[92])公等者는 南山感通傳에 云, 時有天人하니 姓陸名玄暢이라 來詣云, 弟子는 周穆王時에 生天이라하여늘 余乃問曰, 宇內所疑는 自昔相傳에 文殊가 在淸涼山하사 領五百仙人하사 說法이라하고 經中에 說文殊가 久住娑婆世界라하나니 娑婆則大千之總號라 如何偏在此方고 天人이 答曰, 文殊는 是諸佛先師라 隨緣利見에 應變不同이요 大士大功은 非凡境界니 不勞評薄이라 但知多在淸涼五臺之中

---

92) 宜는 宣이라 하다.(소초회본 권58 37p 10-)

하고 往往에 有人見之하니 不得不信이라하니 故云上稟於諸天이라하니라 又今山南에 有淸凉府五臺縣하고 山北에 有五臺府하니 亦可萬代之龜鏡일새 故無惑矣니라

● 신승(神僧) 등에 대해 말한 것은 『감통전(感通傳)』에 이르되, "우문왕(宇文王)의 후주(後周) 시절에 문수가 범승으로 화현하여 이 땅에 와서 유희하였다"라 하고, 이르되, "가섭 부처님 설법하던 곳에서 예배하려 하며, 아울러 문수사리가 머무는 곳으로 가나니 이름하여 청량산이라 한다. 당나라 초기에 장안의 사자국(師子國) 승려는 99하안거로 아나함인이 되었다. 이런 성스러운 자취를 듣고 맨발로 가서 여기에 이르러 청량산에 예배하니 모두 신령한 승려임을 밝힌 내용이다. 선공(宣公) 등이란 『남산감통전(南山感通傳)』에 이르되, "그때에 천인이 있으니 성은 육(陸) 씨요 이름은 현창(玄暢)이다." 와서 참예하고 말하되, "제자여, 주(周)나라 목왕(穆王) 때에 천상에 태어났다"고 하였는데, 내가 드디어 물어 가로되, "집안의 의심하는 것은 예로부터 상전(相傳)에서 문수는 청량산에 있어서 5백 명 선인을 거느려 법을 설한다"라 하고, 경문 중에 '문수보살이 오랫동안 사바세계에 머문다'고 말했으니, "사바(娑婆)는 대천세계의 총합 호칭인데 어찌하여 이 방소에만 치우쳐 있는가?" 천인이 대답하여 말하되, "문수보살은 제불의 전세의 스승이요 인연 따라 날카로운 소견에 응하여 변화함이 같지 않으며, 보살의 큰 공덕은 범부의 경계와 다르나니 수고로이 잘잘못을 경박하게 의논하지 말라. 단지 대부분 청량산의 오대(五臺) 중에 있음을 알고, 가끔가끔 어떤 사람이 보기도 하나니 어쩔 수 없이 믿는다"라 하였으니, 그러므로 "위로 여러 하늘에 품받는다"라고 하였다. 또한 지금은 산의 남쪽에 청량부 오대현이 있고, 산의 북쪽에 오

대부(五臺府)가 있으니, 또한 가히 만대의 귀감(龜鑑)이 될 수 있으므로 의혹이 없는 것이다.

漢明等者는 按感通傳하니 云, 今五臺山東南三十里에 現有大孚靈鷲寺라 兩堂舊跡猶存하며 南有花園하니 可二頃許에 四時發彩하여 人莫究之라 或云, 是漢明所立이라하고 又云, 魏文所作이니 互說不同如何오 天이 答曰, 俱是二帝所作이라 周穆王時에 已有佛法하니 此山靈異하여 文殊所居라 周穆이 於中造寺供養과 及阿育王이 亦依置塔하니 漢明之初에 摩騰天眼이라 亦見有塔하니 請帝王立寺하니 山形은 似於靈鷲일새 故로 號爲大孚靈鷲寺라 大孚者는 弘信也라 帝信佛理하고 立寺勸人하여 花園今在하니 寺前後之君王이 或改爲大花園寺라 至則天大聖皇后하여 與于闐三藏譯華嚴經하니 見菩薩이 住淸涼山하여 因改爲大華嚴寺焉이라 五頂攢擁하고 中開山心離坎乾坤하여 得其中理하고 千巖聳秀하고 萬壑森沈에 拔鷲嶺之仙峯하여 成華嚴之一葉信하니 可謂衆靈翔集之沖府요 參賢覲聖之玄都矣라 所以로 前에 云, 鷲嶺得名於玆土라하니라

- 한나라 명제 등은『감통전』을 살펴보니 이르되, "지금 오대산 동남쪽으로 30리에 현재 대부영축사(大孚靈鷲寺)[93]가 있다. 두 당우의 옛 자취가 아직도 존재하여 남쪽에 꽃 정원이 있으니, 2백 이랑쯤에 사시사철 채색을 발하여 사람들이 궁구하지 못함이 있을 수 있다." 혹은 '한나라 명제가 건립한 것'이라고 하였다. 또 말하되, "위나라 문제(文帝) 때 지은 것이니 번갈아 말함이 다른 것은 무슨 까닭인가?" 하

---

93) 大孚靈鷲寺는 오대산의 사찰 중 가장 큰 사찰은 현통사(顯通寺)이다. 이 산은 後漢 영평(永平; 58-75) 연간에 인도 고승 가섭마등(迦葉摩騰)과 축법란(竺法蘭)이 개산했다. 후한 명제 때 이 두 고승의 주청에 의해 창건한 대찰 대부영축사(大孚靈鷲寺)가 곧 지금의 현통사이다. (역자 주)

늘이 대답해 가로되, "모두 두 황제가 만든 것이다. 주(周)나라 목왕(穆王) 때에 이미 불법이 있었으니, 이 산이 더욱 영험하여 문수보살이 거처하였다. 주나라 목왕이 그중에 절을 짓고 공양 올림과 아육왕(阿育王)이 또한 의지하여 탑을 안치하니, 한나라 명제(明帝) 초기에 가섭마등(迦葉摩騰)의 타고난 안목이다. 또한 탑이 있음을 보았으니 황제에게 절을 건립할 것을 청하니 산의 형세가 영험한 독수리와 같으므로 대부영축사(大孚靈鷲寺)라 이름한 것이다." 대부(大孚)는 큰 믿음의 뜻이니, 황제가 부처님의 도리를 믿고 절을 건립하고 사람을 권하여 꽃 정원이 지금 있으니 절이 세워진 앞뒤의 왕들이 혹은 고쳐서 대화원사(大花園寺)라고도 하였다. 측천(則天) 대성 황후에 이르러 우전국 삼장 실차난타가 화엄경을 번역하게 하였으니, 보살이 청량산에 머무름을 보고서 인하여 대화엄사(大華嚴寺)라 개칭하였다. 오정산(五頂山)에 모여 옹호하고, 그중에 산의 중심에 건괘와 곤, 감, 리괘94)를 열어서 그 중도의 이치를 얻고 천 길 바위가 빼어나게 솟아올라 만 개의 골짜기에 빽빽하게 잠길 적에 독수리고개의 신선 봉우리처럼 특출하여 화엄경의 한 잎사귀의 믿음을 성취하나니, 가히 여러 영험이 날고 모이는 텅 빈 관청이요, 현자를 참배하고 성인을 뵙는 현묘한 도읍이라 할 것이다. 그러므로 앞에서 말하되, "독수리고개란 이 땅에서 얻은 이름"이라 하였다.

北齊等者는 傳에 云, 北齊高帝가 篤崇大敎하여 置二百餘寺於玆山하고 割八州租稅하여 而供山衆衣藥之資라하니 至今에 猶有五道場莊하니라 有唐等者는 自我大唐이 至于今聖히 相繼九葉하여 無不廻

---

94) 離坎乾坤는 곧 乾坤坎離이니, 건괘와 곤괘와 감괘와 이괘라는 뜻으로, 태극기에 쓰인 네 괘를 통틀어 이르는 말.

於聖鑑하시니라

言今聖者는 當德宗帝가 傾仰靈山하나니 御剳天衣가 每光於五頂하고 中使香藥이 不斷於歲時하니 金閣이 岧嶢於雲端하니 猶疑聖化오 竹林이 森聳於巖畔하니 宛似天來라 故得百辟歸崇하고 九州가 持供하여 雲委霧合하여 市地盈山하니 非我諸佛之祖師가 積萬行於曠劫하사 慈雲이 彌漫而普覆하시며 智海가 黯湛而包納하여 廓法界爲彊域하시고 盡衆生爲願門하시면 孰能應感若玆리오 宿善何濃하며 遇斯遺跡이오녀 情躍不已하여 形于詠言이로다

● '북제 나라' 등은 『감통전』에 이르되, "북제의 고(高) 황제가 대승교법을 독실하게 숭상하여 2백여 개의 사찰을 안치하고 이 산의 여덟 개 고을의 세금을 나누어서 세금을 걷어서 산중 대중에게 옷과 약품을 공양한다"라 하니, 대중이 옷과 약을 삼았으니 지금에 아직도 다섯 개 도량의 장엄함이 있다. '당나라 등이 있다'는 것은 우리 대당으로부터 지금 성상(聖上)에 이르기까지 서로 아홉 잎사귀[九葉]를 계승하니 성인의 귀감을 되돌리지 않음이 없다. '지금의 성상'이란 덕종(德宗) 황제가 영산에 기울여 우러르나니, 어찰(御札)과 천의(天衣)가 매양 오정산에 빛나고 중간의 사신에게 향과 약을 해마다 끊어지지 않도록 하니, 금각(金閣)을 구름 끝과 산 높이 세우고 아직 성인의 교화가 의심스러운 것이요, 죽림정사에서 바위 가를 빽빽이 솟아오르니 완연히 하늘에서 오는 것과 같다. 그래서 백 분의 임금이 돌아가 숭상함을 얻고, 아홉 고을이 공양 구름을 가져서 구름과 안개에 맡기고 합하여 땅과 산을 가득 두르나니 우리 부처님의 조사가 아니면 광겁토록 만행을 쌓으셔서 자비한 구름이 더욱 가득히 널리 덮으며, 지혜의 바다가 암담(黯湛)하게 싸서 들어서 법계에 넓게 강역(疆域)을 삼고 모든

중생이 원력의 문을 삼으면 누가 능히 감응함이 이와 같으리오! 숙세의 선근이 어떻게 농후하며 이렇게 남긴 유적을 만날 것인가? 마음으로 뛰놂을 다하지 않아서 형상을 말로 읊조린 것이다.

바. 중생이 닦고 공경하도록 권하다[勸物修敬] 2.
가) 사례를 인용하여 수행하기를 권하다[引例勸修] (五天 10下3)
나) 권유한 의미를 바로 밝히다[正明勸意] (其有)

[疏] 五天이 殉命以奔風하고 八表가 亡軀而競託하시니 其有居神州로대 而一生不到가 亦奚異舍衛 三億之徒哉아 願皆修敬이니라

■ 다섯 하늘은 목숨을 바쳐 바람처럼 달리고 여덟 가지로 표함은 죽은 몸처럼 다투어 의탁하시니, 그 누가 신주(神州)에 살지만 일생토록 도달하지 않겠는가? 또한 사위성의 3억의 무리와 어찌 다르겠는가? 원컨대 모두 닦고 공경해야 할 것이다.

[鈔] 五天殉命下는 六, 勸物修敬이라 初二句는 引例勸修라 五天竺國은 粗云二十萬里나 孰知其實數耶아 若以陸行에는 途經數百國이요 雲山이 幾萬重이라 或捫索憑虛하고 或飛梯架廻하며 或風行雪臥하고 或木食松棲하며 或惡獸盈群하고 或盜賊相繼니라 若以[95)]水行인대 洪濤無岸이요 雲島潛廻며 精怪[96)]搖風하고 鯨鯢가 鼓浪하니 日月이 出沒於波底요 魂魄이 飄颺於夢中이라 縱使浪息風停이라가 只見水涵於天際오 舟行棹擧에 猶將息念作生涯라 雖此艱危라가 而三藏名僧이 相繼而至는 總緣大聖의 委命輕生이니 故云五天이 殉命以奔

---

95) 以는 甲南續金本無라 하다.
96) 怪는 南續金本作鬧誤라 하다.

風이니라

八表等者는 自東自西하며 自南自北하여 天徼月窟이며 海潮日出이라도 有耳目者는 不憚艱辛하고 遠而必至焉이니라

- 바. 五天殉命 아래는 중생이 닦고 공경하도록 권함이다. 첫째와 둘째 구절은 사례를 인용하여 수행하기를 권유함이다. 오천축국은 거칠게 '20만 리'라고 말하지만 누가 그 실다운 수인 줄 알겠는가? 만일 육지로 갈 적에는 길을 걸어서 수백 나라를 지나고, 구름 같은 산이 몇만 겹이겠는가? 혹은 문질러 빈 허공을 의지하고, 혹은 사다리와 시렁처럼 되돌리기도 하며, 혹은 바람처럼 가고 눈처럼 눕기도 하며, 혹은 나무를 먹고 소나무에 깃들기도 하며, 혹은 나쁜 짐승이 무리에 가득하기도 하고, 혹은 도적이 서로 이어지기도 한다. 만일 물로 간다면 큰 파도로 끝없이 치고, 구름이 섬에 잠기고 돌아서며 작은 새는 바람처럼 떨고, 고래와 도롱뇽은 풍랑이 치니 해와 달이 파도 밑바닥까지 출몰함이요, 혼백이 꿈속에서 회오리바람에 일어난다. 비록 풍랑이 멈추고 바람을 자게 한다고 하다가 단지 물이 하늘 끝까지 닿도록 잠김을 보는 것이고, 배가 가고 노를 저을 적에 아직도 장차 생각을 쉬면서 생애를 지어 간다. 비록 이런 간난하고 위험하다가 삼장(三藏)에 능통한 이름난 스님이 서로 계승하여 온 것이다"라 하였다. 총합하면 대성(大聖)은 목숨을 맡기고 생을 가벼이 여기나니, 그러므로 말하되, '오천축에 목숨을 던지고 바람처럼 달린다'라고 하였다.

'여덟 가지로 표함' 등이란 동쪽과 서쪽부터, 남쪽과 북쪽에서부터 하늘은 달빛 굴을 순행하며, 바다의 조수는 해가 떠올라도 눈과 귀가 있는 이는 신고(辛苦)를 꺼리지 않고 멀더라도 반드시 오게 될 것

이다.

其有居神州下는 二, 正勸이니 卽反擧不往之失하여 以彰往者之得이라 謂葱嶺之東에 地方數千里를 曰赤縣神州니 卽有唐中華之國也라 去淸凉之境이 途程不遙하여 坦然通衢며 車馬溢路라 隨方觀化가 不失家常이요 往必感徵커늘 如何不往고 是知不往은 卽是三億之徒로다 故今에 秉鉞分茅[97]하여 方面之重이 無不傾仰이라 西域諸王이 恨生五天하여 不產東夏하니 豈唯遙禮大聖에 每多仰羨此君[98]이리요 故有遊西天者에 先問曾居五臺山不아 若不曾居라하면 棄而不顧하나니 今此國衆生은 宿因多幸하여 得誕中華어늘 諸佛祖師를 不解修敬일새 故此勸之니라

三億之徒者는 智論第十一에 云, 佛出世難値가 如優曇華가 時乃一有[99]라 如是罪人은 輪轉三惡道하며 或在人天中이라가 佛出世時를 天人不見이라 如說舍衛城中에 有九億家호대 三億家는 眼見佛하고 三億家는 耳聞有佛이나 而眼不見하며 三億家는 不見不聞이라 佛在舍衛國이 二十五年이로되 而此衆生은 不見不聞하니 何況遠者아 故今中華에 有人이 曾到五臺山하여 卽亦聞亦見하며 有聞淸凉而不得到는 卽同聞名不見이요 只近五臺코 亦有不聞不見之者하니 況於遠乎아 故勸修敬하노니 若見文殊하면 功德之廣은 如前略說이라 廣在經文하니라

- 나) 其有居神州 아래는 권유한 의미를 바로 밝힘이니, 곧 가지 않는 손실을 반대로 거론하여 간 사람의 이득을 밝힌 내용이다. 이른바 총

---

97) 茅는 南續金本作茆 甲本作苑誤라 하다.
98) 君은 金本作居라 하다.
99) 有는 南續金本作有之 甲本作有三誤라 하다.

령(葱嶺) 동쪽의 지방 수천 리를 말하되, "적현(赤縣) 신주(神州) 마을이니 곧 당대(唐代) 중화의 나라이다. 청량한 경계를 감이 길 가는 여정이 멀지 않아서 평탄하게 통하는 길이며 마차가 넘치는 길이다. 방소를 따라 교화를 권함이 집안의 일상을 잃지 않음이요, 가면 반드시 조짐을 느끼게 되거늘 어찌하여 가지 않는가? 이로써 알라, 가지 않음은 곧 3억의 무리로다. 그래서 지금에 도끼를 부여잡고 우거진 풀숲을 헤쳐서 방면의 무게가 기울이거나 우러러보지 않은 이가 없는지라. 서역의 모든 왕들이 오천축에 태어남을 한탄하여 동쪽 하(夏)나라에 낳지 않나니, 어찌 오직 멀리서 대성인에게 예배할 적에 매양 다분히 이런 분들이 사는 것을 우러르고 부러워하겠는가?" 그러므로 어떤 이가 서천축에 유행할 적에 먼저 묻기를, "일찍이 오대산에 산 적이 있는가?" 만일 일찍이 살지 않았다고 하면 버리고 돌아보지 않는다. 지금은 이 나라 중생들이 숙세의 인연이 다행하여 중화에 태어났는데, 모든 부처와 조사를 닦고 공경함을 알지 못하는 연고로 여기서 권하는 것이다."

'3억의 무리'는 『대지도론』 제11권에 이르되, "부처님이 세상에 출현함을 만나기 어려움이 마치 우담발화가 때가 되어야 한 번 피는 것과 같아서 이러한 죄 지은 사람이 삼악도를 윤회하며, 혹은 인간과 천상 중에 있으면서 부처님이 세상에 출현할 때에 천인은 보지 못한다. 마치 사위성 중에서 9억의 집이 있지만 3억의 가문은 눈으로 부처님을 뵙고, 3억의 가문은 귀로 부처님 계심을 듣지만 눈으로 보지 못하며, 3억의 가문은 보지도 듣지도 못한다. 부처님이 사위성에 25년간 계셨지만 이런 중생들이 보지 못하고 듣지 못했으니 어찌 하물며 먼 이겠는가? 그러므로 지금은 중화에서 어떤 사람이 일찍이 오대산에 오서서 곧 또한 듣기도 하고 보기도 한다. 어떤 이는 청량산을 듣고도 (오대산에) 오지 못함은 곧 함께 이름을 들었지만 보지는 못함이요, 단지 오대산에만 가깝고도 또한 어떤 이가 듣지도 보지도 못하나니 하물며 먼 사람이겠는가?" 그러므로 닦고 공경하기를 권하노니, 만일 문수보살을 보면 공덕이 광대은 앞에 간략히 설명함과 같나니 자세한 것은 경문에 있다.

(6) 금강산 주처[金剛山] (六金 12上7)

海中에 有處하니 名金剛山이라 從昔已來로 諸菩薩衆이 於中止住어니와 現有菩薩하니 名曰法起라 與其眷屬諸菩薩衆千二百人俱하여 常在其中하여 而演說法이니라
(6) 바다 가운데 금강산이 있으니 옛적부터 보살들이 거기 있었으며, 지금은 법기보살이 그의 권속 1천2백 보살과 함께 그 가운데 있으면서 법을 연설하느니라.

[疏] 六, 金剛山은 謂東海近東에 有山하니 名爲金剛이라 雖非全體是金이나 而上下四周와 乃至山間流水砂中히 皆悉有金이요 遠望에 卽謂全體是金이며 又海東人이 自古相傳호대 此山에 往往有聖人出現이라하나라 然이나 晉本에는 此處當其第九하니 以與第十莊嚴窟로 俱在海中故오 而今居此者는 意是八方之內에 東北方攝故라 若不然者인댄 何以正說八方이라가 忽然語海오 又晉本海中에 有二住處하니 一名枳怛那니 現有菩薩하니 名曇無竭이라 有萬二千菩薩眷屬이라하나라 言枳怛者는 具云眤枳多니 此云涌出이라 金剛은 語體요 涌出[100]

은 語狀이라 曇無竭者는 此云法生이요 亦云法勇이며 亦云法尙이라 今言法起는 與生勇으로 義同이니 卽常啼之友也라 菩薩眷屬이 十倍今經하니 或前譯之誤니라

- (6) 금강산 주처는 이른바 동해 가까운 동쪽에 산이 있으니 금강산이라 이름한다. 비록 산 전체가 금(金)인 것은 아니지만 위와 아래 사면에 두루하고 나아가 산간에 흐르는 물과 모래 중간에 이르기까지 모두 다 금이 있고, 멀리서 바라보면 곧 전체가 금이라 말하며, 또한 해동(海東) 사람들이 예로부터 서로 전하되 "이 산중에 가끔가끔 성인이 출현하심이 있다"고 말하였다. 그러나 진역 경문에는 이 주처는 아홉째에 해당하나니 (10) 장엄굴 주처와 함께 바다 속에 있는 까닭이다. 그러나 지금 여기에 사는 이유는 의미가 여덟 방위 안에 동북방을 포섭한 까닭이다. 만일 그렇지 않다면 어찌하여 바로 여덟 방위를 말하다가 홀연히 바다를 말하겠는가? 또한 진역 경문에 "바다 가운데 두 군데 주처가 있으니 (1) 이름이 지달나(枳怛那)라 하나니 현재 보살이 있으니 담무갈(曇無竭)이라 이름하는데, 1만2천 보살의 권속이 있다"고 하였다. 지달(枳怛)이란 말은 갖추어 말하면 닐지다(昵枳多)이니 '솟아 나옴'이라 번역한다. 금강은 체성을 말하고, 솟아 나옴은 형상을 말한다. 담무갈(曇無竭)은 '법으로 생김'이라 번역하고, 또한 '법의 용기'라 하기도 하고, '법을 숭상함'이라고도 번역한다. 본경의 법기(法起)란 말은 '용기를 냄'과 같은 뜻이니 곧 상제(常啼)보살의 도반이다. 보살 권속이 본경보다 열 배이니, 혹은 앞에 번역한 이의 잘못이기도 하리라.

---

100) 上二涌字는 源南續金本作踊이라 하다.

(7) 지제산 주처[支提山] (七支 13上2)

東南方에 有處하니 名支提山이라 從昔已來로 諸菩薩衆이 於中止住어니와 現有菩薩하니 名曰天冠이라 與其眷屬諸菩薩衆一千人俱하여 常在其中하여 而演說法이니라
(7) 동남방에 지제산이 있으니 옛적부터 보살들이 거기 있었으며, 지금은 천관보살이 그의 권속 1천 보살과 함께 그 가운데 있으면서 법을 연설하느니라.

[疏] 七, 支提山者는 此云生淨信之所라 有舍利者는 爲塔이요 無舍利曰 支提라 或山形이 似塔이며 或彼에 有支提일새 故以爲名하니라 昔에 云, 旣指淸凉하여 爲東北하니 則東南은 影響吳越이라하니라 然吳越에 靈山雖衆이나 取其形似者컨대 天台之南의 赤城山也라 直聳雲際하여 艶若霞起요 巖樹相映하여 分成數重이요 其間에 有白道猷之遺蹤하니 或即當之矣니라 然이나 劍川이 有三學山이요 中有歡喜王菩薩하사 屢持燈而出하나니 名雖不同이나 而天竺望之에 即是東南이니라 亦有見其持寶冠者는 則密示其名也니 希後賢은 以審之하노라

■ (7) 지제산 주처는 '깨끗한 믿음이 생겨나는 곳'이라 번역한다. 사리가 있으면 '탑'이 되고, 사리가 없으면 '지제(支提)'라 말한다. 혹은 산의 형상이 탑과 같고, 혹은 저기에 지제(支提)가 있는 연고로 이름하기도 한다. 예전에 이르되, "이미 청량산을 가리켜 동북쪽이라 하나니 동남쪽은 오월(吳越) 나라의 그림자와 메아리이다"라 하였다. 그러나 오월 나라에 신령한 산이 비록 많지만 그 형상과 비슷한 것을 취한다면 천태산 남쪽의 적성산(赤城山)이다. 바로 구름 가에서 솟아

나서 붉은빛 노을이 일어남과 같고 바위와 나무가 서로 비추어서 나누어 여러 겹을 이룬다. 그 사이에 흰 도로 꾀한 남긴 종적이 있으니 혹은 바로 해당되기도 한다. 그러나 검천(劍川)에 삼학산(三學山)이 있고, 중간에 환희왕보살이 계시어 창에 등불을 가지고 나오니 이름은 비록 다르지만 천축국에서 바라볼 적에 곧 동남쪽이 된다. 또한 어떤 이가 보배 모자를 가진 이를 보는 것은 그 이름을 비밀하게 보이는 것이니, 희망하건대 뒤의 현자들이 살피기를 바란다.

(8) 광명산 주처[光明山] (八光 13下4)

西南方에 有處하니 名光明山이라 從昔已來로 諸菩薩衆이 於中止住어니와 現有菩薩하니 名曰賢勝이라 與其眷屬諸菩薩衆三千人俱하여 常在其中하여 而演說法이니라
(8) 서남방에 광명산이 있으니 옛적부터 보살들이 거기 있었으며, 지금은 현승보살이 그의 권속 3천 보살과 함께 그 가운데 있으면서 법을 연설하느니라.

[疏] 八, 光明山은 昔云호대 應是與補怛洛伽山으로 相連이라하니 以晉譯에 觀音住山을 爲光明이라 今文은 非觀音住處로되 而云光明하나니 故로 言連也니라

■ (8) 광명산 주처이니 예전에는 이르되, "응당히 보다락가산(補怛洛伽山)과 서로 연결되었으니, 진역 경전에는 관세음보살이 머무는 산은 광명이 되었다." 지금 본경의 경문에 관음의 주처는 아니지만 광명이라 하였으니 그래서 '연결된다'고 말하였다.

(9) 향풍산 주처[香風山] (九香 13下10)

西北方에 有處하니 名香風山이라 從昔已來로 諸菩薩衆이 於中止住어니와 現有菩薩하니 名曰香光이라 與其眷屬諸菩薩衆五千人俱하여 常在其中하여 而演說法이니라
(9) 서북방에 향풍산이 있으니 옛적부터 보살들이 거기 있었으며, 지금은 향광보살이 그의 권속 5천 보살과 함께 그 가운데 있으면서 법을 연설하느니라.

[疏] 九, 香風山은 疑是香山西畔이니라
- (9) 향풍산 주처는 향산(香山)의 서쪽 가의 경계인지 의심스럽다.

(10) 장엄굴 주처[莊嚴窟] (十莊 14上3)

大海之中에 復有住處하니 名莊嚴窟이라 從昔已來로 諸菩薩衆이 於中止住하니라
(10) 큰 바다 가운데 다시 한 처소가 있으니 이름이 장엄굴인데 옛적부터 보살들이 거기 있었느니라.

[疏] 十, 莊嚴窟者는 對上第六海中이니 故云復有라 晉本에 云, 二名功德莊嚴窟이라하니라
- (10) 장엄굴 주처는 위의 (6) 금강산 주처의 바다 속과 상대하였으니 그러므로 '다시 또 있다'라 하였다. 진역 경전에 이르되, "두 가지 명칭은 공덕으로 장엄한 굴이다"라고 하였다.

2) 12군데 성읍에 함께 섞여 사는 모습[十二處城邑雜居] 2.

(1) 표방하다[標] (後城 14上7)
(2) 해석하다[釋] 12.
가. 비사리국 주처[毗舍離國] (一毗)

毘舍離南에 有一住處하니 名善住根이라 從昔已來로 諸
菩薩衆이 於中止住하나니라
(1) 비사리 남쪽에 한 처소가 있으니 이름이 잘 머무는 근본
인데 옛적부터 보살들이 거기 있느니라.

[疏] 後, 城邑十二處中에 一, 毘舍離者는 卽毗耶離니 此云廣嚴城이요 亦日廣博이니 卽是中印度淨名所居之城이라 言南者는 按西域記第七에 云, 此城南十四五里에 有塔하니 是七百賢聖이 重結集處요 更南八九十里에 有僧伽藍하고 其側에 有過去四佛座와 及經行遺跡之處라하니 應是其所니라 晉本第二에 更有一處하니 名巴連弗邑이요 有處하니 名金燈僧伽藍이라하나라 昔云, 具言波吒補怛囉는 此云黃華子니 卽黃華女之子가 創居此處라 亦中天摩伽陀國이니 具如西域記第八이나 今經에는 闕此一處니라

■ 2) 12군데 성읍에 함께 섞여 사는 모습 중에, 가. 비사리국 주처는 곧 비야리(毗耶離)이니, '넓고 장엄한 성'이라 번역하고, 또한 '넓고 큰 곳'이라 말하나니, 곧 중인도 지방의 유마(維摩)거사가 거처하던 성이다. 남쪽이라 말한 것은 『대당서역기』 제7권을 참고하면 말하되, "이 성 남쪽 14~15리에 탑이 있으니 700분 현성이 두 번 결집하던 도량

이요, 다시 남쪽으로 80~90리에 승가람이 있고 그 측면에 과거 네 부처님 좌대(座臺)와 경행하던 유적이 있는 도량이다"라 하니, 그 처소가 맞다.『진역 화엄경』제2권에 다시 한 곳이 있으니 파련불읍(巴連弗邑)이요, 한 곳이 있으니 '금빛 등불 사원[金燈僧伽藍]'이라 불린다. (파련불읍은) 예전에는 이르되, "갖추어 말하면 파타보달라(波吒補怛囉)이니 '노란 꽃 열매'라 번역하는데, 곧 황화녀(黃華女)의 아들이 이곳에 처음 거주하였다. 또한 중천축 마가다국(摩伽陀國)은 갖추어는『서역기』제8권의 내용과 같은데 본경에는 이곳 하나가 빠져 있다.

[鈔] 按西域記者는 彼云吠舍釐國은 卽毗耶離니 梵音楚夏니라 云, 城東南으로 行十四五里하면 至大窣堵波니 是七百賢聖이 重結集處라 佛涅槃後인 百一十年에 吠舍釐城에 有諸苾蒭가 遠離佛法하고 謬行戒律이라 時에 長老耶舍陀는 住憍薩羅國하고 長老三菩伽는 住秫菟羅國하고 長老釐波多는 住韓若國하고 長老沙羅는 住吠舍黎國하고 長老富闍蘇[101]彌羅는 住娑羅黎弗國이러니 諸大羅漢이 心得自在하여 皆得三明하고 有大名稱하여 衆所知識이니 皆是尊者阿難弟子라 時에 耶舍陀가 遣使하여 告諸賢聖하여 守集吠舍釐城에 猶少一人하여 未滿七百이라 是時에 富闍蘇彌羅가 以天眼으로 見諸大賢聖이 集議法事하고 運神足하여 至法會하니라 時에 三菩伽가 於大衆中에 右袒長跪하고 揚言曰, 衆無誼譁코 欽哉念哉어다 昔에 大聖法王이 善權寂滅하시니 歲月雖淹이나 言敎尙在어늘 吠舍釐城에 懈怠苾蒭가 謬於戒律하여 有十事出하여 違十力敎하니 今諸賢者는 深明持犯이요 俱是大德阿難指誨니 念報佛恩하여 重宣聖旨하소서 時에 諸大衆이

---

101) 蘇는 甲南續金本無, 記原本有라 하다.

莫不悲感하여 卽召集諸苾蒭하여 依毘奈耶하여 訶責制止하고 削除
謬法하여 宣明聖敎하다 七百賢聖이 結集하고 南行八九十里하여 至
濕吠多補羅僧伽藍하니 層臺輪煥하고 重閣翬飛며 僧衆淸肅하여 並
學大乘하니라 其側에는 則[102]有過去四佛座와 及經行遺跡之處요 其
傍의 窣堵波는 無憂王之所建也라하니라

- '『대당서역기』제7권을 참고하면'이란 저기에 말하는 폐사리국(吠舍釐
國)은 곧 비야리성이다. 범음과 초하(楚夏)로 다르나니 이르되, "비야
리성의 동남쪽으로 14~15리를 가서 큰 졸도파(窣堵波)[103]에 이르니
칠백 현성이 두 번 결집하던 도량이다. 부처님이 열반하신 후 110년
에 폐사리성에 여러 비구들이 불법을 멀리 여의고 계율을 잘못 행하였
다. 그때에 장로 야사다(耶舍陀)가 교살라국(憍薩羅國)에 머무르고, 장
로 삼보가(三菩伽)는 출토라국(秫菟羅國)에 머무르고, 장로 이파다(釐
波多)는 한야국(韓若國)에 머무르고, 장로 사라(沙羅)는 폐사리국(吠舍
黎國)에 머무르고, 장로 부사소미라(富闍蘇彌羅)는 사라려불국(娑羅黎
弗國)에 머물렀는데, 모든 대아라한이 마음에 자재를 얻어서 모두 삼
명(三明)을 얻고 대명칭이 있어서 대중들이 아는 이들이니, 모두 아난
(阿難) 존자의 제자들이다. 그때 야사다가 사신을 보내어 모든 현성
들에게 알려서 폐사리성을 고수하고 모였으니 오히려 한 사람이 부
족하여 7백 분이 가득 차지 않았다. 그때에 부사소미라(富闍蘇彌羅)가
천안으로 '모든 큰 현성들이 법의 일을 모여 논의하고 신족통을 움직
여 법회에 이름'을 보았다. 그때에 삼보가가 대중 속에서 오른쪽 어

---

102) 則은 甲南續金本無라 하다.
103) 졸도파(窣堵波) : 불탑의 어원은 고대 인도어인 산스크리트어의 '수투파(Stupa)'다. 이를 중국 사람들이 솔도파(窣堵波), 솔도파(窣都波), 솔도파(窣覩波), 소두파(掃兜婆), 사유파(私鍮肥), 수두파(藪斗波) 등으로, 빨리어의 '투파(Thupa)'에서 유파(鍮婆), 두파(兜婆), 두수파(斗藪波) 등 발음을 중시해 번역 사용하면서 정착됐다. 스투파의 의미를 번역해 방분(方墳), 원총(圓塚), 고현처(高顯處), 호찬(護讚) 등으로도 표현하지만, 오늘날은 일반적으로 탑파 또는 불탑으로 부른다.

깨를 열고 장궤하고 (공덕을) 찬양하는 말로 가로되, '대중들이 시끄러움이 없고 공경히 기억하는구나! 예전에 대성인 법왕이 좋은 방편으로 열반하고 세월은 비록 잠겼으나 말씀과 교법이 오히려 남아 있는데, 폐사리성에 게으른 비구가 계율을 그르치고 열 가지 일로 나가서 십력의 가르침을 위배하였으니, 지금 모든 현명한 이는 지키고 범하는 것을 깊게 설명하였고, 모두 대덕인 아난이 지적하여 가르치니 부처님 은혜를 갚을 것을 명심하여 거듭 성스러운 종지를 베푸소서!' 그때에 모든 대중들이 슬픔을 느끼지 않은 이가 없어서 곧 여러 비구들을 소집하여 비나야(毘奈耶)에 의지하여 꾸짖으며 제지하고 잘못된 법을 삭제하여 성인의 가르침을 베풀어 설명하였다. 7백 현성이 결집하고는 남쪽으로 80~90리를 가서 습폐다보라(濕吠多補羅) 사원에 이르러 층대가 둥글고 빛나고 중각(重閣)이 나는 듯하였고, 대중 스님이 청결하고 정숙하여 아울러 대승을 배웠다. 그 옆에는 과거 네 분 부처님의 좌대와 경행하던 유적들이 있고, 그 곁의 졸도파[塔]는 무우왕(無憂王)이 건립한 탑이다"라 하였다.

如來在昔에 南趣摩竭陀國할새 北顧吠舍釐城하시고 中途止息하던 遺跡之處니라 名巴連等者는 西域記第八에 云, 摩竭陀國에 殑伽河南에 有故城하니 周七十餘里라 荒蕪雖久나 基址尙存이라 昔者에 人壽無量歲時에 號拘蘇摩補羅城이니 唐言香華宮城이라 王宮에 多華일새 故以名焉하니라 逮乎人壽數千歲하야는 更名波吒釐子城이라하니 舊云巴連弗邑은 訛也라 初에 有波羅門하니 高才博學이요 門人數千이 傳以受業이니라 與諸學徒로 相從遊觀할새 有一書生이 徘徊悵望이어늘 同儔가 謂曰, 夫何憂乎아 曰, 盛色方剛에 羈遊履影하여 歲月已

積호대 藝業無成하니 顧此爲言컨대 憂心彌劇이로다 於是에 學徒가 戱言之曰, 今將爲子하여 求娉婚親이라하고 乃假立二人하여 爲男父母하고 二人이 爲女父母하여 遂坐婆吒鼇樹하여 謂女婿樹也라하고 採時果하며 酌淸流하여 陳婚姻之緖하고 請好合104)之期한대 時에 假女父가 攀花枝하여 以授書生曰, 斯는 嘉偶也니 幸無辭焉이어다 書生之心이 欣然自得이라 日暮言歸한대 懷戀而止어늘 學徒가 曰, 前言은 戱耳나 幸可同歸라 林中에 猛獸가 恐相殘害라하니 書生은 遂留하여 往來樹側이러니 景夕之後에 異光燭野하고 管弦淸雅하며 幃帳陳列이라 俄見老翁이 策杖來慰러니 頃有一嫗가 携引少女하고 並賓從이 盈路하며 祛服秦樂이라 翁이 乃指少女하여 曰, 此君之弱室也라하니라 酣歌樂讌하여 經七日焉하니라 學徒가 疑爲獸害하여 往而求之라가 乃見獨坐105)樹陰하여 若對上客이어늘 告與同歸한대 辭不從命하고 後自入城하여 拜謁親故하고 說其始末하니 聞者驚駭하여 與諸友人으로 同往林中하니 咸見華樹가 是一大宅이요 僮僕役使가 驅馳往來하며 而彼老翁은 從容接對하고 陳饌秦樂하여 賓主禮備리라 諸友還城하여 具告遠近하니라 其十歲之後에 生一男子하고 謂其妻曰, 吾今欲歸호대 未忍離阻요 適復留心나 棲寄飄露로다 其妻旣聞에 具以白父한대 翁이 謂書生曰, 人生行樂이 詎必故鄕이리요 今將築室이러니 宜無異志니라 於是에 役使靈從하여 功成不日하여 香華舊城이 遷都此邑이라 由彼子故로 神爲築城하니 自爾之後로 因名吒鼇子城焉이라하니라

● 여래가 옛적에 남쪽으로 마갈타국에 나아가고 북쪽으로 폐사리성을 돌아보시고 중도에 폐허가 된 유적의 장소에 머물렀다. '파연(巴連)

---

104) 好合은 南續金本作合好라 하다.
105) 坐는 南金本作立이라 하다.

따위'라 이름하는 등은 『대당서역기』 제8권에 이르되, "마갈타국의 궁가하 남쪽에 오래된 성이 있으니 둘레가 70여 리이다. 우거진 황무지가 비록 오래되었지만 옛터가 아직도 존재한다. 예전에 사람의 수명이 한량없는 나이일 시절에 구소마보라(拘蘇摩補羅) 성이라 이름하였더니, 당나라 말로 향화궁성(香華宮城)이라 하니, 왕궁에 꽃이 많은 연고로 이름한 것이다. 사람 수명이 수천 세에 이를 때는 다시 파타리자(波吒釐子) 성이라 이름한다"고 하였으니, 예전에 파연불(巴連弗) 마을이라 한 것은 잘못이다. "처음에 바라문이 있으니 뛰어난 인재로 많이 배우고 제자가 수천이며, 전하여 수업하고 모든 학도와 함께 서로 어울려 놀며 관하는데 한 서생이 배회하며 슬프게 바라보고 있거늘 동무들이 일러 말하되, "대저 무엇이 근심스러운가?" 말하되, "색깔이 왕성하고 네모나고 강하여 나그네로 다니며 그림자처럼 놀더니, 세월이 쌓이고 예술의 업은 이룸이 없더니, 이를 돌아보고 말하여 근심스러운 마음이 더욱 심했다." 여기에 학도들이 희롱하는 말로 하되, "지금은 장차 아들이 되어 장가들 곳을 구할 친구를 구한다"고 하였고, 비로소 두 사람을 잠시 세워서 남자의 부모가 되고 두 사람은 여자의 부모가 되어서 마침내 파타리(婆吒釐) 나무에 앉아서 이른바 딸과 사위의 나무라 하였다. 나물 캘 때에 과실이며 맑은 흐름에 잔을 잡고서 혼인의 서막을 말하고 좋아서 합하는 기약을 청하였는데, 그때에 잠시 여자의 아비가 꽃과 가지를 잡고 올라서 서생(書生)에게 주며 말하되, "이것은 아름다운 인형이니, 다행히 말이 없구나! 서생은 마음이 기쁨을 스스로 얻었는데 날이 저물어 돌아간다"고 말하는데 그리움을 품고서 멈추거늘 학도가 말하되, "앞에 한 말은 귀를 희롱하였지만 다행히 함께 돌아갈 수 있다. 숲속 맹수가 서로 해칠 것을 두려워한다." 서생이 드디어 머물러서 나무 옆을 왕래하더니 저녁 햇살이 진 후에 다른 광명이 들판을 밝혔고, 관현의 음악이 맑고 우아하며 휘장을 줄지어 늘어놓았다. 갑자기 늙은이를 보고서 채찍 지팡이를 짚고 와서 위로하더니, 잠깐 사이에 한 할머니가 나와서 어린 여인을 이끌어 오고, 손님과 함께 쫓아오는 것이 길에 가득한데 나들이 옷을 입고 음악을 연주하였다. 노인이 비로소 소녀를 가리켜서 말하되, "이 사람의 어린 부인[弱室]이다. 노래와 음악을 즐기는 잔치를 하고 칠일을 지내었다. 학도가 의심하여 짐승의 해침을 입을까 의심하여 가서 구하려다가 드디어 나무 그늘에 혼자 앉아서 저 뛰어난 나그네를 상대하거늘 알리고 함께 돌아갔는데 언사는 목숨을 따르지 않고 뒤에 스스로 성에 들어가서 친척을 배알하고 그 시작과 끝을 말하였나니, 들은 이가 놀라서 모든 친구들과 함께 숲속으로 가서 다 함께 꽃나무가 한 큰 저택인 것을 보았으며, 노예가 심부름꾼으로 일하는 것이 뛰어다니며 왕래하는데 저 노인이 조용히 만나 대접하고 반찬을 진열하고 음악을 연주하여 손님과 주인이 예의를 갖추었다. 모든 친구들이 성으로 돌아와서 멀고 가까운 곳에 갖추어 알리었다." 그 열 살 이후에 한 사내 아이를 낳고는 그 부인에게 일러 말하되, "내가 이제 돌아오려 하되 아직도 멀리 떼어 놓음을 참지 못하고, 마침 다시 마음을 머무르지만 깃들어 의탁함이 회오리바람처럼 드러났다"고 하니, 그 부인이 다 듣고는 갖추어 아버지에게 말하였는데, 노인이 서생에게 일러 가로되, "인생의 즐거움을 행하는 것이 어찌 반드시 고향이라야 되겠는가! 지금은 소실을 쌓았지만 마땅히 다른 의지는 없다." 그때에 심부름꾼을 부려서 신령하게 따르게 하고 공을 이루는데 하루가 다하지 않아서 향기나는 꽃이 핀 오래된 성이 있는 이 고을로 도읍을 옮기었다. 저 아들로 말미암은 연고로 신통하게 성을 쌓았으니 그런 후로부터 인하여 타리자(吒釐子) 성이라 이름하였다"라 하였다.

나. 마도라성 주처[摩度羅城] (二云 17上6)

摩度羅城에 有一住處하니 名滿足窟이라 從昔已來로 諸菩薩衆이 於中止住하니라
(2) 마도라성에 한 처소가 있으니 이름이 만족굴인데 옛적부터 보살들이 그 가운데 있느니라.

[疏] 二는 云摩度羅者는 亦曰摩偸羅니 此云孔雀이요 亦云密蓋니 並是古世에 因事하며 亦中印度하니라 言滿足窟者는 彼國에 有舍利弗等塔과 及文殊師利塔이라 於王城東[106] 五六里에 有山寺하니 是烏波毱多의 所造라 寺北에 有巖하고 中間에 有石窟하니 是毱多度人安籌之所라 具如西域記第四에 說이라 安籌가 雖是後事나 多是安聖窟中이니라

- 나. 마도라성 주처는 또한 마투라(摩偸羅)라고도 하나니, 공작(孔雀)이라 하고, 또는 '빽빽한 덮개'라 번역하기도 하나니, 아울러 옛날 세상의 일을 인함이며 또한 중인도 지방이다. '만족한 굴'이라 말한 것은 저 나라에 사리불존자 등의 탑과 문수사리보살의 탑이 있다. 저 왕성 서쪽 5~6리에 산사가 있으니 오파국다(烏波毱多)가 지은 절이다. 절 북쪽에 바위가 있고 중간에 석굴이 있으니, 오파국다가 사람을 제도하고 산가지를 모아 둔 장소이다. 갖춘 것은 『서역기』제4권

---

106) 東은 源甲南續金本作西誤라 하다.

에 설명한 내용과 같다. 산가치를 모아 둔 곳이 비록 뒤의 일이지만 대부분 성스러운 굴 속에 둔 것이니라.

[鈔] 二摩度羅는 亦云摩偸羅니 亦中印度境이라 西域記第四者는 彼記에 名秣[107]菟羅國이요 記中에 不說孔雀之緣하니라 言有舍利等塔者는 等取大目揵連과 及富樓那塔이라 言寺北에 有巖等者는 記에 云, 城東으로 行五六里하여 至一山伽藍하면 疏崖爲室이니 因谷爲門이라 尊者烏波毱多는 唐言近護 之所建也라 其中에 則有如來指爪窣堵波요 伽藍北巖間에 有石室하니 高二十餘尺이요 廣三十餘尺이니 四寸細籌를 填積其內라 尊者近護가 說法하니 化導夫妻하여 俱證阿羅漢果者[108]는 乃下一籌하시고 異室別族은 雖證不記하니라 安籌等者는 恐人이 設難云호대 旣是毱多建窟인대 乃是佛滅之後百年中事라 今是始成說經하나니 那是彼窟고할새 故爲此通이니라

● 나. 마도라성 주처는 또한 마투라(摩偸羅)라고도 하며 역시 중인도 지방 경계에 있다.『서역기』제4권이란 저 기록에는 출토라국(秣菟羅國)이라 이름하며, 서역기 중에 공작의 인연은 말하지 않았다. '사리불존자 등의 탑'이라 말한 것은 대목건련과 부루나의 탑을 함께 취한 뜻이다. '절 북쪽에 바위가 있다'고 말한 등은『서역기』에 이르되, "성의 동쪽에 5~6리를 가서 하나의 산속 가람에 이르면 트인 낭떠러지를 방이라 삼았으니 골짜기를 문으로 삼았다. 오파국다 존자[당나라 말로 '가깝게 보호하는 건물'이란 뜻]가 건립한 절이다. 그중에는 여래의 손가락 졸도파가 있고 가람 북쪽 바위 사이에 석실이 있으니 높이가 20여 척이요, 넓이는 30여 척이니, 4촌짜리 작은 산가치를 그 속

---

107) 秣은 嘉本作秋, 弘大南續金本作秋 記作秣이라 하다.
108) 者는 南續金本無라 하다.

에 가득 쌓아 두었다. 오파국다 곧 근호[近護] 존자가 법을 설하니 지아비와 부인을 교화하여 인도하였다. 아라한의 과덕을 모두 증득한 분인데, 그러고는 산가치 하나를 두었고 다른 방과 별다른 종족은 비록 증득하였지만 기록하지 않았다. '산가치를 두었다'는 등은 사람이 시설하는 힐난을 두려워하여 말하되, "이미 오파국다가 건립한 굴인데, 이는 부처님 열반 후 100년 중의 일이다. 지금은 처음 이루어 경문을 설하였으니 어찌 저 굴인가?"라고 할 것이므로 여기서 해명한 것이다.

다. 구진나국 주처[俱珍那國] (三俱 18上4)

俱珍那城에 有一住處하니 名曰法座라 從昔已來로 諸菩薩衆이 於中止住하니라
(3) 구진나성에 한 처소가 있으니 이름이 법자리인데 옛적부터 보살들이 거기 있었느니라.

[疏] 三, 俱珍那者는 具云俱陳那耶라 俱珍은 姓也니 此云大盆이요 那耶는 法律也니 謂池形이 如大盆이요 往昔에 有仙하여 於側에 修法律하니 後人이 以此爲姓하고 因爲城名하니라
■ 다. 구진나국 주처는 갖추어는 구진나야(俱陳那耶)라 한다. 구진(俱陳)은 성이니 '큰 그릇'이라 번역하고, 나야(那耶)는 법과 계율이다. 말하자면 못의 형상은 큰 그릇과 같고, 과거에 신선이 있어서 곁에서 법과 계율을 수행하니 뒷사람이 이것으로 성씨를 삼고 인하여 성의 이름이 되었다.

[鈔] 三俱珍那城者는 大同釋憍陳如名이니라
- 다. 구진나국 주처는 교진여(憍陳如)란 명칭을 해석함과 거의 같다.

라. 청정한 피안 주처[淸淨彼岸] (四淸 18下1)

淸淨彼岸城에 有一住處하니 名曰眞隣陀窟이라 從昔已來로 諸菩薩衆이 於中止住하니라
(4) 깨끗한 저 언덕 성에 한 처소가 있으니 이름이 목진인타 굴인데 옛적부터 보살들이 거기 있었느니라.

[疏] 四, 淸淨彼岸城은 是南印度라 目眞은 此云解脫이니 卽龍之名이라 隣陀는 云處니 卽龍所居處니라
- 라. 청정한 피안 주처는 남인도 지방이다. 목진(目眞)은 '해탈'이라 번역하나니 곧 용의 이름이다. 인타(隣陀)는 '처소'라 하나니 곧 용이 사는 거처이다.

[鈔] 目眞等者는 西域記第八에 云, 目支隣陀龍王池에 其水淸黑하고 其味甘美요 西岸에 有小精舍하니 中作佛像이라 昔에 如來가 初成正覺하시고 於此에 宴坐하사 七日入定하니 時에 此龍王이 警衛如來하여 卽以其身으로 繞佛七币하고 化出多頭하여 俯垂爲蓋라 故로 池東岸에 有其室焉이라하니라
- 목진(目眞) 등이란 『대당서역기』 제8권에 이르되, "목지인타(目支隣陀) 용왕의 연못에 그 물이 맑고 검으며 그 맛은 감미롭다. 서쪽 언덕에 작은 정사가 있으니 중간에 불상(佛像)을 만들었다. 예전에 여래가

처음 정각을 이루시고 이곳에서 좌선하여 칠일 동안 선정에 들었으니, 그때에 이 용왕이 여래를 경계하고 호위하여 곧 그 몸으로 부처님 주위를 일곱 바퀴 돌고는 많은 머리로 화현하여 나와서 구부려 드리우니 덮개가 되었다. 그래서 연못의 동쪽 언덕에 그 방이 있다"고 하였다.

마. 마란타국 주처[摩蘭陀國] (五摩 18下9)

摩蘭陀國에 有一住處하니 名無礙龍王建立이라 從昔已來로 諸菩薩衆이 於中止住하니라
(5) 마란타국에 한 처소가 있으니 이름이 걸림 없음인데 용왕이 세운 것으로 옛적부터 보살들이 거기 있었느니라.

[疏] 五, 摩蘭陀國은 未詳所在라 晉經에는 無國하고 但云風地하니 謂有風孔處니 卽龍所居라
■ 마. 마란타국 주처는 어느 곳인지 자세하지 않다. 진경(晉經)에는 나라 이름은 없고 다만 '바람 부는 땅'이라고만 하였으니, 이른바 바람 나오는 구멍이 있는 곳은 곧 용이 사는 거처를 뜻한다.

[鈔] 摩蘭陀者는 更以義推컨대 摩蘭陀는 卽摩伽陀요 無礙龍王建立은 正是普光法堂이니 是今說法之處耳라 以不指云此處일새 故로 云未詳所在라하니라
● 마란타(摩蘭陀)는 다시 뜻으로 추측해 보면 마란타는 곧 마가타(摩伽陀)이고, 무애(無礙) 용왕이 건립한 것은 바로 보광법당(普光法堂)이니

지금 설법하는 도량일 뿐이다. 이곳이라 지적하지는 않았으므로 '어느 곳인지 자세하지 않다'고 말한 것이다.

바. 감보차국 주처[甘菩遮國] (六甘 19上5)

甘菩遮國에 有一住處하니 名出生慈라 從昔已來로 諸菩薩衆이 於中止住하니라
(6) 감보차국에 한 처소가 있으니 이름이 인자함을 냄인데 옛적부터 보살들이 거기 있었느니라.

[疏] 六, 甘菩遮國은 正云紺蒲니 卽是果名이라 其果가 赤白圓滿하니 乍似此方의 林檎호대 而腹[109]三約橫文이라 此國에 多端正女人호대 面似紺蒲의 三約文成일새 以女로 名國이라 出生慈者는 大集經中에는 但名慈窟이라하니라
■ 바. 감보차국 주처는 바르게는 감포(紺蒲)라 하나니 곧 과일 이름이다. 그 과일이 빨갛고 희며 원만하니 잠시 이 지방의 숲에서 딴 것 같은데 배에는 세 줄의 가로무늬를 잡았다. 이 나라에 단정한 여인이 많은데 얼굴은 감색 창포로 된 세 줄 무늬가 이루었으므로 여인이 유명한 나라이다. '인자함을 낸다'는 것은 『대집경』 중에는 단지 '인자한 굴[慈窟]'이라고만 이름하였다.

[鈔] 大集經者는 卽月藏分第十이니 亦但列名하고 無別指處라 下에 當具引月藏之文하리라

---

109) 腹은 一本作復라 하다.

● '대집경'이란 곧 월장분(月藏分) 제10이니, 또한 단지 이름만 열거하고 따로 지적한 곳은 없다. 아래에 마땅히 월장분의 경문을 갖추어 인용하리라.

사. 진단국 주처[震旦國] (七震 19下2)

震旦國에 有一住處하니 名那羅延窟이라 從昔已來로 諸菩薩衆이 於中止住하니라
(7) 진단국에 한 처소가 있으니 이름이 나라연굴인데 옛적부터 보살들이 거기 있었느니라.

[疏] 七, 震旦國은 卽此大唐이라 亦云眞丹이요 或云支那니 皆梵音楚夏라 此云多思惟니 以情慮가 多端故라 前에는 爲成八方일새 故로 淸凉을 直云東北이라하고 今에 在諸國之類일새 故擧國名이니라
■ 사. 진단국 주처는 곧 여기 대당(大唐) 나라이다. 또는 진단(眞丹)이라고도 하고, 혹은 지나(支那)라고도 하는데 모두 범음이 초(楚)나라와 하(夏)나라로 다르다. 번역하면 '많이 사유함'이라 말하니, 정으로 생각함이 여러 갈래인 때문이다. 앞에는 여덟 방위를 이루는 연고로 청량함을 바로 '동북쪽'이라 하였고, 지금은 여러 나라에 있는 종류이므로 나라 이름을 거론한 것이다.

[鈔] 此云多思惟者는 婆沙에 亦云支那하니 此云漢也라 西域記에 云, 大漢을 具云摩訶支那라하니라 故로 眞諦三藏이 云, 衣物이라하니 意云 是衣冠人物之國이니 皆是義翻이요 疏翻爲正이니라

● 번역하여 '많이 사유함'이란『비바사론』에 이르되, "또는 지나라 하고, 한(漢)나라라 번역한다"라고 하였다.『서역기』에 이르되, "대한(大漢) 나라를 갖추어 말하면 마하지나(摩訶支那)라 하므로 진제(眞諦) 삼장은 옷과 물건이라 하였다"라 하였으니, 의미로 말하면 '옷과 모자와 인물이 많은 나라이니 모두 뜻으로 번역한 것이요, 소가가 바꾸어 바로잡았다.

[疏] 那羅延者는 此云堅牢니 昔에 云, 即青州界에 有東牢山하니 現有古佛聖迹이라하니 此應是也라 然이나 牢山은 乃是登州요 亦青州分野라 其山에 靈迹이 亦多어니와 然이나 今之到此山에 在蔚州東이라 靈迹顯着은 不減清涼이니 時稱普賢所居요 往往有覩라 彼에 亦有五臺하니 南臺有窟호대 難究其底라 時稱那羅延窟이라하니 或即是此니라

■ 나라연(那羅延)은 '견고한 우리'라고 번역하나니, 예전에는 이르되, "곧 청주(青州) 지방 경계에 동쪽 우리 같은 산이 있으니, 현재에도 옛 부처님의 성스러운 유적이 있다"고 하니, 여기서는 이것이 맞을 것이다. 그러나 '우리 같은 산[牢山]'은 비로소 등주(登州)요, 또한 청주의 한쪽 평야이다. 그 산에 영험한 유적이 또한 많거니와 그러나 지금 이 산에 도달해 보면 울주(蔚州) 동쪽에 있다. 영험한 유적이 현저함은 청량함이 줄어든 것은 아니니, 그때에 보현보살의 거처라 칭하고, 가끔가끔 볼 수가 있다. 저도 역시 오대(五臺)가 있으니 남대(南臺)에 굴이 있는데 그 밑바닥을 궁구하기 어렵다. 그때에 '나라연 굴'이라 칭하기도 하니 혹은 이곳이 맞을 것이다.

[鈔] 亦青州分野者는 禹別九州에 東爲青州니 則天下를 分其九分野矣니

라 然今之到此山者는 相傳에 云, 以是秦始皇이 築長城할새 到此하여 畢功故로 立其名이라하니라
● '또한 청주의 한쪽 평야'란 우(禹)나라에서 9주(九州)로 나눌 적에 동쪽은 청주가 되니, 곧 천하를 아홉 부분의 평야로 나눈 것이다. '그러나 지금 이 산에 도달해 보면'이란 상전(相傳)에 이르되, "이것이 진시황(秦始皇)이 축조한 장성인데 여기에 도달하여 공이 끝난 연고로 그 명칭을 세웠다"고 하였다.

아. 소륵국 주처[疎勒國] (八疎 20上8)

疏勒國에 有一住處하니 名牛頭山이라 從昔已來로 諸菩薩衆이 於中止住하니라
(8) 소륵국에 한 처소가 있으니 이름이 우두산인데 옛적부터 보살들이 거기 있었느니라.

[疏] 八, 疏勒國은 具云佉路數怛勒이니 是彼國의 山名이라 因山하여 立號니라 或翻爲惡性이니 因國人하여 以立名이니라 然이나 牛頭山이 在今于闐國이니 此云地乳라 佛滅百年에 方立此國하니 具如西域記라 以集經之時에 未開하여 尙屬疏勒故耳니라 晉本에 但云邊國이라하니 故로 或指江表牛頭나 今譯旣明하니 定非此也니라

■ 아. 소륵국 주처는 갖추어는 구로수달륵(佉路數怛勒)이라 하나니 저 나라의 산 이름이니, 산에 의지해 세운 이름이다. 혹은 뒤집어 악성(惡性)이라 번역하나니 나라 사람으로 인하여 세운 명칭이다. 그러나 우두산(牛頭山)은 지금의 우전국에 있나니, '땅과 젖[地乳]'이라 번역한

다. 부처님 열반 후 100년에 비로소 이 나라를 세웠으니 갖추어는 서역기의 내용과 같다. 경전을 결집한 때에 열지 못하여 오히려 소륵국에 속한 까닭일 뿐이다. 진역 경본에는 다만 '변두리 나라'라고 하였으므로 혹은 강을 가리켜 우두(牛頭)라 표하기도 하지만 지금 본경의 번역을 이미 밝혔으니 결정코 이것은 아니다.

[鈔] 八疏勒國者는 西域第十二에 云, 出葱嶺하면 其烏鎩國이라 此國城西二百餘里에 至一大山하고 從此北行하여 山磧曠野가 五百餘里에 至佉沙國하니 舊云爲疏勒國者는 乃稱其城號也라 正音에는 宜云室利訖栗多底니 疏勒之言은 猶爲訛也라하니라 釋曰, 疏는 依古疏[110]니 卽日照三藏釋이니라 西域記에 云, 佉沙國은 周五千餘里요 多沙磧하고 少壤土호대 稼穡殷盛하고 華果繁茂니라 從此東南으로 行五百餘里하여 濟河蹤沙하여 至斫句迦國하니 唐言沮渠라 周千餘里요 國南境에 有大山하니 崖嶺嵯峨하고 峯巒重疊이라 草木凌寒하여 春秋一觀이요 溪澗湍瀨하여 飛流四注하며 崖龕石室이 某布巖林이어든 印度의 得果人이 多運神通하여 輕擧遠遊하며 棲止於此하며 諸阿羅漢이 於此에 寂滅者衆이라 是故로 多有窣堵波也니라 今猶現有三阿羅漢이 居巖岫中하여 入滅心定하니 形若羸人이요 鬚鬢恒長할새 故諸沙門이 時往爲剃하며 而此國中에 大乘經典部數가 尤多하니 佛法至處가 莫斯爲盛也니라 十萬頌爲部者가 凡有十數요 自玆已降은 其流實廣이니라 釋曰, 據此에 華嚴等經이 却在此國이니라[111] 從此而東하여 蹤嶺越谷하여 行八百餘里하면 至瞿薩旦那國하나니

- 아. 소륵국 주처는 『서역기』 제12권에 이르되, "총령에서 나오면 그

---

110) 疏는 南續金本作釋이라 하다.
111) 上注는 續金本作正文이라 하다.

오쇄국(烏鎩國)이다. 이 나라 성의 서쪽 2백여 리에 하나의 큰 산에 이르고 이로부터 북쪽으로 가서 산여울과 광야가 5백여 리쯤에 커사국[佉沙國]에 이르나니, '예전에는 소륵국이라 했다'고 말한 것은 비로소 그 성의 이름을 칭한 것이다." 『정음(正音)』에 마땅히 말하되, "실리흘율다저(室利訖栗多底)이니 소륵이란 말은 오히려 잘못된 것이다" 라 하였다. 해석하자면 소가가 예전 소(疏)를 의지하였으니 곧 일조(日照)삼장[112]의 해석이다. 『서역기』에 이르되, "커사국[佉沙國]은 주위가 5천여 리요, 모래 여울이 많고 토양은 적은데 담장에 씨 뿌림은 더욱 성하고 꽃과 과실은 무성하다. 이로부터 동남쪽으로 5백여 리를 가서 물을 건너고 모래를 넘어서 작구가국(斫句迦國)에 이르나니 당나라 말로는 '도랑을 막음[沮渠]'이다. 주위가 천여 리이고, 나라 남쪽 경계에 큰 산이 있으니 낭떠러지와 고개가 우뚝 솟고 봉우리와 뫼가 거듭 첩첩하다. 초목이 추위를 능가하여 봄과 가을에 한결같은 경관이요, 계곡 물가의 여울로 통하게 할 적에 물이 날듯이 네 방향으로 흘러들며, 벼랑 끝 감실로 된 석실이 바둑판처럼 바위와 숲이 늘어섰는데, 인도에서 과덕을 얻은 사람이 대부분 신통력으로 움직여서 가벼이 들어 멀리 다니며 이곳에 멈추어 깃들였으며 모든 아라한이 여기서 열반한 이가 많다. 이런 연고로 졸도파가 많이 있다. 지금도 아직 세 아라한이 바위 속 산굴 속에 머물러 마음을 멸하는 삼매에 드나니, 형상이 사람으로 가득한 것 같고, 수염과 귀밑 털이 늘 길어지므로 여러 사문이 때마다 가서 머리를 깎으려 하며, 그러나 이 나라 중에서 대승경전의 부수가 더욱 많으니 불법이 이른 곳이 이보

---

112) 일조삼장(日照, -): 地婆訶羅라 하며 범어 Divākara의 음사이다. 中印度 사람이며 唐代 則天武后시대에 중국에 와서 梵本의 번역을 청하니 大寺院의 別院에 있게 하며 고승들을 모아 그 사업을 돕게 하다. 668년까지 大乘顯識經 등 18부 34권을 번역하고 75세로 입적함. 대개 羅什이 전한 三論敎義에 대하여 師의 계통을 新三論이라 한다.

다 성한 데가 없었다. 10만 게송이 부가 된 것이 대개 열 개의 숫자가 있고, 이로부터 내려가니 그 실법이 널리 유행하였다. (해석하자면 이런 화엄경 등을 의거하여 거꾸로 이 나라에 돌아온 것이다.) 이로부터 동쪽으로 가서 고개를 넘고 계곡을 건너서 8백여 리를 가서 구살단나국(瞿薩旦那國)에 도착한다."

唐言地乳는 卽其俗之雅言也라 俗語에 謂之漢那요 匈奴는 謂之于遁이요 諸胡는 謂之豁旦이요 印度는 謂之屈丹이라 舊日于闐者는 訛也니라 瞿薩旦那國은 周四千餘里라 沙磧이 太半이요 壞土가 隘狹이라 宜穀稼하고 多衆果하며 宗尙佛法일새 伽藍이 百有餘所요 僧徒가 五千餘人이라 並多習學大乘法敎하며 王甚驍武하여 敬重佛法하고 自云毘沙門天之祀胤也라하니라 昔者에 此國이 虛曠無人일새 毘沙門天이 於此棲宅하니라 無憂王太子가 在呾叉始羅國하여 被抉目이어늘 王怒하여 譴謫輔佐할새 遷其豪族하여 出於雪山北하여 居荒谷間하니 遷人逐牧하여 至此西界하여 推擧尊豪하여 首立爲主하니 當是地也니라 東土의 帝子가 蒙譴流徙하여 居此東界하니 羣下勸進하여 又自稱王하니라 歲月已積호대 風敎不通이러니 各因畋獵하여 遇會荒澤하여 更問宗緖하고 因而爭長하여 忿形辭語하여 便欲交兵이어늘 或有諫曰, 今何遽乎아 因獵決戰하면 未盡兵鋒이니 宜歸治兵하여 期而後集이라한대 於是에 迴駕而返하여 各歸其國하여 校習戎馬하고 督勵士卒하여 至期兵會하여 旗鼓相望하여 旦日合戰이러니 西主不利하여 因而逐北하니 遂斬其首하고 東王[113]乘勝하여 撫集亡國하여 遷都中地하고 方建城郭할새 憂其無土하여 恐難成功하여 宣告遠近호대 誰

---

113) 王은 甲南續金本作大라 하나 誤植이다.

識地理요 時有塗灰外道가 負大瓠하며 盛滿水하고 而自進日, 我知 地理라하고 遂以其水로 屈曲遺流하여 周而復始하고 因卽疾驅하여 忽而不見하니라 依彼水迹하여 峙其基堵하고 遂得興功하여 卽斯國 治하니 今王所都가 於此城也라 城非崇峻이나 攻擊難剋하여 自古已 來로 未能有勝이니라

● 당나라 말로 땅과 젖은 곧 세속의 아름다운 말이다. 세속 말에 한나 (漢那)라 말하며 흉노(匈奴)는 우둔(于遁)이라 말하고, 모든 오랑캐는 활단(豁旦)이라 하고, 인도에서는 굴단(屈丹)이라 말한다. 구역으로 우전(于闐)이라 말한 것은 잘못이다. 구살단나국(瞿薩旦那國)은 주위 가 4천여 리인데 태반은 모래로 되었고, 토양이 험하고 좁아서 곡식 을 심기에 마땅하고 여러 과일이 많으며 불법을 으뜸으로 숭상하므 로 가람이 백여 개소가 있고 승려의 무리가 5천여 인이다. 아울러 대 승의 법과 가르침을 많이 익히고 배우며 왕이 아주 날랜 무장(武將)인 지라 불법을 공경하고 존중하고 스스로 말하되, "비사문천에 제사하 여 대를 이었다"고 하였다. 예전에 이 나라가 텅 비고 사람이 없었으 므로 비사문천이 여기서 집에 깃들었다. 무우왕(無憂王)의 태자가 달 차시라국(呾叉始羅國)에 있다가 눈을 파냄을 당하였거늘 왕이 노하여 보좌하는 이를 꾸짖고는 귀양 보내었으니, 그 호족들을 옮겨서 설산 의 북쪽으로 보내어 황무지와 계곡 사이에 살았으니 사람을 옮기고 목동을 쫓아내어 이곳 서쪽 경계에 이르러 높은 호족으로 추대하여 우두머리로 세워 왕을 삼으니 바로 이 땅이다. 동쪽 땅에 황제 아들 이 귀양을 당하여 옮기게 되어 이 동쪽 경계 지방에서 살았으니 무리 들이 아래로 나아가기를 권하여 또한 스스로 왕이라 칭하였다. 세월 이 쌓였지만 풍속과 교법이 통하지 않더니 각기 농사짓고 수렵함으

로 인하여 평야 못에서 모임을 하다가 다시 '종문의 가계[宗緖]'를 물었고, 인하여 다툼이 길어져서 성내는 형상으로 언사를 말하여 문득 병마로 전쟁을 하려 하였다. 혹은 간언하는 이가 있어 가로되, "무엇으로 하여금 갑작스럽게 하게 되었는가? 사냥을 인하여 결전하면 병마의 칼끝을 다하지 못하니 마땅히 돌아가 병사를 다스려서 기간을 정하여 뒤에 모이라고 하였는데, 그때에 어가(御駕)를 되돌려서 각기 그 나라로 돌아가서 학교에서는 오랑캐 말을 익히고 병사 나졸들을 살피고 독려하여 기일이 되어 병사를 모아서 기치와 북이 서로 바라보아서 아침 일찍 합하여 전투하더니 서쪽 왕이 불리하니 인하여 북쪽으로 달아났는데 드디어 그 머리를 참하고 동쪽 왕이 승기(勝氣)를 타고서 망한 나라를 어루만져서 중간의 땅으로 도읍을 옮기고 나서 비로소 성곽을 건립하였으니 그 땅 없음을 우려하여 성공하기 어려움을 두려워하여 멀고 가까운 곳에 베풀어 고하되 지리를 아는 이를 찾았다. 그때에 '재를 바르는 외도[塗灰外道]'가 큰 표주박을 지고서 물을 가득 담고 스스로 나아가며 말하되, "내가 지리를 안다"고 하고, 마침내 그 물로 굽어진 곳에 흐름을 남겨서 주변으로 다시 시작하고는 그로 인하여 곧 빠르게 달아나서 홀연히 보지 못하였다. 저 물의 흔적에 의지하여 그 담장이 우뚝하고 드디어 공을 일으킴을 얻어서 곧 이 나라를 다스리니 지금 왕의 도읍한 곳이 바로 이 성이다. 성은 높거나 험하지 않지만 공격하여 이기기 어려워서 예전부터 능히 승리하는 이가 없었다.

其王이 遷都作邑하여 建國安人하여 功績已成이로되 齒耄云暮에 未有胤嗣일새 恐絕宗緖하여 乃往毘沙門天神[114]所하여 祈禱請嗣러니

神像額上에 剖出嬰孩커늘 捧以迴駕하니 國人稱慶하니라 旣不飮乳에 恐其不壽하여 尋詣神祠하여 重請養育한대 神前之地가 忽然隆起하여 其狀如乳라 神童飮吮하여 遂至成立하여는 智勇光前이요 風敎遐被라 遂營神祠하니 崇[115]先祖也라 自玆已降으로 奕世相承하여 傳國君臨하여 不失其緒일새 故今神廟에 多諸珍寶하고 拜祀享祭가 無替於時며 地乳所育으로 因爲國號하니라 王城南十餘里에 有伽藍하니 此國先[116]王이 爲毘盧折那唐言徧照[117]라 阿羅漢하여 建也니라

王城西南二十餘里에 至瞿室陵[118]伽山하니 唐言牛角이라 山峰兩起하고 巖隒四絶이라 於崖谷間에 建一伽藍하니 其中佛像이 時燭光明이러라 昔에 如來가 曾至此處하사 爲諸天人하여 略說法要하시고 懸記此地에 當建國土하면 敬崇遺法하여 遵習大乘이라하나니 卽今處也니라 牛角巖에 有大石室하니 中有阿羅漢이 入滅心定하여 待慈氏佛하니 數百年間에 供養無替러니 近者에 崖崩하여 掩塞門徑이라 國王興兵하여 欲除崩石이러니 卽黑蜂羣飛하여 毒螫人衆하니 以故로 至今石門이 不開라하니라 釋曰, 據此컨대 亦爲聖居니라 或指江表牛頭者는 卽金陵南四十里에 有山하니 名牛頭라 謂由此山에 有雙峰故니 一名雙闕이요 一名天闕이라 一名南郊요 一名仙窟이니 皆以累朝에 改革不定이라 按域地誌에 云, 此山의 高一千四百尺이요 周廻가 四十七里라하니라 準西域記와 及舊華嚴經菩薩住處品컨대 心王菩薩이 告諸菩薩言하사대 東北方에 邊夷國土를 名牛頭어니와 若按新經컨대 云, 疏勒國에 有一住處하니 名牛頭山이라하니 如前所引西域記文이

---

114) 神은 南續金本作王, 記原本作神이라 하다.
115) 崇은 記甲南續金本作宗이라 하다.
116) 先은 南續金本在藍字下라 하다.
117) 上四字는 各本作正文, 記作注라 하다.
118) 力膺反又力甑反

라 此與眞丹處로 則異也119)니라 此文은 見金陵塔寺記니라 古老가 相傳에 云, 是辟支佛이 現形之所라하니라 而前後文에 多云, 菩薩이 於中에 止住라하고 而其靈應이 往往有之니라

● 그 왕이 도읍을 옮기고 마을을 만들어서 나라를 세우고 사람을 편안하게 하여 공적을 다 이루되 늙은 이는 저물었다고 말할 적에 상속한 이가 없으므로 종문의 가계가 끊어질까 두려워서 비로소 비사문천의 사당에 가서 기도하여 후사 잇기를 청하였는데, 신상의 편액 위를 가르고 아이가 나왔거늘 받들고 어가를 돌리니 나라 백성이 칭송하고 경하하였다. 이미 젖을 먹지 못할 적에 그 수명이 짧을까 두려워서 신사(神祠)를 찾아와서 거듭 양육해 주기를 청하는데, 사당 앞의 땅이 홀연히 솟아 올라서 그 모양이 젖과 같았다. 신동이 젖을 빨고 마셔서 마침내 성립함에 이르서는 지혜와 용기의 광명 앞서고 풍습과 가르침을 멀리 입었다. 드디어 신사를 경영하며 선조를 받들었다. 이로부터 내려와서 큰 세상을 서로 이어서 나라에 군림함을 전하여 그 가계를 잃지 않은 연고로 지금 신묘(神廟)에는 여러 진보(珍寶)가 많고 신사에 참배하고 제(祭)를 올림이 시간을 교체함이 없었으며, 땅과 젖으로 양육된 바로 인하여 나라 이름을 삼았다. 왕성 남쪽으로 10여 리에 가람이 있으니, 이 나라 선대 왕이 비로절나(毘盧折那, 당나라 말은 두루 비춤이다) 아라한을 위하여 세운 사원이다. 왕성의 서남쪽 20여 리에 구실릉가산(瞿室陵伽山)에 이르니 당나라 말로 '소의 뿔[牛角]'이라 한다. 산봉우리가 양쪽으로 솟고 바위가 낭떠러지로 네 군데가 절벽이니, 벼랑의 계곡 사이에 한 사찰을 건립하니, 그 중간에 불상은 때에 촛불광명이 밝았더라. 예전에 여래께서 일찍이 이곳에 이르러서 모

---

119) 此文見金陵塔寺記.

든 천인들을 위하여 간략히 법요를 설하시고 이 땅을 기록해 둘 적에 미래에 국토를 건설하면 물려받은 법을 공경히 숭상하여 대승교법을 따라 익히라 하더니, 곧 지금의 도량이다. 소의 뿔처럼 생긴 바위에 큰 석실이 있으니 그 속에 아라한이 마음을 멸하는 삼매에 들어서 자씨(慈氏) 미륵부처님을 기다리니 수백 년간 공양하기를 폐함이 없었는데, 요즈음에 벼랑이 무너져서 문과 지름길을 가려 막았다. 국왕이 병사를 동원하여 무너진 바위를 제거하려 하면 곧 검은 벌떼가 날아와서 여러 사람을 독침으로 쏘았으니, 그런 연고로 지금은 석문을 열지 않게 되었다"고 하였다. 해석하자면 이를 의거하건대 또한 성인의 거처가 되었다. 혹은 강 언덕에 소의 머리를 가리킨 곳은 곧 금릉(金陵)의 남쪽 40리에 산이 있으니 우두(牛頭)라 이름한 곳이다. 이른바 이 산에 두 개의 봉우리가 있는 것을 말미암았으므로 하나는 쌍궐(雙闕)이라 하고, 하나는 천궐(天闕)이라 하고, 하나는 남교(南郊)요 하나는 선굴(仙窟)이라 이름하였으니, 모두 여러 조정에서 고쳐서 이름을 바꾸지 못하였고, 역지지(域地誌)를 참고하면 이르되, "이 산의 높이는 1천4백 척이요, 주위 둘레는 47리이다"고 하였다. 『서역기』와 구본[晉譯] 『화엄경』의 제보살주처품에 준해 보건대 심왕(心王)보살이 모든 보살에게 고하여 말하되, "동북쪽 변방의 오랑캐 국토를 우두라 이름하거니와 만일 신역(新譯) 화엄경을 참고하면 이르되, "소륵국에 한 주처가 있으니 이름은 우두산이다"라 하니, 앞에서 인용한 『서역기』의 문장과 같다. 이것은 진단국 주처와 다르다. (이 문장은 금릉탑사기(金陵塔寺記)를 본 것이다.) 옛 노덕의 상전(相傳)에 이르되, "이 벽지불이 형상을 나타낸 장소이다"라 하였다. 그러나 앞과 뒤의 경문에 여러 번 말하되, "보살이 그중에 머무른 곳이다"라 하였고, 그러나 영험한 감응이 가끔가끔 있어 왔다.

자. 캐시미르국 주처[迦濕彌羅國] (九迦 23下10)

迦葉彌羅國에 有一住處하니 名曰次第라 從昔已來로 諸
菩薩衆이 於中止住하니라
(9) 가섭미라국에 한 처소가 있으니 이름이 차제인데 옛적
부터 보살들이 거기 있었느니라.

[疏] 九, 迦葉彌羅120)는 晉譯에 爲罽賓이니 此翻爲阿誰121)入이라 卽末田
乞地之所니 略如音義요 廣出西域記第三하니라
■ 자. 캐시미르국 주처는 진역에는 계빈(罽賓)국이라 하였으니, 여기서
는 '누구나 들어감'이라 번역한다. 곧 말전지(末田地)122)가 걸식하던
장소이니, 간략한 내용은 『음의(音義)』와 같고, 자세한 것은 『서역기』
제3권에 나온다.

[鈔] 九, 迦濕彌羅記第三에 云, 北印度境의 末田乞地는 卽阿羅漢名이니
昔云末田地요 新云末田底迦라 迦濕彌羅國은 周七千餘里요 四境
이 負山호대 山極峭峻하여 雖有門徑이나 而復隘狹일새 自古로 隣敵이
無能攻伐이라云云 昔에 此國이 本龍池也라 世尊이 自烏仗那國으로
降惡神已에 欲還中國할새 乘空當此國上하여 告阿難曰, 我涅槃後

---

120) 葉은 原本作濕, 源甲南續金本作葉이라 하다.
121) 誰는 甲南續金本作難誤, 準音義及探玄記 應從源原本作誰라 하다.
122) 말전지(末田地, Madhyntika) : 이세(異世) 5사(師)의 하나. 또는 제19章 末田底迦 존자라고도 한다. B.C. 3
세기 무렵 인도 타파라[陀頗羅] 사람, 아난의 제자가 되어 아라한과(果)를 얻었다. 아난이 열반한 뒤 북인도
건타라국의 동북쪽 히말라야 산록인 카슈미르에 가서 불법을 폈다.

에 有末田底迦阿羅漢이 當於此地에 建國安人하여 弘揚佛法하리라한
대 如來寂滅之後에 第五十年에 阿難의 弟子末田底迦阿羅漢者가
得六神通하고 具八解脫이라 聞佛懸記하고 心自慶悅하여 便來至此
하여 於大山巖에 宴坐林中하여 現大神通한대 龍見深信하여 請資所
欲이어늘 阿羅漢이 曰, 願於池內에 惠以容膝하노라한대 龍王이 於是에
縮水奉施하니 羅漢이 神通廣身한대 龍王이 縱力縮水하니 池空水盡
커늘 龍翻請池하니 阿羅漢이 於此西北에 爲留一池하니 周百餘里라
自餘枝屬은 別居小池하다 龍王이 曰, 池地를 總施하시니 願恒受供하
소서 末田底迦가 曰, 我今不久에 無餘涅槃이니 雖欲受請이나 其可得
乎아 龍王이 重請호대 五百羅漢이 常受我供하사 乃至法盡하소서 法
盡之後에 還取此國하여 以爲居池니다 末田底迦가 從其所請하다 時
에 阿羅漢이 旣得地已에 運大神力하여 立五百伽藍할새 於諸異國에
買鬻賤人하여 以充役使하여 以供僧衆하니라 末田底迦가 入寂滅後에
彼諸賤人이 自立君長하니 隣境諸國이 鄙其賤種하여 莫與交親일새
謂之訖利多라하니라 唐言買得[123]이라 今時에 泉水가 已多流溢하니라

● 자. 『캐시미르기(迦濕彌羅記)』제3권에 이르되, "북인도 경계의 말전지
가 걸식하던 땅은 곧 아라한의 이름이니, 예전에는 말전지(末田地)라
말하고, 신역에는 말전저가(末田底迦)라 하였다. 가섭미라국은 둘레
는 7천여 리요, 네 군데 경계에 산을 등졌으되 산 꼭대기가 험준하여
비록 문과 지름길은 있지만 더욱 좁고 좁다. 예로부터 이웃 원적이
능히 공격하여 정벌할 수 없었다.(云云하다) 예전에 이 나라는 본래 용
의 연못이었다. 세존이 오장나국(烏仗那國)으로부터 악한 귀신이 내려
오고 나서 중국으로 돌아오려 하여 허공을 타고 이 나라 위에 마주

---

123) 上兩注는 續本係正文이라 하다.

쳐서 아난존자에게 고하여 말하되, '내가 열반한 후 말전저가 아라한이 당래에 이 땅에 나라를 세우고 백성을 편안히 하여 불법을 널리 드날릴 것이다'고 하였는데, 여래가 열반하신 후 제50년에 아난의 제자인 말전저가 아라한은 육신통을 얻고 팔해탈을 갖추었다. 부처님이 내린 수기를 듣고서는 마음이 자연히 경사스럽고 기뻐하면서 문득 이곳에 와서 저 큰 산 바위에서 좌선하여 큰 신통을 나투는데 용이 보고 깊이 믿어서 제자가 욕구한 바를 청하거늘 아라한이 말하되, '원컨대 못 속에 은혜로 무릎을 용납하소서'라 하니, 용왕이 여기서 물을 줄이고 받들어 보시하니, 아라한은 신통으로 몸을 크게 하였는데 용왕이 힘을 들여 물을 줄이니 못이 비고 물이 다하거늘 용이 못을 뒤바꾸라고 청하니, 아라한이 여기서부터 서북쪽에 하나의 못을 만들어 남기니 둘레는 백여 리에 스스로 남은 가지에 속하고는 (아라한은) 작은 못에 따로 살았다. 용왕이 말하되, '연못인 땅 전체로 보시할 테니 항상 공양받을 것을 원하소서.' 말전저가가 말하되, '내가 이제 오래지 않아 무여열반(無餘涅槃)에 들리니, 비록 청을 받으려 하지만 얻을 수 있겠는가?' 용왕이 거듭 청하되 '5백 나한이 항상 나의 공양을 받고 나아가 법이 다함에 이르게 하소서. 법이 다한 뒤에는 도리어 이 나라를 취하여 살 연못으로 삼으리라.' 말전저가가 그 청한 바를 따랐다. 그때에 아라한이 이 땅을 이미 얻고 나서 큰 신통력을 부려 5백 개의 가람을 세우므로 여러 다른 나라에서 천한 사람에게 죽을 팔아서 일하는 심부름꾼까지 충분하여 대중스님을 공양하였다. 말전저가가 열반에 든 후에 저 모든 천민이 스스로 임금을 세우니 이웃 변방 여러 나라가 그 천한 종족을 천하게 여겨 함께 사귀고 친교하지 않으므로 (이것을) 흘리다(訖利多)라 말하였다. (당나라 말로 팔아서 얻는다의 뜻.) 지금의 시절에 샘물이 이미 흘러넘치고 있다."

차. 증장환희성 주처[增長歡喜城] (十增 25上5)

增長歡喜城에 有一住處하니 名尊者窟이라 從昔已來로
諸菩薩衆이 於中止住하나라
(10) 증장환희성에 한 처소가 있으니 이름이 존자굴인데 옛
적부터 보살들이 거기 있었느니라.

[疏] 十, 增長歡喜城은 古譯에 云, 卽南印度라하니라 尊者窟者는 卽上座
部의 所居之所니라
■ 차. 증장환희성 주처는 옛 번역에 이르되, "남인도 지방이다"라 하였
고, 존자굴(尊者窟)이란 곧 상좌부 대중이 머물던 도량이다.

카. 암부리마국 주처[菴浮梨摩國] (十一 25上9)

庵浮梨摩國에 有一住處하니 名見億藏光明이라 從昔已
來로 諸菩薩衆이 於中止住하나라
(11) 암부리마국에 한 처소가 있으니 이름이 억장광명
을 봄인데 옛적부터 보살들이 거기 있었느니라.

[疏] 十一, 庵浮梨摩는 此云無垢니 卽是果名이라 此國이 豊而且勝일새
故以爲名이라 在中印度境하니라
■ 카. 암부리마(庵浮梨摩)는 '번뇌 없음'이라 번역하나니 곧 과일 이름이

다. 이 나라에 (이 과일이) 풍성하고 또 뛰어난 연고로 이름하였다. 중인도 지방 경계에 있는 도량이다.

타. 건타라국 주처[乾陀羅國] (十二 25下3)

乾陀羅國에 有一住處하니 名苫婆羅窟이라 從昔已來로 諸菩薩衆이 於中止住하니라
(12) 건타라국에 한 처소가 있으니 이름이 점파라굴인데 옛적부터 보살들이 거기 있었느니라."

[疏] 十二, 乾陀羅國은 此云持地國이니 多得道果者가 護持하여 不爲他國侵害故라 或云香徧이니 徧國香草가 先發故라 苫婆羅者는 是香華樹名이니 與初品의 苫末羅로 梵言輕重耳라 徧窟側近에 多生此故니라 相傳에 云, 是佛留影之所라하니 具如西域記와 及大集月藏分第十하니라

■ 타. 건타라국 주처는 지지국(持地國)이라 번역하나니, 대부분 도를 얻은 이들이 보호하여 가져서 다른 나라의 침해를 받지 않는 까닭이다. 혹은 '향이 두루함'이라 번역하나니, 나라 전체에 향기 나는 풀이 먼저 피는 까닭이다. 점바라(苫婆羅)는 향기 나는 꽃이 있는 나무 이름이니, 제1. 세주묘엄품의 점말라(苫末羅)와 범어로 가볍고 무거운 차이뿐이다. 동굴 근처에 두루 생장함이 많은 까닭이다. 상전(相傳)에 이르되, "이 부처님의 영정이 머무는 처소이다"고 하였으니, 갖춘 내용은 『대당서역기』와 『대집경』 월장분(月藏分) 제10권과 같다.

[鈔] 十二, 乾陀羅國은 西域記第三에 云健馱羅國에 有伽膩色迦王이 以如來涅槃之後인 第四百年에 應期撫運하여 王風遠被하니 殊俗內附러니 機務餘暇에 每習佛經하고 日請一僧하여 入宮說法하니 而法異儀하여 部執不同이어늘 王用深疑하여 無以去惑이라 時에 脇尊者가 曰, 如來去世하신 歲月逾遠에 弟子部執하고 師資異論[124]은 各據聞見하여 共爲矛盾이라한대 時王이 聞已에 甚用感傷하여 悲歎良久에 謂尊者曰, 猥以餘福으로 幸遵前緖하니 去聖雖遠이나 猶爲有幸이라 敢忘[125]庸鄙하고 紹隆法敎호대 隨其部執하여 具釋三藏하리라下取意하리라[126] 遂召衆僧하여 七日供養하고 欲議[127]法事할새 先下勅令하여 去凡留聖하니 聖衆猶多라 復去有學하니 無學猶多요 次留具三明六通하니 具者猶多오 次取內閑三藏하고 外達五明하니 乃至四百九十九人이요 後一世友는 未得羅漢等이라 廣集三藏하니 凡三十萬頌이라 王이 以銅鍱으로 鏤寫하고 石函封緘하여 全捨此國與僧하니 故多聖居也니라

苦末羅者는 此翻爲黃雜色이니 初品經의 巧幻術修羅王과 苦末羅王은 乃偈와 共長行에 唐梵互出이니 與此釋으로 不同이라 偈云, 紅色光神이라하니라 又其城東南의 十餘里에 有窣堵波하고 中有佛牙하니 長可寸半이요 其色黃白이라 彼多聖迹하니 故是聖居니라

● 타. 건타라국 주처는 『서역기』 제3권에 이르되, "건타라국(健馱羅國)에 카니시카왕(伽膩色迦王)이 여래가 열반한 후인 제 4백 년에 응당히 어루만져 움직임을 기약함이 있어서, 왕의 풍모가 멀리 미치니 세속의 안으로 붙은 것과 다르더니 (중생의) 근기에 힘쓰고 남은 여가(餘暇)에

---

124) 論은 甲南續金本作謂라 하다.
125) 忘은 原本作亡, 甲南續金本作忘이라 하다.
126) 上注는 續本係正文이라 하다.
127) 議는 甲南續金本作集이라 하다.

매양 부처님 경전을 익히고 날마다 한 스님을 청하여 궁전에 들어와 법문을 설하니 다른 거동을 법 받아서 거느림과 고집함이 다르거늘 왕이 깊은 의심을 써서 아무도 의혹을 보내지 못하였다. 그때에 협(脇)존자가 가로되, '여래가 세상을 떠나신 지 세월이 더욱 멀어질 적에 제자가 거느리고 고집하고 스승과 제자가 의논이 다름은 각기 듣고 봄을 의거하여 함께 모순이 되었다'라 하였는데, 그때 왕이 듣고 나서 깊이 느낀 상처를 사용하여 슬프게 한탄함은 진실로 오래이므로 존자에게 일러 말하되, '남의 복을 함부로 써서 다행히 앞의 단서를 따라서 성인이 가신 지 비록 멀어졌으나 더욱 다행함이 있다.' 감히 더럽고 비루함을 잊고 법의 가르침을 이어서 융성하되 그 거느려 집착함을 따라서 갖추어는 현장(玄奘) 삼장법사의 해석이다. (아래는 의미를 취하겠다.) 마침내 대중스님네를 불러서 칠일 동안 공양 올리고 법의 일을 의논하려 하므로 먼저 칙령을 내려서 범부는 보내고 성인이 머무르니 성스러운 대중이 더욱 많았다. 다시 배울 것 있는 이는 보내니 다 배운 이는 더욱 많았다. 다음에 삼명(三明)과 육통(六通)을 갖춘 이는 머무르게 하니, 갖춘 이는 아직도 많고, 다음에 내전으로 삼장에 한가한 이와, 외전으로 오명(五明)을 통달한 이는 취하니 나아가 499인에 이르렀다. 뒤에 한 사람 세우(世友)는 아라한을 얻지 못한 등이다. 널리 삼장을 모으더니 무릇 30만 게송이었다. 왕이 구리로 만든 쇳조각으로 새겨 사경하고 석함(石函)에 봉함(封緘)해서 온전히 이 나라와 승려를 버렸으니 그래서 많은 성인의 거처한다."

점말라(苫末羅)는 여기서는 '노랗게 섞인 색[黃雜色]'이라 번역하나니 제1 세주묘엄품 경문에는 '뛰어난 환술하는 아수라왕과 점말라왕은 비로소 게송과 함께 장항에 당나라 말과 범어에서 번갈아 나왔으니, 여기의 해석과는 같지 않다. 게송으로 말하되, '홍색광(紅色光) 족행신'이라 하였다. 또한 그 성의 동남쪽 10여 리에 불탑이 있고, 중간에 부처님 어금니 탑이 있으니 길이가 한 마디 반이 되고, 그 색깔이 노랗고 희며 저기에 성인의 유적이 많은 연고로 성인의 거처인 것이다.

相傳云者는 卽西域記第二에 說호대 那揭羅國城의 西南二十餘里에 有伽藍하고 伽藍西南에 深澗峭絶하고 瀑布飛流하며 懸崖壁立이요 東岸石壁에 有大洞穴하니 瞿波羅龍之所居也라 門徑狹小하고 窟穴冥暗하며 崖石津壁이요 溪徑餘流하나라 昔有佛影하나니 煥若眞容하여 相好具足하여 儼然如在러라 近代已來에 人不徧覩하고 縱有所見이라도 髣髴而已요 至誠祈請하여 有冥感者라야 乃暫明示나 尙不能久라 昔에 如來가 在世之時에 此龍이 爲牧牛之士하여 供王乳酪이러니 進奉失儀할새 旣獲譴責하여 心懷恚恨하여 卽以金錢으로 買華供養受記窣堵波하여 願爲惡龍하여 破國害王이라하고 卽趣石壁하여 投身而死하나라 遂居此窟하여 爲大龍王하고 便欲出穴하여 成本惡願이러니 適起此心에 如來가 已鑑하시고 愍此國人이 爲龍所害하여 運神通力하여 自中印度로 至龍所하시니 龍見如來하고 毒心遂止하여 受不殺戒하고 願護正法하여 因請如來하여 常居此窟하시며 諸聖弟子가 恒受我供이라하나라 如來가 告曰, 吾將寂滅하리니 爲汝留影하고 遣五羅漢하여 常受汝供하리니 正法隱沒이라도 其事無替하라 汝若毒心과 忿怒起時에는 當觀吾影하라 以慈[128]善故로 毒心當止하리라 此賢劫中에 當來世尊도 亦愍汝等하사 皆留影像이라하나라 釋曰, 此與觀佛三昧海經으로 大同하니 已如初會鈔引이니라 然이나 西域記에 云,

---

128) 慈는 金本作慈心이라 하다.

此國에 無別君長이요 屬迦畢試國하니 去健馱羅國不遠이요 或曾屬 之耳니라

● '상전(相傳)에 이르되'는 곧 『대당서역기』 제2권에 설하되, "나게라국(那揭羅國) 성의 서남쪽 20여 리에 가람이 있고 가람의 서남쪽에 깊은 계곡이 가파르고 절벽이고 폭포에 물이 날아서 흘러 낭떠러지 절벽에 매달린 것 같고 동쪽 언덕의 석벽에 큰 동굴이 있으니 구파라(瞿波羅) 용의 거처이다. 문으로 가는 지름길은 협소하고 동굴은 어두우며 벼랑에는 '돌나루 같은 벽[石津壁]'이요, 계곡으로 남은 물이 흘러들고 있다. 예전에 부처님 그림자가 있었으니 밝아서 진짜 용모와 같아서 상호가 구족해서 엄연히 계신 것 같았다. 근대 이래로 사람이 두루 보지 못하고 비록 본 바가 있어도 비슷할 뿐이요, 지극 정성으로 기도하여 청한 이가 그윽하게 감응한 것이 있는 이라야 비로소 잠시 분명하게 보이지만 오히려 능히 오래가지 못한다. 예전에 여래께서 세상에 계실 때 이 용이 소 먹이는 선비가 되어 왕에게 젖과 소락을 공양 올리더니 나아가 받들고는 위의를 잃었으므로 이미 얻고는 꾸짖어서 마음으로 생냄과 한을 품고서 곧 금전(金錢)으로 꽃을 사서 공양하고 불탑에 수기하여 "원하건대 악한 용이 되어서 나라를 파괴하고 왕을 해치기 원하옵니다" 하고는 곧 석벽으로 나아가 몸을 던져 죽었다. 드디어 이 굴에 살면서 큰 용왕이 되었고 문득 구멍에서 나오려 하여 본래의 악한 원을 이루더니 마침 이런 마음을 일으켰을 때에 여래가 이미 보시고 이 나라 사람들이 용의 피해를 받을까 불쌍히 여겨 신통력을 움직여 중인도 지방에서부터 용의 거처에까지 이르니, 용이 여래를 뵙고는 독한 마음이 마침내 그쳐서 불살생(不殺生)의 계를 받고 정법을 보호하기를 원하여 여래에게 청함으로 인하여 항상

이 굴에 살게 하였으며, "모든 성스러운 제자들이 항상 나의 공양을 받으소서" 하니 여래께서 고하여 말씀하시되, "내가 장차 열반하리니 너를 위해 그림자를 남기고, 다섯 아라한을 보내어 항상 너의 공양을 받을 것이니, 정법이 숨고 없어져도 그 일을 폐함이 없으리라. 네가 만일 독한 마음과 분노를 일으킬 때에는 마땅히 나의 그림자를 관하라. 인자하고 선한 연고로 독한 마음이 바로 그치리라. 이 현겁 중에 미래에 오실 세존도 또한 저희들을 연민히 여기사 모두 (부처님) 영상을 머물게 하소서"라고 하였다. 해석하자면 이것은 『관불삼매해경(觀佛三昧海經)』의 내용과 대부분 같나니, 이미 제1회. 적멸도량법회의 초문(鈔文)에 인용하였다. 그러나 『서역기』에는 이르되, "이 나라에 임금이 따로 없고 가필시국(迦畢試國)에 속하니 건타라국과는 거리가 멀지 않다. 혹은 일찍이 속한 적이 있을 뿐이다.

具如西域記者는 此는 卽總指上來諸處요 引西域記는 不局一卷이요 月藏分은 的指第十이라 然이나 月藏分은 當第十二니 有十卷經이라 第十卷中에 卽建立塔寺品은 第十九니 爾時에 娑婆世界主인 大梵天王과 釋提桓因[129]과 四大天王等과 及諸眷屬이 從座而起하여 合掌向佛하여 一心敬禮하고 而作是言호대 佛說於四天下中에 所有過去諸佛如來之所建立하신 住持大塔과 牟尼諸佛의 所依住處가 於現在世와 及未來世에 而常不空이라 佛이 爲菩薩摩訶薩等하사 降大法雨하여 皆悉充滿하시니 初名衆仙所興이요 次名德積이요 次名金剛燄이요 次名香室이요 次名睒婆梨요 次名賢城이요 次名須質多羅요 次名水光이요 次名香熏이요 次名善建立이요 次名遮波羅요 次名金

---

[129] 因下에 原南續金本有日字 經無라 하다.

燈이요 次名樂住요 次名牟眞鄰陀요 次名金剛地요 次名慈窟이요 次名那羅延窟이요 次名渠摩娑羅香이요 次名惠頂이요 次名大德窟이요 次名善現이요 次名靑鬱茂요 次名虛空子요 次名牛頭栴檀室이요 次名難勝이니 此是過去諸佛建立住持大塔이라 常爲菩薩等之所加護일새 是故[130]로 我等이 常所供養이니다 世尊所有聲聞弟子가 於現在世와 及未來世에 復有幾所塔寺住處닛고 令我等輩로 護持養育이라 하니라 然此初數處가 與此經同하니 可以意得일새 故不具引하고 下取意引하리라 爾時에 世尊이 微笑하시고 面門에 放種種光할새 時四天下에 有無量百千諸佛住處가 而現하시니 東洲에 八萬佛現하시고 北洲에 百千이요 西洲에 五百이요 南洲에 二百五十千佛處現이요 廣說諸國에 各有佛現等하시고 下에는 諸天龍等이 發願護持하니라

● '갖춘 내용은 『대당서역기』와 같다'는 것은 여기는 곧 여기까지 여러 도량을 총합하여 가리킨 것이요, 서역기를 인용함은 1권에만 국한되지 않고, 월장분(月藏分)은 제10권을 찍어서 지적하였다. 그러나 월장분은 제12권에 해당하니 10권 경이 있다. 제10권 중에는 건립탑사품(建立塔寺品)은 제19에 해당하나니, "그때에 사바세계의 주인인 대범천왕과 석제환인과 사대천왕 등과 모든 권속들이 자리로부터 일어나 부처님을 향해 합장하고 한결같은 마음으로 공경히 예배하고 이런 말씀을 하되, '부처님이 설하시되 사천하 중에 있는 과거 모든 부처님 여래께서 건립하신 머물러 계시던 큰 탑과 석가모니 모든 부처님이 의지하고 머무시던 곳이 현재와 미래 세상에서 항상 비지 않습니다. 부처님께서 보살마하살 등을 위하여 큰 법 비를 내리셔서 모두 가득하게 하였으니, 첫째 이름은 중선소흥(衆仙所興) 부처님이요, 다

---

130) 是故는 經作是於, 南金本作於是라 하다.

음 이름은 덕적(德積)이요, 다음 이름은 금강염(金剛燄)이요, 다음은 향실(香室)이요, 다음은 섬파리(睒婆梨)요, 다음은 현성(賢城)이요, 다음은 수질다라(須質多羅)요, 다음은 수광(水光)이요, 다음은 향훈(香熏)이요, 다음은 선건립(善建立)이요, 다음은 차파라(遮波羅)요, 다음은 금등(金燈)이요, 다음은 낙주(樂住)요, 다음은 모진린타(车眞鄰陀)요, 다음은 금강지(金剛地)요, 다음은 자굴(慈窟)이요, 다음은 나라연굴(那羅延窟)이요, 다음은 거마사라향(渠摩娑羅香)이요, 다음은 혜정(惠頂)이요, 다음은 대덕굴(大德窟)이요, 다음은 선현(善現)이요, 다음은 청울무(青鬱茂)요, 다음은 허공자(虛空子)요, 다음은 우두전단실(牛頭栴檀室)이요, 다음 이름은 난승(難勝)이니, 이것은 과거 모든 부처님이 건립하고 머무시던 대탑입니다. 항상 보살 등이 가피하고 보호하시는 도량이니, 이런 연고로 우리들이 항상 공양할 대상입니다. 세존이 가지신 성문 제자가 현재와 미래 세상에 다시 몇 군데의 탑과 절이 머무는 도량이 있습니까? 우리 무리들 무리로 하여금 보호하여 지키고 공양하고 길러 낼 것입니다'라 하였다." 그런데 이런 처음 여러 곳은 본경과 같나니 의미로 얻을 수 있으므로 갖추어 인용하지 않고 아래는 의미를 취하여 인용하리라. "그때에 세존이 미소하며 얼굴로 갖가지 광명을 놓았으니, 때에 사천하에 한량없는 백천의 여러 부처님의 머무시는 처소가 나타났으니, 동불바제에는 8만 부처님이 나타나시고, 북구로주에는 백천 부처님이, 서구야니주에는 5백 부처님이, 남염부제는 2백50천 부처님이 나타나시고, 여러 국토에 각기 부처님이 나타난 등을 자세하게 말하였고, 아래 여러 하늘과 용 따위가 보호하고 지키기를 발원하였다."

3. 경문이 끊어져 다 오지 못하다[斷經未盡] (此文 28下7)

[疏] 此文之終에 都無結束하니 或是經來不盡이로다 閻浮旣爾에 餘方餘界와 異類界等을 可以倣之라 法界身雲은 則無在不在矣니라

- 이 경문이 끝에 결론하여 묶음이 아주 없으니, 혹시 경문이 끊어져 다 오지 못한 것이다. 염부제가 이미 이러하다면 나머지 방소의 다른 경계와 이생(異生) 종류 따위를 비슷하게 생각할 수 있다. 법계의 몸 구름은 있지 않은 곳이 없는 까닭이다.

제32. 제보살주처품(諸菩薩住處品) 終

화엄경청량소 제24권

| 초판 1쇄 발행_ 2020년 4월 5일

| 저_ 청량징관
| 역주_ 석반산
| 펴낸이_ 오세룡
| 편집_ 손미숙 박성화 김정은 김영미
| 기획_ 최은영 곽은영
| 디자인_ 김효선 고혜정 장혜정
| 홍보 마케팅_ 이주하
| 펴낸곳_ 담앤북스
　　　　　서울특별시 종로구 새문안로3길 23 경희궁의 아침 4단지 805호
　　　　　　대표전화 02)765-1251 전송 02)764-1251 전자우편 damnbooks@hanmail.net
　　　　　출판등록 제300-2011-115호
| ISBN 979-11-6201-213-0 04220

정가 30,000원